lonely planet

TOSKANA

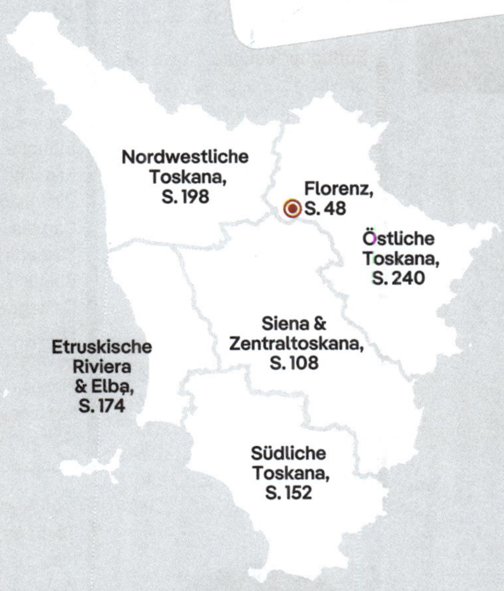

Angelo Zinna, Phoebe Hunt

INHALT

Reiseplanung

Willkommen in der Toskana 4
Übersichtskarte 6
Unsere Favoriten 8
Städte & Regionen 24
Beste Reisezeit 26
Bestens vorbereitet 28
Triff die Toskaner:innen 30
Essen wie die Locals 32
Outdoor-Erlebnisse 36
Reiserouten 40

Reiseziele

Florenz 48
Piazza del Duomo & Piazza della Signoria 54
Santa Maria Novella 67
San Lorenzo & San Marco 75
Santa Croce & Sant'Ambrogio 84
San Frediano & Santo Spirito 92
San Niccolò, Boboli & Piazza Pitti 101

Siena & Zentraltoskana 108
Siena 114
Monteriggioni 122
Crete Senesi 123
San Giovanni d'Asso 123
Buonconvento 124
Greve in Chianti 125
Via Ciantigiana 128
Gaiole in Chianti 129
San Casciano 130
San Gimignano 132
Volterra 138
Riserva Naturale di Castelvecchio 139
Colle Val d'Elsa 140
Certaldo 140
Castelfiorentino 140
Via Francigena 140
Pienza 142
Montalcino 146
Val d'Orcia 147
San Quirico d'Orcia 148
Montepulciano 149
Bagno Vignoni 151
Bagni di San Filippo 151

Südliche Toskana 152
Grosseto 158
Parco Regionale della Maremma 161
Alberese 161
Scansano 162
Massa Marittima 163
Città del Tufo 164
Roselle 165
Vetulonia 165
Castiglione della Pescaia 166
Marina di Alberese 166
Seggiano 167
Arcidosso 167
Santa Fiora 167
Rocchette di Fazio 167
Orbetello 168

Piazza Santa Croce (S. 84)

Piombino (S. 194)

Monte Argentario 171
Capalbo 172
Isola del Giglio 172

Etruskische Riviera & Elba 174
Livorno 180
Castiglioncello 185
Vada 186
Cecina 186
Bibbona 186
San Vincenzo 186
Rimigliano 186
Capraia 187
Sassetta 187
Bolgheri 188
Castagneto Carducci 188
Elba 189
Suvereto 194
Pianosa 195
Populonia 195
Golf von Baratti 196
Piombino 197

Nordwestliche Toskana 198
Pisa 204
Peccioli 211
San Miniato 211
Pontedera 213
Parco Naturale di Migliarino, San Rossore, Massaciuccoli 213

Lucca 215
Viareggio 220
Pietrasanta 220
Forte dei Marmi 220
Serchio Valley 220
Castelnuovo di Garfagnana 222
Isola Santa 225
Lago di Gramolazzo 225
Lago di Vagli 225
Naturschutzgebiet Orecchiella 226
Fornovolasco 227
Carrara 228
Pontremoli 232
Lungiana 233
Pistoia 234
Vinci 238
Prato 239

Östliche Toskana 240
Arezzo 246
Cortona 251
Caprese Michelangelo 252
Parco Nazionale della Foreste Casentinesi 253
La Verna 254
Poppi 254
Borgo San Lorenzo 256
Parco Mediceo di Pratolino 259
San Piero a Sieve 259
Via degli Dei 260
Fiesole 261

Piazza Grande, Arezzo (S. 249)

Praktisches

Ankunft 264
Geld 265
Unterwegs vor Ort 266
Reisen mit Kindern 268
Übernachten 269
Essen, trinken & feiern 270
Nachhaltig reisen 272
Sicher reisen 274
LGBTQIA+ 275
Barrierefrei reisen 276
Kurz & knapp 277
Sprache 278

Storybook

Die Geschichte der Toskana in 15 Orten 282
China in Prato: Die dunkle Seite der Mode „Made in Italy“ 286
Florenz: Die Renaissance digital 290
Der Anschlag in der Via dei Georgofili 294
Die Toskana: Immer noch im Widerstand? 296

DALIU/SHUTTERSTOCK ©

San Gimignano (S. 132)

WILLKOMMEN IN DER TOSKANA

Zehn Jahre bin ich durch Europa, Asien und Ozeanien gereist, da war es ein komisches Gefühl, wieder nach Hause in die Toskana zu kommen. Ich war mit dem Eindruck aufgewachsen, dass sich hier eigentlich nie etwas ändert – zu eng verwoben war die Region mit ihrem Postkartenimage und zu verliebt in die eigenen Traditionen. Aber wie man an diesem Reiseführer sieht, hatte ich Unrecht. Denn Traditionen bilden oft die Grundlage für neue Ideen. Und inmitten all der historischen Wahrzeichen tummeln sich unzählige leidenschaftliche Menschen, die die gewohnten Grenzen der Kultur immer wieder verschieben. Von innovativem Weinbau und zeitgenössischer Kunst bis zu kreativer Küche und Slow-Tourism-Initiativen: Viele junge Toskaner:innen versuchen, sich der vorgegebenen Version ihrer Heimat zu entledigen und die zahlreichen Schätze der Vergangenheit um neue Narrative der Gegenwart zu bereichern. Lass dich überraschen!

Angelo Zinna

@angelo_zinna

Mein Lieblingserlebnis:
Radfahren in der Region Chianti ist echt nicht so leicht – ungefähr so leicht, wie spendable Winzer zu treffen.

LIEBLINGSPLÄTZE

Hier schlägt für unsere Autor:innen und Expert:innen das Herz der Toskana

ANDREA BONFANTI/SHUTTERSTOCK ©

Die weißen Straßen des **Chianti** bieten eine tolle Möglichkeit, die bekannteste Weinregion der Toskana in aller Ruhe zu erkunden. Auf der über 200 km langen Strecke des legendären Eroica-Rennens (S. 129) ab Gaiole in Chianti geht's vorbei an den von Zypressen und Weinbergen gerahmten mittelalterlichen Burgen, ländlichen Siedlungen und Bauernhöfen der Provinz Siena – Weinproben und Ausblicke belohnen fürs Strampeln durch die malerischen Hügel.

Angelo Zinna

@angelo_zinna

Angelo ist ein in Florenz ansässiger Autor, Redakteur und Fotograf.

MARCO SARACCO/SHUTTERSTOCK ©

Die ***strada panoramica*** (S. 191), ein 9 km langer Abschnitt der kurvigen und steilen SP25 auf **Elba**, zählt sicher zu den herrlichsten Rad- und Autostrecken der Küste. Mit Aussicht auf Korsika, was schon Napoleon schätzte, windet sich die Straße entlang an bewaldeten Bergen und weißen Sandstränden mit glasklarem Wasser. Unterwegs verharren Dörfer wie Pomonte in der Zeit.

Phoebe Hunt

@phoebetravelpig

Phoebe ist Reiseschriftstellerin in Florenz – sie hat an vier Reiseführern mitgearbeitet und unzählige Artikel über Italien und andere Ziele geschrieben.

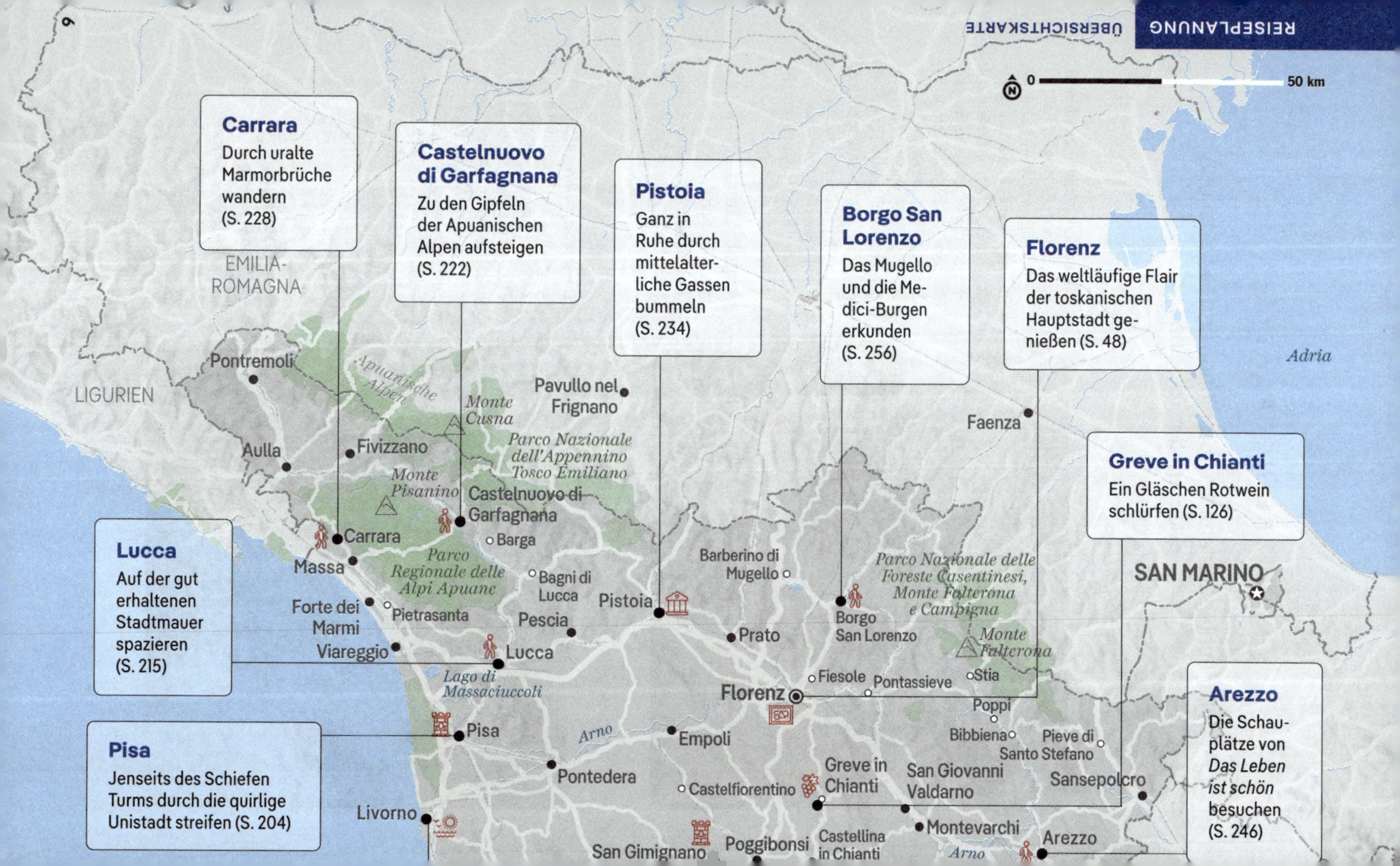
0
50 km
Carrara
Durch uralte Marmorbrüche wandern (S. 228)
Castelnuovo di Garfagnana
Zu den Gipfeln der Apuanischen Alpen aufsteigen (S. 222)
Pistoia
Ganz in Ruhe durch mittelalterliche Gassen bummeln (S. 234)
Borgo San Lorenzo
Das Mugello und die Medici-Burgen erkunden (S. 256)
Florenz
Das weltläufige Flair der toskanischen Hauptstadt genießen (S. 48)
Greve in Chianti
Ein Gläschen Rotwein schlürfen (S. 126)
Arezzo
Die Schauplätze von *Das Leben ist schön* besuchen (S. 246)
Lucca
Auf der gut erhaltenen Stadtmauer spazieren (S. 215)
Pisa
Jenseits des Schiefen Turms durch die quirlige Unistadt streifen (S. 204)
EMILIA-ROMAGNA
LIGURIEN
SAN MARINO
Adria
Pontremoli
Aulla
Fivizzano
Apuanische Alpen
Monte Cusna
Monte Pisanino
Parco Nazionale dell'Appennino Tosco Emiliano
Pavullo nel Frignano
Castelnuovo di Garfagnana
Barga
Carrara
Massa
Parco Regionale delle Alpi Apuane
Bagni di Lucca
Forte dei Marmi
Pietrasanta
Pescia
Pistoia
Viareggio
Lucca
Lago di Massaciuccoli
Pisa
Livorno
Arno
Empoli
Pontedera
Castelfiorentino
San Gimignano
Poggibonsi
Barberino di Mugello
Prato
Florenz
Fiesole
Pontassieve
Borgo San Lorenzo
Parco Nazionale delle Foreste Casentinesi, Monte Falterona e Campigna
Monte Falterona
Stia
Poppi
Bibbiena
Pieve di Santo Stefano
Greve in Chianti
San Giovanni Valdarno
Montevarchi
Castellina in Chianti
Sansepolcro
Arezzo
Faenza

Livorno
Die reizende Hafenstadt und die Strände der Etruskischen Riviera kennenlernen (S. 180)
San Gimignano
Die alte Stadt mit ihren berühmten Türmen sehen (S. 132)
Siena
Die herrliche Piazza del Campo bestaunen (S. 114)
Pienza
Durch die zypressengesäumten Hügel des Val d'Orcia fahren (S. 142)
Elba
Napoleons Exil inspizieren (S. 189)
Grosseto
Etruskische Ruinen und ungezähmte Natur entdecken (S. 158)
Orbetello
An der Lagune und auf den Inseln des Archipels entspannen (S. 168)
Gorgona
Castiglioncello
Volterra
Cecina
Siena
Lucignano
Castiglion Fiorentino
Cortona
Tevere
Asciano
Lago Trasimeno
Capraia
San Vincenzo
Massa Marittima
Pienza
Montepulciano
Chianciano Terme
Chiusi
Montalcino
San Quirico d'Orcia
UMBRIEN
Piombino
Follonica
Golfo di Follonica
Monte Amiata
Abbadia San Salvatore
Arcidosso
Marciana Marina
Cavo
Portoferraio
KORSIKA (FRANKREICH)
Elba
Porto Azzurro
Capoliveri
Marina di Campo
Punta Ala
Grosseto
Scansano
Sovana
Sorano
Orvieto
Bastia
Pitigliano
Parco Regionale della Maremma
Lago di Bolsena
Bolsena
Terni
Pianosa
Tyrrhenisches Meer
Porto Santo Stefano
Albinia
Orbetello
Monte Argentario
Porto Ercole
Giglio
Montecristo
Giannutri
Tarquinia
LATIUM
Lago di Bracciano
Civitavecchia
ROM

WUNDER DER RENAISSANCE

Der Architekt, Maler und Autor Giorgio Vasari nutzte als einer der Ersten den Begriff „Renaissance“ – *rinascita* auf Italienisch –, um das Goldene Zeitalter der Kunst ab dem 14. Jh. zu beschreiben. Es zeichnete sich durch ein neu erwachtes Interesse an der Antike aus. Brunelleschi, Michelangelo, Leonardo da Vinci und viele andere Künstler huldigten dem Humanismus und verwandelten die Stadt Florenz mithilfe ihrer reichen Mäzene in das eindrucksvollste Symbol der Renaissance.

Museums-Hopping

In der Hauptsaison den Besuch der berühmtesten Museen von Florenz vorausplanen! Am besten ist man schon früh am Morgen vor Ort.

Jenseits von Florenz

Zwar hortet Florenz die meisten Renaissance-Kunstschätze, doch auch Städte wie Siena (Foto oben), Arezzo, Pienza und San Gimignano beherbergen wertvolle Kunst aus dieser Zeit.

Überwältigende Kunst

Angesichts Dutzender Museen, Kirchen und anderer Bauten mit Kunst darauf achten, dass der Tag nicht zu vollgestopft ist!

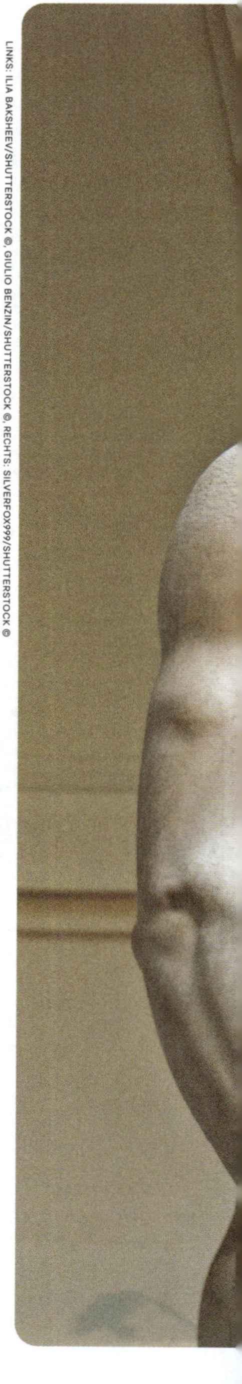

TOP-ERLEBNISSE: RENAISSANCE-KUNST

Los geht die Reise durch die Renaissance mit der Ikone der Epoche: Michelangelos *David* in der ❶ **Galleria dell'Accademia**. (S. 79)

Für die riesige Sammlung an grandioser Kunst in den ❷ **Uffizien** (Foto ganz links; S. 57), einem der beliebtesten Museen Italiens, sollte man ein paar Stunden einplanen.

Im Herzen des malerischen Val d'Orcia liegt ❸ **Pienza**, die von Papst Pius II. ersonnene ideale Stadt der Renaissance. (S. 142)

In Siena die Spuren der über 600-jährigen Geschichte im herrlichen Pflaster der ❹ **Piazza del Campo** erkennen. (S. 114)

❺ **Benozzo Gozzolis Kunst** folgen und eine andere Seite von San Gimignano entdecken. (S. 132)

AROMATISCHE REISEN

Die Küche der Toskana wird oft auf die berühmte *bistecca alla fiorentina* reduziert, das dicke T-Bone-Steak vom Chianina-Rind. Dabei ist sie überaus reich und vielfältig. Jede Region verarbeitet ihre Erzeugnisse zu eigenen Gerichten und Produkten, die anderswo schwer zu finden sind, sodass jedes Mahl neue Überraschungen bereithält.

Von Saison zu Saison

Bei der Suche nach authentischen toskanischen Aromen spielt die jeweilige Saison eine wichtige Rolle – wer die Region zu unterschiedlichen Jahreszeiten besucht, findet ganz unterschiedliche Küchen vor.

Kochkurse

Wer an einem der zahlreichen Kochkuse teilnimmt, die in den größeren Orten und auf einigen Bauernhöfen angeboten werden, kann seine Fertigkeiten am Herd perfektionieren.

Der Rhythmus der Mahlzeiten

Besonders außerhalb der großen Städte schließen viele Restaurants zwischen dem Mittag- und Abendessen. Italiener:innen essen gern zu relativ festen Zeiten: mittags gegen 13 Uhr, abends ab 20 Uhr.

Streetfood von All'Antico Vinaio (S. 82)

TOP-ERLEBNISSE: ESSEN

In San Miniato mit einem erfahrenen *tartufaio* ❶ **Trüffeln sammeln** und die Funde dann auf einem Teller *tagliolini* genießen. (Foto Mitte; S. 211)

In Pienza sollte man auf jeden Fall die verschiedenen Sorten des fassgereiften ❷ **Pecorino-Käses** probieren. (Foto ganz links; S. 144)

In Florenz in einem der Lokale an der ❸ **Via de' Neri** in gefülltes *schiacciata*-Brot beißen. (Foto; S. 90)

Sich in ❹ **Poppi** mit einem Teller *tortelli alle patate* stärken, dem typischen Nudelgericht des Casentino. (S. 254)

Auf dem ❺ **Mercato Centrale** in Florenz die gesamte Palette toskanischer Aromen erleben. (S. 76)

Via Cave bei Sovana

ETRUSKISCHE GEHEIMNISSE

Die geheimnisumwitterten Etrusker ließen sich um 900 v. Chr. in Mittelitalien nieder und errichteten dort einige der ersten Städte Italiens, bevor die Römer Etrurien einnahmen. Von der alten Kultur sind noch Spuren zu finden: Sie gewähren einen faszinierenden Einblick in den Alltag von Menschen, die die Geschichtswissenschaft noch immer vor Rätsel stellen.

Die Römer übernehmen

Auf archäologischen Stätten finden sich neben etruskischen Zeugnissen oft auch Bauten der Römer: Sie wurden errichtet, als das Land den Besitzer wechselte.

Etruskische Museen

Die Städte der Etrusker erschließen sich einem nicht unbedingt auf den archäologischen Stätten – viele besser erhaltene Funde sind in Museen zu sehen, wo sie einen Eindruck vom Leben der Etrusker vermitteln.

TOP-ERLEBNISSE: ARCHÄOLOGIE

Den ❶ **Parco Archeologico di Baratti e Populonia** erkunden, eine eindrucksvolle etruskische Stätte am Tyrrhenischen Meer. (S. 195)

Die Monumentalgräber der Nekropole von ❷ **Vetulonia** im Herzen der Maremma bestaunen. (S. 165)

In ❸ **Roselle** durch die Fundamente einer von den Römern eroberten etruskischen Siedlung bummeln. (S. 165)

Die etruskischen *vie cave* erkunden, die bei ❹ **Sovana** in den Tuffstein gehauen wurden. (S. 164)

In Volterra das ❺ **Museo Etrusco Mario Guarnacci** besuchen, das seit dem späten 18. Jh. besteht. (S. 138)

OUTDOOR-ACTION

Weltklasse-Kunst, -Essen und -Wein laden dazu ein, einfach nur die schönen Seiten des Lebens zu genießen. Doch es lohnt sich durchaus, sich für gewisse Zeit vom *dolce vita* zu verabschieden und in die toskanische Wildnis einzutauchen. Mit fast 7000 km Bergwegen, 2300 km² Naturschutzgebieten und einem ausgedehnten Netz an Wander- und Radrouten wird man für die Mühen fürstlich belohnt.

Radfahren

Radfahren und Mountainbiken sind beliebt in der Toskana. Teils kann man die Region sehr gut auf zwei Rädern erkunden: Es gibt Routen für alle Niveaus und es können immer mehr E-Bikes geliehen werden.

Fernwanderungen

Uralte Pilgerrouten und neue erschlossene Mehrtageswanderwege ermöglichen es Reisenden, die genügend Zeit haben, große Abschnitte der Toskana ganz geruhsam zu erkunden.

Sicher & verantwortungsbewusst wandern

Im Sommer kann es sehr heiß sein, im Winter kann das Wetter unberechenbar werden. Wer sich seiner Route nicht sicher ist, heuert am besten einen *guida ambientale* (Wanderführer) an.

TOP-ERLEBNISSE: IN DER FREIEN NATUR

In den zerklüfteten **1 Apuanischen Alpen** in der Nordtoskana einen der zahlreichen Bergpfade begehen. (S. 225)

Die Einsiedeleien und uralten Wälder des **2 Parco Nazionale delle Foreste Casentinesi** erkunden. (S. 252)

Einen Abschnitt der **3 Via Francigena** wandern, die durch die Toskana und bis nach Rom führt. (S. 140)

Über die weißen Straßen der **4 Eroica-Radrennroute** radeln, die sich über 200 km durch die Region Chianti zieht. (S. 129)

Im **5 Parco Regionale della Maremma** auf dem Weg durch das üppige Naturschutzgebiet zur verlassenen Abtei nach Wildtieren Ausschau halten. (S. 161)

CHIANTI & MEHR

Mit über 35 Mio. Flaschen pro Jahr zieht der Chianti alle Aufmerksamkeit auf sich. Zwar fließt er zwischen Florenz und Siena quasi in Strömen, doch dank des vielfältigen Terrains der Toskana kann man hier mit mehr Weinsorten als erwartet anstoßen. Von den gefeierten Super-Toskanern aus Bolgheri bis zu den intensiven Roten aus Montalcino: Die Welt des Weins erkundet man am besten Schluck für Schluck.

Weinproben

Viele Weingüter bieten Weinproben an, bei denen man etwas über den Anbau erfahren kann und es verschiedene Tröpfchen und Jahrgänge zu vergleichen gibt. Am besten bucht man Weinverkostungen im Voraus.

Geschützte Sorten

Weine mit einem Herkunftszertifikat (DOC oder DOCG) dürfen außerhalb des jeweiligen Anbaugebiets nicht produziert werden. Ihre Herstellung unterliegt strengen Vorgaben, die eine hohe Qualität gewährleisten.

Alkoholgenuss & Autofahren

In Sachen Alkohol am Steuer gelten in Italien strenge Regeln. Wer mehr als 0,5 Promille im Blut hat, darf sich auf heftige Strafen einstellen.

Weintrauben, Bolgheri

TOP-ERLEBNISSE: WEIN

Auf einer Autotour über die ❶ **Via Chiantigiana** zwischen Florenz und Siena geht's vorbei an schönen Weingütern und alten Weinschlössern. (S. 128)

In ❷ **Bolgheri** kann man sich eine Flasche Sassicaia gönnen: Der bekannteste Super-Toskaner wird aus nicht hier beheimateten Trauben gekeltert. (S. 188)

Bei ❸ **Antinori nel Chianti Classico** bei San Casciano den heimischen Vino Nobile verkosten. (S. 131)

Auf einem der vielen *agriturismi* der Maremma ein Glas ❹ **Morellino di Scansano** schlürfen. (Foto ganz links; S. 162)

Zur Festung von ❺ **Montalcino** hochsteigen und etwas über den berühmten Brunello erfahren, um dann Weingüter in der Nähe abzuklappern. (Foto Mitte; S. 146)

Isola del Giglio

KÜSTEN-ESKAPADEN

Fast 400 km Küste und die sieben Inseln des Toskanischen Archipels: Die Toskana bietet weit mehr als Städte voller Museen, sanfte Hügel und mittelalterliche Orte. Im Sommer erwacht die Küste zum Leben, mit quirligen, exklusiven Ferien-Hotspots wie auch urigen, von wilder Natur umgebenen Stränden. Badesachen und Sonnencreme einpacken – das Mittelmeer wartet!

Sonnenschirme

Viele Strände der Toskana werden privat verwaltet – wer einen Tag am Strand verbringen möchte, muss Liegestuhl und Sonnenschirm mieten.

Kostenlose Strände

Lieber nichts für den Tag in der Sonne berappen? Öffentlich zugängliche Strände heißen *spiagge libere*.

TOP-ERLEBNISSE: STRÄNDE

Zum Relaxen an azurblauem Wasser im Süden der Toskana geht's mit der Fähre ab Porto Santo Stefano zur ❶ **Isola del Giglio**. (S. 172)

Unter Naturschutz steht die ❷ **Lagune von Orbetello** mit ihren rosa Flamingos. (S. 168)

Auf dem Weg zum Strand beim Versilia-Ort ❸ **Pietrasanta** die vielen Kunstgalerien durchstöbern. (S. 220)

Die felsigen Buchten und das maritime Leben des ❹ **Monte Argentario** erkunden. (S. 171)

Auf ❺ **Elba**, der größten Insel des Toskanischen Archipels, nach einem stillen Refugium in üppiger Natur suchen. (S. 189)

MALERISCHE AUTOTOUREN

Die Landschaften der Toskana lassen sich wohl am schönsten mit dem eigenen Fahrzeug erkunden. Kurvenreiche Sträßchen führen durch Hügel zu Weilern, Weingütern, Bauernhöfen und alten Burgen und laden immer wieder zu Abstechern ein. Abseits der kulturgesättigten Städte kann man so auf zwei oder vier Rädern das ländliche Flair der Region genießen.

Schmale Straßen

In den Bergen und Innenstädten sind die Straßen meist eng – wer ein Auto leiht, sollte sich also besser für ein kleines Modell entscheiden.

Straßenkategorien

Zweispurige Straßen heißen meist *strada normale*, während es sich bei *superstrade* und *autostrade* um Schnellstraßen bzw. Autobahnen handelt.

TOP-ERLEBNISSE: AUF DER STRASSE

Eine Tour durch die goldenen Hügel und über die von Zypressen gesäumten Straßen des ❶ **Val d'Orcia** unternehmen. (Foto ganz links; S. 121)

Auf dem Weg nach Barga am ❷ **Fluss Serchio** entlang alte Städtchen und Berglandschaften entdecken. (Foto links; S. 220)

Auf einer Tour durch das ❸ **Mugello** die opulenten Schlösser der Medici erkunden: Sie wurden erbaut, als die Medici über die Region herrschten. (S. 259)

Die faszinierende etruskische ❹ **Città del Tufo** erkunden, erbaut auf hohen Felsformationen. (S. 164)

Am Monte Argentario auf der Suche nach versteckten Stränden und Ausblicken aufs Mittelmeer die ❺ **Via Panoramica** entlangfahren. (S. 171)

SPUREN DES MITTELALTERS

Die Epoche, die auf den Untergang des Römischen Reiches folgte, stand für Mittelitalien zunächst unter keinem guten Stern, doch das änderte sich mit der Jahrtausendwende. Romanische und gotische Architektur veränderte ab dem 11. Jh. nicht nur Stadtlandschaften, während die Adelsfamilien von ihren *casetorri* (Turmhäusern) aus nach Macht strebten. Wer durch kleine Orte und ehemalige Stadtstaaten reist, die sich bis heute ihren mittelalterlichen Charakter bewahrt haben, dem kommen Szenen aus Dantes Werken in den Sinn.

Historische Reenactments

Mindestens einmal im Jahr feiern die alten Städte ihre mittelalterlichen Wurzeln mit traditionellen Trachtenumzügen und Sportwettkämpfen.

Burgen ohne Ende

Über 200 mittelalterliche Burgen und Festungen sind über die Toskana verstreut – einige davon sind noch immer in Privatbesitz, andere können besichtigt werden.

Erkundungen alter Ortschaften

In der ganzen Toskana finden sich Dutzende *borghi:* kleinere Siedlungen, die sich ihren mittelalterlichen Kern bewahrt haben.

Palazzo del Priori, Volterra

TOP-ERLEBNISSE: MITTELALTER

In die perfekt erhaltene Architektur von ❶ **Volterra** eintauchen. (S. 138)

Im Umland von Siena die ❷ **Abbazia di San Galgano** aus dem 13. Jh. besichtigen – eine gotische Kirche ohne Dach. (S. 122)

Zwischen den gestreiften romanischen Gebäuden im reizenden historischen Zentrum von ❸ **Pistoia** umherbummeln. (S. 234)

Im Museum ❹ **Navi Antiche di Pisa** die alten Schiffe besichtigen, die Pisa zu einer der mächtigsten Seerepubliken Italiens machten. (S. 208)

In Lucca die ❺ **Torre Guinigi** mit spektakulärer Aussicht auf die Stadt erklimmen. (Foto Mitte; S. 215)

FESTTAGE

Besonders wenn es wärmer wird und die Tage länger werden, bietet die Toskana jede Menge Anlässe zu Feierlichkeiten in den Straßen und auf den Plätzen. Von den kulinarischen Festen nach der Ernte bis zu Nachstellungen historischer Ereignisse – wer sich den Feiern anschließt, wird mit tollen Erinnerungen belohnt.

Eine Sagra für jeden

In der ganzen Region finden übers Jahr verteilt hunderte *sagre* statt: örtliche, traditionellem Essen gewidmete Feste. Ein Verzeichnis der Feste ist auf der Website www.sagretoscane.com zu finden.

Keine Touri-Events

Große Events wie der Palio in Siena oder der *calcio storico* in Florenz werden nicht für Touristen veranstaltet, es sind echte Feste der Einheimischen und sie sollten entsprechend respektvoll besucht werden.

Musikfestivals

Im Sommer locken italienische und ausländische Musikstars tausende Fans auf Plätze, in Arenen und Theater und an Strände. Es ist für jeden etwas dabei, von Klassik bis Hardrock.

Beim Festival Lucca Comics & Games

TOP-ERLEBNISSE: FESTE & FESTIVALS

In Siena findet im Juli und August auf der Piazza del Campo im Stadtzentrum ein berühmtes Pferderennen statt: der ❶ **Palio**. (Foto Mitte; S. 116)

Im Juni ist in Florenz auf der Piazza di Santa Croce der hart ausgetragene ❷ ***calcio storico*** zu erleben. (S. 91)

Viareggio lockt im Winter mit seinem ❸ **Karneval**, einem der buntesten Italiens. (S. 220)

Im Oktober kann man in Lucca zusammen mit anderen Cosplayern und Comicfans am Festival ❹ **Lucca Comics & Games** teilnehmen. (S. 215)

Karten für das ❺ **Pistoia Blues Festival** im Juli, eines der wichtigsten Musikfestivals der Region, sollte man sich im Voraus besorgen; die Konzerte finden auf der Piazza del Duomo statt. (S. 234)

KUNST MIT ZEITGENÖSSISCHEM TOUCH

Bekannt ist die Toskana vor allem für die Kunst der Renaissance, doch die Kreativität ist nicht aufs 17. Jh. beschränkt. Überall finden sich Museen und Galerien mit modernen und zeitgenössischen Werken, Freiluftmuseen und Streetart – die frischen Ideen bilden ein Gegenstück zum historischen Erbe.

Galerien in Florenz

Das toskanische Zentrum für Gegenwartskunst ist mit seinen großen Räumen und wechselnden Ausstellungen der Palazzo Strozzi (Foto) in Florenz. Aktuelles siehe www.palazzostrozzi.org.

Streetart-Schätze

Für große Wandbilder eignen sich die alten Stadtkerne kaum, doch wo man es am wenigsten erwartet, flechten sich kleine Kunstwerke und Installationen ins Gewebe der toskanischen Städte.

Hinter der Linse

Zu den wichtigsten Festivals für zeitgenössische Fotografie zählen Cortona On the Move, Photolux in Lucca und Middle East Now (mit Künstler:innen aus dem Nahen Osten und Nordafrika) in Florenz.

Streetart von Clet

TOP-ERLEBNISSE: ZEITGENÖSSISCHE KUNST

In Florenz Ausschau halten nach den Straßenschildern des Künstlers ❶ **Clet**. (S. 106)

In den Apuanischen Alpen die ❷ **Cima Gioia** erklimmen, um sich den bunten *David* von Streetart-Künstler Eduardo Kobra oberhalb der Marmorbrüche von Colonnata anzuschauen. (S. 230)

In Florenz in der ❸ **Street Levels Gallery** von freundlichen Menschen etwas über die beste Urban Art der Stadt erfahren. (Foto Mitte; S. 71)

In San Gimignano bietet die ❹ **Galleria Continua** eine Abwechslung zur mittelalterlichen Architektur der Stadt. (S. 135)

Von Juli bis Oktober findet in Cortona eines der wichtigsten Festivals der Region für Fotografie statt: ❺ **Cortona on the Move**. (S. 251)

STÄDTE & REGIONEN

Entdecke dein Sehnsuchtsziel.

Nordwestliche Toskana

BERÜHMTE STÄDTE UND WILDE BERGE

Romanische und gotische Architektur schmückt die reizenden Städte Pisa, Lucca und Pistoia – schöne Ausflugsziele ab Florenz. Wer eine andere Seite der Toskana kennenlernen möchte, steuert die Garfagnana und Lunigiana im Norden an. In den Tälern inmitten der Gipfel der Apuanischen Alpen warten jede Menge Outdoor-Abenteuer.

S. 198

Etruskische Riviera & Elba

STRÄNDE UND RUINEN

Die Etruskische Riviera bietet neben verschlafenen Strandorten auch etruskische Ruinen, dazu wunderbare Super-Toskaner-Weine. Nach einem Essen mit *cacciucco alla livornese* geht's mit der Fähre nach Elba, der größten Insel des Toskanischen Archipels, zum Relaxen am Mittelmeer.

S. 174

Südliche Toskana

KÜSTENWILDNIS UND GERUHSAMES LANDLEBEN

Das erste Naturschutzgebiet der Toskana, der Parco Regionale della Maremma, nimmt einen Großteil der südlichen Toskana ein – hier kann die Natur wunderbar gedeihen. Außerhalb des Parks gibt's Spuren der etruskischen Kultur, endlose Weinberge mit Sangiovese-Reben und mit die besten Strände der Region.

S. 152

Florenz

IMMER EINE INSPIRATION

Das Renaissance-Erbe der Stadt sucht natürlich seinesgleichen, doch Florenz ist viel mehr als ein riesiges Museum. Jenseits der majestätischen Kirchen, stattlichen Paläste und tollen Kunstwerke gilt es, eine weltoffene, stets im Wandel begriffene Stadt zu entdecken. Von der dynamischen kulinarischen Szene bis zur florierenden Kultur: Florenz ist mehr als sein Image.

S. 48

Östliche Toskana

VON BURGEN BEWACHTE TÄLER IM GRENZLAND

Der bewaldete Parco Nazionale Foreste Casentinesi markiert die Grenze zwischen der Toskana und der Emilia-Romagna, mit mittelalterlichen Städtchen, in denen Geschichte geschrieben wurde. Über landwirtschaftlich geprägtes Land, das nur wenige Reisende aufsuchen, verteilen sich Schauplätze alter Schlachten, Häuser bedeutender Künstler und opulente Villen früherer Herrscher.

S. 240

Siena & Zentraltoskana

WEIN, SANFTE HÜGEL UND MITTELALTERLICHE GESCHICHTE

Staubige weiße Straßen winden sich durch die Hügel, in denen schon seit Jahrhunderten Wein angebaut wird, und verbinden Bauernhöfe mit alten Weilern. Von Siena aus, dem einst mächtigen Stadtstaat mit der berühmten Piazza del Campo, sind sowohl das Val d'Orcia, ein Unesco-Welterbe, als auch die Weingüter des Chianti leicht zu erreichen.

S. 108

BESTE REISEZEIT

Die Aromen, Farben und Landschaften verändern sich mit den Jahreszeiten, sodass das ganze Jahr über etwas zu entdecken ist und man immer wieder zurückkommen möchte.

Die meisten Reisenden kommen vom späten Frühjahr bis zum Frühherbst: Dann sind die Tage lang und warm, die Touristenziele auf dem Land erwachen aus dem Winterschlaf und auf sonnigen Plätzen werden bei Festen regionale Köstlichkeiten, Kultur und moderne Kunst gefeiert. Vom Speisen unter freiem Himmel bis zum Bergwandern: Von April bis Oktober hat man das meiste von einer Toskana-Reise. Doch auch die Wintermonate sollte man nicht verschmähen – dann ist das Wetter zwar vielleicht nicht so gut, doch die festlich beleuchteten Städte lassen sich zu weitaus günstigeren Preisen erkunden und die Museen von Weltrang mit mehr Ruhe besuchen.

Ferien en masse

Der 15. August wurde 18 v. Chr. vom römischen Kaiser Augustus als Feiertag festgelegt und verschmolz später mit dem christlichen Fest Mariä Himmelfahrt. Zu dieser Zeit Mitte August machen die meisten Italiener:innen Urlaub: Die Städter zieht es in Massen an die Küste und die Preise steigen ins Astronomische; Unterkünfte sollten dann auf jeden Fall vorgebucht werden.

LOCAL TIPP

URBAN ART

Sofia Bonacchi leitet die Street Levels Gallery, die erste Urban-Art-Galerie in Florenz.
@streetlevelsgallery

Bei sonnigem Frühlingswetter kann man außerhalb des Stadtzentrums von Florenz nach Urban Art Ausschau halten, wie dem monumentalen *Giudizio Universale* von Francisco Bosoletti, einer von Dante inspirierten Komposition über fünf Gebäude in der Via di Corbinelli im Viertel Galluzzo; in der Via Policarpo Petrocchi befindet sich *L'Eredità* von Ache77, ein großes Stencil-Wandbild, das dem polnischen Kinderrechtsaktivisten Janusz Korczak gewidmet ist.

Palio-Feierlichkeiten, Siena (S. 116)

EXTREME HITZE

2022 verzeichnete die Toskana eine Rekordzahl an überheißen Tagen. Vom 15. Mai bis zum 31. Juli war es an über 40 Tagen über 35 °C heiß – beispiellos in der Region. Einen nationalen Klimaschutzplan muss Italien allerdings erst noch beschließen.

Reisewetter

JANUAR	FEBRUAR	MÄRZ	APRIL	MAI	JUNI
ø-Temp. Max: **11 °C**	ø-Temp. Max: **13 °C**	ø-Temp. Max: **15 °C**	ø-Temp. Max: **19 °C**	ø-Temp. Max: **24 °C**	ø-Temp. Max: **28 °C**
Regentage: 6	Regentage: 6	Regentage: 7	Regentage: 8	Regentage: 8	Regentage: 6

TAGE MIT SCHNEE

Im Apennin, in den Apuanischen Alpen und am Monte Amiata liegt in der Regel von Dezember bis Februar Schnee. Abetone und Monte Amiata zählen zu den beliebtesten Wintersportgebieten der Region: Besonders in den Weihnachtsferien strömen die Schneebegeisterten hierher.

Wichtige Musikfestivals

Zum **Firenze Rocks** (S. 74) kommen seit 2017 internationale Pop- und Rockgrößen wie Metallica, die Red Hot Chili Peppers und Green Day ins Florentiner Ippodromo del Visarno. **Juni**

Beim kürzlich ins Leben gerufenen Festival **La Prima Estate** verwandeln Indie-Acts Camaiore in ein Labor für neue Musik. **Juni**

Schon seit 1980 wird die Piazza del Duomo in Pistoia beim **Pistoia Blues Festival** (S. 234) zur Freilichtbühne. Hier sind schon Leute wie Frank Zappa und Jimmy Page aufgetreten. **Juli**

Das **Lucca Summer Festival** verwandelt die Stadt Lucca in eine riesige Open-Air-Bühne für Künstler wie Ben Harper, Bob Dylan und die Rolling Stones. Die Konzerte finden an verschiedenen Stellen in der Altstadt statt. **Juli**

Historische Spiele

Beim rauen **calcio storico** (S. 91) auf der Piazza di Santa Croce in Florenz treten die vier historischen Bezirke der Stadt an; das Spiel ist eine Kombi aus Fußball, Rugby und Ringen.

Juni

Auf der Piazza del Campo in Siena findet zweimal im Jahr der berühmte **Palio** (S. 116) statt: Dann werden bei einem Pferderennen zwischen zehn der 17 Contraden (Stadtbezirke) alte Rivalitäten ausgefochten. **Juli & August**

Beim **Bravìo delle Botti** (S. 150) treten Vertreter der acht Contraden von Montepulciano gegeneinander an, indem sie schwere Weinfässer durch die engen Gassen der Stadt rollen. **August**

Bei der **Fiera del Cacio** (S. 144) wird die Käsereitradition des Val d'Orcia gefeiert: Auf dem Hauptplatz von Pienza werden Pecorino-Räder in einem Wettbewerb gekugelt. **September**

LOCAL TIPP

BERGAROMEN

Alberto Pellegrinetti ist Abenteuerplaner bei Garfagnana Dream. *@garfagnanadream.it*

Der Herbst ist eine tolle Reisezeit für die Garfagnana. Zum Ende des Sommers werden die Wälder des Naturschutzgebiets Orecchiella und um Careggine rot – ein Naturschauspiel, das mich nie kalt lässt. Dies ist außerdem die Zeit der Pilze und Kastanien – wer Glück hat, erspäht vielleicht eine der letzten noch genutzten *metati*, alte Steinhütten, in denen die Kastanien nach der Ernte getrocknet werden.

MIKROKLIMA

Der toskanische Wein verdankt seinen Ruhm zum Teil den zahlreichen Mikroklimata, die den Anbau verschiedenster Reben ermöglichen. Die berühmten Bolgheri-Weine z. B. sind das Ergebnis eines idealen Gleichgewichts aus Sonne und Meeresbrise, die durch die Hügel weht.

JULI	AUGUST	SEPTEMBER	OKTOBER	NOVEMBER	DEZEMBER
ø-Temp. Max: **31 °C**	ø-Temp. Max: **31 °C**	ø-Temp. Max: **26 °C**	ø-Temp. Max: **21 °C**	ø-Temp. Max: **15 °C**	ø-Temp. Max: **12 °C**
Regentage: 4	Regentage: 5	Regentage: 7	Regentage: 9	Regentage: 9	Regentage: 7

LINKS: ZIGRES/SHUTTERSTOCK © STEPNIAK/SHUTTERSTOCK ©

Ponte Vecchio, Florenz (S. 40)

BESTENS VORBEREITET AUF DIE TOSKANA

Nützliches zum Vorbereiten und Einstimmen.

Was anziehen?

Schichten Zwar ist es die meiste Zeit im Jahr sonnig, doch in den letzten Jahren gab's im Sommer auch Stürme und Regengüsse. Wer von Juni bis September vor Ort ist, sollte neben den Badesachen stets eine leichte wasserdichte Jacke mitnehmen; im Frühjahr und Herbst kann es zudem abends kühl werden. Im Winter ist es kalt: Dann sind eine dicke Jacke und festes Schuhwerk angesagt.

Wichtig für den Sommer Besonders in den Städten kann das Klima feucht sein. Neben angemessener Kleidung für sehr heißes Wetter gehören Mückenschutz, eine Kopfbedeckung und Sonnencreme zum Schutz vor den schädlichen UV-Strahlen ins Gepäck.

Was beachten?

Zwei Wangenküsse sind eine gängige Form der Begrüßung zwischen Freund:innen und Familienangehörigen. Wer nicht busserln möchte, schüttelt einfach Hände oder sagt „Ciao!" – das ist völlig okay.

Mit dem **Essen** wartet man, bis alle etwas bekommen haben, und vor dem **Trinken** prostet man sich mit „Salute!" zu. Fürs Essen nimmt man sich hier Zeit.

Es ist durchaus üblich, die **Restaurantrechnung** „alla romana" zu teilen – zu gleichen Anteilen für alle Leute am Tisch.

Schuhe Für italienische Städte erscheinen stylische Schuhe vielleicht angebracht, doch wer felsige Berge erklimmen möchte, sollte auch Wanderstiefel mitnehmen.

LESEN

Chronik einer Familie (Vasco Pratolini; 1947) Vasco Pratolini erzählt die Geschichte seines verlorenen Bruders Dante im Florenz der Nachkriegszeit.

Verflixte Italiener (Curzio Malaparte; 1956) Ein witziger, ironischer Essay über die Einzigartigkeit der Bewohner der Toskana und die Unterschiede zwischen den Städten.

Michelangelo (Irving Stone; 1961) Der biografische Roman, inzwischen ein Klassiker, erzählt die Lebensgeschichte Michelangelos.

Das Geld der Medici (Tim Parks; 2005) Parks folgt der Spur des Geldes, um die Machtverhältnisse nachzuzeichnen, die die Geschichte geprägt haben.

Sprechen

Ciao ist im Italienischen das Standardwort für „hallo" oder „tschüss".

Je nach Tageszeit begrüßt man Personen formell mit **buongiorno** (morgens) oder **buonasera** (ab nachmittags).

Grazie heißt „danke", **prego** „bitte".

Arrivederci ist ein formeller Ausdruck für „auf Wiedersehen".

Come va? ist für Personen, die man schon kennt, jedoch nicht für Fremde, eine freundliche Art, „Wie geht's?" zu fragen.

Parla tedesco/inglese? heißt „Sprechen Sie Deutsch/Englisch"?

Come ti chiami? bedeutet „Wie heißt du?" und **piacere** heißt „Sehr erfreut!"

Um im Restaurant nach einem Tisch für zwei Personen zu fragen, sagt man **ha un tavolo per due?**

Einen Espresso im Café bestellt man mit **un espresso per favore**.

Nach Hilfe ruft man mit **Aiuto!**

ANSCHAUEN

Die Medici – Herrscher von Florenz (Frank Spotnitz; 2016) In drei Staffeln folgt die Serie den Mitgliedern der mächtigsten Florentiner Familie der Renaissance.

Ein irres Klassentreffen (Mario Monicelli; 1975) Die Kultkomödie erzählt von fünf Freunden aus Florenz.

Das Leben ist schön (Roberto Benigni; 1997) Die Tragikomödie erzählt die Geschichte eines Juden in Arezzo unter dem Faschismus.

Nostalghia (Andrei Tarkowski; 1983) Der Protagonist Andrei Gortschakow reist in die südliche Toskana, um das Leben des Komponisten Pawel Sosnowski zu erforschen.

REINHÖREN

Amen (Baustelle; 2008) Das vierte und beliebteste Album der Band Baustelle ist ein Mix aus poetischem Indierock und melodischen Balladen.

Cari Fottutissimi Amici (The Zen Circus; 2022) Im aktuellen Werk der bekanntesten Rockband aus Pisa verbinden sich Einflüsse aus Punk und Folk.

Io e te (Gianna Nannini; 2011) Das in London aufgenommene 17. Album der Rockröhre Gianna Nannini aus Siena stürmte gleich am Tag des Erscheinens an die Spitze der italienischen Charts.

Se mi rilasso collasso (Bandabardò; 2001) Politische Texte und vergnügliche Folkklänge haben das bekannteste Album von Bandabardò zu einem Klassiker gemacht.

TRIFF DIE TOSKANER:INNEN

Ihre Sprache ist von Ironie geprägt, daher sind sie nicht immer leicht zu deuten: ANGELO ZINNA stellt uns die Toskaner:innen vor.

DIE TOSKANER:INNEN existieren eigentlich nicht. Jedenfalls habe ich noch nie einen oder eine getroffen. Im Verlauf der Geschichte haben schon viele versucht, die Menschen hier stereotyp zu beschreiben. Zwar gibt es durchaus Gemeinsamkeiten wie den Hang zur Blasphemie, doch sagt man jemandem aus Livorno, er oder sie sei so wie jemand aus Pisa, oder jemandem aus Siena, es sei eigentlich kein großer Unterschied zwischen ihm oder ihr und jemandem aus Florenz, dann könnte man sein Urteil schnell bereuen.

Bis zum heutigen Tag währen die Rivalitäten in Form des *campanilismo* fort, eines ausgeprägten Stolzes auf den Geburtsort, der sich oft dadurch zeigt, dass Nachbarn mit viel Ironie und Sarkasmus bedacht werden. Zwar gehören echte Auseinandersetzungen der Vergangenheit an, doch noch immer wird derber Humor kompromisslos eingesetzt, um sowohl im Privaten als auch in den Medien Außenstehende schlecht zu machen – die Satirezeitung *Il Vernacoliere* aus Livorno etwa teilt seit nunmehr 40 Jahren gegen Kirche, Politik und alle aus Pisa heftig aus.

Diese rauen Witze sollte man nicht allzu ernst nehmen. Sie gehören zum sozialen Klebstoff, mit dem viele ihren alltäglichen Sorgen begegnen – wie etwa zu sehen in Mario Monicellis Kultfilm *Ein irres Klassentreffen* von 1975, in dem eine Gruppe von Freunden aus Florenz der Routine entkommt, indem sie anderen Streiche spielt. Humor hebelt nicht zuletzt alle Versuche aus, den Charakter der Menschen in der Toskana festzulegen. Indem sie andere und sich selbst auf den Arm nehmen, halten die Toskaner:innen auch die Tradition aufrecht, alle diejenigen lächerlich zu machen, die sie über einen Kamm scheren wollen.

Eine antiautoritäre Einstellung ist schon lange im toskanischen Bewusstsein verankert und der Wunsch nach Selbstbestimmung drückt sich oft durch eine Ironie aus, die Hierarchien einebnet und vor der niemand gefeit ist.

Dennoch ändert sich langsam etwas. Da die jüngeren Generationen mehr herumkommen – über 200 000 Toskaner:innen leben heute im Ausland, wobei sich die Zahl in den letzten 20 Jahren mehr als verdoppelt hat – und dank internationaler Universitäten und vermehrtem Tourismus werden die größeren Städte immer bunter, sodass innertoskanische Unterschiede verblassen und der typische Humor heute nicht mehr so angesagt ist. Die Antagonismen aus den Zeiten der Stadtstaaten verschwinden unter dem Einfluss der Globalisierung, die Liebe zur eigenen Region bleibt dabei noch immer ausgeprägt. Besonders am Esstisch, dem einzigen heiligen Ort, erreicht der Stolz seinen Höhepunkt: Hier mit den Regeln zu brechen erscheint als Sakrileg. Und wer nicht versteht, was das Ganze soll, dem ist halt nicht zu helfen.

Wer & wie viele

Die Toskana hat etwa 3,7 Mio. Einwohner:innen. Rund 11,5 % der Bevölkerung stammt aus dem Ausland; die größten Gruppen sind Personen mit rumänischen, chinesischen und albanischen Wurzeln.

Im Uhrzeigersinn von links oben: Fahnenträger der Contrade Pantera beim Palio; Italienerin in Cortona; bei der Weinlese in Montalcino; Marktverkäuferin auf dem Mercato Centrale in Florenz

ICH BIN EIN TOSKANER – ODER?

Obwohl ich die ersten 20 Jahre meines Lebens in einem Städtchen zwischen Florenz und Pisa verbracht habe, habe ich mich nie als echten Toskaner verstanden. Mein sizilianischer Vater und meine finnische Mutter sind zwar lange vor meiner Geburt in die Toskana gezogen, doch viele regionale Merkmale wie der toskanische Dialekt oder das Essen spielten bei uns kaum eine Rolle.

Vielleicht konnte ich deswegen so einfach von der Toskana weggehen. Mit 20 reiste ich nach Australien und wollte nur ein halbes Jahr bleiben. Daraus wurde eine zwölf Jahre lange Reise über drei Kontinente – nach Aufenthalten in Neuseeland und Großbritannien und Reisen durch Asien zog ich erst in die Niederlande, um mich schließlich in Florenz niederzulassen.

Wie viele andere, die weggegangen und später zurückgekommen sind, ist es leichter für mich zu sagen, wo ich herkomme, statt zu erklären, wer ich bin oder gar wo ich hinwill.

ANTONIO GRAVANTE/SHUTTERSTOCK ©

Schiacciata all'olio

ESSEN WIE DIE LOCALS

Essen und Trinken sind in der Toskana heilige Rituale. Ob ein schneller Imbiss oder ein langes Mahl – Essen ist hier immer ein tolles Erlebnis.

Trotz all der unterschiedlichen Speisen der Toskana scheinen alle Bewohner der Region stolz auf ihre Küche zu sein. Nichts hält so stark zusammen wie das Essen und überall ist man darum bemüht, Traditionen aufrechtzuerhalten. Zwar ist die saftige *bistecca alla fiorentina*, das dicke T-Bone-Steak, oft das Erste, woran Reisende bei den Spezialitäten der Toskana denken, doch wurde sie meist nur von der Elite verspeist, während die restliche Bevölkerung auf einfachere Zutaten angewiesen war. Wer in die toskanische Küche eintauchen möchte, muss ihre ländlichen Wurzeln in der *cucina povera* (Arme-Leute-Küche) verstehen: Sie besteht aus ein paar Standardgerichten und der kreativen Verarbeitung von Resten zu stärkenden Gerichten, selbst unter widrigen Umständen. Alte Rezepte tauchen auch heute noch auf den Karten moderner Trattorien und Osterien auf – aus dem Mangel geborene Speisen gelten heute als Seelentröster, deren Einfachheit ihre Stärke ist.

Brot für alle Gelegenheiten

Da alle Unterregionen leicht andere Zubereitungs- und Essmethoden kennen, ist es schwer, ein einziges Gericht zu bestimmen, das die toskanische Küche verkörpert. Jedoch gibt es eine Standardzutat, die überall dazugehört: Brot. Das gibt es in allen möglichen Arten und Formen, vom ungesalzenen *pane toscano* bis zur mit Olivenöl bestrichenen *schiacciata* und zum süßen *pan di ramerino* – Brot ist die Hauptbei-

Unbedingt probieren!

RIBOLLITA
Gemüse-Brot-Suppe aus Florenz, Pisa und Siena.

PAPPA AL POMODORO
Trockenes Brot, Knoblauch und Tomaten in einem Standardgericht der toskanischen Arme-Leute-Küche.

BISTECCA ALLA FIORENTINA
Das wohl bekannteste Gericht: ein riesiges T-Bone-Steak vom Chianina-Rind, blutig serviert.

gabe zu allen Gerichten. Da die Zutaten auf dem Land leicht verfügbar waren und die Adligen Essensreste an die Armen verteilen ließen, gibt es auch eine große Palette an Suppen wie *ribollita* und *pappa al pomodoro*, Salaten wie *panzanella* sowie *bruschette* und *fettunta* (getoastetes Brot mit Knoblauch und viel Olivenöl).

Vegetarisch & Vegan

Eine komplette italienische Mahlzeit besteht in der Regel aus einem *aperitivo* und einem Häppchen, gefolgt von der Vorspeise, dem ersten und zweiten Gang, dem Nachtisch, einem Kaffee und einem Verdauungslikör wie Amaro. Veganer haben besonders außerhalb der größeren Städte in Restaurants weniger Auswahl, während sich Vegetarier auf die vielen Käsesorten der Toskana stürzen können. Als Vorspeise gibt's vielleicht Pecorino und Caprino oder Bruschetta mit Tomate, Knoblauch und Olivenöl, als ersten Gang meist Pasta mit unterschiedlichen Saucen; fleischlos sind etwa *cacio e pepe* (Käse und Pfeffer), *all'aglione* (mit einer heimischen Koblauchart) und Trüffeln. Der zweite Gang ist für Veganer und Vegetarier schwieriger, da je nach Region viel Fleisch und Fisch serviert wird.

FEDERICO TOVOLI/AVALON/UNIVERSAL IMAGES GROUP VIA GETTY IMAGES ©

MICAELA FIORELLINI/SHUTTERSTOCK ©

Spaghetti cacio e pepe

Toll für Veganer sind z. B. *cecina* (herzhafte Kichererbsenpfannkuchen, in Livorno auch *cinque e cinque* genannt) und *fagioli all'uccelletto* (würziger Eintopf mit Bohnen und Tomaten). Zum Abschluss des Mahls gibt's etwa *castagnaccio* (Kastanienkuchen) oder *schiacciata all'uva* (Trauben-*focaccia*), gefolgt von einem Espresso und einem Grappa aus der Region oder einem China Clementi, einem Kräuterlikör aus der Lunigiana.

KULINARIK- & WEINFESTE

Mostra Mercato Nazionale del Tartufo Bianco Jedes Jahr im November wird in San Miniato die begehrte Weiße Trüffel gefeiert.

Expo del Chianti Classico Winzer aus dem Chianti treffen sich im September in Greve in Chianti, um ihre Erzeugnisse vorzustellen.

Sagra delle Castagne a Marradi In Marradi in der Nordostecke der Toskana findet jeden Oktober ein Kastanienfest statt – dafür gibt's keinen besseren Ort.

Fiera del Cacio Der berühmte fassgereifte Pecorino aus Pienza hat im September sein eigenes Fest; dabei findet auf dem Hauptplatz u. a. ein originelles Spiel statt, bei dem Käseräder gerollt werden.

Festa dell'Olio In der ersten Dezemberwoche feiert San Quirico d'Orcia sein Olivenöl mit Märkten, Verkostungen und Rundgängen.

CECINA
Herzhafter dünner Pfannkuchen aus Kichererbsenmehl aus der Gegend um Livorno.

PEPOSO
Eintopf mit Rindfleisch, Rotwein und Pfefferkörnern.

PICI ALL'AGLIONE
Handgerollte Pasta mit einer Sauce aus Tomaten und einer Knoblauchsorte aus dem Valdichiana.

TORTELLI ALLE PATATE
Mit Kartoffeln gefüllte Teigtaschen aus dem Mugello und dem Casentino.

CACCIUCCO
Typisch Livorno: ein pikanter roter Eintopf mit einem halben Dutzend Meerestiere.

Lokale Spezialitäten

Für Feinschmecker

Pecorino Toscano Feiner toskanischer Schafskäse, von frisch bis gereift.
Tartufo bianco Die Weiße Trüffel findet man im Herbst in Teilen der Toskana; das Trüffelmekka ist der Ort San Miniato.
Zafferano Safran aus San Gimignano ist teuer, aber wer im September/Oktober hier ist, sollte ihn probieren.
Olivenöl Aus der Toskana kommt bestes Olivenöl – im November das *olio novello* verkosten!

Streetfood

Cinque e cinque Ein Sandwich mit *cecina* (Kichererbsenpfannkuchen), serviert in Livorno.
Schiacciata ripiena Beliebt in Florenz – ölige, salzige *focaccia* mit Wurst und Käse.
Panino con la porchetta Ein rundes, mit Schweinerollbraten gefülltes Sandwich.
Gelato In Florenz erfundene Eiscreme gibt's an jeder Ecke.

Süße Leckereien

Castagnaccio Ein Herbstkuchen aus Kastanienmehl und Pinienkernen.

Bruschetta mit Öl

Cantucci Mandelkekse, am besten in *vin santo* (Süßwein) gestippt.
Schiacciata all'uva Süße *focaccia* mit roten Trauben.
Brigidini Dünnes Anisgebäck aus Lamporecchio bei Pistoia.

Für Mutige

Lampredotto In Brühe gekochter Labmagen der Kuh, serviert in einem Sandwich mit Petersiliensauce.
Lardo di Colonnata In Colonnata in Marmorbecken gereifter Speck.
Trippa alla fiorentina Kutteln in Tomatensauce mit Parmesan.
Crostini neri Geröstetes toskanisches Brot mit Hähnchenleber.

GESCHMACKSERLEBNISSE

Enoteca Pinchiorri, Florenz (S. 91) Das berühmteste Restaurant der Stadt ist eins von nur wenigen weltweit, denen zweimal drei Michelinsterne verliehen wurden.

Filippo, Pietrasanta (S. 221) Moderne Küche in Pietrasanta: Hier treffen in künstlerischem Flair Aromen vom Land und aus dem Meer zusammen.

Rinuccio 1180, San Casciano Val di Pesa (S. 131) Im Restaurant des modernen Weinguts Antinori mit Ausblick auf die Weinberge des Chianti speisen.

Cibrèo, Florenz (S. 89) Eine Florentiner Institution, in der schon seit 40 Jahren örtliche Traditionen zelebriert werden.

Pepenero, San Miniato (S. 212) Spezialitäten auf Trüffelbasis in alteingesessenem Restaurant in San Miniato.

SAISONALE KÜCHE

FRÜHLING

Der Frühling ist Spargelzeit; dann folgen Artischocken und Zucchini. Am Ende des Frühlings tauchen Kirschen die Marktstände in ein schönes Rot.

SOMMER

Viele machen Urlaub an der Küste, Meeresfrüchte sind heiß begehrt. Im Juli wird im Valdichiana der *aglione* geerntet, eine süßliche, große Knoblauchsorte. Meist im September wird um San Gimignano Safran geerntet.

HERBST

Trauben und Oliven werden im September und Oktober geerntet und zu zwei der beliebtesten Erzeugnisse der Toskana verarbeitet: Wein und Öl. Im Herbst gibt's Kastanien, Dinkel, Kürbisse, Trüffeln und Steinpilze.

WINTER

Wenn es kälter wird, werden gern Suppen wie *ribollita*, Minestrone und *acquacotta* verzehrt, zusammen mit klassischen *crostini al cavolo nero* (Schwarzkohl) aus der Region.

Castagnaccio

ORIETTA GASPARI/GETTY IMAGES ©

Forte dei Marmi (S. 220)

OUTDOOR-ERLEBNISSE

Von Berglandschaften bis zu Surfspots: Auch jenseits der Kulturstädte und Hügel hat die Toskana einiges zu bieten.

Da die Toskana zu rund einem Viertel aus Bergen besteht, eignet sie sich besonders im Sommer bestens für Abenteuer an der frischen Luft. Zwar können die Gipfel hier mit denen der Alpen in Sachen Höhe und Bekanntheitsgrad nicht mithalten, doch wer sich abseits der ausgetretenen Pfade bewegt, findet hier unberührte Natur und auch anspruchsvolle Wege. Pilger haben schon vor langer Zeit Fernwanderrouten etabliert. Aber Wandern ist nur ein Teil des Angebots. Vor einem Bad im Tyrrhenischen Meer können Mountainbiker Trails im Apennin in Angriff nehmen.

Kurz- & Fernwanderungen

Von Nord nach Süd durchziehen die Toskana 7000 km Wanderwege. Die meisten werden vom Club Alpine Italiano (CAI) unterhalten und sind mit rot-weißen Schildern gekennzeichnet. Auf längeren Routen bieten Hütten Unterkunft und es können auch Wanderführer angeheuert werden. Der Apennin an der Grenze zur Emilia-Romagna ist etwas sanfter als die zerklüfteten Apuanischen Alpen, die ihren Namen der Ähnlichkeit mit den richtigen Alpen im Norden Italiens verdanken. Leider sind die meisten Wege mit öffentlichen Verkehrsmitteln nur schwer zu erreichen – wer sich in der Garfagnana oder Lunigiana niederlässt, kann die Berge an der Küste in Angriff nehmen.

Wer mehr Zeit hat, erkundet die Toskana auf geruhsame und nachhaltige Weise auf den Fernwanderwegen zwischen den

Abenteuersport

KLETTERN
Die 800 m hohe senkrechte Wand des **Monte Pizzo d'Uccello** (S. 226) in den Apuanischen Alpen in Angriff nehmen.

CAVING
Mit einem professionellen Höhlenkundler die 4,5 km lange **Grotta del Vento** (S. 227) bei Fornovolasco erforschen.

KAJAKFAHREN
Mit dem Kajak oder Tretboot über den türkisfarbenen **Lago di Gramolazzo** (S. 225) schippern.

FAMILIEN-ABENTEUER

Durch die Tenuta di San Rossore (S. 213) radeln auf der Suche nach wilden Tieren, wie die Medici vor Jahrhunderten.

Den Pinocchio Park (S. 237) besuchen, einen Freizeitpark in Collodi, dem Geburtsort von Carlo Lorenzini, dem Verfasser der *Abenteuer des Pinocchio*.

Über den Fluss Ombrone im **Parco Regionale della Maremma (S. 161)** paddeln, um in der Morgendämmerung Vögel zu entdecken.

Vögel beobachten in der Lagune von **Orbetello (S. 168)** und vielleicht rosa Flamingos erspähen, wie sie übers spiegelglatte Wasser gleiten.

Eine Trüffelsuche in den Wäldern um **San Miniato (S. 211)** bei einem einheimischen *tartufaio* samt Hund buchen.

Durch die Anlage mit den monumentalen bunten Plastiken von Niki de Saint Phalle im **Giardino dei Tarocchi (S. 172)** bei Capalbio spazieren.

Ortschaften. Am bekanntesten ist die Via Francigena, die legendäre Pilgerroute von Canterbury nach Rom und Jerusalem: Sie zieht sich in 17 Etappen durch die Toskana. Weitere Fernrouten sind die Via degli Dei von Bologna nach Florenz durch die Hügel des Mugello, die Via del Volto Santo von Pontremoli nach Lucca und der Cammino di Dante, der den Spuren des Verfassers der *Göttlichen Komödie* von Ravenna nach Florenz folgt.

Radfahren, Mountain- & Gravelbiking

Dank des hügeligen Terrains der Toskana tummeln sich auf den Nebenstraßen der Region die Radler, sowohl Profis als auch Amateure. Viele davon sind Einheimische, die das Wochenende gern auf zwei Rädern verbringen, und immer mehr zieht es auch auf ungeteerte Straßen und steile Bergtrails. Zu den Top-Zielen für anspruchsvolle Mountainbiker zählen die Garfagnana, die Monti Pisani und der Monte Amiata. In letzter Zeit ist auch das Gravelbiking immer beliebter geworden.

Jeden Oktober brausen Radler:innen im Chianti auf historischen Rädern über die 209 km lange Strecke des Eroica-Rennens; inzwischen gibt's weitere Radrennen wie die Ganza auf den staubigen Straßen um Lajatico.

Apuanische Alpen

Surfen

Zwar zählt die Toskana nicht unbedingt zu den Top-Reisezielen für Surf-Fans, doch die 400 km lange Küste bietet besonders im Frühjahr und Herbst genügend Wellen für eine florierende Szene. In den 1980er-Jahren wurde der Surfsport hier zuerst an der Versilia-Küste ausgeübt, die auch heute noch das Hauptziel für Wellenreiten ist, mit Surfschulen und Ausrüstungsverleihen in Forte dei Marmi, Marina di Massa und Viareggio.

CANYONING
Die tiefste Schlucht der Toskana im **Orrido di Botri** (S. 221) mit ihrer vielfältigen Tierwelt erkunden.

SKIFAHREN
Wer im Winter in der Toskana ist, sollte zum Skifahren den **Monte Amiata** (S. 167) ansteuern.

SCHNORCHELN
Die Unterwasserwelt an der felsigen **Spiaggia delle Rocchette** (S. 166) erforschen.

PARAGLIDEN
Bei **Castelnuovo di Garfagnana** (S. 223) über die Berge und Täler der Apuanischen Alpen gleiten.

ACTION AREAS

Die besten Outdoor-Erlebnisse in der Toskana.

Radfahren

1. Eroica-Radrennen (S. 129)
2. Naturschutzgebiet Orecchiella (S. 226)
3. Ciclovia dei Castelli (S. 233)
4. Monti Pisani (S. 214)
5. Naturschutzgebiet San Rossore (S. 213)
6. Ciclovia dell'Arno (S. 253)

Wandern

1. Parco Regionale delle Alpi Apuane (S. 229)
2. Via Francigena (S. 233)
3. Via degli Dei (S. 260)
4. Parco Regionale della Maremma (S. 161)
5. Parco Nazionale delle Foreste Casentinesi (S. 252)
6. Via del Volto Santo (S. 227)
7. Il Cammino di Dante (S. 260)
8. Monte Amiata (S. 167)

Surfen

1. Forte dei Marmi (S. 220)
2. Marina di Pietrasanta (S. 220)
3. Viareggio (S. 220)
4. Ansedonia (S. 172)
5. Castiglione della Pescaia (S. 166)

Cattedrale di Santa Maria Assunta, Pisa

REISEROUTEN

Städte voller Kultur

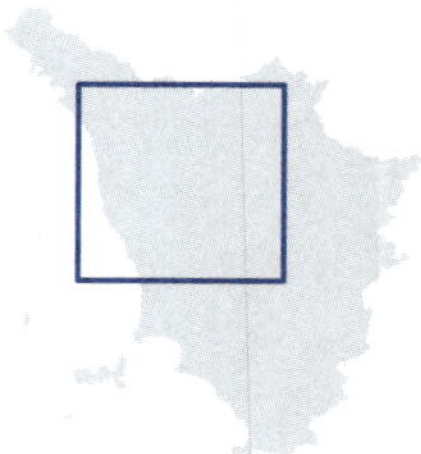

Dauer: 10 Tage
Strecke: 300 km

Diese Rundreise ab Florenz führt zu einigen der eindrucksvollsten Bauwerke der Region, mit wohlverdienten Pausen zwischen all der Kultur. Nachdem man sich an Renaissance-Kunst sattgesehen hat, geht's durch malerische Landschaften zu mittelalterlichen Orten.

1

FLORENZ 3 TAGE

In **Florenz** (S. 48) warten zunächst Dutzende Museen, Kirchen und Piazzas voller Meisterwerke der Renaissance und der Moderne. Dazu locken kulinarische Genüsse und eine muntere *aperitivo*-Szene, bevor es weitergeht zu weniger überfüllten alten Städtchen in der Umgebung.

***Abstecher:** Im Hügelort **Fiesole** gibt's etruskische archäologische Stätten und einen der schönsten Ausblicke auf Florenz. 35 Min. ab Bahnhof Santa Maria Novella*

2

PISTOIA 1 TAG

Im reizenden **Pistoia** (S. 234) mit gestreifter romanischer Architektur in der Altstadt gibt's keine Warteschlangen. Nach dem Besuch in der Cattedrale di San Zeno und im nahen Antico Palazzo dei Vescovi geht's in die unterirdischen Tunnel, um etwas über die Geschichte der Stadt zu erfahren.

***Abstecher:** Den Besuch der modernen Freilichtgalerie der **Fattoria di Celle** sollte man vorbuchen. 1 Std. 20 Min. ab dem Bahnhof von Pistoia*

3

LUCCA 1 TAG

Durch die Porta San Pietro geht's ins zauberhafte Zentrum von **Lucca** (S. 215) mit zahlreichen historischen Bauten und Plätzen. Spektakuläre Ausblicke auf die Stadt bieten sich von der baumbestandenen Torre Guinigi; dann begibt man sich wie die Einheimischen zur abendlichen *passeggiata* (Spaziergang) auf der Stadtmauer aus dem 16. Jh.

45 Min. ab dem Bahnhof von Lucca

4

PISA ⏱ 2 TAGE

In **Pisa** (S. 204) steht die Piazza dei Miracoli, ein Unesco-Welterbe, auf dem Programm: Neben dem Schiefen Turm gibt's hier fantastische romanische Architektur. Abwechslung bietet der Parco Regionale di Migliarino, San Rossore, Massaciuccoli; rund um das ehemalige Medici-Anwesen sind Tiere zu beobachten.

Abstecher: *Das* ***Museo Piaggio*** *in Pontedera widmet sich einer weiteren italienischen Ikone, der Vespa.*
40 Min. vom Zentrum von Pisa

5

VOLTERRA ⏱ 1 TAG

Nach einem Stopp in Peccioli, einem Zentrum für Gegenwartskunst, geht's nach **Volterra** (S. 138): Hier säumen etruskische und römische Ruinen das mittelalterliche Herz der Stadt. In den Werkstätten erfährt man etwas über die Alabaster-Schnitzerei. Dann geht's weiter durchs Elsa-Tal.

Abstecher: *Einen Stopp lohnt Andrea Bocellis* ***Teatro del Silenzio****, eine Freilichtbühne auf dem Land.*
1 Std. von Volterra

6

SAN MINIATO ⏱ 2 TAGE

Fürs Elsa-Tal sind zwei Tage eingeplant, um z. B. im „Klein-Manhattan" San Gimignano (s. Foto) den berühmten Vernaccia-Wein zu probieren. Dann geht's durch Weiler wie Certaldo Alta und Castelfiorentino weiter nach **San Miniato** (S. 211): Hier locken köstliche Gerichte mit Weißen Trüffeln. Florenz ist nur eine knappe Autostunde entfernt – man kann sich also Zeit lassen!

REISEROUTEN

Toskana-Roadtrip

Dauer: 12 Tage
Strecke: 300 km

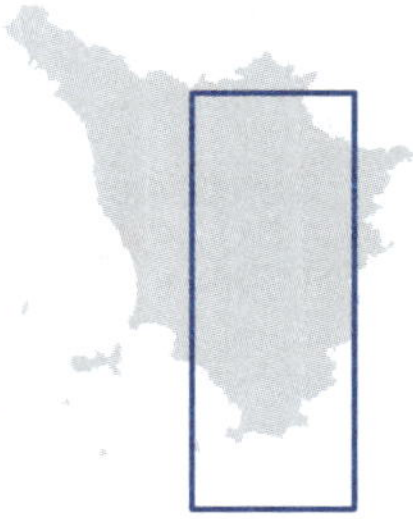

Südlich von Florenz verändert sich die Landschaft: Weinberge, von Zypressen durchsetzte Hänge und Täler und Grenzorte aus der Etruskerzeit tauchen auf. Diese herrliche Autotour führt zu Weltklasse-Weingütern, Welterbestätten und Bauernhof-Unterkünften, wo man gar nicht wieder wegwill. Hier gibt es einige der leckersten Spezialitäten der Region zu probieren. Kamera nicht vergessen!

Val d'Orcia

RUDMER ZWERVER/SHUTTERSTOCK ©

1

GREVE IN CHIANTI 2 TAGE

Nach ein paar Tagen in Florenz erkundet man auf der Fahrt über die Via Chiantigiana, die malerische Straße zwischen Florenz und Siena, das Weinland im Süden. Von einem der vielen *agriturismi* (Bauernhof-Unterkünfte) bei **Greve in Chianti** (S. 126) aus klappert man die Weingüter ab, um herrliche Tröpfchen zu probieren.

***Abstecher:** Am Weg nach Siena liegt an der Via Francigena der befestigte alte Ort **Monteriggioni**. 1 Std. 20 Min.*

2

SIENA 2 TAGE

Das elegante **Siena** (S. 114), für das man sich zwei Tage Zeit lässt, präsentiert Architekturjuwelen wie die Piazza del Campo mit dem Palazzo Pubblico. Der Dom beeindruckt mit seinem unglaublichen Boden, die Museen und Kirchen im Zentrum des ehemaligen Stadtstaats bezaubern mit einem reichen Fundus an mittelalterlicher Kunst.

***Abstecher:** Eine Augenweide ist die **Abbazia di San Galgano**, eine gotische Abteikirche ohne Dach bei Chiusdino. 1 Std. vom Zentrum von Siena*

3

PIENZA & VAL D'ORCIA 2 TAGE

Auf dem Weg Richtung Süden durch die Mondlandschaften der Crete Senesi zum Unesco-Welterbe Val d'Orcia legt man einen kurzen Stopp bei der Abbazia di Monte Oliveto Maggiore ein, bevor es weitergeht nach **Pienza** (S. 142), der „idealen Stadt" der Renaissance. Gestärkt mit einem Teller *pici* (Nudeln) und etwas Pecorino erkundet man weiter die malerischen Landschaften und steinernen Weiler, die das Val d'Orcia prägen.

***Abstecher:** Zwischen Pienza und San Quirico d'Orcia lohnt die **Cappella della Madonna di Vitaleta** einen Fotostopp. 30 Min. von Pienza*

4 MONTALCINO 1 TAG

Nach Verlassen des Val d'Orcia bietet sich ein Halt im befestigten Ort **Montalcino** (S. 146) an, der Heimat des berühmten Weins Brunello di Montalcino. Nach dem Besuch des Tempio del Brunello und umliegender *enoteche* (Weinbars) geht's aufs Land zu einem der alten Weingüter der Gegend wie Ciacci Piccolomini D'Aragona oder Fattoria dei Barbi.

Abstecher: *Weiter südlich lohnt die* ***Abbazia di Sant'Antimo*** *einen Zwischenstopp. 1½ Std. von Montalcino*

5 PITIGLIANO & CITTÀ DEL TUFO 2 TAGE

Der tiefe Süden der Toskana ist bekannt für seine Dörfchen hoch oben auf Tuffsteinformationen, die seit etruskischer Zeit bewohnt sind. Die **Città del Tufo** umfasst neben archäologischen Stätten reizende, durch kurvenreiche Straßen verbundene Orte wie Sorano, Sovana und **Pitigliano** (S. 164) – Letzteres war aufgrund seiner jüdischen Gemeinde auch als „Klein-Jerusalem" bekannt. Aus der Zeit der Etrusker gibt's Höhlen und Nekropolen.

Abstecher: *Erholung bietet ein Bad im Thermalwasser von* ***Saturnia****.* *1 Std. 20 Min. von Pitigliano*

6 ORBETELLO 3 TAGE

Den Abschluss der Tour bildet die erholsame Maremma-Küste mit wilden Stränden und Naturschutzgebieten bei **Orbetello** (S. 168). Wer noch Zeit hat, kann die versteckten Buchten am Monte Argentario erkunden und mit der Fähre die Isola del Giglio ansteuern, um die mediterrane Sonne zu genießen.

Abstecher: *Kurz vor der Küste liegt der* ***Giardino dei Tarocchi****, ein Garten mit monumentalen Skulpturen.*

REISEROUTEN

Wildnis mit einem Hauch Barock

Dauer: 10 Tage
Strecke: 230 km

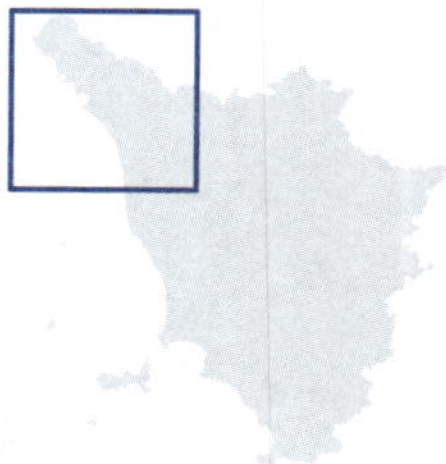

Eine ganz andere Toskana abseits der Städte erwartet Reisende am bergigen Nordrand der Region, mit einzigartigen Aromen und unberührten Landschaften – dort, wo der Apennin auf die Apuanischen Alpen trifft. In den alten Tälern der Garfagnana und Lunigiana eröffnet sich ein ganz neuer Blick auf die Toskana.

❶

LUCCA ⏱ 2 TAGE

Los geht's im reizenden alten **Lucca** (S. 215) mit seinen verschiedenen Vergangenheitsschichten rund um die Piazza dell'Anfiteatro, einen der eindrucksvollsten Plätze Italiens auf den Fundamenten eines römischen Amphitheaters. Nach der Visite bei den barocken Meisterwerken im Palazzo Pfanner und Museo Nazionale di Palazzo Mansi geht's gen Norden Richtung Garfagnana.

Abstecher: *In* ***Borgo a Mozzano*** *ist die Teufelsbrücke aus dem 11. Jh. interessant. 🚗 50 Min. vom Zentrum von Lucca*

❷

BARGA ⏱ 1 TAG

Am Fluss Serchio entlang kommt man bald zum mittelalterlichen Dorf **Barga** (S. 221), einem der malerischsten der nördlichen Toskana dank seiner Lage in einem Tal umgeben von den majestätischen Apuanischen Alpen. Von der Collegiata di San Cristoforo bietet sich ein spektakulärer Ausblick auf die gesamte Kulisse; dann geht's weiter ins Hochland.

🚗 20 Min. von Barga

❸

CASTELNUOVO DI GARFAGNANA ⏱ 3 TAGE

Von einer Bauernhof-Unterkunft bei **Castelnuovo di Garfagnana** (S. 222) erkundet man ein paar Tage lang zu Fuß oder per Rad die Umgebung. Die Möglichkeiten sind endlos, vom Lago di Vagli, einem Stausee mit dem versunkenen Dorf Fabbriche di Careggine, bis zur Besteigung der Pania della Croce; oder man leiht ein Mountainbike und erkundet die Wälder des Naturschutzgebiets Orecchiella.

Abstecher: *Am* ***Lago di Gramolazzo*** *kann man schön Tretboot fahren und die Berge bewundern. 🚗 1 Std. 40 Min. von Castelnuovo di Garfagnana*

4
PONTREMOLI 1 TAG

In **Pontremoli** (S. 232), dem Tor zur Toskana, locken die rätselhaften Statuen des Castello del Piagnaro. Ein faszinierendes Stück Barock-Architektur ist die Villa Dosi Delfini aus dem 17. Jh. Nach einer Stärkung mit *testaroli* (Pfannkuchen-Pasta mit Pesto) erkundet man auf der Via Francigena die Umgebung des Orts.

Abstecher: *Die Burgen der Lunigiana lassen sich per Rad auf der 47 km langen* ***Ciclovia dei Castelli*** *erkunden.*
1 Std. von Pontremoli

5
CARRARA 1 TAG

Das für seinen weißen Marmor bekannte **Carrara** (S. 228) gewährt einen Blick in die Geschichte der italienischen Kunst und das Verhältnis der Menschen zu ihrer Umwelt. Zu Galerien, die an die Tage erinnern, als sich Michelangelo hier Marmor aussuchte, gesellen sich die Gipfel der Umgebung.

Abstecher: *Von Colonnata führt eine Tageswanderung in die Apuanischen Alpen zur* ***Cima Gioia*** *mit einem bunten Bild à la Michelangelos* David.
35 Min. ab Carrara

6
PIETRASANTA 2 TAGE

Nach all den Wanderungen geht's zum Relaxen an die Küste ins Kunstzentrum **Pietrasanta** (S. 220). Die alte Stadt bietet eine der größten Ansammlungen von Galerien in ganz Italien und liegt nur 3 km entfernt von den Stränden in Marina di Pietrasanta an der Versilia-Küste.

REISEZIELE

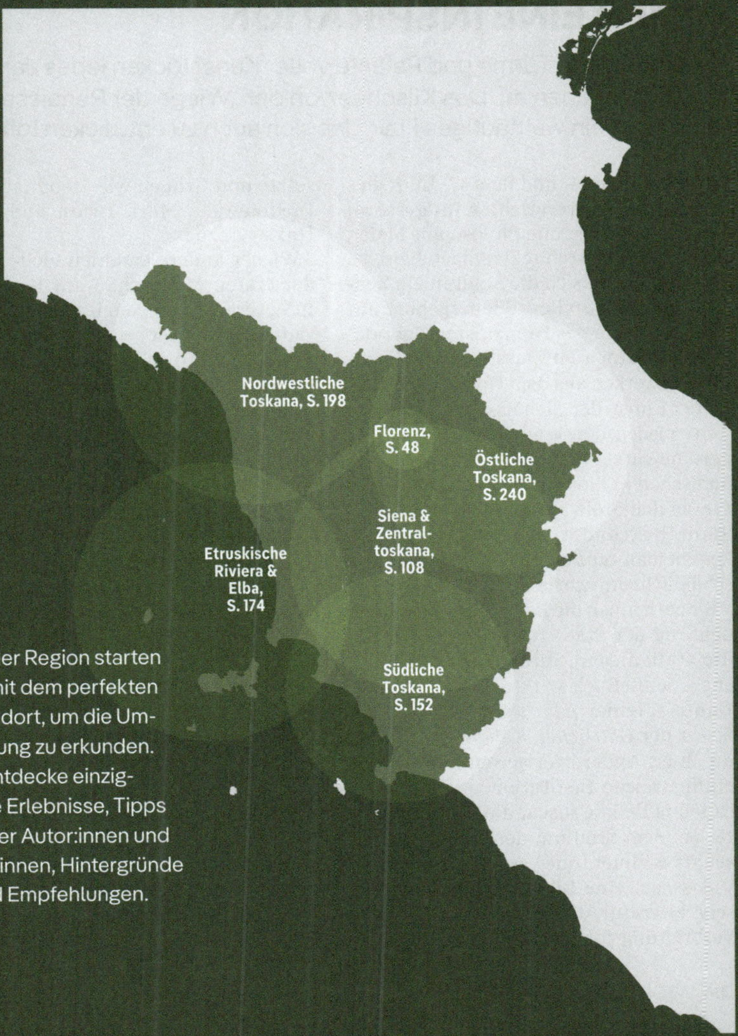

In jeder Region starten wir mit dem perfekten Standort, um die Umgebung zu erkunden. Entdecke einzigartige Erlebnisse, Tipps unserer Autor:innen und Expert:innen, Hintergründe und Empfehlungen.

San Gimignano (S. 132)

FABIO MICHELE CAPELLI/SHUTTERSTOCK ©

FLORENZ

IMMER EINE INSPIRATION

Mittelalterliche Türme und Paläste voller Kunst locken jedes Jahr Millionen Menschen an. Das Klischee von der „Wiege der Renaissance" überdeckt ein weltläufiges Flair, das sich auch zu entdecken lohnt.

Zwischen dem 14. und dem 17. Jh. zog es dank dem wiedererwachten Interesse an klassischer Kunst und Philosophie Maler, Bildhauer und Architekten nach Florenz. So verwandelte sich die Stadt in ein Zentrum der kulturellen Wiedergeburt auf der Grundlage des Humanismus, der damals in Europa Fuß fasste. Die Fülle an Meisterwerken aus dem Goldenen Zeitalter der Kunst, der „Renaissance", überfordert jeden, der sie alle abklappern möchte. Fragt man die Menschen in Florenz, was für sie den Stolz auf die Stadt begründet, bekommt man ganz unterschiedliche Antworten.

Einige nennen die Bedeutung der Stadt für die italienische Sprache – schließlich wirkte Dante Alighieri, der Verfasser der *Göttlichen Komödie*, hier. Andere verweisen auf einflussreiche Institutionen wie die Accademia della Crusca, die sich seit dem 16. Jh. dem Studium der Sprachwissenschaft widmet, oder auf das Gabinetto Vieusseux, eine Bibliothek für europäische Literatur, die sich im 19. Jh. für die Verbreitung fortschrittlicher Ideen einsetzte und Größen wie Stendhal, Fjodor Dostojewski, Mark Twain und Aldous Huxley anzog.

Wieder andere erzählen vielleicht von der ersten Modeschau am 12. Februar 1951, veranstaltet vom Unternehmer Giovanni Battista Giorgini in der Villa Torrigiani im Oltrarno – das Event verwandelte Florentiner Schneidereien in international begehrte Modemarken und war der Impuls für heutige Modemessen wie Pitti Immagine. Und dann sind da noch die heiß debattierten Ursprünge des Speiseeises: Wurde es vom Alchemisten Cosimo Ruggeri oder vom Architekten Bernardo Buontalenti erfunden?

Doch all das kratzt nur an der Oberfläche. So vielschichtig wie die Stadt ist, genügen einzelne Aspekte nicht, um sich Florenz wirklich zu erschließen. Manchmal erscheint der weltweite Ruhm der eher kleinen Großstadt mit ihren 400 000 Einwohnern wie ein Korsett. Vielleicht sollte man das Erbe der Stadt nicht nur bestaunen, sondern ihm auch lauschen und sich einfach inspirieren lassen – Tag für Tag.

DIE WICHTIGSTEN VIERTEL

PIAZZA DEL DUOMO & PIAZZA DELLA SIGNORIA
Mit Brunelleschis berühmter Kuppel. S. 54

SANTA MARIA NOVELLA
Das bunte und vielfältige Viertel ist nicht nur ein Verkehrsknotenpunkt. S. 67

SAN LORENZO & SAN MARCO
Shoppen und essen in quirliger Marktatmosphäre. S. 75

LEWIS LIU/SHUTTERSTOCK ©

Oben: Cattedrale di Santa Maria del Fiore. Links: Statue von Dante, Detail

SANTA CROCE & SANT'AMBROGIO
Museen, Kirchen und Nachtleben. S. 84

SAN FREDIANO & SANTO SPIRITO
Kreatives Zentrum mit vielen *aperitivo*-Läden. S. 92

SAN NICCOLÒ, BOBOLI & PIAZZA PITTI
Elegante Gärten und tolle Ausblicke. S. 101

FLUGHAFEN

Vom Florentiner Flughafen Peretola fährt die Straßenbahn T2 direkt ins Zentrum; Abfahrt links der Ankunftshalle. Sie fährt alle paar Minuten zum Bahnhof Santa Maria Novella (SMN; 1,50 €).

ZUG

Der Bahnhof Santa Maria Novella, 10 Min. zu Fuß von der Piazza del Duomo, ist das wichtigste Verkehrsdrehkreuz von Florenz. Von hier fahren Regionalzüge in die meisten Ecken der Toskana sowie Le-Frecce- und Italo-Schnellzüge in größere Städte Italiens wie Mailand, Bologna, Rom und Neapel.

STRASSENBAHN

Florenz verfügt über zwei relativ neue Straßenbahnlinien, T1 und T2: Sie führen zum Flughafen und zum Busbahnhof Villa Costanza. Die Fahrkarten kosten 1,50 € und sind an den Automaten an den Haltestellen erhältlich.

ZU FUSS

Am besten erkundet man Florenz zu Fuß. Ein Großteil der Stadt ist flach und für den Autoverkehr gesperrt – das Bummeln durch die engen Straßen ist an sich schon ein Erlebnis.

Erste Orientierung

Trotz der großen Anzahl an Sehenswürdigkeiten aus Kunst und Architektur ist die Stadt relativ überschaubar. Das historische Zentrum erkundet man am besten zu Fuß – man kann die Stadt in einer halben Stunde durchlaufen und dann einen der umliegenden Hügel mit großartigem Ausblick erklimmen.

Perfekte Tage

Moderne Kunst, Renaissance-Bauten, traditionelles Streetfood, herrliche Ausblicke – in Florenz liegt alles nah beieinander. Den Besuch kann man sorgfältig planen oder sich einfach treiben lassen – Überraschungen garantiert!

SILVERFOX999/SHUTTERSTOCK ©

Salone dei Cinquecento, Palazzo Vecchio (S. 59)

TAG 1

Morgens

- Los geht's in der Frühe und ohne die Massen mit der **Cattedrale di Santa Maria del Fiore (Duomo)** (S. 54). Mit der Besteigung der 414 Stufen des Campanile treibt man den Puls nach oben, danach lernt man im **Museo dell'Opera del Duomo** (S. 56) etwas über die Geschichte des Sakralbaus.

Nachmittags

- Nach dem Genuss toskanischer Aromen auf dem quirligen **Mercato Centrale** (S. 76) geht's zu einer Führung durch die Geheimgänge des **Palazzo Vecchio** (S. 59), Machtzentrum von Florenz, und anschließend in den zauberhaften Salone dei Cinquecento.

Abends

- Über den Ponte Vecchio ist die **Piazza della Passera** (S. 95) zu erreichen, mit reizenden Möglichkeiten zum Speisen unter freiem Himmel.

... NICHT VERPASSEN

Die Kunstszene erkunden, Märkte und Kunstgewerbeläden nach Einzigartigem durchstöbern, vor dem Abendessen einen Negroni oder ein Glas Chianti schlürfen.

SCHIACCIATA ESSEN

Die **schiacciata**, das typische Florentiner Sandwich, gibt's in verschiedenen Versionen in der Via de' Neri sowie an vielen Ecken der Stadt.

MICHELANGELOS ERBE ERKUNDEN

Vom herrlichen **David** bis zu den **Cappelle Medicee**: Einer der gefeiertsten Künstler von Florenz hat der Stadt viel hinterlassen.

EXPERIMENTELLEM JAZZ LAUSCHEN

Livemusik bietet die **Sala Vanni**, ein im Komplex der Basilica di Santa Maria del Carmine versteckter Konzertsaal.

DANNY YE/SHUTTERSTOCK ©, ANA RODRIGUEZ MORENO/SHUTTERSTOCK ©, ELEONORA BIRARDI ©

TAG 2

Morgens

● Eingeläutet wird der Tag mit den köstlichen veganen Backwaren des **Cortese Café 900** (S. 68), gefolgt von Kunst des 20. Jhs. im **Museo Novecento** (S. 68). Weiter steht der Vormittag im Zeichen moderner Kunst mit den Pferdeskulpturen im **Museo Marino Marini** (S. 72); oder man schaut sich an, was im **Palazzo Strozzi** (S. 58) geboten wird.

Nachmittags

● Nach einem wohlverdienten Mittagessen im **Ristorante San Paolino** (S. 72) steht die **Street Levels Gallery** (S. 71) mit den Meistern der Florentiner Urban-Art-Szene auf dem Programm.

Abends

● Den Abschluss der Kunsttour bildet die **Collezione Roberto Casamonti** (S. 60); dann schaut man sich vom **Ponte Santa Trinità** den **Ponte Vecchio** im Licht des Sonnenuntergangs an (S. 64).

TAG 3

Morgens

● Nach einem frisch gebackenen Gebäckstück und einem Kaffee in der **Ditta Artigianale Riva d'Arno** (S. 91) steuert man die Museen im majestätischen Palazzo Pitti an – bis 9 Uhr kostet der Eintritt nur die Hälfte! Bei gutem Wetter stromert man anschließend durch den monumentalen **Giardino di Boboli** (S. 103) und steigt hoch zum **Forte di Belvedere** (S. 103) mit Ausblick auf die Stadt.

Nachmittags

● Ein spätes Mittagessen gibt's im **Giardino Bardini** bei **La Loggetta di Villa Bardini** (S. 105) mit Blick auf den Dom.

Abends

● Vom Park geht's nach San Niccolò, wo verschiedene Künstler wie **Alessandro Dari** und **Clet** (S. 106) ihre Ateliers haben. Zuletzt belohnt man sich im **Rifrullo** (S. 107) mit einem *aperitivo*.

MEHR KIRCHEN BESUCHEN

Hinter aufwendigen Kirchenfassaden wie der der **Basilica di Santa Maria Novella** und der **Basilica di Santa Croce** verbirgt sich herrliche Kunst.

ÜBER DEN ARNO SCHIPPERN

Die Stadt aus anderem Blickwinkel sehen auf den von den **renaioli** gesteuerten Kähnen.

AN EINEM NEGRONI NIPPEN

Der starke, bittere **Negroni** ist eine Florentiner Erfindung, am besten zu genießen in alten Cafés wie dem Rivoire.

KUNSTHANDWERK SHOPPEN

Handgefertigte Rahmen, Mosaiken, Keramik, Lederwaren und Schmuckstücke – gibt's alles in **Santo Spirito**.

PIAZZA DEL DUOMO & PIAZZA DELLA SIGNORIA

MIT BRUNELLESCHIS BERÜHMTER KUPPEL

Die quirlige Via dei Calzaiuoli, die Hauptstraße der Stadt, verbindet die Piazza del Duomo mit der Piazza della Signoria. Sie führt durch das Herz von Florenz mit einigen der imposantesten Ikonen der Renaissance: der Cattedrale di Santa Maria del Fiore mit ihrer roten Kuppel, dem Palazzo Vecchio, seit 700 Jahren Sitz der Stadtverwaltung, und den Uffizien mit der riesigen Sammlung an Werken von bedeutenden Künstlern.

Die berühmten Sehenswürdigkeiten der Stadt stehen bei Besuchern ganz oben auf der Liste, doch das Stadtzentrum ist mehr als eine Ansammlung kulturellen Erbes. Gut erhaltene *case torri* (Turmhäuser) aus der Zeit Dantes sind nur Schritte entfernt von Modehäusern, Kunstgalerien und geschichtsträchtigen Cafés, in denen sich einst die Intellektuellen trafen.

All die Kunst, Geschichte und Architektur auf so kleinem Raum kann überwältigend wirken – man könnte tagelang durch Paläste, Museen und Sakralbauten streifen und doch nur einen Teil der Geheimnisse der Stadt entdecken. Statt zu hetzen sollte man lieber innehalten und sich umschauen – es gibt viele Gründe, wieder hierher zurückzukommen.

TOP TIPP

Vom Bahnhof Santa Maria Novella braucht man zu Fuß etwa zehn Minuten bis zur Piazza del Duomo. Von hier führt die Via dei Calzaiuoli zur Piazza della Signoria mit dem Palazzo Vecchio und den Uffizien.

Cattedrale di Santa Maria del Fiore

MAJESTÄTISCHER DOM MIT KUPPEL

Die majestätische **Cattedrale di Santa Maria del Fiore (Duomo)** an der Piazza del Duomo im Herzen der Stadt ist zweifellos das Wahrzeichen von Florenz. Sie wurde über einen Zeitraum von 140 Jahren auf den Überresten der alten Kirche Santa Reparata erbaut: Diese gilt als Zeugnis des Frühchristentums und soll in Erinnerung an den Sieg der römischen und florentinischen Armee über die Ostgoten im frühen 5. Jh. errichtet worden sein. Der reich verzierte Dom ist mit weißem, rotem und grünem Marmor verkleidet und war zur Zeit der Fertigstellung 1436 die größte je gebaute Kirche.

Die von Filippo Brunelleschi entworfene Kuppel ist sowohl von innen als auch von außen imposant; drinnen ist beim Aufstieg über die 463 Stufen aufs Dach *Das Jüngste Gericht* (1572–79) von Giorgio Vasari und Federico Zuccari zu bestaunen.

Domkuppel
SANKAI/GETTY IMAGES ©

Battistero di San Giovanni

ARCHITEKTUR DER ROMANIK

Das Johannes dem Täufer, dem Schutzpatron von Florenz, geweihte **Baptisterium** im Schatten des mächtigen Doms wird von vielen, die vor dem weitaus imposanteren Dom Schlange stehen, übersehen. Das ist schade, denn der achteckige Bau ist eins der schönsten Beispiele der Florentiner Romanik und einer der ältesten Kirchenbauten der Stadt. Hinter den von Andrea Pisano und Lorenzo Ghiberti entworfenen monumentalen Türen – es handelt sich um Kopien, die Originale befinden sich im nahen Museo dell'Opera del Duomo – beherbergt er byzantinisch anmutende Mosaike aus dem 13. Jh. von Cimabue, Coppo di Marcovaldo und Meliore.

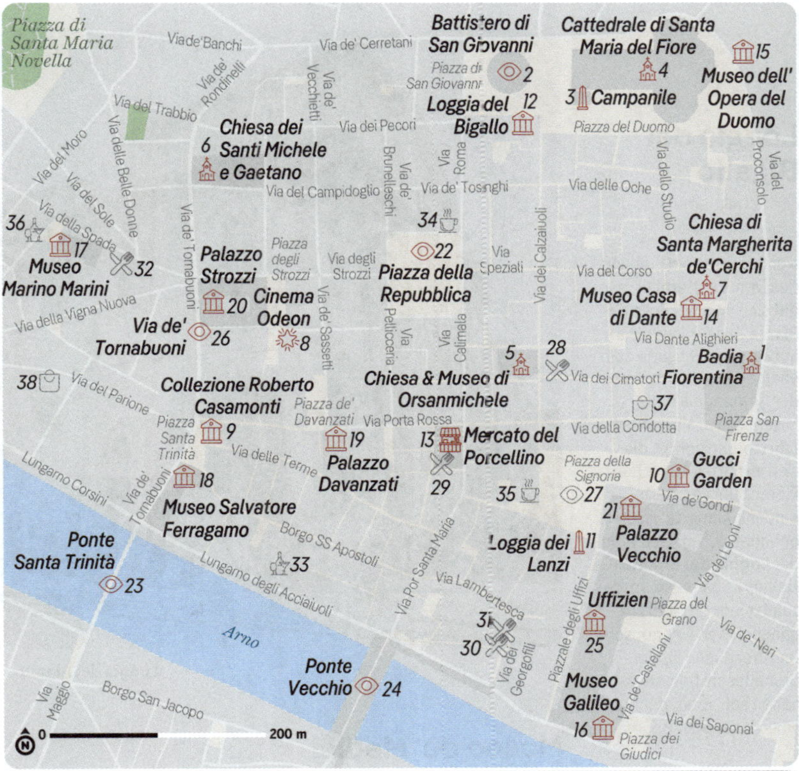

HIGHLIGHTS
1 Badia Fiorentina
2 Battistero di San Giovanni
3 Campanile
4 Cattedrale di Santa Maria del Fiore
5 Chiesa & Museo di Orsanmichele
6 Chiesa del Santi Michele e Gaetano
7 Chiesa di Santa Margherita de'Cerchi
8 Cinema Odeon
9 Collezione Roberto Casamonti
10 Gucci Garden
11 Loggia del Lanzi
12 Loggia del Bigallo
13 Mercato del Porcellino
14 Museo Casa di Dante
15 Museo dell'Opera del Duomo
16 Museo Galileo
17 Museo Marino Marini
18 Museo Salvatore Ferragamo
19 Palazzo Davanzati
20 Palazzo Strozzi
21 Palazzo Vecchio
22 Piazza della Repubblica
23 Ponte Santa Trinità
24 Ponte Vecchio
25 Uffizien
26 Via de' Tornabuoni
27 Piazza della Signoria

ESSEN
28 I Due Fratellini
29 Il Trippaio del Porcellino
30 'Ino
31 Ora d'Aria
32 Trattoria Marione
33 Amblé

AUSGEHEN
34 Caffè Grilli
35 Caffè Rivoire
36 Manifattura

SHOPPEN
37 Dr. Alessandro Bizzarri
38 Riccardo Luci

Giottos Campanile

GLOCKENTURM MIT UNGLAUBLICHEM AUSBLICK

Mit dem Bau des 84,7 m hohen Glockenturms der Kathedrale Santa Maria del Fiore begann Giotto 1334; nach dessen Tod 1337 wurde der Bau von Andrea Pisano und Francesco Talenti fertiggestellt. Der **Campanile** spiegelt den gotischen Baustil und die Farben des Doms und umfasst eine enge Treppe hoch zur Aussichtsplattform, die Talenti 1359 als Abschluss des Turms hinzufügte – wer die 414 Stufen erklimmt, wird mit einem tollen Ausblick auf Brunelleschis Kuppel und die roten Dächer der Umgebung belohnt.

Campanile

Loggia del Bigallo

MITTELALTERLICHE ARCHITEKTUR

Nur Schritte vom Eingang des Doms entfernt befindet sich an einer Ecke der Piazza San Giovanni die aufwendige Fassade des ehemaligen Hauptsitzes der Compagnia della Misericordia, einer Wohlfahrtsorganisation, die sich im mittelalterlichen Florenz um verwaiste Kinder kümmerte. Heute befindet sich im Gebäude der **Loggia del Bigallo** ein kleines Kunstmuseum, das zuletzt jedoch nicht zugänglich war. Der gotische Bau, der auch Filippo Brunelleschi beeinflusst haben soll, lohnt dennoch einen kurzen Stopp.

Loggia del Bigallo

Museo de' Medici

AUF DEN SPUREN DER MEDICI

Zum 500. Geburtstag von Cosimo I. im Jahr 2019 eröffnete im eleganten Palazzo di Sforza Almeni, der sich einst im Besitz der Medici befand und noch immer am Wappen der Medici-Toledo außen an der Mauer zu erkennen ist, das **Museo de' Medici**. Anhand von historischen Stücken aus Privatsammlungen und virtuellen Installationen folgt das Museum an der Via dei Servi der mächtigen Medici-Sippe, die drei Jahrhunderte lang über die Stadt herrschte. So präsentiert es audiovisuelle Stationen, Kleidung aus der Renaissance, Dokumente und die weltweit originalgetreueste Nachbildung der verschollenen Herzogskrone.

Wappen der Medici-Toledo

Museo dell'Opera del Duomo

TOLLE SKULPTURENSAMMLUNG & HISTORISCHE OBJEKTE

Die neugotische Fassade des Doms ist noch gar nicht so alt – der Architekt Emilio de Fabris entwarf sie im späten 19. Jh. und stellte damit das Projekt fertig, das jahrhundertelang unvollendet gewesen war. Eine Reproduktion des Originaldesigns der Fassade von 1296 von Arnolfo di Cambio ist heute im **Museo dell'Opera del Duomo** zu finden, zusammen mit einer wunderbaren Sammlung an Skulpturen aus dem 14. Jh., die für die Außenseiten des Doms gedacht gewesen waren. Außerdem sind hier die drei gewaltigen vergoldeten Originaltüren des Baptisteriums zu sehen sowie in 28 Sälen 750 andere Kunstwerke, darunter Arbeiten von Donatello und Michelangelo. Das Museum hat auch eine Abteilung, in der man das Handwerk der Goldblattverzierung, des Tonglasierens und der Mosaikkunst lernen kann – Infos dazu siehe stazioneutopia.com.

Die Uffizien

KUNST DES MITTELALTERS & DER RENAISSANCE

Als der erste Großherzog der Toskana, Cosimo I. de' Medici, den Bau der **Uffizien** in Auftrag gab, dachte er an Büros für die Florentiner Justizverwaltung. Der legendäre Hofarchitekt Giorgio Vasari nahm sich des Projekts an und entwarf einen damals modernen, von der klassischen Architektur inspirierten symmetrischen Bau zwischen der Piazza della Signoria und dem Arno. Die schrittweise Umwidmung vom rein funktionalen Gebäude hin zu einem für die wertvollsten Kunstsammlungen der Welt ist vor allem Cosimos Sohn Francesco I. zu verdanken: Er ließ 1581 das oberste Geschoss der Uffizien in eine Galerie mit Gemälden, Statuen und wertvollen Gegenständen umwandeln. Das Gebäude wurde immer weiter mit Kunst gefüllt, bis es schließlich 1769 für die Öffentlichkeit geöffnet wurde. Heute erzählt das Museum die Geschichte der Kunst des Mittelalters und der Renaissance. Angesichts der Gemälde von Weltstars wie Giotto, Botticelli, Leonardo, Lippi, Raffael und Caravaggio fällt es schwer, ein einzelnes Highlight herauszugreifen.

Jeder Raum bietet umwerfenden Kunstgenuss. Zu den neu eröffneten Teilen des Museums zählen ein Raum mit vorher nicht ausgestellten Arbeiten Florentiner und venezianischer Künstler wie Tizian, Rosso Fiorentino und Andrea del Sarto sowie der tolle **Terrazzo delle Carte Geografiche**, ein nach 20-jähriger Renovierung wiedereröffneter Saal mit Karten des 16. Jhs.

Raum La Tribuna, Uffizien

PAOLO GALLO/SHUTTERSTOCK ©

CORRIDOIO VASARIANO

Schon lange wartet die Florentiner Kunstwelt auf die Wiedereröffnung von Giorgio Vasaris **Corridoio Vasariano** – der 760 m lange Gang zwischen dem Palazzo Vecchio und dem Palazzo Pitti wurde 1565 von Großherzog Cosimo I. in Auftrag gegeben und 2016 zwecks Renovierung geschlossen. Demnächst soll die nicht mehr gar so geheime Verbindung zwischen der Residenz der Herrscher und den Verwaltungsbüros wieder eröffnet werden. Angekündigt wurde ein stolzer Eintrittspreis von 45 €. Dafür werden einmalige Ausblicke, historische Dokumente und Kunst von Weltrang geboten. Aktuelle Infos sind auf www.uffizi.it/en/corridoio-vasariano zu erhalten.

Palazzo Strozzi

AUSSTELLUNGEN MIT GEGENWARTSKUNST

Der imposante steinerne Palast, im späten 15. Jh. in Auftrag gegeben vom mächtigen Bankier Filippo Strozzi, einem Rivalen der Medici, steht zwischen der modischen Via de' Tornabuoni und der Piazza Strozzi, die durch den eleganten Innenhof von Benedetto da Maiano miteinander verbunden sind. Im **Palast** finden Kunstausstellungen statt – vielleicht gibt's gerade Stahlballons von Jeff Koons oder Performances von Marina Abramović zu sehen. Das Programm ist auf palazzo strozzi.org zu finden.

Benvenuto Cellinis *Perseus*

Loggia dei Lanzi

SKULPTURENGALERIE

Palazzo Strozzi

Eine der wenigen kostenlosen Ausstellungen mit Kunst der Renaissance in Florenz findet sich vor dem Eingang zum Palazzo Vecchio in der **Loggia dei Lanzi**. Vor dem Arkadenbau aus dem 14. Jh. fanden auf der Piazza della Signoria einst öffentliche Versammlungen statt. Die bekanntesten der elf Skulpturen hier sind Benvenuto Cellinis *Perseus* (1554), ein Meisterwerk im Stil des Manierismus – es zeigt den griechischen Halbgott mit dem frisch abgeschlagenen Haupt der Medusa –, sowie Giambolognas *Raub der Sabinerinnen* (1583), eine Darstellung der Legende, nach der die Römer in der Umgebung von Rom Frauen raubten.

Palazzo Davanzati

ADELSPALAST AUS DER ZEIT DER RENAISSANCE

Dieser nach einer Renovierung jetzt wieder geöffnete **Palast** wurde einst von den Davizzi bewohnt, einer der wohlhabendsten Familien im Florenz des 14. Jhs. Er gewährt heute einen Einblick in den Lebensstil der Florentiner Elite im späten Mittelalter und in der Zeit der Renaissance. Das Gebäude, heute auch als Museo della Casa Fiorentina Antica bekannt, wurde 1578 von der Familie Davanzati erworben, deren Wappen noch immer über dem Eingang hängt. Drinnen sind Studierzimmer, mit Tapisserien geschmückte Gemächer, Küche und Bad zu sehen, alles eingerichtet wie in früherer Zeit. Die Sala dei Pappagalli im ersten Stock und die Camera delle Impannate im dritten Stock zählen zu den besterhaltenen Beispielen von Inneneinrichtung der Renaissance.

Palazzo Vecchio & Salone dei Cinquecento

RATHAUS MIT KUNST VON GIORGIO VASARI

Seit über 700 Jahren beherbergt der **„alte Palast“** die Stadtregierung; auch heute noch dient er als Rathaus von Florenz. Der auf den Überresten eines römischen Theaters errichtete Trutzbau wurde 1299 von Arnolfo di Cambio entworfen, dann aber je nach Geschmack und Launen der wechselnden Herrscher immer weiter ausgebaut. Den prächtigen Innenhof entwarf 1453 der Architekt Michelozzo; 1553 wurde er von Giorgio Vasari für die Hochzeit von Johanna von Österreich und Francesco I. de' Medici ausgeschmückt. Das wahre Highlight ist der herrliche, 1250 m² große Salone dei Cinquecento, ursprünglich in Auftrag gegeben vom Bußprediger Giacomo Savonarola für eine 500 Mitglieder umfassende Stadtregierung, die er nach der nur kurz währenden Vertreibung der Medici etablierte. 1504 wurde vor dem Haupttor des Palasts Michelangelos *David* aufgestellt (heute steht dort eine Kopie); 1540 zog der erste Großherzog der Toskana, Cosimo I., mit seinem Hofstaat ein. In dieser Zeit wurde der Salone mit den pompösen Gemälden von Giorgio Vasari ausgestattet, die hier heute zu sehen sind. Die Mitte der Kassettendecke bildet *L'Apoteosi di Cosimo I* (1565), ein Porträt Cosimos als Gott; an den Wänden hängen Darstellungen von zwei für die Florentiner erfolgreichen Kriegen: Auf der Westseite ist der Kampf gegen die Pisaner (1495–1509), auf der Ostseite die Eroberung von Siena (1553–55) zu sehen

Salone dei Cinquecento

T PHOTOGRAPHY/SHUTTERSTOCK ©

PIAZZA DELLA SIGNORIA

Seit dem 13. Jh. bildet die **Piazza della Signoria** das Herz des politischen Lebens von Florenz, inklusive der Herrscher im befestigten Palazzo Vecchio sowie der aufgebrachten Menschenmengen unter der 95 m hohen Torre di Arnolfo, sobald es nach Umsturz roch. In der Mitte des Platzes steht noch immer Giambolognas Reiterstandbild Cosimos I. de' Medici (1594), heute umgeben von Restaurants und eleganten Cafés, in direkter Nachbarschaft zu Bartolomeo Ammannatis imposanter *Fontana del Nettuno* (1550–75) und der Loggia dei Lanzi.

GEHEIMGÄNGE

Viele Teile des Palazzo Vecchio sind für Besucher, die ihn durch den Haupteingang betreten, nicht erkennbar. Die versteckten Ecken des Palastes sind auf einer **besonderen Führung** zu entdecken.

Via de' Tornabuoni

NOBEL EINKAUFEN

Die **Via de' Tornabuoni**, seit dem 14. Jh. eine der wohlhabendsten Ecken der Stadt, erstreckt sich vom Ponte Santa Trinità an der hoch aufragenden Gerechtigkeitssäule und am Palazzo Strozzi vorbei und beherbergt eine lange Abfolge exklusiver Boutiquen der bekanntesten italienischen und ausländischen Modemarken. In den glitzernden Läden von Gucci, Balenciaga, Alexander McQueen, Versace, Prada und vielen anderen können sich Leute mit prall gefüllten Bankkonten tagelang austoben.

Piazza della Republica

Piazza della Repubblica

GESCHICHTSTRÄCHTIGER PLATZ MIT ELEGANTEN CAFÉS

An dieser **Piazza** schlägt das alte Herz von Florenz: Hier befand sich einst das römische Forum. Im Mittelalter wurde der Platz zum Hauptmarktplatz der Stadt; später war hier das unter Cosimo I. für die jüdische Gemeinde eingerichtete Ghetto. Von der einstigen Geschichte ist heute kaum mehr etwas zu sehen, da die Stadtverwaltung den Platz neu bebauen ließ, nachdem Florenz im späten 19. Jh. Hauptstadt des jung vereinten Italien geworden war. Stattliche Gemäuer, Luxushotels und elegante Cafés wie das Caffè Le Giubbe Rosse, Caffè Paszkowski und Caffè Gilli, die Künstler und Intellektuelle anzogen, säumen nunmehr den Platz.

Schaufenster, Via de' Tornabuoni

Collezione Roberto Casamonti

PRIVATSAMMLUNG MIT GEGENWARTSKUNST

Eine spannende Abwechslung zur Kunst der Renaissance bietet die **Collezione Roberto Casamonti** im Palazzo Bartolini Salimbeni. Die Sammlung, eine der umfangreichsten Italiens mit moderner und zeitgenössischer Kunst, deckt den größten Teil des 20. Jhs. ab, mit Werken von z. B. Maurizio Cattelan, Le Corbusier und Joan Mirò. Auch das Gebäude selbst ist interessant: Über dem Eingang schmückt ein Mohnblumenband die Fassade – der Überlieferung zufolge vermehrte ein Mitglied der Familie Bartolini seinen Reichtum ganz beträchtlich, indem er seine Rivalen im Stoffhandel vor Wollauktionen mit Opium betäubte. Aufgrund des Erfolgs seiner Machenschaften erkor er die Mohnblume zum Familienemblem und führte so aller Welt vor, wie gerissen er doch war.

Gucci Garden

GOURMETRESTAURANT & MODEMUSEUM

Der Tribunale della Mercanzia aus dem 14. Jh. an der Piazza della Signoria hinter der Statue Cosimos I. beherbergt den bunten **Gucci Garden**, eine Multifunktionseinrichtung des Florentiner Modeimperiums. Auf drei Etagen umfasst Gucci Garden eine exquisite Boutique, die Cocktailbar Gucci Giardino und die von Superkoch Massimo Bottura geführte Osteria. Ein Museum zeichnet außerdem anhand von zahllosen Kleidungsstücken die Geschichte der Marke nach, die 1921 von Guccio Gucci gegründet wurde.

ATLANTIDE PHOTOTRAVEL/GETTY IMAGES ©

Ptolemäische Armillarsphäre, Museo Galileo

Museo Galileo

MODERNES NATURWISSENSCHAFTSMUSEUM

Auf der Piazza dei Giudici am Ufer des Arno befindet sich eine riesige Sonnenuhr, die anhand der aufs Pflaster geworfenen Schatten die Messung der Zeit ermöglicht. Hier ist auch das **Museo Galileo**, ein modernes Museum, das mit seiner interaktiven Ausstellung historischer wissenschaftlicher Instrumente Erwachsene wie Kinder fasziniert. Es sind über 1000 Instrumente seit der Zeit der Medici zu sehen, etwa von Galileo Galilei zur Entdeckung der Jupitermonde genutzte Teleskope oder der makabre Schrein, in dem der Mittelfinger des Wissenschaftlers konserviert ist.

Chiesa & Museo di Orsanmichele

KIRCHE VOLLER KUNST

Auf den ersten Blick wirkt die **Kirche Orsanmichele** im Vergleich zu anderen Sakralbauten der Stadt ungewöhnlich, auch wenn sie durchaus etwas Spirituelles an sich hat. Sie zeichnet sich durch eine kubische Form und einen unscheinbaren Eingang aus. Gerade die ungewöhnliche Architektur und Geschichte lohnen einen Besuch. Ursprünglich entstand das Gebäude 1337 als öffentlicher Getreidespeicher und wurde dann im 15. Jh. in ein Gotteshaus der Florentiner Gilden und Zünfte umgewandelt. Wollhändler, Bankiers, Seidenweber, Kürschner und Richter – sie alle sorgten für die Ausstattung der 14 Tabernakel außen an der Kirche mit Statuen ihrer Schutzheiligen, geschaffen von Künstlern wie Donatello, Ghiberti und Giambologna. Drinnen befinden sich biblische Fresken, gedrehte Säulen und feine Buntglasfenster sowie ein prächtiger Tabernakel von Andrea Orcagna (1349–59).

Museo Salvatore Ferragamo

MODEMUSEUM

Modefreaks und allen, die ein wenig Abwechslung von der Renaissance-Kunst suchen, bietet sich ein Besuch des **Museums** eines der bekanntesten Florentiner Modehäuser an, gegründet 1927 von Salvatore Ferragamo. Über der Ferragamo-Boutique im Erdgeschoss des imposanten Palazzo Spini Feroni erzählt das Museum von der Geschichte der italienischen Mode im Verlauf des 20. Jhs. Zwar verfügt es über eine riesige Sammlung mit z. B. über 10 000 Schuhen, doch zu sehen ist davon neben wechselnden Ausstellungen nur ein kleiner Teil.

TOVSLA/SHUTTERSTOCK ©

Porecellino, Mercato del Porcellino

Mercato del Porcellino

LEDERWARENMARKT

Der **Markt** unter dem Gewölbe der Loggia del Mercato Nuovo aus dem 16. Jh. verdankt seinen Namen der Bronzestatue eines Wildschweins, das fälschlicherweise *Porcellino* (Ferkel) genannt wird. Verkauft werden alle möglichen Lederwaren wie Gürtel und Hand- oder Brieftaschen. Einzigartiges oder Seltenes gibt's hier nicht – die Kundschaft sind die vielen Tourist:innen auf dem Weg zum nahen Ponte Vecchio. In letzter Zeit ist hier immer mehr Massenware verhökert worden. Doch wegen des lebhaften Flairs lohnt der alte Markt einen Besuch. Und die Nase des *Porcellino* zu reiben bringt Glück!

Chiesa dei Santi Michele e Gaetano

WENIGER BEKANNTE BAROCKKIRCHE

Die große ockerfarbene, dem Erzengel Michael und dem hl. Kajetan geweihte **Kirche** aus dem 11. Jh. wurde im 17. Jh. radikal im Stil des damals angesagten Barock umgebaut. Die einfarbige Sandsteinfassade über der monumentalen Treppe ist oberhalb der drei Türen mit weißen Marmorstatuen geschmückt. Drinnen empfängt einen ein überraschend harmonisches Kirchenschiff mit einer in natürliches Licht getauchten Kombination aus grauer Pietra Serena und elegantem Marmor. Oben im Kirchenschiff befindet sich eine der bedeutendsten Skulpturensammlungen aus dem Florenz des 17. Jhs.: eine Reihe von überlebensgroßen Marmorstatuen der Apostel von Künstlern wie Giovanni Battista Foggini, Antonio Novelli und Giovanni Baratta.

Chiesa di Santa Margherita de' Cerchi

DANTES KIRCHE

In dieser unscheinbaren **Kirche** in der Via Santa Margherita soll Dante Beatrice Portinari begegnet sein, der Frau von Simone de' Bardi, der wohl als Vorbild für eine der Hauptfiguren der *Göttlichen Komödie* diente. Eine Tafel weist auf Beatrices Grabmal hin, obwohl sie wahrscheinlich neben ihrem Ehemann in Santa Croce bestattet wurde. Zu diesem Symbol unerwiderter Liebe kommen Besucher, um Wunschzettel zu hinterlegen, in der Hoffnung, Dantes Muse möge ihre Liebesnöte beheben.

Chiesa di Santa Margherita de' Cerchi

Museo Casa di Dante

Badia Fiorentina

IN DANTES WERK ERWÄHNTE ABTEIKIRCHE

Nur Schritte entfernt von der **Torre de' Cerchi** und der **Torre della Castagna**, zwei der wenigen erhaltenen befestigten *case-torri* (Turmhäuser) rivalisierender Familien, befindet sich die Badia Fiorentina, eins der ältesten Klöster im Stadtzentrum, gegründet 978 und 300 Jahre später von Arnolfo di Cambio mit gotischen Akzenten renoviert. Im Inneren der Kirche findet man links vom Eingang Filippino Lippis schöne *Apparizione della Vergine a San Bernardo*, gemalt zwischen 1482 und 1486. Montags hat man auch Zugang zum Chiostro degli Aranci, dem Kreuzgang.

Museo Casa di Dante

MUSEUM ZUR MITTELALTERLICHEN GESCHICHTE

Nur wenige Viertel der Stadt haben sich ihr mittelalterliches Flair so umfassend bewahrt wie das Gebiet zwischen dem Borgo degli Albizi und der Via della Condotta. Hier wuchs Dante Alighieri auf, bekanntester Schriftsteller aus Florenz und Schöpfer der *Göttlichen Komödie*, und hier verfeinerte er seine Kunst – und trug zur Entstehung des modernen Italienisch bei. Das **Museo Casa di Dante** zu den Sitten und Gebräuchen des Florenz der Zeit vor der Renaissance zeigt verschiedene Objekte und Kleidungsstücke aus dem 14. Jh. sowie Dokumente zu Schlüsselereignissen der Zeit wie der Schlacht von Campaldino, an der auch Dante teilnahm. Trotz des Namens ist dies nicht das Haus, in dem Dante aufwuchs, sondern es ist eher eine Hommage an den Dichter, um sein Werk in einen historischen Kontext zu stellen.

Cinema Odeon

HISTORISCHES FILMTHEATER

Lust auf einen Film? Schon seit den 1920er-Jahren residiert das **Cinema Odeon** im eleganten Palazzo dello Strozzino, erbaut nach Brunelleschis Entwurf um 1457. Es ist eins der ersten Filmtheater Italiens und eins der elegantesten. In einem Saal, der einem Wes-Anderson-Film entsprungen sein könnte, werden Filme in Originalversion gezeigt. Zu Jugendstilelementen gesellen sich gelbe Samtsessel, Marmorsäulen, Seitenbalkone und ein rundes Buntglas-Oberlicht. Das Programm steht auf odeonfirenze.com.

Ponte Vecchio

Ponte Vecchio

WAHRZEICHEN DER STADT, KUNSTGEWERBE, LUXUSLÄDEN

Die dreibogige **„alte Brücke“**, eine Ikone der Florentiner Stadtlandschaft seit 1345, blieb von der Zerstörung durch die Deutschen 1945 und der verheerenden Flutkatastrophe von 1966 verschont. Auf der Brücke tummeln sich 48 Schmuckgeschäfte – im Jahr 1593 mussten die *beccai* (Metzger), die hier vorher gearbeitet hatten, auf Geheiß von Großherzog Ferdinando I., der den Gestank von verwesendem Fleisch nicht ausstehen konnte, die Brücke verlassen und ihren Platz für Goldschmiede räumen. Obwohl die Läden auf der Brücke so exklusiv sind, ist es hier das ganze Jahr über immer voll. Am besten kommt man abends her, um etwa dem Straßenmusiker Claudio Spadi zu lauschen, der beim Denkmal für den Bildhauer Benvenuto Cellini seinen Stammplatz hat.

Statue, Ponte Santa Trinità

Ponte Santa Trinità

RENAISSANCE-ARCHITEKTUR & SONNENUNTERGANGSFOTOS

Von der **Brücke Santa Trinità** bietet sich im Licht des späten Nachmittags ein wunderbarer Blick auf den rot erstrahlenden Ponte Vecchio. Nachdem die Vorgängerbrücke bei den Überschwemmungen von 1557 eingestürzt war, beauftragte Cosimo I. Bartolomeo Ammannati mit dem Bau. Dieser soll sich an einen Entwurf von Michelangelo gehalten haben. 1608 wurden zur Feier der Hochzeit von Cosimo II. und Maria Magdalena von Österreich an den vier Ecken der Brücke Statuen der vier Jahreszeiten aufgestellt. 1958 wurde die Brücke neu errichtet, nachdem sie 1944 in der „Nacht der Brücken“ von der deutschen Wehrmacht zerstört worden war.

Palazzo Vecchio

MICHELANGELOS GRAFFITO

An der Fassade des Palazzo Vecchio ist ein grob geritztes Porträt zu sehen – für das rätselhafte, von der **Piazza della Signoria** (S. 59) aus zu sehende Werk soll kein anderer als Michelangelo verantwortlich gewesen sein.

MEHR AN DER PIAZZA DEL DUOMO & DER PIAZZA DELLA SIGNORIA

Palastgeheimnisse

DIE GEHEIMGÄNGE DES PALASTS ENTDECKEN

Im Verlauf seiner 700-jährigen Geschichte hat der **Palazzo Vecchio** zahlreiche Geheimnisse angehäuft – wenn diese Mauern nur sprechen könnten! Von den sagenumwobenen Begegnungen zwischen den Renaissance-Meistern Leonardo da Vinci und Michelangelo Buonarroti, die zwei große Fresken für den Salone dei Cinquecento schaffen sollten, welche aber nie fertig wurden, bis zur Erhängung (an den Palastfenstern) von Jacopo und Francesco Pazzi, die die Medici durch die Ermordung von Giuliano und Lorenzo stürzen wollten: Endlos sind die Ereignisse rund um den Palazzo Vecchio.

Wer an einer der tollen Führungen von **Mus.e** (musefirenze.it) durch die geheimen Räume und Gänge des Palasts teilnimmt, erhält einen tieferen Einblick in das Wesen derer, die ihn einst bevölkerten. Hinein geht's durch eine kaum erkennbare Tür in der Via della Ninna, dann eine enge, in die dicken mittelalterlichen Mauern hineingezwängte Steintreppe hinauf, in Auftrag gegeben von Walter von Brienne, Herzog von Athen und Herrscher über Florenz (1342–43), bis man den spannendsten Raum des Palasts erreicht: Francescos I. *studiolo*.

KUNSTGEWERBE KAUFEN

Riccardo Luci
Papierwarenfans lieben diesen Laden an der Via del Parione mit marmoriertem Papier und Kunstgewerbe von Riccardo Luci.

Dr. Alessandro Bizzarri
In einem Laden, der wie eine Alchimistenküche aussieht, kann man aus seltenen Kräutern und ätherischen Ölen eigene Düfte kreieren.

ESSEN AN DER PIAZZA DEL DUOMO & DER PIAZZA DELLA SIGNORIA

I Due Fratellini
Die winzige Sandwichbar serviert Dutzende leckere *panini*-Varianten und Wein. €

Il Trippaio del Porcellino
An einem Stand auf der Piazza del Mercato Nuovo serviert die Streetfood-Ikone *trippa* und *lampredotto*. €

'Ino
'Ino verkauft köstliche Sandwiches – Belag selbst auswählen oder sich von Alessandro etwas empfehlen lassen! €

DIE RENAISSANCE DEKOLONISIEREN

Edson Manuel, Museumsvermittler aus Angola, der für das Amir Project (amirproject.com) arbeitet, nennt drei Orte, wo auf Sklaverei in der Renaissance-Zeit verwiesen wird.

Cappella Sassetti, Chiesa di Santa Trinità
Die zentrale Szene von Ghirlandaios Fresko, in Auftrag gegeben von Francesco Sassetti, zeigt hinter Francescos Töchtern ein afrikanisches Sklavenmädchen.

Cappella dei Magi, Palazzo Medici Riccardi
Auf Benozzo Gozzolis *Cavalcata dei Magi* erscheint ein junger Mann mit afrikanischen Gesichtszügen und einem Bogen in der Hand. Bei ihm könnte es sich um einen äthiopischen Sklaven handeln.

Istituto degli Innocenti
Das Archiv des Instituts bewahrt die frühesten Dokumente (von 1461), die den Kauf schwarzer Sklaven für die Toskana in Lissabon belegen.

Großherzog Francesco I. de' Medici interessierte sich mehr für Alchemie als für Politik. Er experimentierte gern und genau dazu diente ihm sein Studierzimmer – eine versteckte Kammer, entworfen von Giorgio Vasari und geschmückt mit Gemälden der vier Elemente. Durch eine Tür hinter einer Leinwand direkt damit verbunden ist der *studiolo* von Cosimo I. (Francescos Vater) – der Raum geriet während der Herrschaft der Lothringer in Vergessenheit und wurde erst 1908 wiederentdeckt.

Die *studioli* der Medici führten direkt in den majestätischen Salone dei Cinquecento, den man auf dieser Führung von oben statt von unten zu sehen bekommt. Hier erkennt man Vasaris Konstruktion aus Holzbalken, die das 1200 m² große Dach stützte und an der auch die vielen riesigen Gemälde hingen, die unten im Saal zu sehen sind.

Aperitivo-Kunst

DIE ERFINDUNG DES NEGRONI

Jede Cocktailbar auf der Welt, die etwas auf sich hält, serviert die Mischung (zu gleichen Teilen) aus Gin, Campari und süßem Wermut auf Eis. Da kann man kaum etwas falsch machen – seit über 100 Jahren wird der starke rote Drink ungefähr so gemixt.

Dass sich der Negroni zu den anderen erfolgreichen kulinarischen Exporten aus Italien gesellen konnte, verdankt er einem Florentiner, dem Grafen Camillo Negroni. 1919 betrat dieser seine Lieblingsbar, das nicht mehr existierende Caffè Casoni in der Via della Spada, und änderte sein übliches *aperitivo*-Ritual, indem er den Barkeeper bat, für seinen Americano-Cocktail statt Sodawasser Gin zu verwenden. Nach ein paar Schlucken pries Graf Negroni das bittere Gemisch als ein Wunder der Mixkunst.

Der Überlieferung zufolge wollte er seine Erfindung für sich behalten, was aber schwierig war, da er am Tag bis zu 20 davon kippte. Seine Erfindung machte schnell die Runde und entwickelte sich bei der Florentiner Elite zum Drink der Stunde. Zwar sind Stärke und bitterer Geschmack sicher nicht jedermanns Sache, doch der Negroni hat überdauert und ist heute ein Klassiker, der auch immer wieder gern abgewandelt wird.

Interessierte sollten ihre *aperitivo*-Runde in einem der alten Cafés der Stadt beginnen wie dem **Caffè Rivoire** an der Piazza della Signoria oder dem **Caffè Gilli**, wo Barkeeper Luca Picchi, Autor zahlreicher Bücher über die Geschichte des Negroni und seines Erfinders, schon seit rund 20 Jahren Cocktails mixt. Eine gute Adresse, wenn man ganz traditionell bleiben möchte, ist auch die kürzlich eröffnete **Manifattura** beim Palazzo Strozzi: Hier wird jeder Drink aus rein italienischen Spirituosen gemixt. Und wer gerne Bitteres mag, kann nach dem Abendessen die von den 1920ern inspirierte **Bitter Bar** ansteuern – aber sicher nicht wie der Graf 20 Drinks konsumieren ...

ESSEN AN DER PIAZZA DEL DUOMO & DER PIAZZA DELLA SIGNORIA

Amblé
Alte Möbel und schöne Designstücke sowie frische Säfte und köstliche kleine Speisen – tolle Mittagsadresse. **€€**

Trattoria Marione
Rustikales Ambiente und eine Karte voller toskanischer Klassiker. Hier kann man nichts falsch machen. **€€**

Ora D'aria
Direkt hinter den Uffizien, mit kreativer Karte ideal für alle auf der Suche nach etwas Edlem. **€€€**

SANTA MARIA NOVELLA

MEHR ALS EIN VERKEHRSDREHKREUZ

Das Viertel Santa Maria Novella am Nordwestrand des historischen Zentrums gilt vielen als Anhängsel des gleichnamigen Bahnhofs. Von diesem Eisenbahndrehkreuz – der Bau errichtet von Giovanni Michelucci in der Zeit des Faschismus und ein gutes Beispiel für die rationalistische Architektur der 1930er-Jahre – verkehren Züge in alle Ecken Italiens. Und auf den ersten Blick scheint es hier nur anonyme Hotels und Schnellimbisse zu geben.

Doch etwas abseits des Bahnhofs findet man ein buntes Viertel mit einer vielfältigen Bevölkerung aus Alteingesessenen, Einwanderern, Modestudierenden und Besuchern der Fortezza da Basso vor. Die 1534 unter Alessandro de' Medici erbaute Festung ist heute ein riesiges Ausstellungsgelände; hier findet im April die Mostra Internazionale dell'Artigianato (Internationale Kunstgewerbemesse) statt.

Die wichtigsten Sehenswürdigkeiten haben mit der schönen Basilica di Santa Maria Novella zu tun. Jenseits des Platzes stößt man schnell auf alte Bäckereien, die eifersüchtig über ihre Familienrezepte wachen, sowie auf Gewürzläden, Kunstgalerien und Buchhandlungen.

TOP TIPP

Von Santa Maria Novella sind die meisten Sehenswürdigkeiten der Stadt gut zu erreichen. In ein paar Minuten ist man zu Fuß beim Mercato Centrale in San Lorenzo, an der Piazza del Duomo und am Arno. Für weitere Strecken stehen Straßenbahnen und Züge zur Verfügung.

HIGHLIGHTS
1 25 Hours Hotel
2 Art & Libri
3 Basilica di Santa Maria Novella
4 Chiesa di Ognissanti
5 Cortile Fossombroni
6 Forno Becagli
7 H-ZERO
8 L'Armadillo Atelier
9 Officina Profumo Farmaceutica di Santa Maria Novella
10 Street Levels Gallery
siehe 5 Todo Modo

SEHENSWERTES
11 Museo Novecento

SCHLAFEN
12 Garibaldi Blu
13 New Generation Hostel

ESSEN
14 Bar Pasticceria Piccioli
15 Café Pasticceria Gamberini
16 Cioccolateria Ballerini
17 Cortese Café
18 Osteria dei Centopoveri
19 Ristorante San Paolino
20 Trattoria 13 Gobbi

AUSGEHEN
21 La Boite

Basilica di Santa Maria Novella

MAJESTÄTISCHE KIRCHE MIT RENAISSANCE-KUNST

Die im späten 13. Jh. von Dominikanermönchen gegründete **Basilica di Santa Maria Novella** direkt neben dem Bahnhof ist einer der wertvollsten Sakralbauten von Florenz. Ihre symmetrische, grün-weiße Marmorfassade verdankt sie dem Wollhändler Giovanni Rucellai, dessen Name in der Inschrift über dem Rundfenster zu lesen ist. In den 1450er-Jahren beauftragte Rucellai den jungen Architekten Leon Battista Alberti mit der Fertigstellung der Kirche, deren vordere Wand noch ungeschmückt war. Albertis wunderbare Gestaltung hob die Gotik auf ein neues Level: Er lehnte sich an die Florentiner Romanik an und ergänzte sie um aufwendige geometrische Muster. Der Innenraum beherbergt Arbeiten von Größen der Renaissance wie Giotto, Masaccio, Brunelleschi und Ghirlandaio. Sie trugen dazu bei, dass die Basilika heute eine Kunstgalerie von unschätzbarem Wert ist. Müsste ein Werk als Highlight ausgewählt werden, wäre es vielleicht Filippino Lippis herrliche Cappella di Filippo Strozzi mit Fresken zum Leben des hl. Philipp und des Evangelisten Johannes.

MUSEO NOVACENTO & CORTESE CAFÉ 900

Das 2014 eröffnete **Museo Novecento** – einst das Krankenhaus San Paolo – direkt vor der Basilica di Santa Maria Novella beherbergt auf drei Stockwerken eine vielfältige Sammlung von Kunst des 20. Jhs. Sie umfasst Werke von Giorgio Morandi, Lucio Fontana, Marino Marini und Carlo Levi sowie zahlreiche Arbeiten des Florentiner Malers Ottone Rosai. Eine Visite lohnt auch das benachbarte Café: Das **Cortese Café 900** ist die erste Konditorei in Florenz, die Kuchen, Kekse, Pralinen und Eis konsequent glutenfrei und ohne Milch, Eier, Hefe und raffinierten Zucker herstellte.

Basilica di Santa Maria Novella

TOMMY MURIC/SHUTTERSTOCK ©

Forno Becagli

HISTORISCHE BÄCKEREI FÜR SÜSSE & HERZHAFTE SCHIACCIATA

Mittags gibt's vor der klitzekleinen alten Bäckerei trotz der Lage weit abseits aller Touripfade meist eine Warteschlange. Und **Forno Becagli** zählt zu den Läden, wo sich das Warten lohnt: Hier gibt's mit die beste *schiacciata* der Stadt, zu genießen ohne oder mit täglich wechselnden Füllungen. Daneben ist Forno Becagli auch berühmt für seine Version der traditionellen *schiacciata all'uva*, einer süßen Focaccia mit Weintrauben, die meist zur Zeit der Weinlese vom Spätsommer bis Frühherbst angeboten wird.

Kruzifix, Chiesa di Ognissanti

Schiacciata all'uva

Chiesa di Ognissanti

BAROCKKIRCHE MIT WERKEN VON GHIRLANDAIO & BOTTICELLI

Nicht viele Reisende schaffen es zur kleinen **Kirche Ognissanti** am gleichnamigen, von Luxushotels gesäumten Platz. Doch hinter der Barockfassade verbergen sich im schummrigen Inneren ein außergewöhnliches, 1315 von Giotto bemaltes Kruzifix sowie zwei wundervolle Fresken: das *Abendmahl* von Domenico Ghirlandaio und *Sant'Agostino nello Studio* von Sandro Botticelli, beide von 1480. Botticelli fühlte sich mit der Kirche so eng verbunden, dass er darum bat, hier neben seiner Muse Simonetta Cattaneo Vespucci bestattet zu werden, die als Vorbild für die Hauptfigur auf seinem Gemälde *Die Geburt der Venus* gedient haben soll – ihr Grabmal befindet sich rechts vom Eingang.

H-Zero

MINIATUREISENBAHNMUSEUM

In der Nähe der Piazza Santa Maria Novella hat im früheren Filmtheater Ariston ein ungewöhnliches und überraschendes **Museum** eröffnet: Es widmet sich vollumfänglich der Modelleisenbahn. Der sizilianische Unternehmer Giuseppe di San Giuliano verbrachte einen großen Teil seines Lebens mit der Landschaftsgestaltung für seine Spielzeugbahnen. Die im Lauf von 40 Jahren errichtete Anlage ist rund 280 m² groß; realistische Szenen sind mit fantastischen kombiniert, inspiriert von verschiedenen Regionen Italiens, von den Bergen bis zum Meer.

Art & Libri

KUNST- & ARCHITEKTUR-BUCHHANDLUNG

Art & Libri, gegründet 1996, ist eine internationale Kunst- und Architekturbuchhandlung in der Via dei Fossi. Mit über 15 000 seltenen, antiquarischen und modernen Titeln auf Italienisch, Englisch und Französisch – darunter schwer erhältliche Kataloge zu Privatsammlungen und Bände zur Geschichte des Zeichnens – ist dies eine gute Adresse für ein schönes Andenken nach einer Kulturreise durch die Toskana.

Officina Profumo Farmaceutica di Santa Maria Novella

Officina Profumo Farmaceutica di Santa Maria Novella

DIE VIELLEICHT ÄLTESTE APOTHEKE EUROPAS

Die **Officina Profumo Farmaceutica di Santa Maria Novella**, teils Museum, teils (teure) Apotheke, ist eine der ältesten durchgängig betriebenen Apotheken Europas. Ihre Ursprünge reichen zurück ins Jahr 1221: Damals begannen die Dominikanermönche des nahen Klosters Santa Maria Novella damit, Kräuter zu Heilsalben und -tinkturen zu verarbeiten. Die heutige Apotheke öffnete 1612 ihre Türen für die Öffentlichkeit und konzentrierte sich auf feine Düfte für die Florentiner Elite und den in der Stadt weilenden Adel. Durch einen blumengeschmückten Gang geht's in den Verkaufssaal, wo in Walnussholzregalen kunstvolle Parfüme ausgestellt sind.

Art & Libri

Student Hotel Rooftop Bar

KÖSTLICHE COCKTAILS MIT DOMBLICK

Etwas außerhalb von Santa Maria Novella befindet sich bei der Fortezza da Basso das Instagram-geeignete **Student Hotel**. Vor Kurzem hat es sein Dach mit Pool und Bar umgestaltet und stellt somit nun eine der coolsten Locations der Stadt dar. Mit dem versteckten Fahrstuhl geht's in den sechsten Stock, wo einen Managerin Palmira erwartet, die durch die Karte mit 14 klassischen und kreativen saisonalen Drinks führt, die man dann am Pool schlürfen kann, mit tollem Ausblick auf den Dom und die Stadt.

Street Levels Gallery

URBAN-ART-GALERIE

Die 2016 eröffnete **Street Levels Gallery** in der Via Palazzuolo ist die erste Galerie in Florenz, die sich vollständig der Urban Art widmet. Gezeigt werden Arbeiten der Street-Art-Community der Stadt, u. a. Clets berühmte ironisch verfremdete Straßenschilder, Porträts von Ache77 und witzige politische Plakate von Guerrilla Spam. Die Galerie ist auch außerhalb der eigenen vier Wände aktiv und an Kunstinstallationen im öffentlichen Raum und Events beteiligt, die sich mit den vielfältigen Facetten der Urban-Art-Welt befassen. Programm siehe streetlevelsgallery.com.

Street Levels Gallery

Todo Modo

EINLADENDER BUCHLADEN MIT CAFÉ

Eine kleine Flagge markiert den unscheinbaren Eingang zum beliebten Buchladen **Todo Modo**. Von dem kleinen Raum, der vom Eingang aus zu sehen ist, sollte man sich nicht täuschen lassen – geht man weiter und um die Ecke, landet man in einem urigen, mit viel Holz eingerichteten Café, wo man zum Buch ein Glas Wein oder einen Teller *testaroli al pesto* bekommt. Todo Modo organisiert auch Geschichtenerzählabende auf Englisch: Auf der kleinen Bühne des Ladens können Gäste ihre Redekünste erproben. Programm siehe todomodo.org.

Farmacia Münstermann

Cortile Fossombroni

VINTAGE-MODE & ANTIQUITÄTEN

Durch ein Tor in der Via dei Fossi, nur Schritte entfernt von der alten **Farmacia Münstermann** an der Piazza Goldoni, gelangt man in den vorm Lärm des nahen Kreisverkehrs geschützten *cortile* (Innenhof) des Palazzo Fossombroni mit Vintage- und Antiquitätenläden sowie Kunstgewerbeateliers. Wen die Modemuseen der Stadt dazu ermuntert haben, sich auf die Suche nach alten Klamotten zu begeben, sollte **La Corte** ansteuern, wo Franca Montesi ausgewählten Stücken neues Leben einhaucht. Komplettieren lässt sich das Outfit mit einem handgefertigten Hut von **Grevi**: Hier werden schon seit über 100 Jahren Hüte hergestellt. Interessant sind auch die originellen alten Schätze bei **Antonella Pratesi Antichità**.

L'Armadillo Atelier

TRADITIONELLE DRUCKEREI

Wer sich von all der Kunst der Toskana dazu inspiriert fühlt, ein Handwerk selbst auszuprobieren, sollte sich die Gravier- und Druckwerkstatt **L'Armadillo Atelier** bei der Piazza Santa Maria Novella anschauen. Aufbauend auf den Traditionen der alten kunstgewerblichen *bottegas* (Werkstätten) organisiert das Atelier kurze und längere Lithografie-, Collagrafie- und Gravierkurse, geleitet von Handwerksmeister Manuel Ortega.

25 Hours Hotel

Museo Marino Marini

25 Hours Hotel

MODERNES, VON DER *GÖTTLICHEN KOMÖDIE* INSPIRIERTES HOTEL

Wo sich früher das San-Paolino-Kloster befand, das vor dem Umbau jahrelang verwaist gewesen war, eröffnete 2020 auf 10 750 m² Fläche das **25 Hours Hotel**. Das Design des Hotels ist inspiriert von den epischen Streifzügen des Florentiner Dichters Dante Alighieri in seiner *Göttlichen Komödie:* Jedes Zimmer ist eine Anspielung auf das Paradies oder die Hölle, während die zentralen Flure das Fegefeuer bilden. Das Erdgeschoss ist allgemein zugänglich; neben einer einladenden Negroni-Bar gibt es das Ristorante **San Paolino** in einem Hofgarten mit viel natürlichem Licht.

Museo Marino Marini

MUSEUM FÜR ZEITGENÖSSISCHE BILDHAUEREI

In der ehemaligen, zwischen 1370 und 1454 erbauten Chiesa di San Pancrazio sind dauerhaft Werke eines der bekanntesten toskanischen Bildhauer der Gegenwart ausgestellt – eine nette Abwechslung zu all der Renaissance-Kunst. Der in Pistoia geborene Marino Marini (1901–80) schuf ein umfassendes Œuvre international gefeierter Pferdeplastiken. 183 seiner Arbeiten, so auch Zeichnungen, Gemälde und Stiche, sind in diesem Museum in Florenz zu sehen. Auch wem Pferdestatuen nicht so am Herzen liegen – der Besuch des **Museo Marino Marini** lohnt sich schon allein wegen der Cappella Rucellai mit Leon Battista Albertis Marmorgrabmal von 1457 für Giovanni Rucellai, einen der reichsten Wollhändler im Florenz des 15. Jhs.

NICO TONDINI/REDA&CO/UNIVERSAL IMAGES GROUP VIA GETTY IMAGES ©

Parco delle Cascine

MEHR IN SANTA MARIA NOVELLA

Die Umwandlung der grünen Lunge von Florenz

NEUE TÖNE IM CASCINE-PARK

Jahrelang schlug im berüchtigten **Parco delle Cascine** das Herz des Nachtlebens von Florenz. Das weit vom Stadtzentrum und von Wohngebieten entfernte, 160 ha große Gelände am Arno erwachte nach Einbruch der Dunkelheit zum Leben: Dann tanzten hier Tausende zu House- und Techno-Beats. In den glamourösen, neonbeleuchteten Hallen legendärer Clubs wie des Central Park und des Meccanò legten oft international bekannte DJs auf. Storys über Prostitution, Drogen und Unfälle tauchten in der Lokalpresse allerdings sehr viel häufiger auf als die großen Stars der elektronischen Musik.

2011 beschloss der Stadtrat die Neuerschließung des Parks. Die Clubs machten zu und wurden kurze Zeit später abgerissen – so wurde die Florentiner Nightlife-Kultur ausgelöscht. Heute ist im größten Park der Stadt ein vielschichtiges Publikum unterwegs; zwar steht Musik noch immer im Mittelpunkt, aber verglichen mit der Zeit vor zehn Jahren hat sich viel geändert.

DIENSTAGS-MARKT

Der größte und am wenigsten touristische **Markt** der Stadt findet jeden Dienstag von etwa 8 bis 14 Uhr am Ufer des Arno statt. Er erstreckt sich über 1 km zwischen den beiden Fußgängerbrücken des Cascine-Parks – hier shoppen die Einheimischen. Geboten werden u. a. Secondhandkleidung, Alltagsgegenstände, frische Lebensmittel, Blumen und feine Leckereien.

ESSEN IN SANTA MARIA NOVELLA

Osteria dei Centopoveri
Die lebendige alte Osteria bietet für nur 11 € ein üppiges, täglich wechselndes 2-Gänge-Menü mit Wein. €

La Boite
Die kleine holzvertäfelte Weinbar an der Piazza San Paolino serviert tolle Wurstplatten und *schiacciata*-Sandwiches. €

Trattoria 13 Gobbi
Von den legendären Rigatoni mit Tomaten und Büffelmozzarella schwärmt man noch Tage später. €€

DIE BESTEN CAFÉS & BÄCKEREIEN IN SANTA MARIA NOVELLA

Cioccolateria Ballerini
Eine Institution im Borgo Ognissanti: Hier gibt's täglich frische, knusprige *schiacciata* sowie eine Reihe unwiderstehlicher Süßspeisen.

Café Pasticceria Gamberini
Das relativ neue Gamberini orientiert sich an Traditionen und bietet Kaffee, Backwaren und ein altmodisches Flair.

Bar Pasticceria Piccioli
Die beliebte Frühstücksbar besticht mit Pistazien- und Schoko-*cornetti* und ihrem Cappuccino.

DOSTOJEWSKI IN FLORENZ

Warum steht mitten im Cascine-Park eine Statue von Fjodor Dostojewski? Wie eine Tafel an seiner ehemaligen Wohnstatt an der **Piazza Pitti** (S. 104) kundtut, weilte der Autor 1868/69 in Florenz.

Teatro del Maggio Musicale

2014 wurde offiziell das Teatro del Maggio Musicale eröffnet: Es ersetzte das alte Stadttheater, das Teatro Comunale am Corso Italia. Im Theater gibt es das ganze Jahr über Opern und Klassikkonzerte (siehe maggiofiorentino.com), es verfügt über einen Opernsaal mit 1890 Plätzen, ein Auditoium für Orchestermusik mit 1000 Plätzen und eine Akademie für junge Talente. Der Name stammt vom Maggio Musicale Fiorentino, einem wichtigen Musikfestival, das seit 1933 von April bis Juni stattfindet und auf alte Frühlingsfeste zurückgeht.

Manifattura Tabacchi

500 m vom Park entfernt ist der Komplex der Manifattura Tabacchi, ein Bau im Stil des Rationalismus der 1930er-Jahre: Der Staat, der das Monopol auf die Tabakproduktion hielt, brauchte eine neue Fabrik. In dem von Pier Luigi Nervi entworfenen Komplex waren in der Zigaretten- und Zigarrenproduktion einst 1400 Leute beschäftigt; heute beherbergt der Komplex Coworking-Bereiche, Pop-up-Läden, Cafés, Ausstellungsräume und eine Brauerei. Events siehe manifatturatabacchi.com.

Le Pavoniere

Das im Sommer geöffnete städtische Freibad versteckt sich im üppigen Grün des Parks. In einem Gebäude befinden sich in exklusiven Räumlichkeiten ein elegantes Restaurant und eine Cocktailbar.

Ultravox & Amphitheater

Am Westrand des Parks ist in der Nähe der Statue von Fjodor Dostojewski – der Stadt zum 200. Geburtstag des Schriftstellers von der russischen Botschaft gespendet – inmitten der Natur ein Amphitheater versteckt, das im Sommer zur Konzertbühne wird. In dieser Oase spielen beim Food- und Musikfestival Ultravox (ultravoxfirenze.it) von Juni bis August an den meisten Tagen in- und ausländische Künstler:innen.

Visarno Arena & Firenze Rocks

Seit Sommer 2015 finden im Ippodromo del Visarno die größten Musikevents der Stadt statt wie Konzerte von David Gilmour, Sting und Guns N' Roses. Seit 2017 wird auf der Pferderennbahn auch das viertägige Festival Firenze Rocks (firenzerocks.it) ausgerichtet, mit Stars wie Ed Sheeran, Metallica, Green Day und den Red Hot Chili Peppers.

ÜBERNACHTEN IN SANTA MARIA NOVELLA

New Generation Hostel
In guter Lage im Borgo Ognissanti, mit großen Schließfächern, Gratis-WLAN und einem eleganten Innenhof. €

Garibaldi Blu
Designerhotel an der Piazza Santa Maria Novella mit geräumigen Zimmern und freundlichem Service. €€

Palazzo Montebello
Die Luxusbleibe verbirgt sich in einer stillen Straße nicht weit vom Arno. €€

SAN LORENZO & SAN MARCO

SHOPPEN & ESSEN IN MUNTEREM MARKTAMBIENTE

Die Gegend rund um den größten Markt von Florenz bietet eine spannende Mischung aus Düften, Sprachen und sorgfältig hinter dicken Palastmauern bewahrten Kunstschätzen. Nicht weit von Ständen mit billigen Ledergürteln, Läden mit Vintagemode und beliebten Esslokalen kann man hier auf den Spuren der Frührenaissance wandeln.

Im unscheinbaren Palazzo Medici Riccardi begannen die Medici ihren Weg zur Macht. Ihre schrittweise Eroberung der Institutionen der Stadt mündete in drei Jahrhunderte Vorherrschaft. Noch immer prägt die Familienkirche der Medici die Gegend mit ihrer unfertigen Fassade; Michelangelos monumentale Skulpturen zieren die Grabstätten von Lorenzo dem Prächtigen und seinem Bruder Giuliano.

San Lorenzo und San Marco befinden sich im steten Wandel: Im Zuge der Gentrifizierung mussten immer mehr Alteingesessene weichen, Obst- und Gemüsehändler wurden durch Läden mit exquisiten Lebensmitteln und massengefertigten Souvenirs ersetzt. Hier noch auf Authentisches zu stoßen, wird immer schwieriger. Wer tiefer gräbt, kann trotzdem noch fündig werden.

TOP TIPP

San Lorenzo ist nur wenige Gehminuten entfernt von Santa Maria Novella und der Piazza del Duomo. Vom Markt geht's Richtung Norden durch die Via Cavour zur Piazza San Marco, dem Herzen des Viertels San Marco.

Mercato di San Lorenzo

MARKT UNTER FREIEM HIMMEL

Rund um den **Mercato Centrale** werden unter freiem Himmel fast ausschließlich Kleidung und Modeaccessoires verkauft. Seit Jahrhunderten nutzen Florenz und auch andere Städte am Arno ihren direkten Zugang zu Wasser zum Gerben von Leder und bis heute sind Lederwaren das Hauptprodukt an den Ständen auf diesem Markt. Stände für Gürtel, Handtaschen, Notizbücher und Mäntel reihen sich nahtlos aneinander, sodass man auf dem San-Lorenzo-Markt wunderbar Andenken einkaufen kann, auch wenn die Qualität teils fragwürdig ist. Und man darf feilschen!

Mercato di San Lorenzo
I WEI HUANG/SHUTTERSTOCK ©

Il Cantuccio di San Lorenzo

BÄCKEREI MIT TÄGLICH FRISCHEN CANTUCCI

Die traditionellen trockenen Kekse der Toskana, die *cantucci*, waren schon im 16. Jh. bei den Medici beliebt und im Lauf der Zeit wuchs ihr Ruhm noch weiter, bis sie es 1867 als eine der Spezialitäten aus Italien sogar zur Pariser Weltausstellung schafften. Die meist mit Mandeln zubereiteten Kekse stippt man am besten in *vin santo* (Dessertwein). Gebacken werden sie nur aus ein paar einfachen Zutaten: weißem Mehl, ein bisschen Hefe, Zucker, Eiern und Butter. Viele der Varianten der Florentiner Leckerei kann man frisch gebacken bei **Il Cantuccio di San Lorenzo** in der Via Faenza probieren.

HIGHLIGHTS
1 Basilica della Santissima Annunziata
2 Basilica di San Lorenzo
3 Biblioteca Medicea Laurenziana
4 Cappelle Medicee Museum
5 Chiostro dello Scalzo
6 Galleria dell'Accademia
7 Il Cantuccio di San Lorenzo
8 Mercato Centrale
9 Museo de' Medici
10 Museo degli Innocenti
11 Museo di Casa Martelli
12 Museo di San Marco
13 Opificio delle Pietre Dure
14 Palazzo Medici Riccardi
15 Piazza della Santissima Annunziata

SEHENSWERTES
16 Leonardo Interactive Museum

ESSEN
17 All'Antico Vinaio
18 Konnubio
19 La Ménagère

AUSGEHEN
20 Alibi
21 Mostodolce
22 PanicAle

SHOPPEN
23 Red Light Rock Shop
24 Scarpelli Mosaici
25 Street Doing

Mercato Centrale

MODERNE MARKTHALLE MIT ALLERLEI KÖSTLICHKEITEN

Der **Zentralmarkt** von Florenz zeigt im selben Gebäude zwei unterschiedliche Gesichter. Im Erdgeschoss wird seit 1874 Obst, Gemüse, Fleisch und Fisch verkauft. Im modernen Obergeschoss bieten Restaurants mit in- und ausländischer Küche, *enoteche* (Weinbars) und Gourmetläden Wurstplatten, Pizza und vegane Burger an. Man bestellt einfach an einem der Stände und lässt sich dann irgendwo nieder. Wer noch etwas lernen möchte, kann an einem der Kurse der Kochschule Cucina Lorenzo de' Medici (cucinaldm.com) in der Markthalle teilnehmen und sich beim Pastamachen die Hände mehlig machen.

Cantucci
JAX10289/SHUTTERSTOCK ©

Biblioteca Medicea Laurenziana

EINE DER WELTWEIT BEDEUTENDSTEN HANDSCHRIFTEN-SAMMLUNGEN

In der Basilica di San Lorenzo verbirgt sich ein weiteres von Michelangelo entworfenes Juwel: die **Biblioteca Medicea Laurenziana**. Die für die gewaltige Sammlung Cosimos des Alten und Lorenzos des Prächtigen geschaffene Bibliothek umfasst über 11 000 Handschriften, 1681 Originalbände aus dem 16. Jh. und die größte Sammlung ägyptischer Papyri Italiens. Die Bibliothek ist nicht nur eine wichtige architektonische Errungenschaft, sondern zeugt auch vom kulturellen Wandel hin zum Humanismus der Frührenaissance unter Cosimo dem Alten. Er war der erste Herrscher, der die Bedeutung klassischer Bildung für die Gesellschaft erkannte.

OBEN RECHTS: MAREMAGNUM/GETTY IMAGES ©

Basilica di San Lorenzo

Basilica di San Lorenzo

VON BRUNELLESCHI ENTWORFENE FAMILIENKIRCHE DER MEDICI

Die harmonische **San-Lorenzo-Basilika**, erbaut auf den Fundamenten einer Kirche aus dem 4. Jh., wurde im 15. Jh. radikal umgebaut, als die Medici sie zu ihrer Familienkirche und Grablege erklärten und die monumentale Erweiterung finanzierten. 1425 lieferte Brunelleschi Cosimo dem Alten, dessen Grab sich in der Krypta der Basilika befindet, das neue Design; mit der Renovierung der Fassade beauftragte Papst Leo X., Sohn von Lorenzo dem Prächtigen, 1516 Michelangelo. Dessen Carrara-Marmorprojekt wurde nie umgesetzt, sodass sich die Kirche bis heute ihr karges Aussehen bewahrt hat. Doch zwischen den Pietra-Serena-Säulen im Hauptschiff befinden sich außergewöhnliche Kunstwerke wie Filippo Lippis *Annunciazione Martelli* (1440) und Donatellos *Pulpito della Resurrezione* (1460).

Cappelle Medicee

MICHELANGELOS ARCHITEKTONISCHES MEISTERWERK

Während Michelangelo die Fassade der Kirche nie fertigstellte, können die Talente dieses Künstlers in der Sagrestia Nuova von San Lorenzo bewundert werden. Heute gehört sie zu den **Cappelle Medicee**, in denen bedeutende Mitglieder des Medici-Clans bestattet sind wie Lorenzo der Prächtige und sein Bruder Giuliano. Die zwischen 1520 und 1534 erbaute neue Sakristei ist mit ihren symmetrischen Marmorbogen, Säulen, Balustraden und monumentalen Skulpturen ein wahres Wunder. Die Details werden durch zwei natürliche Lichtquellen hervorgehoben, die Michelangelo als wichtiges Gestaltungselement betrachtete. Zwar befinden sich die Basilica di San Lorenzo und die Cappelle Medicee im selben Gemäuer, doch haben sie separate Eingänge und man braucht jeweils ein eigenes Ticket.

„Unzählbare Bienen“

REITERSTANDBILD ALS GLÜCKSBRINGER

In der Mitte der **Piazza della Santissima Annunziata** steht ein Reiterstandbild von Herzog Ferdinando I. de' Medici. Hinten auf dem Sockel bildet ein Bienenschwarm einen Kreis – im Florenz des 16. Jhs. ein Symbol der Macht. Die Königin in der Mitte steht für den Herzog, die Bienen drum herum sind die Bürger von Florenz, die dem Großherzog ihre Gefolgschaft erweisen. Wegen ihrer Anordnung sollen die Bienen aus der Entfernung unzählbar sein – wer sie dennoch zählen kann, dem verheißt das Glück.

„Unzählbare Bienen“

Basilica della Santissima Annunziata

BAROCKKIRCHE & MARIENVEREHRUNG

Die **Basilica della Santissima Annunziata** am gleichnamigen Platz hat eine lange Geschichte. Die aus dem 11. Jh. stammende Kirche erhielt ihre heutige Barockform nach zahlreichen Umbauten. Hinter der Bogenfassade des Hofarchitekten der Medici, Michelozzo, befindet sich der Vorhof der Basilika, der Chiostrino dei Voti: Hier werden die Gläubigen mit Fresken biblischer Szenen von Größen des Manierismus wie Rosso Fiorentino, Pontormo und Andrea del Sarto begrüßt. Die Meisterwerke in den zwölf Kapellen der Kirche zu sehen ist etwas schwierig, doch der Gang durch den schummrigen Innenraum lohnt sich wegen des legendären Gemäldes *Verkündigung an Maria*, im 13. Jh. angeblich begonnen von Bruder Bartolomeo und vollendet von Engeln, als der Künstler eingeschlafen war.

Basilica della Santissima Annunziata

Museo degli Innocenti

MUSEUM IM FRÜHEREN WAISENHAUS

Das einst als Spedale degli Innocenti (Spital der Unschuldigen) bekannte, von Filippo Brunelleschi entworfene Gebäude an der Piazza della Santissima Annunziata zählt zu den ältesten öffentlichen Einrichtungen Italiens; ins Leben gerufen wurde die Einrichtung zum Schutz von Findelkindern von den Seidenwebern der Stadt. Heute beherbergt das ehemalige Waisenhaus das Istituto degli Innocenti, eine Organisation, die sich um Pflegekinder und in Not geratene Mütter kümmert. Außerdem residiert hier das **Museo degli Innocenti** mit Werken von Sandro Botticelli, Domenico Ghirlandaio und Andrea della Robbia in den von Brunelleschi geschaffenen Gewölberäumen.

Casa Martelli

ADELSPALAIS RANDVOLL MIT KUNST

Die ehemalige Residenz der mit den Medici verbandelten Familie Martelli ist nicht weit entfernt vom Dom und den Medici-Kapellen. Das letzte Mitglied der Familie, Francesca, lebte hier bis zu ihrem Tod 1986. Danach ging das Gebäude an die Kirche und schließlich erwarb es der Staat. Als einer von nur wenigen Adelspalästen aus der Renaissance, die bis in jüngere Zeit bewohnt waren, gewährt das **Museo di Casa Martelli** einen Einblick in das Leben der Privilegiertesten der Stadt, mit Barocksälen voller Kunst und Trompe-l'œil-Malereien. Samstags ist das Gebäude für die Öffentlichkeit zugänglich.

Palazzo Medici Riccardi

Palazzo Medici Riccardi

DIE ERSTE RESIDENZ DER MEDICI

Jede Medici-Tour durch Florenz sollte mit dem **Palazzo Medici Riccardi** beginnen, der ersten offiziellen Residenz der Familie. An der Via Cavour, nicht weit von Dom und San-Lorenzo-Markt, führt der elegante Cortile di Michelozzo in das Gebäude – benannt ist der Hof nach dem Architekten, der den Palazzo 1444 im Auftrag Cosimos des Alten entwarf. Im Hof führt eine Treppe zum Prachtstück des Palasts, der Cappella dei Magi: Die zauberhafte Familienkapelle wurde von Benozzo Gozzoli (1459) mit Fresken ausgemalt. Die Sala Luca Giordano, ein barocker Spiegelsaal, entstand, nachdem die Riccardi das Gebäude erworben hatten (1659). Hier ist die atemberaubende *Apoteosi dei Medici* (1685) zu bewundern.

Michelangelos *David*

Galleria dell'Accademia

SKULPTURENGALERIE MIT MICHELANGELOS *DAVID*

Die **Galleria dell'Accademia** beherbergt die berühmteste Statue der Stad: Michelangelos Original-*David*, erschaffen aus einem einzigen Marmorblock, als der Künstler erst 26 Jahre alt war. Das Warten in der Schlange lohnt sich, nicht nur wegen des 5,17 m großen Meisterwerks, sondern auch wegen der unfertigen, noch in weißen Marmorblöcken gefangenen Arbeiten rund um das berühmteste Kunstwerk von Florenz. Rein geht's durch die Sala del Colosso mit einem Gipsmodell von Giambolognas *Raub der Sabinerinnen* (1580), umgeben von Gemälden von Uccello, Lippi, Ghirlandaio und Botticelli. Den Abschluss des Rundgangs bildet ein Saal mit kunstvollen Musikinstrumenten aus dem 17. und 18. Jh.

Chiostro dello Scalzo

KLEINER KREUZGANG MIT KUNST VON DEL SARTO & DELLA ROBBIA

Beim Bummel über die Via Cavour fällt einem dieser unbekanntere Kreuzgang vielleicht gar nicht auf: Er bildet das Atrium der Kapelle der Compagnia dei Disciplinati di San Giovanni Battista. Der 1376 erbaute und immer wieder renovierte **Chiostro dello Scalzo** beherbergt bedeutende Zyklen Florentiner Malerei des frühen 16. Jhs. von Andrea del Sarto und Franciabigio sowie eine glasierte Terrakotta-Lünette mit einer Darstellung Johannes' des Täufers, die Giovanni della Robbia zugeschrieben wird.

Museo di San Marco

Museo di San Marco

NATIONALMUSEUM MIT WERKEN VON FRA' ANGELICO

Im **Museo di San Marco** neben der San-Marco-Basilika herrscht nicht so viel Andrang wie in anderen Museen in Florenz, dabei kann seine Sammlung an Renaissance-Kunst mit denen bekannterer Museen durchaus mithalten. Im Mittelpunkt steht hier zweifellos Fra' Angelico, der geistliche Maler, auch bekannt als Il Beato Angelico, den Papst Johannes Paul II. 1984 heiligsprach. Hinter Michelozzos Chiostro di Sant'Antonio befindet sich die Sala dell'Ospizio dei Pellegrini mit Fra' Angelicos *Giudizio Universale* (1431) sowie seine leuchtende *Deposizione dalla Croce* (1432), von der Giorgio Vasari meinte, sie sehe aus, als habe sie ein Engel oder Heiliger gemalt.

Grab von Elizabeth Barrett Browning

Cimitero degli Inglesi

PROTESTANTISCHER FRIEDHOF MIT MONUMENTALEN GRABMALEN

Trotz des Namens war der **Englische Friedhof** nie nur den britischen Gästen von Florenz vorbehalten. Er wurde im frühen 19. Jh. als protestantischer Friedhof zur Bestattung von Personen angelegt, die weder katholisch noch jüdisch waren. Er befindet sich außerhalb der alten Stadtmauern auf einem Hügel beim Bahnhof Campo di Marte. Heute liegen hier Menschen aus 16 Ländern begraben, u. a. Beatrice und Edward Claude Shakespeare, die letzten Nachfahren von William Shakespeare, und die Dichterin Elizabeth Barrett Browning. Um den Friedhof kümmert sich Julia Bolton Holloway, eine pensionierte Professorin für mittelalterliche Studien und Autorin, heute Nonne.

Opificio delle Pietre Dure

STEINMETZMUSEUM & -WERKSTATT

Ein ganz besonderes Museum ist der **Opificio delle Pietre Dure**, schon seit dem späten 16. Jh. eine bedeutende Florentiner Institution: Damals ließ Ferdinando I. de' Medici ein Zentrum für die Herstellung von Möbeln mit Halbedelstein-Verzierung einrichten. Unter der Lothringer-Dynastie wuchs die Werkstätte weiter und stellte im späten 19. Jh. ihre größte Arbeit fertig: die Ausgestaltung der majestätischen Cappella dei Principi, des Mausoleums in der Basilica di San Lorenzo mit den Grabstätten von Mitgliedern des Medici-Clans. Im Gegensatz zu typischen Mosaiken sind in diesen Kunstwerken Steinfragmente unterschiedlicher Größe und Farbe zu einzigartigen Kompositionen zusammengesetzt. Heute befindet sich der Hauptsitz des Opificio delle Pietre Dure in der Via degli Alfani und fungiert unter der Ägide des Kulturministeriums als Schule, Archiv und Forschungszentrum für Kunstrestauration von Weltrang. Im Museum gibt es sieben Abteilungen zur Entwicklungsgeschichte der Technik: von den Werkzeugen der Renaissance bis zu den floralen, vom Jugendstil beeinflussten Mustern des späten 19. Jhs.

Opificio delle Pietre Dure

LEONARDO INTERACTIVE MUSEUM

Im dem Kultgenie der Toskana, Leonardo da Vinci, gewidmeten **Leonardo Interactive Museum** kommen Wissenschaft und Kunst zusammen. Anhand von 50 rekonstruierten Maschinen in Originalgröße, die Leonardo im Lauf seines Lebens entwarf, und digitalen Reproduktionen seiner Zeichnungen und Gemälde gewährt das vergnügliche Museum in der Via dei Servi einen Einblick in den wilden Geist des Renaissance-Künstlers und -Erfinders. Das Museum ist toll für Erwachsene wie für Kinder und bietet die Möglichkeit, einige von Leonardos Erfindungen selbst auszuprobieren und sie auf Bildschirmen in Aktion zu erleben.

LUCA85/SHUTTERSTOCK ©

Giardino dell'Orticoltura

MEHR IN SAN LORENZO & SAN MARCO

Grüne Fluchten

WENIGER BEKANNTE PARKS IN FLORENZ

Die Gegend nördlich von San Marco ist bei Weitem nicht von so vielen Tourist:innen bevölkert wie die Innenstadt – und genau deshalb sollte man herkommen. Einige der weniger bekannten Stadtparks ziehen sich die Hügel rund ums Zentrum hinauf und gewähren eine wohlverdiente Pause von den Massen ebenso wie wunderbare Ausblicke über die Dächer rund um den Dom.

Neben dem Giacomo-Roster-Tepidarium erstreckt sich der **Giardino dell'Orticoltura** (societatoscanaorticultura.it), 1859 gegründet von der Toskanischen Gartenbaugesellschaft als Versuchsgarten für den Anbau seltener und exotischer Pflanzen. In der letzten Aprilwoche veranstaltet die Gesellschaft noch immer einen der größten Blumenmärkte der Stadt; im Tepidarium finden regelmäßig Ausstellungen und Kulturevents statt.

CRAFTBIER

Mostodolce
Tolle Auswahl an Bieren wie dem Martellina im belgischen Stil; dazu passt bestens eine Holzofen-Pizza.

PanicAle
Die kleine Bar direkt am Mercato Centrale serviert Craftbier und Cocktails.

Braumeister
In der Via Madonna della Tosse, mit coolem Kneipenflair, tollem Essen und einem stets wechselnden Angebot an Fassbieren.

Alibi
Kleine Kneipe in der Via Faenza mit in- und ausländischen Bieren vom Fass.

ESSEN & SHOPPEN IN SAN LORENZO & SAN MARCO

All'Antico Vinaio
Der bekannteste Sandwichladen von Florenz hat an der Piazza San Marco eine Filiale eröffnet – hier gibt's *schiacciata* ohne Warteschlange. **€**

La Ménagère
Das ganztägig geöffnete Restaurant lockt Leute an, die für schön dargebotenes Essen gutes Geld auszugeben bereit sind. **€€**

Konnubio
Schummriges, romantisches Flair und eine kreative Karte mit experimentellen Geschmackskombinationen. **€€€**

Vom Giardino dell'Orticoltura kann man hochgehen zu den **Orti del Parnaso**: Hier kriecht die riesige, bunte Skulptur einer Schlange (oder ist es ein Drache?) eine Treppe hinunter. Oben gibt es einen der schönsten Ausblicke auf die Stadt, den die wenigsten Besucher auf dem Radar haben. Weiter die Straße hinauf erstrecken sich die üppigen, mit Zypressen gespickten Gärten der Villa Fabbricotti, einer Luxusresidenz von 1894; hier waren schon Königin Victoria und Elisa Bonaparte, Schwester von Napoleon, zu Gast.

Wer von der ganzen Kletterei Durst bekommen hat, kann im **Caffè Lietta** bei der Piazza della Libertà einkehren und sich dort vor dem Weg zurück in die Innenstadt mit einem frischen Saft und einer süßen Leckerei stärken.

Eine Wundervilla

FREDERICK STIBBERTS UMWERFENDE KUNSTSAMMLUNG

Die eleganten Säle der schönen Villa di Montughi wären auch leer einen Besuch wert, doch die originelle und überraschende Sammlung von Objekten, die der englisch-italienische Sammler und Unternehmer Frederick Stibbert im Laufe des 19. Jhs. zusammengetragen hat, weckt Neugier, selbst wenn man schon genügend Florentiner Museen von innen gesehen hat.

Abseits der üblichen Kunstpfade beherbergt das **Museo Stibbert** über 50 000 Artefakte aus unterschiedlichen Zeiten. Den Schwerpunkt der Sammlung bildet eine breite Palette an Waffen aus verschiedenen Ecken der Welt: In den Sälen der Villa sind Waffen aus dem 16. und 17. Jh. aus Italien, Deutschland, der Türkei und Indien zu sehen, außerdem die größte Sammlung alter japanischer Waffen außerhalb Japans, darunter *katana*-Schwerter, die den letzten Samurai gehörten.

Aber es gibt mehr als nur Waffen: Im Laufe seines Lebens sammelte der wohlhabende Stibbert auch Gemälde von Sandro Botticelli, Luca Giordano, Alessandro Allori, Pieter Brueghel dem Jüngeren und anderen großen Meistern, alle ausgestellt in den zauberhaften Räumlichkeiten der opulenten Residenz.

VERSTECKTE GÄRTEN IN FLORENZ

Lorenzo Dal Piaz, geboren und aufgewachsen in Florenz, arbeitet seit Jahren in der Tourismusbranche in Italien und im Ausland.

In der Nähe der Via Cavour verbergen sich überraschend viele Gärten, die Besuchern ein bisschen frische Luft und Ruhe bescheren. Die einzigartigste Grünfläche sind ohne Zweifel die **Orti Dipinti**, ein Gemeinschaftsgarten, der den Menschen, die mitten in der Stadt leben, Begegnungen mit der Natur ermöglicht. Immer wieder staune ich über die Vielzahl an faszinierenden Projekten, die dort umgesetzt werden. Man kann gegen eine Spende an Gemeinschafts-Events teilnehmen oder auch Kräuter für die Küche zuhause pflücken.

Scarpelli Mosaici
Eine der Familienwerkstätten, die die Tradition der Mosaikherstellung am Leben erhält, in der Via Ricasoli.

Red Light Rock Shop
Zeitreise zurück in die Grufti-Jugend in riesigem unterirdischem T-Shirt- und Accessoires-Laden.

Street Doing
Einzigartige, sorgsam ausgewählte Vintage-Schätze aus dem 20. Jh.

SANTA CROCE & SANT'AMBROGIO

MUSEEN, KIRCHEN & NACHTLEBEN

Das Viertel Santa Croce rund um den Platz mit Arnolfo di Cambios majestätischer Basilika präsentiert sich abends teils anders als tagsüber. Bis zum Abend kann man sich hier in das Kunsterbe der Renaissance vertiefen; nach Einbruch der Dunkelheit unternehmen Studierende aus aller Welt Streifzüge durch Karaokebars und Kneipen.

Hier im Viertel hat das legendäre *calcio-storico*-Turnier seine Heimat: Dabei treten die vier historischen Stadtbezirke auf der Piazza di Santa Croce bei einer rauen Spielkombi aus Rugby, Ringen und Fußball gegeneinander an. So hält das Viertel lokale Traditionen am Leben. Das gilt auch für die vielen Imbisse, die edleren Restaurants und die sorgfältig restaurierte historische Bausubstanz.

Das aufstrebende Sant'Ambrogio haben Kurzbesucher meist nicht auf dem Schirm, doch die Gegend zwischen der prächtigen Synagoge, der Piazza Beccaria und Santa Croce lohnt einen Abstecher, u. a. um mit den Einheimischen in Kontakt zu kommen, die auf den Plätzen und vor den Bars dieses noch nicht gentrifizierten Viertels lange Sommerabende verbringen.

TOP TIPP

Die Hauptstraßen von Santa Croce sind die Via dei Benci und die Via Ghibellina: Sie verbinden das Viertel mit dem Ponte alle Grazie und dem Zentrum. Sant'Ambrogio erstreckt sich vom östlichen Ende der Via Pietrapiana bis zur Piazza Beccaria. Von der Piazza del Duomo und Piazza della Signoria sind beide Viertel bequem zu Fuß zu erreichen.

Basilica di Santa Croce

IMPOSANTE KIRCHE MIT KUNST OHNE ENDE

Im Fall der franziskanischen **Basilica di Santa Croce**, eines der prächtigsten sakralen Bauwerke der Stadt, entworfen von Arnolfo di Cambio Ende des 13. Jhs., bilden Innen und Außen einen frappierenden Gegensatz. Wer von der großen, leeren Piazza auf die neugotische Fassade blickt, dem fällt im Typanon über dem Rundfenster ein Davidstern auf – der stammt vom jüdischen Architekten Niccolò Matas, der die zweifarbige Marmorfassade 1863 vollendete. Das karge, schummrige Innere der Kirche lohnt einen Blick wegen der zahlreichen Grabstätten berühmter Personen: Neben dem (leeren) Grabmal von Dante, dessen sterbliche Überreste nie von Ravenna, wo er 1321 starb, nach Florenz überführt wurden, sind hier Michelangelo, Galilei, Ghiberti und Machiavelli bestattet. Und außer Agnolo Gaddis Fresko *Leggenda della Croce* (1380–90) hinter dem Hochaltar beherbergt die Kirche in den 16 Familienkapellen fast 4000 Kunstwerke, u. a. von Giotto, Brunelleschi, Donatello und Andrea della Robbia.

Dante-Statue

DANTE-STATUE

Die aus Carrara-Marmor gefertigte **Statue von Dante Alighieri** von Enrico Pazzi vor der Basilica di Santa Croce ist relativ jungen Ursprungs. Sie wurde 1865 zur Feier des 600. Geburtstags des Dichters in Anwesenheit von König Vittorio Emanuele II. enthüllt; ursprünglich stand sie in der Mitte des Platzes. 1968 wurde die Statue abgebaut, da auf der Piazza das *calcio-storico*-Turnier stattfinden sollte. Sie wurde links vom Eingang der Kirche wieder aufgestellt.

HIGHLIGHTS
1 Aquaflor
2 Basilica di Santa Croce
3 Casa Buonarroti
4 Cibrèo Ristorante
5 Cibrèo Trattoria
6 Contempo Records
7 La Murate
8 Locale
9 Loggia del Pesce
10 Mercato di Sant'Ambrogio
11 Museo del Bargello
12 Museo Zeffirelli
13 Piazza de' Peruzzi
14 Synagoge & Jüdisches Museum Florenz

SEHENSWERTES
15 Piazza di Santa Croce

ESSEN
16 All'Antico Vinaio & La Schiacciata
17 Droheria
18 Enoteca Pinchiorri
19 Gelateria dei Neri
20 La Giostra
21 La Prosciutteria & Budellino
22 Le Vespe Café
23 L'Ortone
24 Melaleuca

AUSGEHEN & FEIERN
25 Base V Juicery
26 Bitter Bar
27 Ditta Artigianale
28 Eby's
29 Rex Café

Piazza de' Peruzzi

GEBAUT AUF RÖMISCHEM AMPHITHEATER

Bei einem Bummel über die **Piazza de' Peruzzi** bei Santa Croce fällt der Blick wahrscheinlich auf die ungewöhnlich gerundeten Fassaden auf der Nordseite des Platzes: Sie bilden einen Halbkreis. Diese Anordnung ist einer der deutlichsten Verweise auf die römischen Wurzeln von Florenz – die Gebäude hier entstanden auf den Fundamenten eines römischen Amphitheaters. Das wurde im 2. Jh. n. Chr. erbaut, hatte einen Durchmesser von 120 m und bot 20 000 Menschen Platz.

Casa Buonarroti

Casa Buonarroti

MUSEUM IN MICHELANGELOS HAUS

Das Haus in der Via Ghibellina, das Michelangelo Buonarroti im frühen 16. Jh. erwarb, wurde im folgenden Jahrhundert von seinen Erben aus- und umgebaut. Michelangelo und seiner Familie gehörten in Florenz mehrere Immobilien; sie waren allerdings selbst nur kurz hier ansässig, da sie 1534 dauerhaft nach Rom umzogen. Das oft leere **Museum** beherbergt zwei Flachreliefs des Renaissance-Stars, die er als Teenager schuf: die *Madonna della Scala* (1491) und die *Battaglia dei Centauri* (1492). Dazu kommt noch von Michelangelo Buonarroti dem Jüngeren (1568–1647), dem Großneffen des Künstlers, gesammelte Kunst.

Museo del Bargello

Museo del Bargello

DIE WELTWEIT GRÖSSTE SKULPTURENSAMMLUNG DER RENAISSANCE

Der hoch aufragende befestigte Palazzo wurde 1255 ursprünglich als Residenz für den *podestà*, Stadtoberhaupt und höchster Richter, erbaut, wurde im 15. Jh. jedoch in ein Gefängnis umgewandelt und schließlich 1865 das erste Nationalmuseum Italiens. Heute beherbergt das **Museo del Bargello** die weltweit größte Skulpturensammlung aus der Zeit der Renaissance. Unter der Gewölbedecke des Salone di Donatello steht dessen langhaariger Bronze-*David* (ca. 1440) stolz auf Goliaths Haupt, neben einer früheren Version der biblischen Figur und der San-Giorgio-Statue (1415–18). Es gibt nicht nur Donatellos: Die der toskanischen Bildhauerei des 16. Jhs. gewidmete Sala di Michelangelo beherbergt den außergewöhnlichen *Bacco* (1497) aus der römischen Zeit des Künstlers, seinen unfertigen *David-Apollo* (1530) sowie Benvenuto Cellinis *Narciso* (1548–65).

Locale

KREATIVE COCKTAILBAR & RESTAURANT

Das **Locale**, das auch auf der Liste der 50 besten Bars der Welt (worlds 50bestbars.com) steht, hat seit der Eröffnung 2015 die Cocktailszene der Stadt erobert. Die im historischen Palazzo Concini versteckte Bar ist mit einer üppigen Pflanzenwand ausgestattet, die der Renaissance-Architektur ein tropisches Flair verleiht. Die experimentelle Cocktailkarte wechselt saisonal; das edle Ambiente lockt ein trendbewusstes internationales Publikum an, das bereit ist zu prassen.

Große Synagoge von Florenz

Große Synagoge von Florenz

MONUMENTALES GOTTESHAUS & JÜDISCHES MUSEUM

Von jedem etwas höheren Punkt der Stadt aus ist die grüne Kupferkuppel der **Synagoge** von Florenz zu sehen, Zentrum der jüdischen Gemeinde der Stadt in der Nähe des Viertels Sant'Ambrogio. Den als Tempio Maggiore bekannten Bau im maurischen Stil entwarfen die Architekten Mariano Falcini, Marco Treves und Vincenco Micheli im späten 19. Jh. nach der Einigung Italiens und dem Abriss des Ghettos bei der Piazza della Repubblica. Den dämmrigen Raum schmücken Buntglasfenster, Böden mit Marmor und aufwendige Kronleuchter. Am Ende des Innenraums befindet sich unter einem Baldachin der mosaikverzierte Thoraschrein; oben im Gebäude ist das **Museum** zur Geschichte der jüdischen Gemeinschaft in Florenz.

Museo Zefffirelli

Museo Zeffirelli

BÜHNENBILDER & KOSTÜME AUS OPERN, THEATERSTÜCKEN & FILMEN

Das **Museo Zeffirelli** befindet sich im ersten Stock des Complesso di San Firenze, eines seltenen Beispiels der Barockarchitektur neben dem Museo del Bargello. Das Museum widmet sich dem Erbe des Regisseurs und Bühnengestalters Franco Zeffirelli und umfasst 22 Säle mit über 300 Arbeiten aus verschiedenen Lebensabschnitten des Künstlers. Von frühen Skizzen und Zeichnungen bis zu Kostümen, die in einigen der gefeiertsten Produktionen Zeffirellis wie *Romeo und Julia* (1968) und *Tee mit Mussolini* (1999) zum Einsatz kamen: Hier können Film-, Theater- und Opernfreunde dem Geist eines der großen Meister des bewegten Bilds nachspüren.

Mercato di Sant' Ambrogio

QUIRLIGER MARKT & TOLLE STREETFOOD-ADRESSE

Wer abseits des eher touristischen San-Lorenzo-Markts nach authentischerem Flair sucht, wird in Sant'Ambrogio mit der ältesten noch bestehenden **Markthalle** der Stadt von 1873 fündig. Dies ist eine typische Florentiner Adresse: toll zum Leutegucken, für heimische Lebensmittel oder für ein Mittagessen an einem der Stände mit frisch gebackener *schiacciata, lampredotto* und dampfender Pasta. Der Mercato di Sant'Ambrogio ist außer sonntags täglich von 7 bis 14 Uhr geöffnet.

Le Murate

Mercato di Sant'Ambrogio

Le Murate

KULTURZENTRUM & LITERATURCAFÉ IN EHEMALIGEM GEFÄNGNIS

Heute wird im **Le Murate** zeitgenössische Kultur zelebriert, mit Lesungen, Ausstellungen, Filmvorführungen und Livemusik, doch so spaßig ging's hier nicht immer zu. Ab 1832 diente der Bau 150 Jahre lang als Gefängnis – Berühmtheiten wie der anarchistische Philosoph Errico Malatesta, der antifaschistische Schriftsteller Carlo Levi und der Politiker Alcide de Gasperi, der 1946 Premierminister wurde, sind hier allesamt „zu Gast" gewesen. Nach der Schließung 1984 stand der Komplex bis 2001 leer: Dann wurde Le Murate durch eine lange Renovierung unter Leitung von Stararchitekt Renzo Piano neues Leben eingehaucht. Das Programm ist auf lemurate.it zu finden.

Loggia del Pesce

ARCHITEKTUR VON GIORGIO VASARI

Die **Loggia del Pesce** zählt zu den architektonischen Werken Giorgio Vasaris. Jedoch stand die Säulenhalle nicht immer dort, wo sie heute zu finden ist. In Auftrag gegeben wurde sie 1568 von Cosimo I. de' Medici als Marktfläche für Fischhändler, die von der Piazza del Pesce beim Ponte Vecchio vertrieben wurden, um Platz für den Bau des Vasari-Korridors zu schaffen. Ursprünglich stand die Loggia auf dem Marktplatz der Stadt, der heutigen Piazza della Repubblica. Während des Umbaus der Stadt im späten 19. Jh. wurde die Loggia abgebaut und in Teilen für einen späteren Wiederaufbau im Museo di San Marco gelagert. Erst in den 1950er-Jahren beschloss der Stadtrat den Wiederaufbau der Loggia an der Stelle, wo sie heute steht – somit gibt's auf der Piazza dei Ciompi jetzt auch ein bisschen Vasari-Feeling.

Contempo Records

PLATTENLADEN

Rockfans freuen sich sicher über diesen düsteren, mit Schallplatten aus allen Musikepochen vollgestopften Laden zwischen Eisdielen und Brotläden an der quirligen Via de' Neri. **Contempo Records** scheint sich sein 70er-Jahre-Flair im Lauf der Zeit erhalten zu haben und bietet seiner Kundschaft noch immer eine breite Auswahl an seltenen Alben aus Italien und aller Welt – hier kann man stundenlang stöbern. Und der laute Metalsound, der hier tagein, tagaus läuft, animiert zum spontanen Headbangen.

Aquaflor

Aquaflor

HANDWERKLICH PRODUZIERTE DÜFTE

In der Nähe der Piazza di Santa Croce versteckt sich im Palazzo Corsini Antinori Serristori, einem eleganten Renaissance-Palazzo, die Parfümerie **Aquaflor**. Im Laden selbst betören schwere Düfte und ein reizendes altmodisches Ambiente die Sinne. Wer an einer der Aquaflor Experiences teilnimmt, kann hinter die Kulissen blicken und seinen eigenen, ganz persönlichen Duft kreieren sowie nach Anleitung des Meisterparfümeurs des Geschäfts ein paar Geheimnisse der Zunft entdecken.

Dessert, Cibrèo Caffè

Cibrèo

TRADITIONELLE KÜCHE MIT KÜNSTLERISCHEM TOUCH

Das Cibrèo als Restaurant zu bezeichnen wäre untertrieben. Es war ein Projekt von Fabio Picchi, dem inzwischen verstorbenen Gastronomen, der als Fernsehkoch ein Star wurde und 1979 das berühmteste Speiselokal von Sant'Ambrogio eröffnete. Seitdem hat sich das Cibrèo von der traditionellen Trattoria zum Kulturerlebnis mit vielen Gesichtern entwickelt. Noch immer werden in der einladenden **Cibrèo Trattoria** (Il Cibreino) Stammgästen in schnörkellosem Ambiente großzügige Portionen serviert. Oder man diniert im **Cibrèo Ristorante** in formelleren Räumlichkeiten mit edler toskanischer Küche. Dann gibt's noch ein Restaurant mit 16 Plätzen und toskanisch-asiatischer Fusionsküche, das Cibrèo Caffè mit süßer Leckereien sowie das Teatro del Sale mit toskanischem Buffet und Bühnenkunst.

KEINE ZEIT?

Wer die begehrte *schiacciata* von All'Antico Vinaio probieren möchte, ohne Schlange zu stehen, kann das im neu eröffneten Laden an der **Piazza San Marco** (S. 82) tun.

PAO LAROID/SHUTTERSTOCK ©

Streetfood, All'Antico Vinaio

NACHTLEBEN

Eby's
Das kleine Eby's, eine Florentiner Ikone, serviert schon seit Jahrzehnten kreative Shots.

Rex
Hinter dicken schwarzen Vorhängen ist eine kultivierte Cocktailbar mit gemischtem Publikum.

Bitter Bar
Flüsterkneipenflair und sorgfältig gemixte Drinks – die Lounge an der Via di Mezzo eignet sich toll für einen Absacker.

MEHR IN SANTA CROCE & SANT'AMBROGIO

Streetfood-Freuden

KULINARISCHE ENTDECKUNGEN

Meistens erstreckt sich über die Via de' Neri eine ungeordnete Schlange und behindert den Straßenverkehr – hier warten alle darauf, sich bei **All'Antico Vinaio**, dem bekanntesten Imbiss von Florenz, eins der berühmten *schiacciata*-Brote zu holen. Das traditionelle toskanische Fladenbrot – der Name bedeutet „gequetscht", da der Teig vor dem Backen zusammengedrückt wird – ist unterschiedlich gefüllt, von *prosciutto crudo* (rohem Schinken) bis Pecorino-Creme mit getrockneten Tomaten. All'Antico Vinaio hat sich zu einem kleinen Streetfood-Imperium entwickelt, mit einem halben Dutzend Läden in Italien und Pop-up-Läden in New York und Los Angeles. Man kann sich natürlich fragen, ob es sich wirklich lohnt, für ein Sandwich eine halbe Stunde zu warten. Die Antwort ist einfach: In der Via de' Neri gibt's auch andere Läden mit genauso köstlichen toskanischen Imbissen.

ESSEN IN SANTA CROCE & SANT'AMBROGIO

Melaleuca
Frühstück, Brunch und Mittagessen sowie frische Backwaren und Kaffee mit australischem Touch. **€€**

Le Vespe Café
Freundlicher Brunchladen in der Via Ghibellina, ideal für eine gesunde Pause vom Sightseeing. **€€**

Drogheria
Eine Alternative zu Pasta, Pizza und Steak sind die riesigen Burger hier – es wurde noch niemand enttäuscht. **€€**

Das trefflich benannte **La Schiacciata** zum Beispiel verkauft herzhafte Brote mit Wurst, Käse, Gemüse und hausgemachten Saucen. Nebenan serviert das **La Fettunta** an Tischen Pasta, Wurstteller und Steaks. Weiter runter sind **La Prosciutteria** und **Budellino**, toll für kalte und warme Imbisse zu Rotwein. **Ditta Artigianale** ebnete Kaffeespezialitäten den Weg in Florenz – wer nach dem Essen einen Schuss Koffein benötigt, sollte hier Halt machen. Die **Gelateria dei Neri** schließlich bietet tolles Eis, gesünder sind aber die nahrhaften Smoothies bei der **Base V Juicery**.

Eine brutale Angelegenheit

DAS CALCIO-STORICO-TURNIER

Am 24. Juni präsentiert sich die sonst meist leere **Piazza di Santa Croce** vor der neugotischen Basilika mal ganz anders: Dann feiert Florenz seinen Schutzpatron Johannes den Täufer. Was die rund 4000 Leute hier dann auf den Rängen einer temporären Sandarena an Anfeuerungsrufen zum Besten geben, ist allerdings ganz unreligiöser Natur.

Das Finale des *calcio-storico*-Turniers zählt in Florenz zu den spannendsten Events des Jahres. Zur festen Institution wurde die Veranstaltung 1530, als die Florentiner Bezirke eine Art Fußballspiel organisierten, um vor den einfallenden Truppen Karls V. – der war ein Verbündeter der Medici, die ihre Herrschaft über die Stadt zurückerlangen wollten – ihre Furchtlosigkeit zu beweisen. Seit 1930 wird das prächtige Turnier der Renaissance-Zeit nun schon nachgespielt.

Uneingeweihte sind vielleicht schockiert ob der Brutalität des *calcio storico*. Faustschläge mit bloßen Händen, Tritte und Tacklings sind allesamt erlaubt, um eine „caccia" (Jagd) zu erzielen, indem der Ball ins Netz des Gegners am anderen Ende des Spielfelds getragen wird. Hier kommen Elemente aus Rugby, Ringen und Fußball zusammen, gespielt auf einem 100 x 50 m großen *sabbione* (Sandarena). Die Mannschaften mit je 27 Spielern repräsentieren die vier historischen Bezirke der Stadt: die Rossi (Roten) von Santa Maria Novella, die Azzurri (Blauen) von Santa Croce, die Bianchi (Weißen) von Santo Spirito und die Verdi (Grünen) von San Giovanni.

Obwohl jedes Jahr Spieler im Krankenhaus landen, ist das legendäre Turnier mit zwei Halbfinalen und dem Finale immer ausverkauft: Die Leute wollen die *calcianti* ihres Bezirks 50 Minuten lang bei sengender Hitze fighten sehen. Die Gewinner ernten für ihren Einsatz nichts als Ruhm – dass es sich lohnt, für die Bewahrung der Tradition sogar Blut zu vergießen, scheint hier eine klare Sache zu sein.

WARUM ICH SANTA CROCE LIEBE

Angelo Zinna, Autor

Die Innenstadt von Florenz wirkt manchmal sehr aufgeräumt – Santa Croce ist da anders. Dieser Teil der Stadt verändert sich bei Einbruch der Dunkelheit abrupt: Während sich tagsüber alles auf die stattliche Piazza konzentriert, erwachen abends die kleinen Bars in den Sträßchen des Viertels zum Leben. Sie unterbrechen den Strom der Leute von Sehenswürdigkeit zu Sehenswürdigkeit und ermöglichen unerwartete Begegnungen und Events. Außerdem ist Santa Croce die einzige Gegend, wo man mitten in der Nacht noch ein Stück Pizza bekommt.

L'Ortone
Das schöne Lokal serviert traditionelle Gerichte mit dem gewissen Extra. **€€**

La Giostra
Eine Lieblingsadresse für Promis, mit rustikal-schicker Einrichtung, tollem Essen und riesiger Weinkarte. **€€€**

Enoteca Pinchiorri
Eins der prestigeträchtigsten Restaurants Italiens, mit drei Michelin-Sternen, serviert wahre Kunstwerke. **€€€**

SAN FREDIANO & & SANTO SPIRITO

KREATIVZENTRUM MIT REICHLICH APERITIVO-BARS

1949 beschrieb Vasco Pratolini San Frediano als ungesündestes Viertel von Florenz. Zwar erinnern die Kunstgewerbe- und Antiquitätenläden südlich des Arno noch immer an die Vergangenheit, doch hat sich seit Pratolinis Zeit viel verändert.

Bis in die frühen Nullerjahre hinein ließen sich Handwerksbetriebe im Oltrarno nieder, angelockt von den billigen Mieten. Seit den 2010er-Jahren haben sich die ehemaligen Arbeiterviertel San Frediano und Santo Spirito aufgrund einer wachsenden Zahl von Leuten aus dem Ausland radikal verändert.

Aus den Werkstätten von Bilderrahmern, Holzschnitzern und Buchbindern wurden allmählich Inneneinrichtungsateliers und schicke kleine Läden; Galerien für moderne Kunst, hippe Cocktailbars und originelle Restaurants wurden eröffnet, die alle anlocken, die eine andere Facette der Stadt kennenlernen möchten und nicht nur das museale historische Stadtzentrum.

Heute zählen San Frediano und Santo Spirito zu den spannendsten Vierteln von Florenz. Noch immer erscheinen sie ein wenig ungeschliffen – doch hier entstehen Ideen, die die Stadtlandschaft rasant verändern.

TOP TIPP

Die benachbarten, durch die Via dei Serragli voneinander getrennten Viertel San Frediano und Santo Spirito erstrecken sich über 1 km entlang des Arno. Vom Stadtzentrum aus gelangt man über Ponte Santa Trinità, Ponte alla Carraia oder Ponte Amerigo Vespucci hierher.

Das Kruzifix in Santo Spirito

DER VERSTECKTE MICHELANGELO

Das Prunkstück in der Basilica di Santo Spirito ist ein hölzernes **Kruzifix**, über das die Fachleute Jahrzehnte gestritten haben. Die schlanke Figur wird Michelangelo zugeschrieben, der im Alter von 17 Jahren in der Mönchsgemeinschaft der Kirche lebte und Anatomie studierte. Das Kruzifix war aus Giorgio Vasaris Schriften bekannt, galt jedoch seit der französischen Besatzung im 18. Jh. als verschollen. Viel später, 1964, stellte die deutsche Forscherin Margrit Lisner, eine Spezialistin für toskanische Kruzifixe des 15. Jhs., die Behauptung auf, dass es seinen ursprünglichen Ort nie verlassen habe. Lisner zufolge hatte eine Übermalung Michelangelos frühes Meisterwerk unkenntlich gemacht; zwar hegten viele anfangs Zweifel, doch 1999 bewiesen Analysen Lisners These – eine grandiose Entdeckung!

Kruzifix, Santo Spirito

Basilica di Santo Spirito

KUNST & ARCHITEKTUR DER RENAISSANCE

Die 1444 begonnene stattliche **Basilica di Santo Spirito** war das letzte Projekt, an dem der Florentiner Meisterarchitekt Filippo Brunelleschi vor seinem Tod 1446 arbeitete. Von einer Terrasse der zahlreichen Bars an der Piazza betrachtet wirkt die minimalistische cremefarbene Fassade nicht imposant genug, um zu einer Visite zu animieren, doch drinnen beherbergt die Kirche rund um die Pietra-Serena-Säulen mit ihren korinthischen Kapitellen herrliche Fresken wie Filippino Lippis *Pala Nerli* (1485–88) und Alessandro Alloris *Cristo e l'Adultera* (1577).

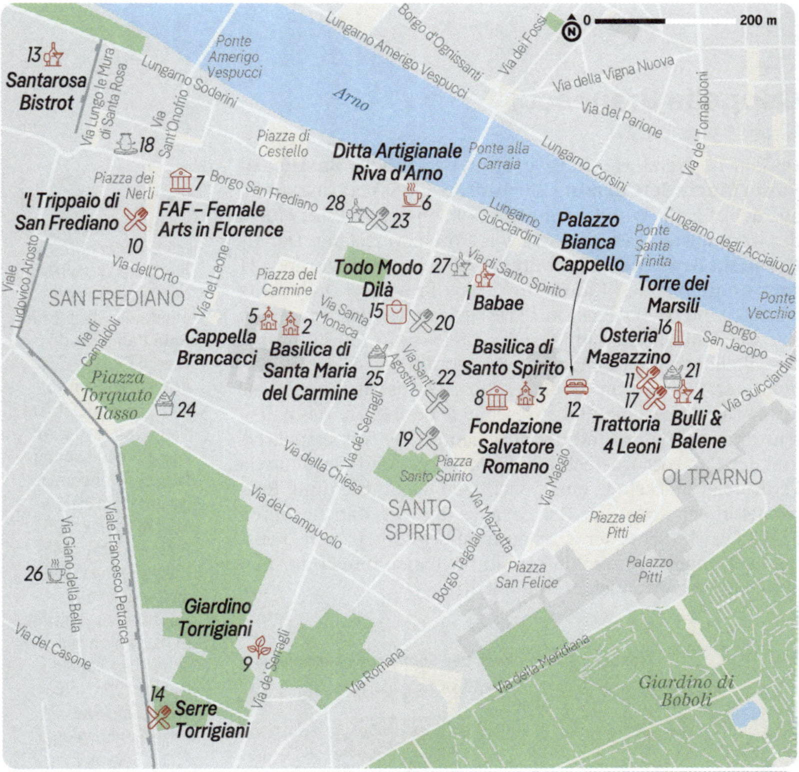

HIGHLIGHTS
1 Babae
2 Basilica di Santa Maria del Carmine
3 Basilica di Santo Spirito
4 Bulli & Balene
5 Cappella Brancacci
6 Ditta Artigianale Riva d'Arno
7 FAF - Female Arts in Florence
8 Fondazione Salvatore Romano
9 Giardino Torrigiani
10 'l Trippaio di San Frediano
11 Osteria Magazzino
12 Palazzo Bianca Cappello
13 Santarosa Bistrot
14 Serre Torrigiani
15 Todo Modo Dilà
16 Torre dei Marsili
17 Trattoria 4 Leoni

AKTIVITÄTEN & KURSE
18 Galleria Romanelli

ESSEN
19 #RAW
20 Cuculia
21 Gelateria della Passera
22 Hostaria da Fulvio
23 La Cité
24 La Sorbettiera
25 Sbrino

AUSGEHEN & FEIERN
26 Il Conventino
27 Il SAntino 27
28 MAD Souls & Spirits

Fondazione Salvatore Romano

KAUM BEKANNTES SKULPTURENMUSEUM

Orcagnas *La Crocifissione e l'Ultima Cena*

Die **Fondazione Salvatore Romano**, eine Kunstsammlung im Augustinerkloster Santo Spirito, steht im Schatten der weltberühmten Museen auf der anderen Seite des Arno und geht Kurzbesuchern trotz ihrer Bedeutung oft durch die Lappen. Das Museum im früheren Speisesaal aus dem 14. Jh. mit Andrea Orcagnas gotischem Meisterwerk *La Crocifissione e l'Ultima Cena* von 1365 beherbergt wertvolle Skulpturen wie Jacopo della Quercias *Madonna con Bambino* (1400–38) und ein Fragment von Donatellos Flachrelief *San Massimo* (1443–53), alles vom Antiquitätenhändler Salvatore Romano (1875–1955) aus Neapel im Laufe seines Lebens zusammengesammelt.

Cappella Brancacci

RENAISSANCE-FRESKEN

Im Jahr 1771 zerstörte ein Feuer einen Großteil der **Basilica di Santa Maria del Carmine**. Der bedeutende Sakralbau stammt aus dem 13. Jh. Wundersamerweise blieb der Teil mit einem der wertvollsten Kunstschätze von Florenz verschont. Der als **Cappella Brancacci** bekannte Renaissance-Bau wurde 1424 vom wohlhabenden Kaufmann Felice Brancacci in Auftrag gegeben und beeindruckt mit Fresken von den wegweisenden Künstlern Masaccio und Masolino da Panicale (50 Jahre später vollendet von Filippino Lippi) rund um das Altarbild *Madonna del Popolo* von 1268. Der kürzlich restaurierte Zyklus aus 14 Gemälden erzählt die Geschichte des Lebens des hl. Petrus und stellt aufgrund der ausgefeilten Zentralperspektive und der Chiaroscuro-Technik, die Masaccio und Masolino da Panicale entwickelten, einen wichtigen Schub Richtung Realismus in der Kunst der Renaissance dar. Die Kapelle, deren Eingang sich rechts der Kirchentüren befindet, ist von Dienstag bis Donnerstag geschlossen und es haben immer nur maximal 30 Personen gleichzeitig Zutritt.

Masaccios *Erweckung des Sohnes des Theophilus*

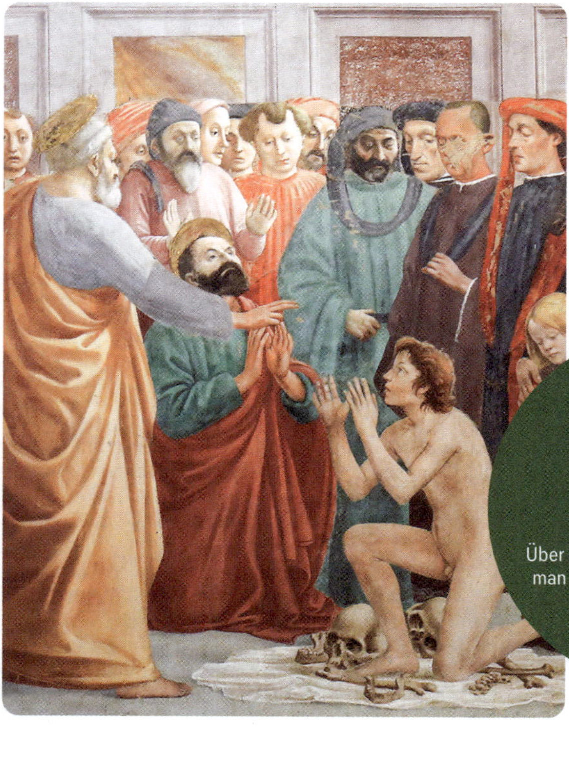

JORISVO/SHUTTERSTOCK ©

SALA VANNI

Ein Teil der Basilica di Santa Maria del Carmine ist derzeit einer modernen Kunstform gewidmet: experimentellem Jazz. Die **Sala Vanni** mit dem Fresko *Cena di Cristo in casa del Fariseo* von Giovanni Battista Vanni von 1645 wird von der Vereinigung Musicus Concentus genutzt, die in dem Saal mit seinen 195 Plätzen regelmäßig Konzerte mit in- und ausländischen Künstlern organisiert. Bisher waren hier z. B. schon Lee Ranaldo, Gitarrist von Sonic Youth, und Radiohead-Schlagzeuger Philip Selway zu Gast. Das Programm gibt's auf musicus concentus.com.

DER JUNGE MICHELANGELO

Über Michelangelos Jugend erfährt man mehr in der **Casa Buonarroti** (S. 86) in Santa Croce.

Madonna del Puzzo an der Torre dei Marsili

SCHRÄGE SKULPTUR

Die *Madonna del Puzzo* (Madonna des Gestanks) in einer Nische der mittelalterlichen **Torre dei Marsili** im Borgo San Jacopo ist eine sehr ungewöhnliche Terrakottaskulptur. Die 1984 von Mario Mariotti geschaffene Plastik zeigt eine Jungfrau Maria, die sich angesichts des Gestanks aus den Müllcontainern in den Nebenstraßen die Nase zuhält. Glücklicherweise hat man den Müll inzwischen aus der Gasse, die zur Piazza della Passera führt, entfernt.

Piazza della Passera

Piazza della Passera

KUNST, APERITIVI & SPEISEN UNTER FREIEM HIMMEL

Die charmante kleine Piazza della Passera ist kaum mehr als eine Freifläche an der Kreuzung von fünf Gassen, nicht weit entfernt vom Palazzo Pitti. Trotz ihrer geringen Größe hat man hier sofort das Gefühl, verweilen zu müssen, dank erstklassiger Eiscreme in der **Gelateria della Passera**, Cocktails ohne Ende im **Bulli & Balene** und einer breiten Palette an toskanischen Klassikern in den gleichermaßen guten Lokalen **Trattoria 4 Leoni** und **Osteria Magazzino**. Im Spätsommer findet hier zudem das Freilichtfestival Settembre in Piazza della Passera mit Livemusik, Poetry und Kunst statt. Schlüssel verloren? Dann an der „Mauer der verlorenen Schlüssel" an der Ecke Via dello Sprone und Via Toscanella nachschauen!

Palazzo Bianca Cappello

Palazzo Bianca Cappello

RENAISSANCE-ROMANZE & INTERESSANTE FASSADE

Eine der meistdiskutierten Liebesaffären der Renaissance spielte sich hinter der aufwendig verzierten Fassade dieses Palazzos an der Via Maggio ab, den Francesco I. de' Medici in den 1570ern für seine venezianische Mätresse Bianca Cappello erwarb. Es wurde von einem Geheimgang hinüber zum Palazzo Pitti gemunkelt, wo der Großherzog mit seiner Gattin Johanna von Österreich residierte, damit Francesco seine Geliebte ungesehen aufsuchen konnte. Heute beherbergt der **Palazzo Bianca Cappello** ein schön eingerichtetes Luxushotel, in dem sich zu historischem Charme moderne Annehmlichkeiten gesellen.

Weinfenster des Babae

HISTORISCHE TRINKSITTEN

Im 17. Jh., als sich die Pest in der Stadt ausbreitete, verkauften viele Weinhändler ihren Wein durch Maueröffnungen, um keinen direkten Kundenkontakt zu haben. Das Café **Babae** in der Via Santo Spirito – einer Straße, die bei Fans einzigartiger Innendesignartikel beliebt ist – verfügt über eine der letzten verbleibenden *buchette del vino* (Weinfenster) in Florenz. Wer an der blattförmigen Glocke läutet, kann das gewünschte Getränk bestellen und erhält es dann durch das kleine Fenster herausgereicht.

Weinfenster des Babae

Ditta Artigianale Riva d'Arno

KAFFEESPEZIALITÄTEN & MEHR

Die von Francesco Sanapo, mehrfachem Gewinner der italienischen Barista-Meisterschaft, gegründete **Ditta Artigianale** hat seit der Eröffnung 2013 an der Via de' Neri stark expandiert. Dank Außenbereich, tropischem Flair und der Öffnungszeit bis 23 Uhr ist das Lokal toll für einen *aperitivo*, obwohl immer noch sortenreiner Kaffee und nichtalkoholische Getränke auf Kaffeebasis im Rampenlicht stehen. Die beste Adresse in Florenz für Kaffeespezialitäten hat mittlerweile den vierten Laden eröffnet, nämlich in der Via Lungarno Soderini 7r am Südufer des Arno.

Lampredetto

'l Trippaio di San Frediano

GÜNSTIGES STREETFOOD

Nur wenige traditionelle Gerichte erscheinen Besuchern aus dem Ausland so gewöhnungsbedürftig wie der berüchtigte *lampredotto*, ein typisches Florentiner Gericht: Dafür wird einer der vier Teile des Kuhmagens, der Labmagen, in Brühe gekocht und dann mit einer grünen Sauce aus Knoblauch und Petersilie übergossen. **'l Trippaio di San Frediano** serviert jeden Mittag an einem festen Stand auf der Piazza dei Nerli saftige *lampredotto*-Sandwiches und viele andere beliebte toskanische Speisen wie Kutteln, Zunge und *peposo*-Rinderschmortopf. Hier kann man sich zur Mittagspause zu den Anwohnern gesellen und etwas von der stets wechselnden Karte bestellen oder sich empfehlen lassen.

Giardino Torrigiani & Serre Torrigiani

GRÜNE FLUCHTEN & ROMANTISCHE GÄRTEN

Zwischen der Basilica di Santa Maria del Carmine und dem Stadttor Porta Romana aus dem 14. Jh. erstreckt sich Europas größter Privatgarten in einem historischen Stadtzentrum. Der in der Hochphase der Romantik im frühen 18. Jh. von den Landschaftsarchitekten Luigi de Cambray Digny und Gaetano Baccani geplante **Giardino Torrigiani** nimmt eine Fläche von 7 ha ein und beherbergt eine gewaltige Ansammlung von z. B. Zitrusbäumen und exotischen Kräutern aus verschiedenen Ecken der Erde. Die wunderbar gestaltete Anlage im Besitz der Familien Torrigiani Malaspina und Torrigiani di Santa Cristina kann nur im Rahmen von vorgebuchten Führungen (info@giardinotorrigiani.it) besucht werden; die Führungen auf Italienisch und Englisch (ab 25 € pro Pers.) werden vom freundlichen Tommaso Torrigiani durchgeführt, der einem u. a. etwas über die Freimaurersymbolik des dreistöckigen Turms von 1824 in der Mitte des Parks erzählt. Der als **Serre Torrigiani** (serretorrigiani.it) bekannte Teil des Gartens beherbergt eine malerische Cocktailbar und ein romantisches Freiluftrestaurant mit einer großen Auswahl raffinierter Gerichte, zubereitet mit Kräutern aus Gewächshäusern des Anwesens.

Giardino Torrigiani

IL CONVENTINO

Eine weitere Lieblingsadresse im Oltrarno, das 2019 eröffnete **Il Conventino**, verbindet Kultur und Natur. Der Komplex in der Via Giano della Bella 20 organisiert Lesungen, Konzerte und Yogakurse, alles im Rahmen des Projekts zur Neubelebung des historischen Chiostro del Vecchio Conventino. Der lange vernachlässigte 100 Jahre alte Konvent ist heute ein Kunstgewerbezentrum. Das Café mit tollem Kaffee und Craftbier samt Buchhandlung heißt in chilligen Räumlichkeiten mit rustikalem Touch Studierende und Arbeitsnomaden mit Laptops willkommen. Der idyllische Innenhof ermöglicht eine erfrischende Pause vom städtischen Trubel.

Todo Modo Dilà

KINDERBUCHLADEN

Wer einmal Schachspielen gelernt hat, vergisst es nie wieder – das behaupten zumindest die Leute von **Todo Modo Dilà**, einer Kinderbuchhandlung an der Via dei Serragli, die in Räumlichkeiten voller Bilderbücher, Comics, Spiele und Literaturklassiker jeden Samstagmorgen Schachworkshops anbietet. Neben den bunten Bücherregalen verfügt der Laden auch über ein Baumhaus – wenn die Kids diesen zauberhaften Laden einmal gesehen haben, wollen sie wahrscheinlich nicht mehr ins nächste Museum mit!

OBEN RECHTS: MOMINITALY.COM ©, UNTEN LINKS: SANTAROSA BISTROT ©

Todo Modo Dilà

Santarosa Bistrot

GARTENCAFÉ, RESTAURANT & BAR

Ob man nun nach einem relaxten Örtchen sucht, um Mails zu checken, einem netten Refugium abseits des Trubels im Stadtzentrum oder einem Lokal mit moderner saisonaler Küche – das **Santarosa Bistrot** ist für all das genau richtig. Es verbirgt sich hinter der Stadtmauer bei der Porta San Frediano aus dem 14. Jh. in einer Ecke des üppigen Henry-Dunant-Gartens am Westrand der Stadt, mit Strandliegen und Weinfasstischen sowie einer Bar samt Restaurant.

Santarosa Bistrot

FAF – Female Arts in Florence

GALERIE FÜR GEGENWARTSKUNST

Am Westrand von San Frediano lädt ein sich stets wandelndes Schaufenster Vorbeigehende dazu ein, in eine bunte Welt der Kunst und des Kunsthandwerks einzutreten. **Female Arts in Florence** ist ein neues Kunstprojekt von Frauen für Frauen, seit Ende 2019 engagiert geleitet von der Kuratorin Giulia Castagnoli. Es ist eine Galerie für Gegenwartskunst, ein Kunstgewerbeatelier und Coworking-Space; mit Kulturveranstaltungen und Ausstellungen wird die Arbeit von Frauen aus aller Welt gewürdigt. Schmuck, Malerei, Kunstdruck und Töpferei treffen hier zusammen; Künstlerinnen und Kunsthandwerkerinnen können auch eigene Ideen in die Galerie einbringen. Besucherinnen können zudem an einem der Workshops teilnehmen, die das ganze Jahr über stattfinden. Das Programm steht auf Instagram (@femaleartsinflorence).

Ponte Vecchio

MEHR IN SAN FREDIANO & SANTO SPIRITO

Die Stadt vom Fluss aus

DER ARNO AUF EINEM BARCHETTO

Die Geschichte von Florenz ist eng mit dem Arno verbunden. Italiens viertlängster Fluss zieht sich vom Monte Falterona 241 km bis zum Tyrrhenischen Meer. Um Zugang zu diesem Wasserweg zu erhalten, gründeten Legionäre von Julius Caesar 59 v. Chr. Florentia, die letzte der römischen Kolonien im Arnotal, und sie errichteten eine Holzbrücke, einen Vorläufer des heutigen **Ponte Vecchio**. Dank der reichhaltigen Verfügbarkeit von Wasser wurde die Stadt trotz der eher ungünstigen Lage im Mittelalter eine der reichsten der Region – Stoffhändler und -produzenten errichteten hier Werkstätten zum Färben, Filzen und Trocknen von Stoffen.

Dem Arno verdankte die Stadt Florenz auch ihr städtebauliches Wachstum: Auf dem Wasserweg kamen die Materialien für die berühmten Bauwerke in die Stadt. Jahrhundertelang schipperten *renaioli* (Sandschürfer) mit kleinen Booten, den *barchetti*, übers Wasser, um Sand und Kies zu

SIE ANDERE SEITE VON FLORENZ

Lilith, die schon lange in San Frediano wohnt, betreibt im Viertel den unabhängigen Buchladen L'Ornitorinco samt Kulturtreff.

Warum ich San Frediano liebe? Weil es der erste Ort war, an dem ich mich zu Hause gefühlt habe. Florenz ist eine der schönsten Städte der Welt, doch Außenstehende haben es hier manchmal schwer. In San Frediano fühlt man sich dagegen immer willkommen. Jeder kennt jeden und man grüßt einander, der Gemüsehändler an der Ecke kennt deinen Namen und weiß, was du möchtest. Hier hat man alles: die Wunder von Florenz und die Wärme des Viertels. Für mich und meinen Buchladen hätte es keinen besseren Ort geben können.

ESSEN & TRINKEN IN SAN FREDIANO & SANTO SPIRITO

#RAW
Spezialisiert auf internationale Gerichte aus (zumeist) rohen Zutaten; Burger, Ramen und Pizza, alles vegan und glutenfrei. **€€**

La Cité
Lernen, arbeiten, essen und trinken inmitten von bunt zusammengewürfeltem Mobiliar mit Büchern in diesem San-Frediano-Klassiker. **€**

MAD Souls & Spirits
Cocktails und eine einladende Atmosphäre machen das MAD zu einer sicheren Adresse spät am Abend. **€€**

transportieren und an Handwerker zu verkaufen, die all die Bauten errichteten, für die Florenz heute berühmt ist. Bis in die erste Hälfte des 20. Jhs. hinein erledigten die *renaioli* diese harte Arbeit, bis der Beruf durch moderne Techniken obsolet wurde.

Zwar gehen die *renaioli* somit heute nicht mehr ihrem eigentlichen Beruf nach, doch ihre Geschichte lebt fort dank drei Florentiner Freunden, die sich 1995 entschlossen, eine Reihe alter *barchetti* zu restaurieren. Heute organisiert der Verband der *renaioli* von Mai bis Oktober Bootsrundfahrten; dabei werden die Holzboote mit langen Stangen unter dem Ponte Vecchio und Corridoio Vasariano hindurchgestakt, sodass Besucher die Stadt aus einem anderen Blickwinkel erleben.

DAS BESTE EIS IM OLTRARNO

Sbrino
Eine der besten Eisdielen der Stadt, bei der Piazza Santo Spirito, auch mit veganem Eis. Im Sommer gibt's außerdem Granitas mit Alkohol.

Gelateria della Passera
Die Kugeln fallen hier eher klein aus, doch das Eis ist klasse und die Aromen sind einzigartig.

La Sorbettiera
Die etwas abgelegene Eisdiele an der Piazza Tasso lohnt den Umweg, z. B. für *cioccolato fondente* (dunkle Schokolade).

Den eigenen David modellieren

SKULPTUR-WORKSHOPS

Museen wie der Bargello, die Galleria dell'Accademia, die Uffizien und der Palazzo Pitti sind randvoll mit berühmten Skulpturen, doch gibt es heute nur noch wenige Werkstätten, die das Handwerk, Stein und Ton in realistische Figuren zu verwandeln, ausüben.

Eine davon ist die **Galleria Romanelli** am Westrand von San Frediano, nicht weit vom Stadttor aus dem 14. Jh. Durch eine Glastür geht's in einen Ausstellungsraum mit weißen, monumentalen Figuren, die von klassischen Stücken inspiriert sind – Reiterstandbilder gesellen sich zu Büsten römischer Kaiser und Reproduktionen berühmter Kampfszenen.

Die Räumlichkeiten, ursprünglich eine kleine Kirche, verwandelte Lorenzo Bartolini 1829 in eine Kunstwerkstatt. Die klassizistischen Meisterwerke des Bildhauers aus der Familie Bonaparte stehen in den Uffizien, der Galleria dell'Accademia und der Basilica di Santa Croce. Nach dem Tod des Meisters übernahm sein Schüler Pasquale Romanelli die Werkstatt und seitdem haben sechs Generationen der Familie Romanelli hier Marmor und Ton verarbeitet.

Die Galleria Romanelli erledigt nicht nur Auftragsarbeiten aus dem In- und Ausland, sondern bietet auch Kurse an, bei denen man das Modellieren mit Ton lernt. Im kürzeren, dreistündigen Kurs für Anfänger (ab 99 €) führt Raffaello Romanelli durch die Grundlagen: So soll ein Stück von Michelangelos berühmtem *David*, meist die Nase oder ein Auge, entstehen. Es werden auch längere Kurse angeboten.

ESSEN & TRINKEN IN SAN FREDIANO & SANTO SPIRITO

Il Santino
Nur ein paar Tische, köstliche Häppchen, eine endlose Weinkarte und eine Stammkundschaft, die gern draußen steht. **€€**

Hostaria da Fulvio
Direkt an der Straße bietet da Fulvio neben kultivierter Einrichtung tolle Pasta, Meeresfrüchte und Desserts. **€€**

Cuculia
Charmantes Bohèmeflair und eine tolle Kombination typischer italienischer und internationaler Aromen. **€€**

SAN NICCOLÒ, BOBOLI & PIAZZA PITTI

ELEGANTE GÄRTEN & TOLLE AUSBLICKE

Im Osten des Oltrarno wird die Stadt grün und zieht sich durch enge Gassen mit stattlichen Häusern den San-Miniato-Hügel hinauf zu Terrassen mit tollen Ausblicken auf die Stadt.

Es ist kein Zufall, dass die Gegend, die sich von San Niccolò erstreckt, so anders ist als der Rest der Stadt. Bis zur Mitte des 19. Jhs. stand im Großteil von Florenz noch die Bausubstanz des Mittelalters und hohe Steinmauern umschlossen die Stadt. Nach der Einigung Italiens 1861 und der Ernennung von Florenz zur Hauptstadt des neuen Königreichs 1865 meinten die Behörden, einen Teil der alten Bauten abräumen und die Stadt in die Moderne katapultieren zu müssen.

Mit der Neuerschließung dieses Gebiets wurde der Architekt Giuseppe Poggi beauftragt: Er schuf große Boulevards, monumentale Plätze und Gärten, entwarf unterirdische Trinkwasserkanäle, ließ die alten Stadtmauern abreißen, um *viali* (breite Straßen rund um die Stadt) anzulegen, und errichtete dort, wo einst die Stadttore gestanden hatten, öffentliche Plätze. Sein Sahnehäubchen ist der Piazzale Michelangelo, eine riesige Terrasse an einer der höchsten Stellen der Stadt mit einer perfekten Aussicht auf Florenz in all seiner Pracht.

TOP TIPP

Die Piazza Pitti ist zu Fuß leicht über den Ponte Vecchio zu erreichen. Um hoch zum Piazzale Michelangelo und nach San Miniato al Monte zu steigen, geht man nach San Niccolò und erklimmt dort die Rampe del Poggi (ca. 15 Min.). Alternativ nimmt man vom Lungarno Soderini den Bus 12 oder von Santa Maria Novella den Bus 13.

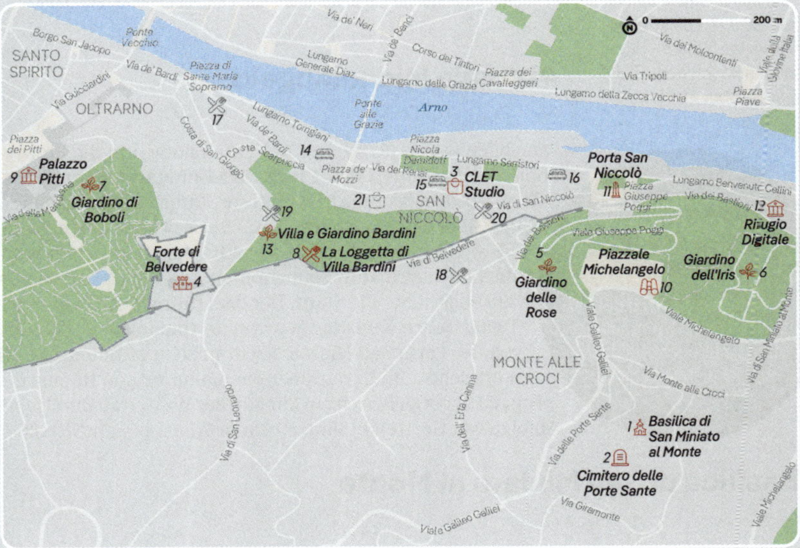

HIGHLIGHTS
1 Basilica di San Miniato al Monte
2 Cimitero dele Porte Sante
3 CLET Studio
4 Forte di Belvedere
5 Giardino delle Rose
6 Giardino dell'Iris
7 Giardino di Boboli
8 La Loggetta di Villa Bardini
9 Palazzo Pitti
10 Piazzale Michelangelo
11 Porta San Niccolò
12 Rifugio Digitale
13 Villa e Giardino Bardini

SCHLAFEN
14 Fuor d'Arno
15 Hotel Silla
16 Serristori Palace

ESSEN
17 De'Bardi
18 La Beppa Fioraia
19 La Leggenda dei Frati
20 Rifrullo

SHOPPEN
21 Alessandro Dari

Giardino delle Rose & Giardino dell'Iris

BOTANISCHE GÄRTEN

Die beiden botanischen Gärten am Piazzale Michelangelo bieten Gelegenheit zum Luftschnappen nach dem Aufstieg, mit tollem Ausblick auf den Dom und den Campanile. Am westlichen Hang befindet sich der **Giardino delle Rose** (tgl. geöffnet): Hier gesellen sich zwölf Skulpturen des belgischen Künstlers Jean-Michel Folon zu 400 Rosenarten. Im Osten liegt der **Giardino dell'Iris**: Er ist nur im April und Mai geöffnet, wenn die 1500 verschiedenen Irissorten blühen – die Blume ist seit dem 13. Jh. das Symbol für Florenz.

ANAMARIA MEJIA/SHUTTERSTOCK ©

Piazzale Michelangelo

WENIGER BEKANNTE PARKS

Eine Alternative zu den berühmten Parks? Von den **Orti del Parnaso** (S. 83) am Nordrand der Stadt bieten sich ebenfalls spektakuläre Ausblicke.

Piazzale Michelangelo

SPAZIERGANG & FOTOGENE SONNENUNTERGÄNGE

Angeblich waren 1873 ganze 18 Ochsen nötig, um die Bronzekopie des *David* auf den **Piazzale Michelangelo** zu befördern. Seitdem lässt die berühmteste Statue von Florenz ihren Blick über den Arno schweifen: Von der Panoramaterrasse, die angelegt wurde, als Florenz Italiens Hauptstadt wurde, bieten sich zum Sonnenuntergang mit die schönsten Ausblicke über die Stadt. Der dem führenden Florentiner Renaissance-Künstler gewidmete romantische Platz ist von der Porta San Niccolò leicht in zehn Minuten zu Fuß zu erreichen, und zwar über die monumentale Rampe del Poggi. Hier ergießt sich ein künstlicher Wasserfall durch eine Abfolge von Grotten hinunter zum Brunnen in San Niccolò.

Basilica di San Miniato al Monte

ROMANISCHE FLORENTINER ARCHITEKTUR

Nicht weit entfernt vom Piazzale Michelangelo ist die **Basilica di San Miniato al Monte**, die Kirche eines im frühen 11. Jh. von Kaiser Heinrich II. gegründeten Klosters. Sie steht an der Stelle, an der der Märtyrer Minias begraben sein soll. Die mit Carrara- und grünem Pisaner Marmor verkleidete Fassade der Basilika zählt zu den bedeutendsten Beispielen romanischer Architektur in Florenz – in den folgenden Jahrhunderten sollte dieser Baustil die Stadtlandschaft prägen. Das kaum beleuchtete Innere beherbergt die freistehende Cappella del Crocefisso von 1448, geschaffen vom Hausarchitekten der Medici, Michelozzo, unterstützt von Agnolo Gaddi und Luca della Robbia.

Cimitero delle Porte Sante

MONUMENTALER FRIEDHOF

Als der Friedhof Mitte des 19. Jhs. angelegt wurde, bestand der **Cimitero delle Porte Sante** bei der Basilica di San Miniato al Monte eigentlich nur aus einem Stück Land für die Bestattung von Kirchenpersonal. Nach der Einigung Italiens und der nachfolgenden Erschließung des Gebiets rund um die Basilika unter Leitung von Giuseppe Poggi entstanden auf dem Gelände immer mehr monumentale Grabstätten, Kapellen und Statuen. Heute ist der Friedhof dafür bekannt, dass hier berühmte Florentiner:innen begraben sind wie Carlo Lorenzini, Autor des Literaturklassikers *Pinocchio*, der Schriftsteller Vasco Pratolini, die Opernsängerin Marietta Piccolomini und der Modeschöpfer Enrico Coveri.

Giardino di Boboli

Giardino di Boboli

STADTGÄRTEN & MONUMENTALE ARCHITEKTUR

Den **Boboli** einfach nur als „Garten" zu bezeichnen würde ein bisschen kurz greifen – die 45 ha große Anlage, Vorbild späterer europäischer Hofgärten, beeindruckt mit monumentalen Grotten, majestätischen Brunnen und tollen Ausblicken. 1549 beauftragte Herzogin Eleonore von Toledo den Landschaftsarchitekten Niccolò Pericoli mit der Gestaltung der Anlage am Palazzo Pitti. Rein geht's über den Palazzo oder an der Porta Romana; vom großen Amphitheater hinter dem Palast kann man dann zu den spannendsten Attraktionen des Parks bummeln. Dazu zählen Bernardo Buontalentis aufwendige Grotte und das Museo delle Porcellane in der klassizistischen Palazzina del Cavaliere im oberen Teil des Gartens. Das Kombiticket für den Palazzo Pitti und den Boboli-Garten kostet 22 €.

Forte di Belvedere

RENAISSANCE-FESTUNG MIT SCHÖNEM STADTBLICK

Der vom Hofarchitekten der Medici Bernardo Buontalenti 1590 entworfene **Forte di Belvedere** genießt von seiner Lage am Hang oberhalb des Giardino di Boboli einen privilegierten Ausblick über die Stadt. Großherzog Ferdinando I. de' Medici gab den Bau zum Schutz der Stadt wie auch seines Palazzo Pitti vor feindlichen Angriffen in Auftrag. Eines der besterhaltenen Beispiele der Architektur der Renaissance erreicht man zu Fuß über die Costa San Giorgio hoch zum Festungstor an der Via San Leonardo. Im Sommer finden hier oben Kunstausstellungen statt.

Palazzo Pitti

GRANDIOSE ARCHITEKTUR & KUNSTMUSEEN

Der ursprünglich um 1440 vom Florentiner Bankier Luca Pitti in Auftrag gebenene **Palazzo Pitti** des Architekten Filippo Brunelleschi ist das eindrucksvollste Gebäude des Oltrarno und seit Mitte des 16. Jhs. das Zuhause der Herrscher über Florenz: Damals entschloss sich die an Tuberkulose erkrankte Gattin Cosimos I. de' Medici, Eleonore von Toledo, vom Palazzo Vecchio hierher umzuziehen, in der Hoffnung, dass es ihrer Gesundheit guttun würde. Kurz danach erklärten die Medici den Palast zu ihrer neuen offiziellen Residenz und ließen den Bau erweitern zu dem herrlichen hufeisenförmigen Gebäude, wie es heute noch besteht. Nach dem Niedergang der Medici wurde der Palazzo 1737 das Zuhause der Habsburg-Lothringer. Heute beherbergt er in verschiedenen Museen Gemälde, Skulpturen und historische Objekte von unschätzbarem Wert.

Zu den Palastmuseen zählen die Galleria Palatina und die Königlichen Gemächer, die Schatzkammer der Großherzöge (früher das Museo degli Argenti), das Kostüm- und Modemuseum, die Galerie für Moderne Kunst und das recht neue Museum für russische Ikonen, die größte Sammlung außerhalb des historischen Rutheniens. Zusammen mit der größten Sammlung an Porträts von Raffael zählen zu den Highlights der Galleria Palatina die „Planetenzimmer" von Pietro da Cortona. Die schiere Anzahl an Kunstwerken ist überwältigend, nicht entgehen lassen sollte man sich die Schatzkammer der Großherzöge in den früheren Sommergemächern der Medici: Hier warten herrliche *trompe-l'œil*-Fresken von Giovanni da San Giovanni.

GEDENKTAFELN AN DER PIAZZA PITTI

Im Lauf der Jahrhunderte haben rund um die Piazza Pitti zahlreiche Literatur-Stars gewohnt, wie die Marmortafeln am Platz bezeugen. So schrieb Carlo Levi von 1943 bis 1945 in Annamaria Ichinos Wohnung an der Piazza Pitti 14 seinen autobiografischen Roman *Christus kam nur bis Eboli*. Nur ein paar Schritte entfernt soll Fjodor Dostojewski 1868/69 sein Buch *Der Idiot* fertiggestellt haben. An der nahen Piazza San Felice erinnert eine weitere Tafel an die britische Dichterin Elizabeth Barrett Browning, die von 1847 bis 1861 in Florenz lebte.

Palazzo Pitti

MARAKO85/SHUTTERSTOCK ©

Porta San Niccolò

ALTES STADTTOR MIT AUSSICHT

Die 1324 errichtete **Porta San Niccolò** ist das besterhaltene Stadttor von Florenz. Während die anderen Stadttore im 16. Jh. verkleinert wurden, da man fürchtete, sie wären bei Artilleriebeschuss zu leicht zu treffen, durfte das 45 m hohe San-Niccolò-Tor seine ursprüngliche Form behalten, da es im Schutz des San-Miniato-Hügels stand. Wer die 160 Stufen hoch auf den Turm erklimmt, genießt von oben einen Rundumblick über die Stadt (Juni–Sept. nachmittags, 6 €).

Porta San Niccolò

Rifugio Digitale

FUTURISTISCHES MUSEUM FÜR DIGITALE KUNST

Der frühere Rifugio della Fornace – erbaut 1943 als Bunker – stand lange Zeit leer. 2022 wurde der Bunker wieder zum Leben erweckt und zwar als Raum für digitale Kunst. Im **Rifugio Digitale**, einem Projekt des Architekturbüros Archea Associati, finden Veranstaltungen zu Architektur, Fotografie, Literatur und Film statt, die gleichzeitig auch online übertragen werden. Am Wochenende ist der Rifugio geschlossen.

Giardino Bardini

Villa e Giardino Bardini

STADTGARTEN, HISTORISCHE VILLA & AUSSICHT

Auf dem 4 ha großen Anwesen rund um die Villa Bardini, die ehemalige Residenz des wohlhabenden Antiquitätensammlers Stefano Bardini, grenzen ein italienischer und ein englischer Garten an einen landwirtschaftlichen Park. Der **Bardini-Garten**, eine der reizendsten Ecken von Florenz, ist am schönsten im Frühling: Dann blühen die vielen verschiedenen Blumen wie die violetten Glyzinien an der romantischen Pergola. Zu erreichen ist der Park durch die Costa San Giorgio; ein Labyrinth aus Wegen führt vorbei an Zitrusbäumen, Brunnen und Skulpturen zur Loggetta di Villa Bardini, wo als Beilage zu den Drinks wundervolle Aussichten auf den Dom serviert werden. Wer Zeit hat, kann sich auch noch die Villa selbst anschauen: Hier im Museum, benannt nach dem Maler Pietro Annigoni (1910–88), sind Arbeiten des Künstlers zu sehen.

CLET Studio

URBAN-ART-GALERIE

Beim Bummel durch Florenz fallen hier und da merkwürdig aussehende Verkehrsschilder auf: Vielleicht wird der weiße Balken des Einbahnstraßenschilds liebevoll von einem Polizisten umarmt oder zu einem Liebespfeil des Gottes Amor. Diese kreativen Ideen verdanken sich nicht etwa dem Humor der Behörden, sondern dem Streetart-Künstler Clet Abraham – kurz Clet genannt –, der in den letzten 20 Jahren in Florenz und anderen Städten weltweit Verkehrsschilder umgestaltet hat. Der aus der Bretagne stammende Clet zog 2005 in die toskanische Hauptstadt und schmückt seitdem das Stadtmobiliar mit Aufklebern, die einen dazu auffordern, über die Bedeutung der vertrauten Schilder noch einmal nachzudenken. Die Werke haben inzwischen Kultcharakter und verbinden Ironie mit politischem Kommentar. Zwar ist sein Werk durchaus nicht unumstritten, doch die meisten Florentiner mögen Clets Spielereien. Mit einigen Ausnahmen werden Clets Arbeiten regelmäßig von den Behörden entfernt – für seinen *Uomo Comune* am Ponte alle Grazie, die Statue eines Mannes, der in den Abgrund tritt, kassierte er eine Geldstrafe von 10 000 € wegen nicht vorhandener Genehmigung. Reproduktionen seiner Arbeiten sind in seinem **Atelier** in der Via dell'Olmo 8r in San Niccolò zu sehen; hier kann man auch Aufkleber, T-Shirts und Verkehrszeichen kaufen.

Streetart von Clet

KÜNSTLER: CLET ABRAHAM; IMAGE: BULGN/SHUTTERSTOCK ©

ALESSANDRO DARI GIOIELLI

Während Clet für die Umgestaltung des Stadtraums bekannt ist, stößt man nur wenige Schritte von seinem Atelier entfernt auf einen Kunsthandwerker, der in erheblich kleinerem Format arbeitet. In seiner **Galerie** in San Niccolò zeigt Meistergoldschmied Alessandro Dari winzige „tragbare Skulpturen". In eher schummrig beleuchteten Räumlichkeiten sind hier unglaublich kunstfertige Ringe, Armbänder, Ohrringe und Halsketten zu bestaunen, inspiriert von mittelalterlichem Symbolismus und Fantasiewelten.

TAKASHI IMAGES/SHUTTERSTOCK ©

Garten, Villa Medicee

MEHR IN SAN NICCOLÒ, BOBOLI & AN DER PIAZZA PITTI

Die Medici außerhalb von Florenz

DIE VILLE MEDICEE, EIN UNESCO-WELTERBE

Zwar war der 32 000 m² große Palazzo Pitti die wohl eindrucksvollste Residenz in Florenz, doch die Medici hatten auch noch andere Bleiben. Die vom 15. bis zum 17. Jh. erbauten zwölf Villen und zwei Ziergärten in der ländlichen Toskana wurden 2013 als wegweisende Beispiele einer in die Natur eingebetteten Baukunst ins Welterbe der Unesco aufgenommen.

Im Gegensatz zu den im Mittelalter errichteten Festungen sollten die **Ville Medicee** (villegiardinimedicei.it) nicht die Macht der Herrscher festigen, sondern sie dienten eher der Flucht vor dem Alltag – in diesen „Villen des Müßiggangs" konnte man die Politik vergessen und sich tagelang der Literatur, der Kunst und der Entspannung widmen. Florenz am nächsten liegen die **Villa di Castello** mit ihren noch immer intakten eleganten italienischen Gärten – Botticellis *Geburt der Venus* sollte ursprünglich diese Residenz schmücken – und die **Villa del Poggio Imperiale**, zehn Autominuten entfernt vom Piazzale Michelangelo.

Auch ihren Urlaub verbrachten die Medici außerhalb von Florenz. Zwei eindrucksvolle Bauwerke, die sich einst im Besitz der Familie befanden, sind die **Villa Medici di Poggio a Caiano**, die Giuliano da Sangallo für Lorenzo den Prächtigen entwarf und ein Freskenzyklus von Pontormo, Andrea del Sarto, Franciabigio und Alessandro Allori schmückt, sowie die **Villa Medicea di Artimino La Ferdinanda**, 1596 entworfen von Bernardo Buontalenti für Ferdinando I.

SAN NICCOLÒ, BOBOLI & PIAZZA PITTI: DIE BESTEN RESTAURANTS & CAFÉS

Rifrullo
Mitten in San Niccolò, toll zum Frühstücken, für *aperitivi* und fürs Abendessen. €€

La Beppa Fioraia
Einladendes Gartenflair und relaxte Atmosphäre machen La Beppa Fioraia zu einer Lieblingsadresse im Frühling und Sommer. €€

La Leggenda dei Frati
Das preisgekrönte Restaurant im Bardini-Garten serviert kreative moderne toskanische Gerichte. €€€

De'Bardi
Das Nobelrestaurant samt Cocktailbar residiert in einem umgestalteten Renaissance-Gebäude. €€€

SAN NICCOLÒ, BOBOLI & PIAZZA PITTI: ÜBERNACHTEN

Fuor d'Arno
Die Zimmer der gemütlichen Pension sind von Städten in aller Welt inspiriert. €€

Hotel Silla
Freundliches Personal, große Zimmer und reichhaltiges Frühstück; nicht weit vom Zentrum und Piazzale Michelangelo. €€

Serristori Palace
Ruhige kleine Apartments und kleine Terrasse mit tollem Blick auf den Dom und die Nationalbibliothek. €€

IRISPHOTO1/SHUTTERSTOCK ©

Oben: Torre del Mangia, Siena (S. 117). Rechts: Abbazia di Sant'Antimo (S. 147)

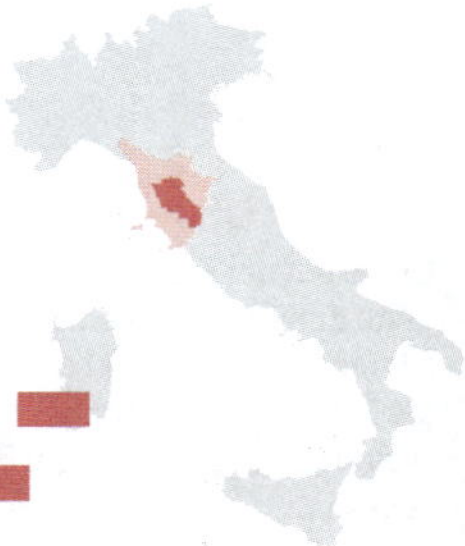

SIENA & ZENTRAL-TOSKANA

WEIN, SANFTE HÜGEL UND MITTELALTERLICHE GESCHICHTE

Rund um Unesco-Welterbe-Orte, in denen Traditionen und Aromen gepflegt werden, erstrecken sich unglaublich fotogene Landschaften.

Die atemberaubende Architektur der kompakten mittelalterlichen Orte im Herzen der Toskana bedient alles, was eine Reise in die Vergangenheit ausmacht. Befestigte Paläste und alte *case-torri*, die Wohntürme der reichen Familien der Zeit vor der Renaissance, prägen die Skyline von Städten wie Siena, San Gimignano und Volterra, ebenso wie die steinernen Glockentürme gotischer und romanischer Kirchen, die seit fast einem Jahrtausend von Gläubigen aufgesucht werden. Doch reizende Städte sind nur ein Teil des Bildes, das von keiner Kamera vollständig erfasst werden kann. Hügel mit perfekten Zypressenreihen, Weinberge und Olivenhaine in Gebieten wie dem Val d'Orcia, einem Welterbe, und dem Anbaugebiet des Chianti Classico zeugen von den immerwährenden Bemühungen der Menschen, die Natur zu formen und von ihren wertvollen Erzeugnissen zu leben. Nur die Landschaft auf den kurvenreichen Straßen zu erkunden und das Schöne zu sehen reicht nicht aus – erst wenn man sich am Essenstisch niederlässt und sich ein Glas Wein eingießt, lässt sich die Tiefe der in diesem sonnenverwöhnten Land verwurzelten Kultur erfassen.

DIE WICHTIGSTEN ZIELE

SIENA
Wunderbare Kunst und architektonische Meisterwerke. S. 114

GREVE IN CHIANTI
Das Herz der toskanischen Weinkultur. S. 125

SAN GIMIGNANO
Gut erhaltenes mittelalterliches Städtchen. S. 132

PIENZA
Renaissance-Utopia im Val d'Orcia. S. 142

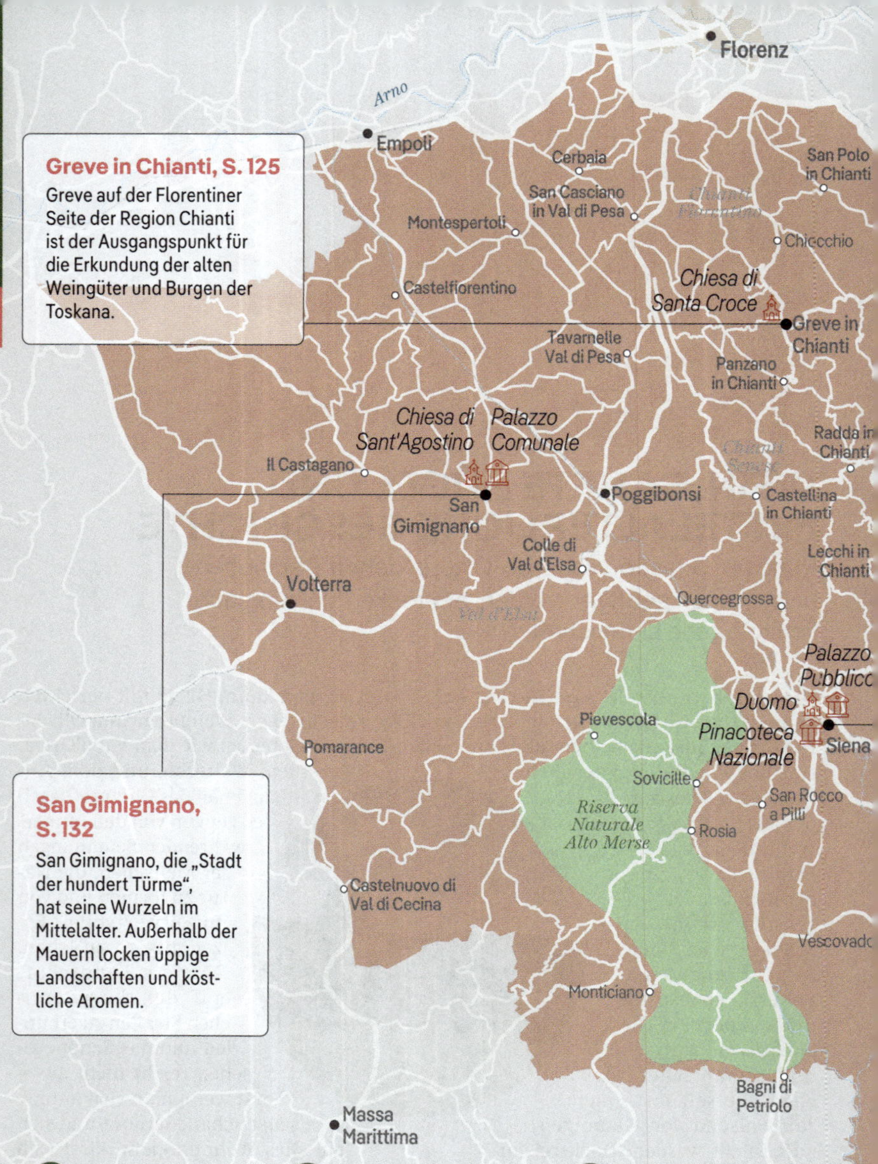

Greve in Chianti, S. 125

Greve auf der Florentiner Seite der Region Chianti ist der Ausgangspunkt für die Erkundung der alten Weingüter und Burgen der Toskana.

San Gimignano, S. 132

San Gimignano, die „Stadt der hundert Türme", hat seine Wurzeln im Mittelalter. Außerhalb der Mauern locken üppige Landschaften und köstliche Aromen.

BUS

Von Florenz ist man mit dem Bus 131R in etwa 1¼ Stunden in Siena. Busse der Autolinee Toscane verkehren zwischen den meisten Städten der Zentraltoskana, jedoch eher unregelmäßig. Fahrpläne gibt's auf moovitapp.com.

AUTO

In der Zentraltoskana ist ein eigenes Fahrzeug am besten, besonders wenn man auch das Land abseits der Städte erkunden möchte. Große Autoverleiher gibt's in Siena; einfacher ist es vielleicht, den Leihwagen direkt am Flughafen von Florenz oder Pisa abzuholen.

ZUG

Leider gibt's in der Zentraltoskana kaum Bahnverbindungen. Auf der Strecke Florenz–Siena muss man oft in Empoli umsteigen und hinter Siena gibt's kaum noch Bahnhöfe. Fahrpläne und -karten sind auf trenitalia.com erhältlich.

Erste Orientierung

Zu dem Gebiet, das wir hier als „Zentraltoskana“ definiert haben, gehören der Großteil der Provinz Siena sowie die obere Region Chianti und das Florentiner Val d’Elsa. Hier findet man Städte, kleine Orte und Landstriche mit Burgen, sodass für Vielfalt bestens gesorgt ist.

Siena, S. 114

Siena, einst ein bedeutender Stadtstaat, hatte seine Blütezeit im 13. Jh. und bewahrt sich weiter sein mittelalterliches Flair mit grandioser Architektur und historischen Events.

CATARINA BELOVA/SHUTTERSTOCK ©

Pienza, S. 142

Pienza, Ergebnis einer utopischen Vision von Papst Pius II., der die „ideale Stadt“ der Renaissance errichten wollte, schmiegt sich ins Herz des malerischen Val d’Orcia.

Perfekte Tage

Die Freuden der Zentraltoskana sollte man in aller Ruhe genießen, quasi Schluck für Schluck, indem man im Weinland zwischen familiären Bauernhöfen und imposanten Burgen pendelt.

Chianti

Wenig Zeit

- Schnurstracks geht's nach **Siena** (S. 114) mit Kunst und Architektur der mittelalterlichen Republik und einem der bekanntesten Stadtplätze der Toskana, der halbkreisförmigen **Piazza del Campo** (S. 114): Sie besteht aus neun „Kuchenstücken" und erinnert an die Zeit, als die Stadt vom Rat der Neun regiert wurde.

- Nach der Erkundung des **Palazzo Pubblico** (S. 117) und der mit Schätzen vollgestopften Säle des **Museo Civico** (S. 117) geht's zur Piazza del Duomo mit dem herrlichen **Dom** (S. 118), auf den selbst die Florentiner neidisch sind. Anschließend verliert man sich im ehemaligen Krankenhaus **Santa Maria della Scala** (S. 119) in der Kunst.

Beste Reisezeit

Am besten meidet man den Winter und wartet mit der Erkundung der Zentraltoskana bis zum Frühjahr mit seinen langen und sonnigen Tagen. Die kalte, nasse Jahreszeit ist gewöhnlich kurz.

JUNI

Für das **Val d'Orcia** ist der Spätfrühling die beste Zeit: Dann erstrahlen die Felder in goldener Pracht und die Tage werden länger.

JULI

Der Mittelalterort Certaldo, Geburtsort von Giovanni Boccaccio, erwacht beim **Mercantia-Fest** vier Tage lang mit Straßendarbietungen zum Leben.

AUGUST

Das Pferderennen **Palio** auf der Piazza del Campo ist das spannendste Event Sienas – beim Wettkampf der Contraden (Bezirke) steht die ganze Stadt still.

Drei Tage in der Zentraltoskana

● Mit einem eigenen Fahrzeug begibt man sich auf eine herrliche Autotour durchs **Val d'Orcia** (S. 145), ein Unesco-Weltererbe, und die **Crete Senesi** (S. 123). Südlich von Siena geht's durch die Mondlandschaften um Asciano zur **Abbazia di Monte Oliveto Maggiore** (S. 123) und dann weiter nach **San Giovanni d'Asso** (S. 123) zur obligatorischen Trüffelverkostung. Über **San Quirico d'Orcia** (S. 148) gelangt man ins Val d'Orcia und anschließend steuert man **Pienza** (S. 142) an, die „ideale Stadt" der Renaissance. Bei den warmen Quellen von **Bagno Vignoni** (S. 151) kann man seine Zehen in warmes Wasser tauchen, um schließlich in **Montalcino** (S. 146) mit dem einen oder anderen Gläschen Brunello anzustoßen.

Länger Zeit

● Wer mehr Zeit hat, kann vielleicht das Auto stehen lassen und die Toskana zu Fuß oder mit dem Rad erkunden, etwa auf der **Via Francigena** (S. 140) oder der Strecke des Radrennens **Eroica** (S. 129).

● Der frühere Reichtum vieler zentraltoskanischer Städte verdankte sich dem stetigen Strom der Pilger auf der Via Francigena auf ihrem Weg ins Heilige Land; auf der Route ist heute etwa **Gambassi Terme** (S. 141), **San Gimignano** (S. 132) und **Monteriggioni** (S. 122) anzusteuern.

● Neueren Datums erst sind die Ursprünge des Radrennens Eroica, bei Radfans ist es bereits Kult. Die 200 km lange Route beginnt in **Gaiole in Chianti** (S. 129) und kann das ganze Jahr über in drei bis fünf Tagen absolviert werden.

SEPTEMBER

Zur Zeit der Weinlese findet auch die **Expo del Chianti Classico** statt, die wichtigste Weinmesse der Region Chianti.

OKTOBER

Am ersten Sonntag im Oktober startet um 4.30 Uhr das offizielle **Eroica**-Radrennen mit über 7000 Radlern in altmodischer Ausrüstung.

NOVEMBER

Am zweiten und dritten Wochenende im November treffen sich Trüffelsammler in San Giovanni d'Asso zur **Mostra Mercato del Tartufo Bianco**.

DEZEMBER

In der ersten Dezemberwoche feiert San Quirico d'Orcia bei der **Festa dell'Olio** sein Olivenöl mit Märkten, Verkostungen und Rundgängen.

SIENA

Viele der mächtigsten italienischen Stadtstaaten, die ab dem Mittelalter entstanden, verdankten ihren Reichtum dem Wasser. Republiken wie Pisa oder Venedig kamen zu Wohlstand, weil furchtlose Seefahrer auf der Suche nach wertvollen Gütern für den Handel und nach Land zum Erobern das Mittelmeer abklapperten. Florenz wiederum erblühte dank seiner Textilindustrie, die für die Produktion und den Transport von Wolle vom Arno abhing. Siena – zwischen den Crete Senesi und dem Val d'Elsa auf drei Hügeln gelegen – hatte solch einen Vorteil nicht: Im Gegensatz zu anderen größeren Mächten des Mittelalters konnte sich Siena nicht auf den Zugang zu Wasser verlassen, erblühte im 13. Jh. aber dennoch und entwickelte ein politisches System, das eine Friedenszeit garantierte, die lange genug währte, damit eine der einflussreichsten Universitäten Italiens und eine der reichsten Kunstsammlungen Europas – die auch heute noch besteht – entstehen konnten.

TOP TIPP

Die Stadt teilt sich in die drei *terzi* Città, San Martino und Camollia – die historischen Gebiete auf den drei Hügeln von Siena –, wiederum aufgeteilt in 17 Contraden, die Bezirke, die im Bewusstsein der Sienesen auch heute noch eine wichtige Rolle spielen.

DIE REIZENDSTEN STRASSEN IN SIENA

Via di Città
Hier gibt's Kunstgewerbeläden, Cafés und Ikonen wie die Loggia della Mercanzia mit Il Vecchiettas Skulpturen von Petrus und Paulus.

Via Stalloreggi
Die Via Stalloreggi, die am Arco delle due Porte endet, ist noch immer gesäumt von den Überresten alter Gemäuer wie des ehemaligen Ateliers von Duccio di Buoninsegna.

Banchi di Sotto
Die stattliche Straße im Terzo di San Martino mit dem Palazzo Piccolomini führt zur Porta Romana.

Die Piazza del Campo erkunden

SIENAS HAUPTPLATZ

Die herrliche **5 Piazza del Campo** – oft einfach Il Campo genannt – ist Ausgangspunkt jeder Besichtigung der Stadt. Der muschelförmige, abschüssige und rot gepflasterte Hauptplatz mit seiner einzigartigen Geometrie und seiner gut erhaltenen mittelalterlichen Architektur dient schon seit mehr als 700 Jahren als politisches und soziales Zentrum. In ihrer frühesten Form existierte die Piazza del Campo seit dem späten 12. Jh.; mit dem Bau des **4 Palazzo Pubblico** entwickelte sie sich vom Marktplatz zum Dreh- und Angelpunkt des städtischen Lebens. Der großartige gotische Palast nimmt fast den gesamten Südrand des Platzes ein und wurde als Symbol für die Macht der unabhängigen Sieneser Republik errichtet, damals regiert vom Rat der Neun.

Mit Ausnahme einiger Renovierungsarbeiten des 17. bis 19. Jhs. – u. a. mit der Erneuerung des stattlichen **Palazzo Sansedoni** und **Palazzo d'Elci** – stammt der Platz im Kern aus dem Goldenen Zeitalter Sienas, als in einer der seltenen friedlichen Phasen der Stadtgeschichte von den 1260er-Jahren bis zum Ausbruch der Pest 1348 Kunst und Architektur florierten. Damals erließ die Stadt einige Regeln, die die Baumeister, die mit der Neugestaltung des Platzes beschäftigt waren, einhalten mussten, um ein harmonisches Gesamtbild zu erzeugen: So waren z. B. keine Balkone erlaubt und alle Fenster mussten im Einklang mit dem gotischen Stil zwei- oder dreibogig sein.

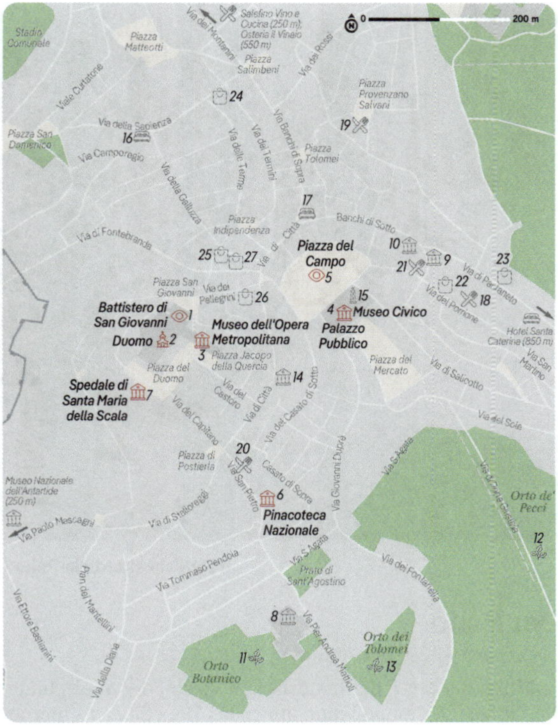

HIGHLIGHTS
1 Battistero di San Giovanni
2 Duomo
siehe 4 Museo Civico
3 Museo dell'Opera Metropolitana
4 Palazzo Pubblico
5 Piazzo del Campo
6 Pinacoteca Nazionale
7 Spedale di Santa Maria della Scala

SEHENSWERTES
8 Accademia dei Fisiocritici
9 Logge del Papa
10 Museo delle Tavolette di Biccherne
11 Orto Botanico
12 Orto dei Pecci
13 Orto dei Tolomei
14 Palazzo Chigi Saracini
15 Torre del Mangia

SCHLAFEN
16 Albergo Bernini
17 B&B Il Corso

ESSEN
18 Gallo Nero
19 Il Cavaliere Errante
20 Osteria Boccon del Prete
21 Osteria Le Logge

SHOPPEN
22 Brocchi
23 Galleria Novecento
24 Il Galeone
25 Il Pellicano
26 La Fabbrica delle Candele
27 Lombardi Arte

Trotz einiger Veränderungen hat sich der Campo sein Erscheinungsbild bis heute bewahrt.

Der Platz hat einen Umfang von 333 m und ist in neun Segmente aufgeteilt, die an die neun Mitglieder des einstigen Rats erinnern, der die Stadt regierte. In Anlehnung an den Markt, der hier im Mittelalter stattfand, findet auf dem Platz jeden Dezember der **Mercato nel Campo** (mercatonelcampo.it) statt. Am berühmtesten ist jedoch der Palio, Sienas spannendstes Event. Am Nordrand des Platzes steht eine Kopie von 1869 von Jacopo della Quercias monumentalem **Fonte Gaia** (1419). Einst krönte eine Venusstatue den Brunnen, doch nach der Pest ließen religiöse Herren sie zerstören – sie glaubten, die Epidemie sei eine Folge der Anbetung heidnischer Gottheiten gewesen; die Fragmente der Statue soll auf Florentiner Gebiet verbuddelt worden sein, um dem Feind ein ähnliches Schicksal zu bescheren.

ÜBERNACHTEN IN SIENA

Albergo Bernini
Das gemütliche familiengeführte Hotel mit nur zehn Zimmern am Nordrand der Stadt bietet von der Terrasse schöne Ausblicke. **€€**

Hotel Santa Caterina
Das kleine, einladende Hotel außerhalb des historischen Zentrums nur Schritte von der Porta Romana entfernt ist toll für alle, die Ruhe suchen. **€€**

B&B Il Corso
Warmherzige Atmosphäre mit rustikalem Touch nicht weit von der Piazza del Campo und den wichtigsten Sehenswürdigkeiten von Siena. **€€**

DIE TORRE DEL MANGIA ERKLIMMEN

Sienas berühmtester Turm verdankt seinen Namen dem Glöckner Giovanni di Balduccio, der wegen seiner Verschwendungssucht *mangia guadagni* (Geldfresser) genannt wurde. Bis nach ganz oben (Ticket 10 €) sind es 400 Stufen – belohnt wird man für die Mühe mit tollen Ausblicken auf die Stadt.

PAOLO SACCHI/GETTY IMAGES ©

Feierlichkeiten beim Palio

Der Palio

DAS LEGENDÄRE PFERDERENNEN

Inmitten der *terzi*, der historischen Viertel der Stadt, bildet die Piazza del Campo schon lange das Herz Sienas – hierher strömen die Menschen seit dem Mittelalter zu öffentlichen Feiern. Während des Palio, des traditionellen Pferderennens, bei dem zweimal im Jahr die Contraden der Stadt um den *drappellone* wetteifern, ein bemaltes Seidentuch, das örtliche Künstler für das Event produzieren (und das dann im eigenen Museum der Sieger-Contrade ausgestellt wird), ist das auch heute noch so.

Das Rennen, eine der bekanntesten Veranstaltungen Italiens, findet am 2. Juli und 16. August statt, doch an den vier Tagen vor dem Rennen werden jahrhundertealte Rituale vollführt: So werden die einzelnen Viertel in den Farben der Contraden geschmückt, es werden die Pferde zugelost, es finden Essen unter freiem Himmel statt und vor dem Rennen werden in Kirchen die Pferde gesegnet. Pferderennen sind in Siena schon seit dem Mittelalter im Leben der Stadt verankert, ursprünglich dienten sie nur der Erbauung der Adligen. Der Palio hat seine

IN SIENA KUNSTGEWERBE KAUFEN

Brocchi 1815
Die 200 Jahre alte Kunstschlosserei produziert mit traditionellen Werkzeugen und Techniken feine Kunstwerke.

La Fabbrica delle Candele
Verkauft schöne handgezogene Kerzen, die an die idyllischen Landschaften rund um die Stadt erinnern.

Il Pellicano
Schöne florale Keramik, die Elisabetta Ricci in ihrem kleinen Atelier gleich um die Ecke vom Dom produziert.

Wurzeln in den Himmelfahrtsfeiern des Jahres 1633: Damals lieferten sich die Contraden zum ersten Mal ein Rennen auf der Piazza del Campo.

Am Tag des Rennens führt ein feierlicher Umzug durch die Stadt; danach folgt der Auftritt der historisch gewandeten *fantini* (Jockeys) und ihrer sardinischen Anglo-Araber auf der mit Sand bedeckten Piazza. Geritten wird ohne Sattel; die Reiter müssen drei Runden über die Piazza drehen. Der Sieger wird dann am Abend in der siegreichen Contrade ausgiebigst gefeiert. Beim Palio handelt es sich nicht um eine Art historischen Touri-Zirkus, sondern um ein Ereignis, bei dem die Stadt mit ganzem Herzen dabei ist – Besucher sind willkommen, doch sie sollten die Traditionen achten und den Ablauf der Feierlichkeiten nicht stören.

Kunst für die Mächtigen

PROPAGANDA FRÜHERER ZEITEN

Gekrönt von der 88 m hohen **15 Torre del Mangia** wird Sienas berühmtestes Gebäude, der **Palazzo Pubblico**, eins der schönsten Beispiele gotischer Architektur Italiens. Das Symbol für die einst mächtige unabhängige Republik, ursprünglich Sitz des Rats der Neun, wurde schrittweise zwischen 1288 und 1342 fertiggestellt und 1680 weiter ausgebaut. Hier befindet sich noch immer das Rathaus der Stadt, doch wichtiger als die Stadtverwaltung ist natürlich die unglaubliche Kunstsammlung des Palastes.

Als der Palazzo erbaut wurde, wurden die berühmtesten Sieneser Künstler mit der Ausschmückung der Säle des heutigen **4 Museo Civico** im ersten Stock, zu erreichen über den fotogenen **Cortile del Podestà**, beauftragt. Die Sammlung ist nicht chronologisch geordnet. Los geht's in der Gemäldegalerie mit Kunst vom 16. bis 18. Jh., dann geht's weiter über die **Loggia dei Nove** zur **Sala del Risorgimento** aus dem 19. Jh. und zur prächtigen Sala di Balìa mit Martino Bartolomeos Fresko der *Sechzehn Tugenden* und Spinello Aretinos detailliertem Zyklus *Storie di Alessandro III*, beide aus dem frühen 15. Jh.

Weiter geht's durch die **Kapelle** zur **Sala del Mappamondo**, dem einstigen Sitz des Rats der Republik, mit Fresken von Simone Martini; seine *Maestà* (1312) sollte die Ergebenheit der Sienesen gegenüber der Jungfrau Maria ausdrücken, die jedes Jahr beim Palio bekräftigt wird. Das Kernstück des Museums befindet sich in der **Sala della Pace**.

Ein einzigartiges politisches Manifest stellen Ambrogio Lorenzettis *Effetti del Buon Governo in Città* und *Effetti del Buon*

GRÜNFLÄCHEN IN SIENA

Orto Botanico
Der 1748 und 1856 hierher verlegte botanische Garten von Siena ist in drei Abteilungen geteilt: Heil-, exotische und alte Pflanzen.

Orto dei Tolomei
Der hübsche stille Garten bei der Porta Tufi, ein tolles Plätzchen für Picknicks, bietet abseits der Besuchermassen einen anderen Blickwinkel auf die Skyline von Siena.

Orto de Pecci
Diese Oase gibt's schon seit dem 13. Jh. und umfasst einen „Mittelaltergarten" mit Kräutern, die das angeschlossene Restaurant (ortodepecci.it) verarbeitet.

Galleria Novecento
Eine Schatztruhe für alle Antiquitätenfreunde, mit sorgsam ausgewählten Stücken, von historischen Fahnen bis zu kunstvoller Keramik.

Lombardi Arte
Bei Lombardi steht Kunstfotografie im Fokus, doch es gibt auch Grafikdesign und Skulpturen.

Il Galeone
Großartiger handgefertigter Schmuck von Giovanna Giudici in der Via delle Terme.

Governo in Campagna (1337–39) dar: Sie bilden einen starken Kontrast zu der sakralen Kunst in den anderen Sälen. Sie sollten den Herrschern der Republik die Auswirkungen guten Regierens in der Stadt und auf dem Land vor Augen führen, mit fröhlichen Tänzen, ihre Erzeugnisse verkaufenden Handwerkern und Menschen, die jagen und Essbares sammeln. Und wenn die Message noch nicht deutlich genug war: Gegenüber sind die Auswirkungen schlechten Regierens zu sehen, die *Effetti del Cattivo Governo*.

UNTER DEM DOM

Was gemeinhin als „Krypta" bezeichnet wird, waren einst Empfangsräume für Pilger auf der Via Francigena: In den Räumen unter dem Dom bewunderten sie einen biblischen Freskenzyklus aus dem 13. Jh. Die Räume wurden erst 1999 wiederentdeckt – und die kräftigen Farben der Kunstwerke waren bestens erhalten, da sie vor dem Sonnenlicht geschützt gewesen waren. Sie bereichern heute Sienas mittelalterliches Erbe.

Der Dom – atemberaubend!

DAS ERBE DER KATHEDRALE VON SIENA

Die aufwendige Fassade von Sienas 2 **Dom** mit romanischen und gotischen Elemten prägt die Piazza, die schon seit dem Mittelalter das Herz des religiösen Lebens der Stadt bildet. Der ursprünglich 1179 gegründete Dom ist Mariä Himmelfahrt geweiht; er wurde im Lauf der Jahrhunderte um- und ausgebaut und beeindruckt auch heute noch – egal, wie viele Kirchen man in der Toskana schon gesehen hat.

Bis die Fassade fertiggestellt war, dauerte es fast 600 Jahre. Ab 1287 arbeitete Giovanni Pisano über zehn Jahre lang am unteren Teil: Er besteht aus drei monumentalen Portalen mit gotischen Tympanons. Sein buntes Marmorjuwel stellte Pisano nicht fertig, da er 1296 nach Pisa umzog. Die Statuen der Propheten und Apostel aus Pisanos Zeit befinden sich heute im nahen **Museo dell'Opera del Duomo** und wurden durch Kopien ersetzt. Das Rosenfenster stammt von 1288, doch mit der Gestaltung des oberen Teils wurde erst 1376 begonnen, als sich Giovanni di Cecco der Sache annahm und sich den Dom von Orvieto zum Vorbild nahm. Die Mosaiken von Augusto Castellani kamen erst im späten 19. Jh. dazu.

Die Fassade ist aber nur ein Teil des Gesamtkunstwerks – drinnen fallen einem sofort die schwarz-weißen Pfeiler hoch zu den Sternengewölben auf und unten beeindruckt der **Boden** aus 56 Bildfeldern, die ein großes komplexes Mosaik bilden. Die Marmorplatten mit biblischen Motiven schufen vom 14. bis zum 19. Jh. bis zu 40 verschiedene Künstler – außer Pinturicchio alles Sienesen.

Zu den weiteren Kunstschätzen im Dom zählen Gian Lorenzo Berninis Skulpturen *Santi Girolamo* und *Maria Maddalena* (1661–63) in der barocken **Cappella della Madonna del Voto** sowie die achteckige **Kanzel** aus Carrara-Marmor, 1266 bis 1268 geschaffen von Nicola Pisano zusammen mit seinem Sohn Giovanni und Arnolfo di Cambio.

ESSEN IN SIENA

Salefino Vino e Cucina
Das Salefino am Nordrand der Stadt bietet romantisches Flair, feine Aromen und eine tolle Auswahl an Craftbieren und Weinen. **€€**

Gallo Nero
Das Gallo Nero verdankt seinen Namen dem Emblem des Chianti Classico, einem schwarzen Hahn, und bietet kreative Regionalkost. **€€**

Osteria Le Logge
Das historische Restaurant, eine Sieneser Institution, atmet mit jeder Pore Tradition und bereitet mit viel Liebe zum Detail Klassiker zu. **€€€**

Außerdem beherbergt der Dom die **Libreria Piccolomini**, um 1495 erbaut für die riesige Manuskriptsammlung von Enea Silvio Bartolomeo Piccolomini (Papst Pius II.). Links im Kirchenschiff befinden sich Fresken, die Pinturicchio zugeschrieben werden: Sie zeigen Szenen aus dem Leben von Papst Pius II. Der wertvolle **Altare Piccolomini** von Andrea Bregno (1481–85) umfasst u. a. vier von 1501 bis 1504 geschaffene Nischenstatuen von Michelangelo.

Schätze rund um den Dom

DIE MUSEEN AN DER PIAZZA DEL DUOMO & DRUMHERUM

Angesichts der irren Schönheit des Doms von Siena gerät seine Umgebung oft aus dem Blickfeld. Das wäre schade, denn überall verbergen sich Schätze des Mittelalters und der Renaissance. Vor dem Eingang zum Dom befindet sich das **7 Spedale di Santa Maria della Scala**, ein Spital aus dem 10. Jh. samt Waisenhaus, das bis 1980 Bedürftige unterstützte – dann wurde es in ein Museum verwandelt. Wie Dokumente belegen, sammelte Santa Maria della Scala schon seit mindestens 1090 Spenden und wurde zu einer unglaublich wohlhabenden Einrichtung, die Kunst sammelte wie auch finanzierte.

Zum monumentalen Gebäude gehören die **Chiesa della Santissima Annunziata** aus dem 13. Jh., der **Pellegrinaio** (Pilgersaal mit Fresken von der Mitte des 15. Jhs. von bedeutenden Sieneser Künstlern wie Il Vecchietta und Domenico di Bartolo), Jacopo della Quercias originaler **Fonte Gaia** und das **Museo Archeologico Nazionale** zur Geschichte archäologischer Funde in Siena.

Östlich des Doms befindet sich an der Piazza Jacopo della Quercia das **3 Museo dell'Opera Metropolitana** – ursprünglich sollte hier eine Erweiterung des Doms entstehen, der unvollendete Duomo Nuovo. Das Museum beherbergt Kunst aus dem 13. Jh., die vorher dem Dom gehörte, wie etwa feine Marmorfiguren von Giovanni Pisano von der Fassade des Doms, Duccio di Buoninsegnas Hochaltar-Meisterwerk *Maestà* und Arbeiten von Donatello, Ambrogio Lorenzetti und Domenico Beccafumi.

Über 130 Stufen ist der **Facciatone** des Museums zu erreichen mit tollem Ausblick auf Siena. Hinter dem Dom lohnt auch der **1 Battistero di San Giovanni** einen Besuch. Hinter der Marmorfassade beherbergt das Baptisterium einige der bedeutendsten Fresken der Sieneser Renaissance, darunter Gemälde von Il Vecchietta und ein fein gearbeitetes Taufbecken von den Meistern Jacopo della Quercia, Donatello und Lorenzo Ghiberti.

PICCOLOMINIS ERBE

Der im nahen Pienza geborene Enea Silvio Bartolomeo Piccolomini – besser bekannt als Papst Pius II. – war einer der einflussreichsten Männer der Sieneser Renaissance. 1462 gab er die **Logge del Papa** bei der Chiesa di San Martino in Auftrag; er lebte im **Palazzo Chigi Saracini**, der heute ein Kunstmuseum der Accademia Musicale Chigiana beherbergt. Nach seinem Tod errichteten die Erben des Papstes den eindrucksvollen Palazzo Piccolomini, heute Sitz des tollen **Museo delle Tavolette di Biccherne** mit einer Sammlung von 105 bemalten Tafeln: Sie dienten vom 13. bis 17. Jh. als Deckel für die Buchhaltungsordner des örtlichen Magistrats.

PIENZA

Das wahre Meisterstück von Enea Silvio Bartolomeo Piccolomini war die „ideale Stadt" **Pienza** (S. 142) im Val d'Orcia.

Osteria Il Vinaio
Das zwanglose Il Vinaio an der Porta Camollia bietet neben Käse und Wurst frisch zubereitete, herzerwärmende Mahlzeiten. **€**

Il Cavaliere Errante
Sienas Adresse für Wohlfühlkost serviert perfekte Pizza, Pasta und Antipasti und großzügig ausgeschenkten Hauswein. **€**

Boccon del Prete
Die Backsteingewölbe sorgen für einladendes rustikales Flair, doch angesichts der handgemachten Pasta ist die Umgebung auch zweitrangig. **€€**

Detail aus Giovanni di Paolos *Jüngstem Gericht*

Kunst in der Pinacoteca Nazionale

MALEREI DER SIENESER SCHULE

In den würdevollen Sälen von zwei Palästen, dem Palazzo Buonsignori und dem Palazzo Brigidi, residiert auf drei Etagen die **6 Pinacoteca Nazionale** mit der weltweit bedeutendsten Sammlung Sieneser Malerei. Im 18. Jh. begann Abt Giuseppe Ciaccheri damit, Kunstwerke zusammenzutragen, um sie vor der Zerstörung zu retten – sie bilden den Kern der Sammlung mit den sogenannten Primitiven, die hier heute zu sehen sind. Gezeigt werden Arbeiten aus dem 13. bis 18. Jh. Star der ersten Abteilung ist Duccio di Buoninsegna, wie an seiner gotisch inspirierten *Madonna dei Francescani* (1300) leicht zu erkennen ist. Gleichermaßen eindrucksvolle Werke von Simone Martini, Lippo Lemmi, Taddeo di Bartolo und Pietro und Ambrogio Lazzeretti ringen in den folgenden Sälen um Aufmerksamkeit. Die erste Etage ist der Sieneser Renaissance gewidmet, u. a. mit Arbeiten von Giovanni di Paolo, Antonio Bazzi und Domenico Beccafumi, dessen Entwürfe für den Mosaikboden des Doms in Saal 30 zu sehen sind.

WISSENSCHAFTLICHE ERKUNDUNGEN

Im früheren Konvent Santa Mustiola residiert die **Accademia dei Fisiocritici**, Sienas Naturkundemuseum, das seit Anfang des 19. Jhs. besteht. Rund um ein 15 m langes Walskelett gibt's Säle zu Geologie, Botanik und Zoologie, u. a. eine Abteilung mit Nachbildungen der giftigsten Pilze der Welt. Nicht allzu weit entfernt befindet sich das hier eher unerwartete **Museo Nazionale dell'Antartide** mit einer 250 m² umfassenden Ausstellung zu historischen Antarktis-Expeditionen und moderner Erforschung des eisigen Kontinents.

UNTERWEGS VOR ORT

Von Florenz aus ist Siena leicht mit öffentlichen Verkehrsmitteln zu erreichen. Busse sind etwas schneller als Züge: Vom Bahnhof Santa Maria Novella in Florenz brauchen sie eine gute Stunde. In Siena ist das gesamte Stadtzentrum für den privaten Autoverkehr gesperrt. In den schmalen alten Straßen verkehren regelmäßig Minibusse, sogenannte Pollicini, aber der Stadtkern ist kompakt genug, um ihn auch zu Fuß zu erkunden. Sogar Radfahren kann angesichts der steilen Anstiege in einigen Teilen der Stadt schwierig sein. Der Bahnhof befindet sich nördlich des Zentrums, leicht zu erreichen ab den Rolltreppen bei der Porta Camollia.

Rund um Siena

Mondähnliche Landschaften, mittelalterliche Bollwerke und geheimnisvolle Abteien erwarten Neugierige jenseits der Stadtgrenzen.

Das berühmte Val d'Orcia und die Region Chianti locken die meisten Tagesausflügler ab Siena an – und das zu Recht. Wer jedoch von den ausgetretenen Pfaden abweicht, dem erschließen sich übers Land verteilt unerwartete Schätze. Die lehmreichen Böden der Region Crete Senesi verwandeln die Hügel südöstlich der Stadt in eine skulpturale Landschaft, die hier nicht herzugehören scheint – die Mönche der monumentalen Abtei Monte Oliveto Maggiore lockte diese Landschaft an. Einst uneinnehmbare Festungen erinnern an die lange Geschichte der Konflikte zwischen Siena und Florenz und verleihen der geschichtsträchtigen Region weitere historische Facetten. Wo auch immer man sich hinwendet – überall warten Überraschungen!

TOP TIPP

Die Umgebung von Siena ist am besten mit dem Auto zu besuchen; Monteriggioni ist auf der Pilgerstraße Via Francigena auch in einem Tag zu Fuß zu erreichen (20 km).

Weinberge außerhalb von Monteriggioni

In der Festung Monteriggioni

ABWEHRBOLLWERK AN DER VIA FRANCIGENA

Die Erkundung der Umgebung von Siena führt zu alten Einsiedeleien, steinernen Kapellen und Festungen. Orte wie die **Basilica dell'Osservanza** und der **Eremo di Lecceto** tauchen auf mit Steineichen bewachsenen Hügeln vor den Toren der Stadt auf. Eine halbe Stunde nördlich stößt man auf eines der spannendsten Zeugnisse des Mittelalters der Region: Umgeben von Olivenhainen und Weinbergen erscheint an der Straße nach San Gimignano das befestigte **Monteriggioni** mit seiner gut erhaltenen elliptischen Stadtmauer mit 14 Wachtürmen aus dem 13. Jh. Das zum Schutz Sienas vor den Florentinern errichtete Verteidigungsbollwerk an der Via Francigena ist heute ein winziger, innerhalb von Minuten zu durchschreitender Ort, zu betreten durch die **Porta Franca**. Rund um die steinerne **Chiesa di Santa Maria dell'Assunzione** gibt's ein paar *enoteche* (Weinbars) und das kleine Museum Monteriggioni in Arme mit originalgetreu nachgebildeten Waffen und Rüstungen.

3 km von Monteriggioni entfernt ist die **Abbadia a Isola** mit der zisterziensischen Abbazia dei Santi Salvatore e Cirino. Gegründet wurde sie 1001 von den mächtigen Feudalherren der nahen Staggia Senese – dort steht auch noch ihre Burg **La Rocca di Staggia**.

FESTA MEDIEVALE DI MONTERIGGIONI

Jedes Jahr im Juli huldigt Monteriggioni seinen Wurzeln mit diesem Mittelalterfest, einer Feier unter freiem Himmel mit der Nachstellung der Belagerung der Festung 1554, gefolgt von Konzerten und anderen Livedarbietungen. Näheres auf monteriggioni medievale.com.

Abbazia di San Galgano, ein Wunderwerk der Gotik

DIE LEGENDÄRE ABTEI OHNE DACH & IHRE EINSIEDELEI ERKUNDEN

Eine gute halbe Autostunde von Siena entfernt stehen einige der eindrucksvollsten sakralen Bauwerke der Zentraltoskana – sie erheben sich stolz aus der hügeligen Landschaft. Spirituelle Neigungen sind keinesfalls notwendig, um die dachlose **Abbazia di San Galgano** zu bewundern, eine der frühesten gotischen Kirchen der Toskana: Sie wurde vor rund 800 Jahren von Zisterziensermönchen errichtet.

Die Abtei liegt unterhalb des runden romanischen **Eremo di Montesiepi**, einer Kapelle aus dem 12. Jh. zu Ehren des Ritters Galgano Guidotti (1148–81), der, nachdem ihm der Erzengel Michael erschienen war, seine irdischen Besitztümer und sein gewalttätiges Leben aufgab, um sich in dieser abgeschiedenen Ecke in die Einsamkeit zurückzuziehen. Die mit Fresken des Sieneser Malers Ambrogio Lorenzetti aus dem

ESSEN & TRINKEN IN MONTERIGGIONI

Cantinetta di Monteriggioni
In der gut sortierten *enoteca* kann man verschiedene Weine probieren und dazu Käse und Aufschnitt genießen. **€€**

Osteria Antico Travaglio
Erlesene toskanische Spezialitäten, serviert auf einer netten Terrasse. Nicht versäumen: die handgemachte *pici*-Pasta mit saisonalen Saucen. **€€**

Terra di Siena
Die kleine *enoteca* in einer schmalen Kopfsteinpflastergasse bietet tollen Wein und üppige *tagliere* mit Wurst und reifem Käse. **€€**

14. Jh. geschmückte Kapelle ist erbaut um ein Schwert, das einen Fels durchbohrt – bei dieser Waffe soll es sich um Galganos eigene handeln, hier hinterlassen als Zeugnis der Bereitschaft des Ritters, die Waffen niederzulegen. Das Schwert ist vor dem Altar von einem Schrein geschützt zu sehen.

Vom Eremo ist es nur eine kurze Wanderung zur Abbazia di San Galgano, einem 1500 m² großen Bauwerk. Dieses wurde ab 1218 für den anschwellenden Pilgerstrom in der Gegend errichtet, angezogen vom Mythos um Galgano. 70 Jahre lang wurde gewerkelt, doch im 15. Jh. gaben die Mönche die Abtei auf. 1786 schlug im Glockenturm der Abtei ein Blitz ein; der Turm brach zusammen und zerstörte das Dach. Die dachlose Kirche heute zu betreten ist wirklich spektakulär. Der Innenraum besteht aus drei Schiffen; Spitzbogen-Arkaden bilden an den Seiten zwei Galerien, dazu kommt eine Fensterrose mit zwölf Blättern in der Fassade – alles unter freiem Himmel.

MUSEO CIVICO E DIOCESANO D'ARTE SACRA DI SAN GALGANO

Mehr über die Geschichte von San Galgano erfährt man im **Museo Civico e Diocesano d'Arte Sacra di San Galgano** im nahen Chiusdino. Das Museum im historischen Palazzo Taddei zeigt eine kleine Sammlung von Darstellungen von San Galgano aus einstigen Kapellen und Kirchen in der Umgebung. Der Eintritt zum Museum ist im Eintritt zur Abtei (5 €) inbegriffen.

Die Mondlandschaft der Crete Senesi

UNGEWÖHNLICHE SZENERIE, MÖNCHSGEMEINSCHAFTEN & KÖSTLICHES ESSEN

Mit einer der spektakulärsten Landschaften der Toskana warten die **Crete Senesi** südöstlich von Siena auf. Die Region umfasst die Orte Asciano, Buonconvento, Rapolano Terme und San Giovanni d'Asso. Ihren Namen verdankt sie dem hohen Lehmgehalt ihrer Böden – *creta* heißt Ton –, der für das gräuliche Mondterrain sorgt. Zwar stehen die Crete Senesi im Schatten des berühmteren Val d'Orcia, doch eine Autotour hierher lohnt sich allemal.

Die Fahrt von Siena auf der schönen SP438 vorbei an Bauernhöfen, Weinbergen, Zypressen und Heuballen führt zum verschlafenen **Asciano** mit dem **Museo Civico di Archeologia e Arte Sacra** im Palazzo Corboli und dem **Museo Cassioli** mit Sieneser Malerei des 19. Jhs. und weiter zur benediktinischen **Abbazia di Monte Oliveto Maggiore**, gegründet im 14. Jh. vom hl. Bernardo Tolomei. Die in dichtem Kiefern- und Eichenwald gelegene Abtei aus rotem Ziegelstein – hier sind noch immer 32 Mönche ansässig – zählt zu den beeindruckendsten der Toskana. Sie verfügt über eine Bibliothek mit Zehntausenden alten Handschriften, eine Kräuterapotheke und den schönen freskengeschmückten **Chiostro Grande**.

Knapp 10 km von der Abtei entfernt ist **San Giovanni d'Asso**: Der winzige Weiler ist für seine Trüffeln bekannt.

ESSEN RUND UM SAN GALGANO

Ristorante Antico Tempio
Warmes rustikales Flair und tolle toskanische Küche gegenüber der Abtei – mit entsprechend gepfefferten Preisen. **€€**

Salendo Wine Bar
Weine aus der Gegend, *aperitivi* und kleine Happen inmitten der üppigen Vegetation von Montesiepi, direkt hinter der Einsiedelei. **€€**

Trattoria sull'Albero
Das Luxuslokal im Borgo San Pietro bietet tolle Ausblicke und serviert perfekt zubereitete *farm-to-table*-Küche. **€€€**

LANDSCHAFTSKUNST IN DEN CRETE SENESI

Die weiße Strada Leonina, eine ungeteerte Straße, die von der SP438 abzweigt, bietet tolle Ausblicke auf die Crete Senesi und führt zum **Site Transitorie**, einer 1993 vom französischen Künstler Jean-Paul Philippe geschaffenen Steinskulptur: Sie stellt ein menschengemachtes Fenster dar, das sich zu den Hügeln hin öffnet. Herfahren sollte man nur, wenn die Straße trocken ist. Wer weiterfährt nach San Giovanni d'Asso, kommt zum **Bosco della Ragnaia**, einem (privaten) Garten: Er wurde vom amerikanischen Architekten Sheppard Craige entworfen und ist mit esoterischen Symbolen gestaltet.

DEA/M. BORCHI/GETTY IMAGES ©

Mittelschiff der Abtei San Galgano, Chiusdino

Je nach Jahreszeit kann man hier Weiße, *marzuolo*- oder *scorzone*-Trüffeln genießen. Die wichtigsten Events zur Feier der wertvollen Knolle sind **Mostra Mercato del Tartufo Bianco** am zweiten und dritten Novemberwochenende und die **Festa del Tartufo Marzuolo** im März. In San Giovanni d'Asso befindet sich auch das erste Trüffelmuseum Italiens, das **Museo del Tartufo**.

Zurück nach Siena geht's dann über das reizende, von Mauern aus dem 14. Jh. umgebene **Buonconvento** an der Via Francigena. Im **Museo della Mezzadria Senese** erfährt man etwas über das Leben der bäuerlichen Bevölkerung in den Crete Senesi.

UNTERWEGS VOR ORT

Die Hügelregion rund um Siena lässt sich prima mit dem Auto erkunden, besonders wenn man die vielen Fotospots im Val d'Orcia nutzen möchte. Nach Florenz verkehren regelmäßig Züge durchs Chianti, außerdem nach Buonconvento; in kleinere Orte fahren Busse. Wer lieber aktiver unterwegs ist, kann in Siena ein Rad leihen und übers Land radeln – durch die Hügel und die Täler rund um Siena führen mehrere Radwege.

GREVE IN CHIANTI

Das Städtchen Greve in Chianti an der Via Chiantigiana ist für viele das Tor in die dionysische Chianti-Region. Der Ort erblickte als Marktflecken des nahen Castello di Montefioralle das Licht der Welt. Die Festung geht aufs 11. Jh. zurück und wird in frühen Quellen als Handelszentrum zwischen Florenz und den nördlichen Chianti-Tälern beschrieben. Heute ist Greve ein Ort, in dem die Weinhändler der Gegend Handel treiben und ihre Erzeugnisse auf der Expo del Chianti Classico vorstellen, dem größten Chianti-Event des Jahres am zweiten Septemberwochende. An den vier Festtagen treffen sich sämtliche Weingüter des Chianti auf dem dreieckigen Platz von Greve: Hier können Weininteressierte die verschiedenen Tröpfchen, die diese wunderbare Ecke der Toskana zu bieten hat, probieren und kaufen.

TOP TIPP

Greve in Chianti ist von Florenz aus mit dem Bus 365 in einer knappen Stunde zu erreichen; er fährt an der Stazione Leopolda bei der Porta a Prato ab.

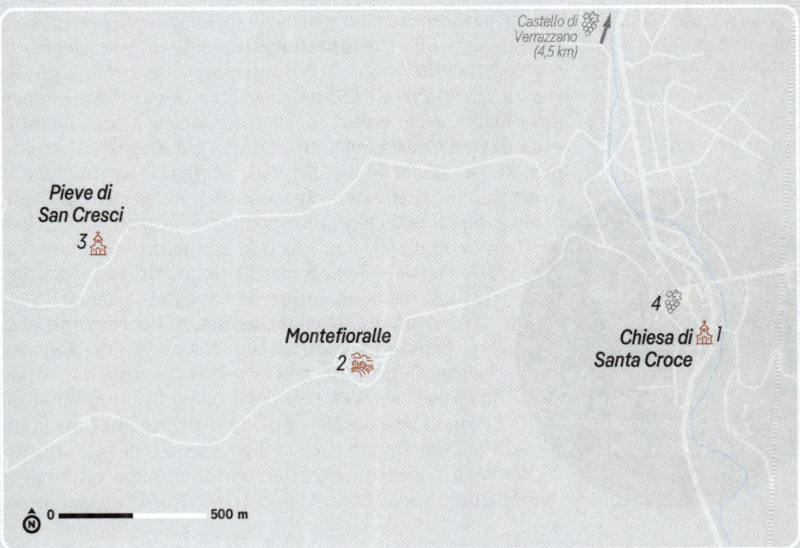

HIGHLIGHTS
1 Chiesa di Santa Croce
2 Montefioralle
3 Pieve di San Cresci
4 Vignamaggio

DEA/S. AMANTINI /GETTY IMAGES ©

Montefioralle, Greve in Chianti

Im Herzen des Chianti

GREVE IN CHIANTI & UMGEBUNG

Abgesehen von der 1 **Chiesa di Santa Croce** mit Bicci di Lorenzos Triptychon *Madonna con Bambino e Santi* und den vielen *enoteche* an den Hauptstraßen bietet der Ort wenig Sehenswertes, doch er ist eine gute Ausgangsbasis für die Erkundung der mittelalterlichen Burgen und der Weingüter in der direkten Umgebung. Außer 2 **Montefioralle**, heute ein winziger *borgo* (Weiler) innerhalb der alten Burgmauern, lässt sich auch die romanische 3 **Pieve di San Cresci**, eine der ältesten Kirchen des Chianti, leicht erreichen. Hier befindet sich auch die **Macina di San Cresci** (chianticom.com), ein Kulturzentrum, in dem Kunstschaffende aus aller Welt während ihres Aufenthalts in der toskanischen Natur experimentieren. Die Idee zur Gründung des modernen Kulturzentrums im Chianti stammt von Guy Debord und Gianfranco Sanguinetti, zwei prominenten Vertretern der avantgardistischen Situationisten-Bewegung, die in den 1970ern in San Cresci lebten.

Weiter nördlich ist das **Castello di Verrazzano**, eine von Renaissance-Gärten und 225 ha Weinbergen umgebene Hügelfestung: Hier wuchs Giovanni da Verrazzano auf, der Seefahrer des 15. Jhs., bekannt für seine Erkundungen der New Yorker Bucht. Auf Führungen (ab 24 €) gelangt man auch in die Keller aus dem 16. Jh., wo der Wein in Eichenfässern bei konstanter Temperatur reifen kann; anschließend kann man ein paar Tröpfchen verkosten.

VIGNAMAGGIO

4 km südlich von Greve in Chianti liegt das berühmte, 400 ha große Anwesen **Vignamaggio** (vignamaggio.com), das für Kenneth Branaghs Verfilmung *Viel Lärm um nichts* von 1993 mit Emma Thompson, Denzel Washington, Keanu Reeves und Kate Beckinsale als Kulisse diente. Das Anwesen beherbergt 600 Jahre alte Weinkeller, die allerdings zuletzt aufgrund von Renovierungsarbeiten nicht zugänglich waren.

HOLLYWOOD IN DER TOSKANA

In den Landschaften der Toskana wurden schon viele Filme gedreht – weitere Drehorte gibt's im **Val d'Orcia** (S. 145).

UNTERWEGS VOR ORT

Greve in Chianti in der Provinz Florenz ist am besten über die Fernstraße Florenz–Siena, die Strada Statale 222, zu erreichen. Der Ort liegt auf einem Hügel am rechten Ufer des Flusses Greve rund 25 km von Florenz und 35 km von Siena. Von Florenz fährt der Bus 365A regelmäßig nach Greve, doch mit dem eigenen Fahrzeug lässt sich die Region Chianti leichter erkunden. Die Straßen durch die Weinberge sind auch bei Radfahrern beliebt – wer auf zwei Rädern unterwegs ist, reist natürlich umweltfreundlicher.

Rund um Greve in Chianti

Eine Schlemmertour durch die Region des Chianti Classico.

Man stelle sich eine gewundene Straße vor, die vorbeiführt an Zypressen und steinernen Bauernhäusern auf üppigen grünen Hügeln. In der Ferne ein Wachturm. Die roten Dächer von Castellina schweben über den Kopfsteinpflasterstraßen des Dorfs. Beim Näherkommen sind die Geräusche vom Markt auf der Piazza della Pace zu hören. Ein typischer Tag im Chianti.

1716 erließ Großherzog Cosimo III. de' Medici ein Dekret zu den Grenzen des schmalen Gebiets zwischen San Casciano und dem Nordrand von Siena – von hier stammt der Chianti. Zwar keltern zahlreiche Weingüter der Toskana den rubinroten Chianti-Wein, doch nur von diesem Flecken Erde darf der begehrte Chianti Classico kommen – zur Sicherung höchster Qualität regelt die Herkunftsbezeichnung die Produktion des Weins.

TOP TIPP

Weinproben sollten im Chianti vorgebucht werden, besonders bei renommierten Weingütern. Eine Weinprobe kostet 15 bis 45 €.

San Casciano, Val di Pesa

AURALAURA/SHUTTERSTOCK ©

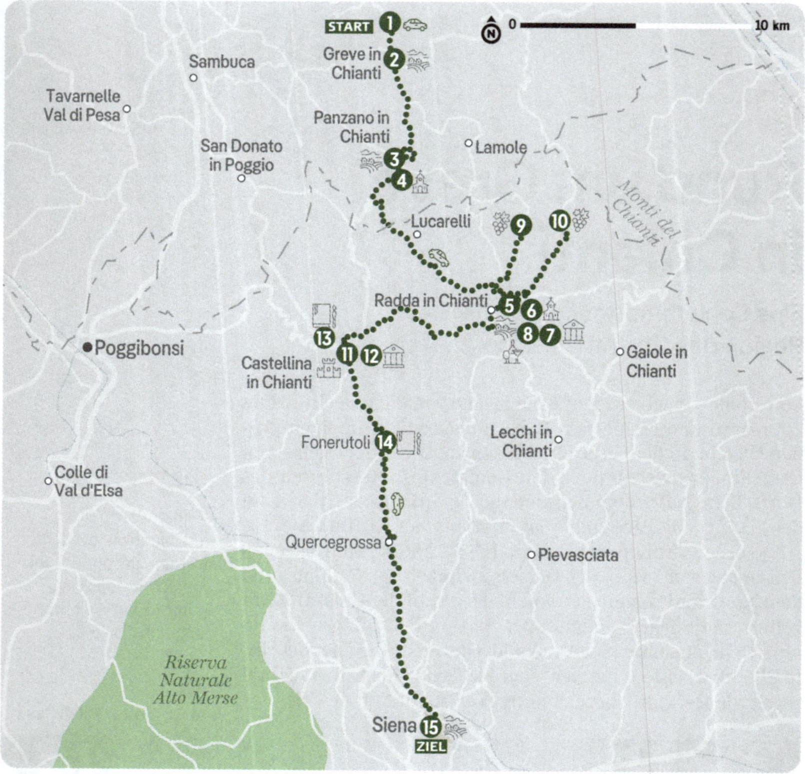

Eine Fahrt über die Via Chiantigiana

AUTOTOUR

Die Strada Statale 222 von Florenz nach Siena, besser bekannt als **Via Chiantigiana**, führt von Nord nach Süd durch die gesamte Chianti-Region, vorbei an Weinbergen, mittelalterlichen Festungen, rustikalen Bauernhäusern und jeder Menge Kirchen – kurz gesagt ist dies eine typische Toskana-Strecke.

Hinter 1 Florenz führt die Straße über 2 **Greve in Chianti** nach 3 **Panzano**, der letzten Ortschaft im Florentiner Chianti. Auf einer Höhe von 498 m erhebt sich auf einem eichenbewachsenen Hügel die Burg von Panzano und gewährt spektakuläre Ausblicke auf die umliegenden Weinberge. Weiter geht's

IN BURGEN ÜBERNACHTEN IN DER REGION CHIANTI

Castello di Cafaggio
Malerisches Anwesen in der Nähe von Florenz mit einzigartig ausstaffierten Zimmern, Pool und herrlicher Umgebung. **€€**

Castello di Gabbiano
Traumhafte Festung mit vier Rundtürmen nördlich von Greve in Chianti mit schönem Flair und dem hauseigenen Wein. **€€€**

COMO Castello Del Nero
Die zum Luxushotel umfunktionierte Burg aus dem 12. Jh. bietet 300 ha Weinberge sowie ein Spa. **€€€**

zur ❹ **Pieve di San Leolino**, einer kleinen Kirche aus dem 10. Jh. mit Werken von Giovanni della Robbia; bevor es zurück auf die SS222 geht, führt ein Abstecher nach ❺ **Radda in Chianti**. Dieser gut erhaltene mittelalterliche Ort drängt sich um die ❻ **Chiesa di San Niccolò** aus dem 14. Jh. und den ❼ **Palazzo del Podestà** aus dem 15. Jh. und beherbergt im Konvent Santa Maria al Prato aus dem 18. Jh. zudem die ❽ **Casa del Chianti Classico** (casachianticlassico.it) samt Restaurant und Probierstube. Hier erfährt man alles rund um den Chianti Classico. Das neu erworbene Wissen lässt sich gleich bei ❾ **Volpaia** (volpaia.com) oder beim ❿ **Castello di Albola** (albola.it) anwenden, zwei Gütern aus dem 12. Jh. nördlich von Radda mit exzellentem Chianti Classico (Buchung erforderlich).

Zurück auf der Via Chiantigiana erreicht man ⓫ **Castellina in Chianti** mit der Via delle Volte, einem einzigartigen Tunnelgang entlang der Stadtmauer, entworfen von Filippo Brunelleschi – der Gang sollte auch Beschuss standhalten. Das ⓬ **Museo Archeologico del Chianti Senese** zeigt Hinterlassenschaften der Etrusker, die im 7. und 6. Jh. v. Chr. im Chianti lebten (ausgegraben an den archäologischen Stätten ⓭ **Montecalvario** und ⓮ **Fonterutoli** ganz in der Nähe). Bald kommt in der Ferne ⓯ **Siena** in den Blick – das Ziel der Fahrt durchs Chianti.

PARCO SCULTURE DEL CHIANTI

Nähert man sich Siena, sollte man beim **Parco Sculture del Chianti** (chiantisculpturepark.it) einen Stopp einlegen, es ist ein Garten mit zeitgenössischer Bildhauerkunst. Auf ein rund 7 ha großes Gelände verteilen sich großformatige Arbeiten von Künstlern aus 26 Ländern und verschmelzen mit der idyllischen Landschaft des Sieneser Chianti.

Eine heroische Radtour

MIT DEM DRAHTESEL ÜBER DIE STRECKE DER EROICA

Wir verabschieden uns vom Asphalt und erkunden die weißen Straßen des Sieneser Chianti auf zwei Rädern auf der legendären Strecke der Eroica. Zum ersten Mal fand das Radrennen Eroica (eroica.cc) 1997 statt – damals mit nur 92 Teilnehmenden, die auf den unbefestigten Straßen des Chianti auf alten Rädern einen Gesamtanstieg von 3700 Höhenmetern in Angriff nahmen. Die 209 km lange Schleife beginnt und endet in **Gaiole in Chianti**; heute lockt sie am ersten Sonntag im Oktober über 7000 Radelnde zu einem der spannendsten Amateurrennen weltweit. Teilnehmen kann jeder. Die Bedingungen: Man muss in Retro-Kleidung auf vor 1987 gebauten Rädern mit Stahlrahmen fahren. In der Regel benötigt man für den Rundkurs 15 Stunden, doch natürlich kann man die Strecke auch das ganze Jahr über abfahren – sogar ohne Retro-Aspekt. Die Schleife führt auf öffentlichen Straßen durch die malerischen Crete Se-

ALLES RETRO

Fans von Retro-Radelausrüstung sollten bei **La Bottega** (bottegagaiole.it) in Gaiole in Chianti halten. Hier verströmt alles ein altmodisches Flair, von der Kleidung und den Accessoires bis zum Fahrradzubehör – man kann sich also bestens fürs nächste Radabenteuer eindecken.

ESSEN IN GAIOLE IN CHIANTI

Lo Sfizio
Die Stärke des familiengeführten Restaurants liegt in der Einfachheit, mit toller Pizza als Stärkung für die nächste lange Strecke. **€**

Taverna Le Cose Buone
Der Name bedeutet „gute Sachen“ – das passt bestens in dieser traditionellen Trattoria mit köstlichen toskanischen Klassikern. **€€**

La Gorgia Vino & Cucina
Hier werden aus traditionellen Aromen kreativ exquisite, saisonal wechselnde Gerichte geschaffen, stets serviert mit einem Lächeln. **€€**

nesi und das Val d'Orcia, ein Unesco-Welterbe, außerdem über Siena, Montalcino, Buonconvento und Asciano und schließlich wieder zurück in die Region Chianti. Es gibt alternativ aber auch kürzere Strecken (46–135 km). Normale und E-Bikes kann man in Gaiole in Chianti bei **Tuscany Bicycle** (tuscanybicycle.com) und **Biciclettaio** (bicyclesinchianti.com) leihen.

Ein Schluck Chianti

GEBURTSSTÄTTE DES MODERNEN CHIANTI

Wie unschwer zu erkennen, herrscht in der Zentraltoskana kein Mangel an Burgen. Das **Castello di Brolio** südlich von Gaiole in Chianti ist dennoch etwas ganz Besonderes: Hier entstand quasi das Rezept für den Chianti Classico. Der neugotische Backsteinbau verdankt sein heutiges Aussehen dem Umbau der Burg, die sich seit 1141 im Besitz der Familie Ricasoli befindet, im Jahr 1835 - ursprünglich diente die Burg der Verteidigung von Florenz gegen die Sieneser. Hier entwickelte Baron Bettino Ricasoli (1809–80) nach jahrelangem Experimentieren mit verschiedenen Rebsorten das Rezept für den modernen Chianti. Bis ins späte 19. Jh. hinein wurden die meisten Weine der Region vorwiegend nur aus Sangiovese-Trauben gekeltert. Baron Ricasoli mischte jedoch so lange verschiedene Trauben, bis er die perfekte Formel fand: 70 % Sangiovese, 20 % Canaiolo, 10 % Malvasia. Bei der Pariser Weltausstellung von 1867 wurde der „Vino di Brolio" zum ersten Mal mit einer Goldmedaille ausgezeichnet; 100 Jahre später wurde die Erzeugung von Chianti dann streng reguliert. Führungen durch die Burg (ab 30 €, Buchung erforderlich) umfassen auch die Besichtigung der **Cappella di San Jacopo**, in der Mitglieder der Familie Ricasoli bestattet sind, und des kleinen Waffenmuseums. Es gibt auch eine Weinprobe.

Das Val di Pesa zwischen Alt & Neu

ZEITGENÖSSISCHE ARCHITEKTUR TRIFFT AUF TRADITIONELLE WEINKULTUR

San Casciano ist der Hauptort des **Val di Pesa**. Wie üblich für einen Ort im Chianti verfügt er über eine Kirche, die im späten 18. Jh. umgebaute **Chiesa di San Cassiano**, alte, im 14. Jh. von den Florentinern errichtete Stadtmauern sowie ein Lokalmuseum, das **Museo Giuliano Ghelli** mit Werken von Coppo di Marcovaldo und Ambrogio Loren-

VON FRAUEN GEFÜHRTE WEINGÜTER IM CHIANTI

Federigo Anelli, Sommelier und Chianti-Experte aus Florenz, empfiehlt die besten von Frauen geführten Weingüter der Region.

Fattoria Cigliano di Sopra
Maddalena Fucile interpretiert ausgezeichnet das Terroir von San Casciano Val di Pesa, das die Veilchen- und Kirschnoten des Sangiovese betont; das Ergebnis ist ein süffiger Wein.

I Fabbri
Susanna Grassis Chianti vom Weingut Lamole in Greve in Chianti bietet eine blumige Komplexität, die es sonst nirgends gibt, mit Beerennoten, die fast glauben lassen, man trinke einen eleganten Pinot noir.

Pomona
Monica Raspi repräsentiert die Weine aus Castellina in Chianti, wo sich die Fruchtigkeit der westlichen Chianti-Classico-Region mit den Kräuter-Balsam-Noten der Radda-Hügel vermischt.

WEITERE WEINVERKOSTUNGEN RUND UM GAIOLE IN CHIANTI

Capannelle
Am berühmtesten für seinen 50 & 50, produziert zusammen mit dem Weingut Avignonesi in Montepulciano, sowie seine Solare-Weine. **€€**

Castello di Ama
Eines der historischen Weingüter des sienesischen Chianti, mit legendärem Status. Teure Weinproben (ab 65 €) für wahre Kenner:innen. **€€€**

Castello di Meleto
Seit 1256 am Ortsrand von Gaiole, bietet Gutsführungen, Chianti-Classico-Verkostungen und Übernachtungsmöglichkeiten. **€€**

MARCO BICCI/SHUTTERSTOCK ©

Castello di Brolio

zetti. Doch es gibt noch andere Gründe für einen Besuch in San Casciano. Das Val di Pesa zählt zu den wichtigsten Weinbaugebieten des Chianti; am berühmtesten ist das futuristische Weingut **Antinori nel Chianti Classico** 6 km südlich von San Casciano. Die Familie Antinori ist seit über 600 Jahren im Weinbau tätig, nämlich seitdem Giovanni di Piero Antinori 1385 der Arte Fiorentina dei Vinattieri (Florentiner Winzerzunft) beitrat – der hypermodernen Architektur des Hauptgebäudes von 2012 des Architekturbüros Archea Associati ist das jedoch nicht anzusehen. Der aus der Ferne fast unsichtbare Bau taucht aus zwei Schlitzen in den Weinbergen auf und setzt sich auch unterirdisch fort, damit der Wein das ganze Jahr über bei gleichbleibender Temperatur ruhen kann. Lange kein altes Gemäuer mehr gesehen? Kein Problem! Nicht weit von San Casciano steht in Passignano die **Abbazia di San Michele Arcangelo**, ein Kloster mit Wurzeln im Jahr 890.

DIE BESTEN RESTAURANTS IM VAL DI PESA

Villa Machiavelli
In dieser Villa (auch bekannt als L'Albergaccio) lebte einst Niccolò Machiavelli; heute beherbergt sie ein elegantes Restaurant mit feiner Küche inmitten der Weinberge. €€

La Torre
Küchenchef Giovanni Luca di Pirro bietet in seinem Sternerestaurant kreative italienische Gaumenfreuden mit eigenen Akzenten. €€€

Rinuccio 1180
Das Rinuccio auf dem Dach des Weinguts Antinori ist eins der bekanntesten Restaurants der Gegend, mit atemberaubendem Ausblick. €€€

UNTERWEGS VOR ORT

Zwar fahren von Greve in Chianti Busse nach Florenz und in andere Orte der Zentraltoskana, doch sie verkehren nicht so häufig und Weingüter und Bauernhöfe per Bus zu erkunden ist eher schwierig. Am besten ist man mit einem eigenen Fahrzeug unterwegs. In der Region gibt es leider keine Radwege, doch auf den Straßen ist nicht zu viel Verkehr, sodass das Chianti toll auf zwei Rädern erkundet werden kann. Dafür ist durchaus etwas Puste erforderlich, aber die Mühe lohnt sich auf jeden Fall!

SAN GIMIGNANO

Mit ihrer tausendjährigen Geschichte ist die Unesco-Welterbestadt San Gimignano ein grandioses Zeugnis des Lebens im Mittelalter: Der Ort ist so gut erhalten, dass er ein Magnet für den Massentourismus wie auch ein leichtes Opfer der Reiseklischees darstellt. Egal wie unempfänglich man gegenüber den Reizen von mittelalterlichen Hügelorten ist: San Gimignano beweist, dass man immer wieder überrascht werden kann. Wer sich von Florenz oder Siena der Stadt nähert, erspäht bald ihr historisches Erbe – noch immer erheben sich über dem Kern der steinernen Stadt 14 von rivalisierenden Feudalherren erbaute Türme; und auch die Piazzas, Paläste, Gassen und Häuser haben Familienkonflikte, die Pest, Hungersnöte und soziale Umwälzungen überdauert. Zwar hat sich viel verändert, seit Pilger auf der Via Francigena auf ihrem Weg nach Rom in die Stadt kamen, um zu rasten, doch San Gimignano bleibt seinen Wurzeln treu, sodass man sich hier toll vorstellen kann, wie das Leben in lange vergangener Zeit aussah.

TOP TIPP

Um mit öffentlichen Verkehrsmitteln nach San Gimignano zu gelangen, nimmt man von Siena einen Zug nach Poggibonsi (25 Min.), dann den Bus 130, der nach 20 Minuten den Südrand des historischen Zentrums erreicht.

WARUM ICH SAN GIMIGNANO LIEBE

Angelo Zinna, Autor

Trotz seiner Berühmtheit ist San Gimignano von anderen Orten der Toskana nicht unbedingt gut zu erreichen und vielleicht ist es gerade diese Abgeschiedenheit, der es seine Ursprünglichkeit verdankt, die heute so viele anlockt. Zwar haben sich die mittelalterlichen Straßen und Gebäude durchaus an die moderne Welt angepasst, doch ein Bummel durch die Steinbauten bietet noch immer einen Blick zurück zu den Wurzeln.

Die Renaissance in San Gimignano

NACHMITTELALTERLICHE KUNST

Zwar ist San Gimignano am meisten bekannt für sein mittelalterliches Erbe, doch natürlich war die Geschichte der Stadt nicht im Mittelalter zu Ende. Viele der größten Künstler der Renaissance trugen nach dem durch die Pest von 1348 ausgelösten Niedergang zum Wiederaufstieg der Stadt bei. Im Museo Civico des **3 Palazzo Comunale** befinden sich z. B. Arbeiten wie Filippino Lippis *L'Annunciazione* (1482) und Benozzo Gozzolis *Madonna in Trono col Bambino tra i Santi* (1466).

Gozzoli war vielleicht die bedeutendste Figur der Kunstwelt des 15. Jhs. in der Stadt. Am Nordrand der Altstadt von San Gimignano wartet die **1 Chiesa di Sant'Agostino** mit seinem Freskenzyklus auf, den *Storie della Vita di Sant'Agostino*, sowie dem Gemälde *San Sebastiano con Devoti* (1464), neben Bartolo di Fredis *Vita della Vergine* (1375) und Sebastiano Mainardis *San Gimignano che Benedice Tre Illustri Sangimignanesi* (1487).

1465 leistete Gozzoli außerdem einen Beitrag zu den biblischen Fresken, die sich hinter der nüchternen Fassade des 1148 erbauten und der Santa Maria Assunta geweihten **2 Duomo** verstecken, wo sich schon Taddeo di Bartolo, Federico Lemmi und Bartolo di Fredi verewigt hatten. In Sa-

HIGHLIGHTS
1 Chiesa di Sant'Agostino
2 Duomo
3 Palazzo Comunale

SEHENSWERTES
4 Galleria Continua
5 San Gimignano 300
6 Vernaccia di San Gimignano Wine Experience

SCHLAFEN
7 Hotel L'Antico Pozzo
8 Hotel Leon Bianco
9 Le Undici Lune

ESSEN
10 Echoes Bruschetteria
11 Gelateria Dondoli
12 Il Ceppo Toscano
13 La Mangiatoia
14 Perucà
15 San Martino 26

chen Renaissance-Kunst zählt der Dom zu den wichtigsten Zielen der Stadt. Die **Cappella di Santa Fina** zieren Domenico Ghirlandaios Fresko *Esequie di Santa Fina* (1475) und die Holzstatuen *Angelo Annunciante* und *Maria Vergine Annunciata* von Jacopo della Quercia (1426).

ÜBERNACHTEN IN SAN GIMIGNANO

Hotel Leon Bianco
Das wunderbar rustikale Hotel im Herzen der Altstadt bietet große Zimmer und tolle Ausblicke. **€€**

Le Undici Lune
Die Ausstattung inklusive Ritterrüstungen zeugt von der Vergangenheit der Stadt; der Service ist freundlich und ganz im Heute verankert. **€€**

Hotel l'Antico Pozzo
Das elegante Hotel in einem Konvent aus dem 17. Jh. bietet eine Cocktail- und Weinbar, ideal für einen Absacker nach einem Kulturtag. **€€€**

Vernaccia verkosten in San Gimignano

SAN GIMIGNANOS WEINERBE

Nicht alle Schätze von San Gimignano sind visueller Natur. Von den Weinbergen rund um die befestigte Stadt stammt der berühmte Vernaccia – ein feiner, strohgelber Weißwein, der für seinen mandeligen Abgang bekannt ist. Der Vernaccia aus San Gimignano, dessen Ursprünge bis ins 13. Jh. zurückreichen, wurde 1966 als erster italienischer Wein mit dem Siegel Denominazione di origine controllata (DOC) versehen, mit dem regionale Weinbautraditionen geschützt werden sollen. Wer mehr über den Vernaccia erfahren möchte, steuert die Rocca di Montestaffoli an: In der benachbarten Villa ist die vom örtlichen Vernaccia-Konsortium verwaltete **6 Vernaccia di San Gimignano Wine Experience**, wo man verschiedene Sorten des heimischen Weins probieren kann (ab 30 €), nachdem man das interaktive Museum zu Geschichte und Methoden der hiesigen Weinproduktion besucht hat.

SAN GIMIGNANO 1300

Zwar hat sich die Stadt über die Jahrhunderte hinweg viel von ihrem mittelalterlichen Flair bewahrt, aber zu behaupten, es hätte sich nichts verändert, wäre falsch. Wie San Gimignano in seinem Goldenen Zeitalter aussah, ist im Museum **San Gimignano 1300** zu sehen: Es zeigt ein handgefertigtes Keramikmodell der Stadt des 14. Jhs. im Maßstab 1:100. So kann man sich vorstellen, was die Pilgernden auf der Via Francigena nach wochenlangem Fußmarsch zu sehen bekamen.

KRISTI BLOKHIN/SHUTTERSTOCK ©

Vernaccia

ESSEN IN SAN GIMIGNANO

Gelateria Dondoli
Die preisgekrönte Eisdiele ist für viele der Grund für eine Reise nach San Gimignano. Wer die Crema di Santa Fina probiert, weiß warum. **€**

Echoes Bruschetteria
Wie der Name schon sagt, ist das Echoes auf *bruschetta* spezialisiert – groß, köstlich und unterschiedlich, aber immer reich belegt. **€€**

Perucà
Gewölbedecken, blanker Backstein und dunkle Holzmöbel sowie alte toskanische Rezepte – mit dem Perucà ist man auf der sicheren Seite. **€€**

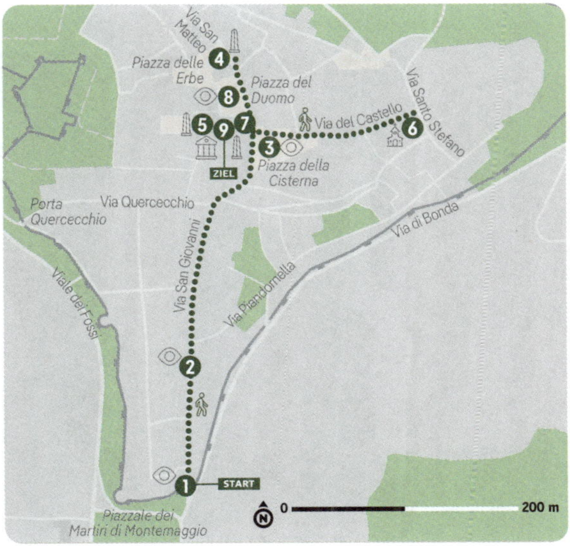

EIN HAUCH VON GEGENWART

Die Kulturtour durch San Gimignano geht weiter in der **Galleria Continua** (galleria continua.com), einer seit 1990 in einem alten Theater ansässigen privaten Galerie, die sich in der Szene für Gegenwartskunst zu einer Top-Adresse in der Toskana gemausert hat. Hier waren schon Arbeiten von international bekannten Künstler:innen wie Ai Weiwei, Anish Kapoor und Kiki Smith zu sehen.

Mittelalterliches San Gimignano

SPAZIERGANG

Zwei konzentrische Mauerringe aus dem 10. bis 13. Jh. schützen den Altstadtkern mit seinen stattlichen Palästen, romanischen Steinkirchen und bis zu 54 m hohen *case-torri* (Turmhäusern). Zunächst betritt man die Altstadt durch die 1262 fertiggestellte ❶ **Porta San Giovanni** und geht dann vorbei an den Kunstgewerbeläden der ❷ **Via San Giovanni** zur dreieckigen ❸ **Piazza della Cisterna** (Foto rechts), benannt nach der Zisterne aus dem 13. Jh. in ihrer Mitte. Von hier aus sind zwei Doppeltürme zu bewundern, die ❹ **Torri dei Salvucci** und die ❺ **Torri degli Ardinghelli**: Sie verdanken ihren Namen den rivalisierenden Familien der Guelfen und Ghibellinen – ihre Türme waren bis zu 52 m hoch, doch später wurden die Familien für ihre Anmaßung bestraft und mussten die Türme zurückbauen. Ganz in der Nähe befindet sich die ❻ **Chiesa di San Lorenzo in Ponte** aus dem 13. Jh. mit dem Fresko *Madonna col Bambino in Gloria*.

Piazza della Cisterna

Il Ceppo Toscano
Hinter einem unscheinbaren Eingang versteckt sich dieses gemütliche Restaurant, bekannt für seine Fleischgerichte und besonders seine Tatars. **€€**

La Mangiatoia
Schön sitzt es sich draußen vor dem fast 50 Jahre alten La Mangiatoia, das die Zubereitung von Klassikern perfektioniert hat. **€€**

San Martino 26
In diesem Nobelrestaurant ist man sicher vor den Massen und der Tradition. Wer Zeit hat, sollte eins der fünf- oder siebengängigen Probiermenüs bestellen. **€€€**

JORISVO/SHUTTERSTOCK ©

Fresko von Lippo Memmi

SAN GIMIGNANOS ROTES GOLD

Der Vernaccia ist nicht die einzige geschützte Spezialität aus San Gimignano. Der begehrte Safran – handgepflückte Blütenstempel des Safrankrokus – treibt schon seit dem frühen 13. Jh. die örtliche Wirtschaft an: In dieser Zeit ist Safran zum ersten Mal als Würzmittel belegt. Die Krokussaison beginnt Mitte Oktober; für ein einziges Gramm Safran, der bis zu 6000 € pro Kilogramm kosten kann, benötigt man rund 150 Blüten. Auf Bauernhöfen wie **Casanova di Pescille** und **Il Castagnolino** werden Verkostungen und Kochkurse angeboten, bei denen man das rote Gold von San Gimignano probieren kann.

Im 13. Jh., dem Goldenen Zeitalter der Stadt, schmückten die Skyline von San Gimignano 72 Türme, erbaut von einflussreichen Kaufmanns-, Bankiers- und Politikerfamilien. Nur 14 davon stehen heute noch; am höchsten ist die Torre Grossa an der 7 **Piazza del Duomo**, dem Hauptplatz der Stadt. Unter der Torre Grossa ist der 18 **Palazzo Comunale**, der Munizipalpalast, den Dante 1299 als Botschafter der Guelfen besuchte. Heute beherbergt der Bau einige der wertvollsten Werke mittelalterlicher Kunst der Stadt wie etwa einen 9 **Freskenzyklus** von Lippo Memmi und Azzo di Masetto.

UNTERWEGS VOR ORT

Ans öffentliche Verkehrsnetz ist San Gimignano nicht sonderlich gut angebunden. Das mittelalterliche Zentrum oben auf einem Hügel hat keinen Bahnhof – am besten gelangt man hierher, indem man einen Zug nach Poggibonsi oder Certaldo nimmt und dann mit dem Bus weiterfährt. Von beiden Orten – von Florenz und Siena mit dem Zug zu erreichen – brauchen die Busse rund 30 bis 40 Minuten nach San Gimignano – Fahrpläne siehe moovitapp.com. Von Florenz und Siena verkehren nur wenige Busse direkt nach San Gimignano (6 €). Wer mit dem Auto nach San Gimignano kommt: Die Altstadt ist für Autos gesperrt; man parkt auf dem Parcheggio Montemaggio (2 €/Std.) und geht zu Fuß weiter.

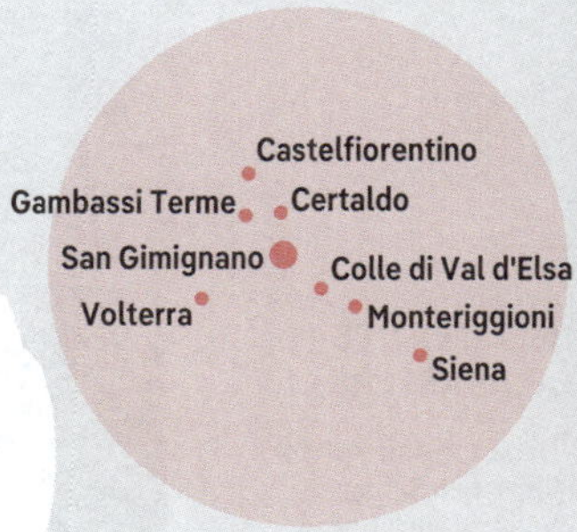

Rund um San Gimignano

Auf Archäologie- und Pilgerrouten die Geschichte der Region erkunden.

Lässt man San Gimignano auf dem Weg Richtung Küste hinter sich, kommt man bald von der Provinz Siena in die Provinz Pisa. Hier befindet sich eine der bekanntesten historischen Stätten der Toskana: Hinter den üppigen Wäldern der Riserva Naturale di Castelvecchio liegt Volterra. Die Stadt wartet mit einer einzigartigen Kombination aus archäologischen Funden auf – ein Dialog zwischen den Epochen, die zur Entwicklung dieser spannenden, seit der Zeit der Etrusker besiedelten Stadt beigetragen haben. Wer von San Gimignano statt Richtung Osten nach Norden fährt, gelangt an der Elsa entlang zurück auf Florentiner Gebiet, durch Orte, aus denen einige der bedeutendsten Denker der Toskana stammten.

TOP TIPP

Die Volterra Card (13 €) gewährt für 72 Stunden freien Eintritt zu allen historischen Stätten und Museen Volterras. Erhältlich ist sie in jedem Ticketbüro der Stadt.

Volterra

KIRK FISHER/SHUTTERSTOCK ©

Fortezza Medicea, Volterra

MEISTER DES ALABASTERS

Neben seinen archäologischen Schätzen ist Volterra auch bekannt für sein handwerkliches Erbe. Schon seit etruskischer Zeit spielt die Alabasterbearbeitung eine wichtige Rolle in der Stadt. Und das ist auch heute noch so, wie im **Ecomuseo dell'Alabastro** zu sehen ist. In vielen Werkstätten der Stadt wird die Tradition am Leben gehalten – so ist Volterra ein schönes Ziel für Freunde einzigartigen Kunsthandwerks. Tolle Arbeiten bieten **Alab'Arte, Romano Bianchi** und, falls man auf der Suche nach einzigartigen Musikinstrumenten ist, **Alabastri Pecchioni**.

Volterra im Verlauf der Zeit

EIN SPAZIERGANG DURCH DIE STADTGESCHICHTE

Im Zentrum des alten **Volterra**, der faszinierenden Stadt, die ihre Entwicklung anfangs den reichen Bodenschätzen in der Umgebung verdankte, mischen sich etruskische, römische, mittelalterliche und Renaissance-Elemente. Im 5. Jh. v. Chr. bauten die Etrusker in den nahen **Colline Metallifere** Silber, Kupfer und Blei ab; doch vor allem das Salz, das in vorindustriellen Zeiten wichtig für die Konservierung von Lebensmitteln war, aus den Becken von Volterra sorgte dafür, dass die Stadt in der Region zu einer bedeutenden Handelsmacht wurde.

Die chronologische Tour zu Volterras historischen Stätten beginnt am Rand des Stadtzentrums. Die etruskischen Wurzeln der Stadt treten im **Parco Archeologico Enrico Fiumi** zutage; hier sind Überreste von zwei Tempeln aus dem 3. und 2. Jh. v. Chr. zu sehen. Noch mehr erfährt man über die Frühzeit der Stadt im **Museo Etrusco Mario Guarnacci** mit einer der bedeutendsten Sammlungen etruskischer Artefakte Italiens. Die archäologischen Fundstücke wie etwa

ESSEN IN VOLTERRA

La Sosta del Priore
Gleich bei der Piazza dei Priori bietet dieser kleine Sandwichladen gutes toskanisches Streetfood. **€**

Life Bistrot
Vegane und glutenfreie kreative Spezialitäten aus regionalen Biozutaten. **€€**

Enoteca del Duca
In dem reizenden Lokal im Herzen der Stadt kann man toskanische Küche so genießen, wie sie sein soll. **€€€**

eine eindrucksvolle Sammlung mit über 600 Begräbnisurnen verteilen sich auf die drei Stockwerke des **Palazzo Desideri Tanbassi**.

Weiter führt die Zeitreise zum **Römischen Amphitheater**, das möglicherweise am Ende des 1. Jhs. n. Chr. entstanden ist. Der in den 1950er-Jahren vom hiesigen Archäologen Enrico Fiumi wiederentdeckte Bau bot einst 2000 Zuschauenden Platz. Ein Panoramablick auf die Stätte bietet sich von der **Mura del Mandorlo**.

In der Stadt selbst erkennt man schnell die mittelalterlichen Wurzeln. Das Herz Volterras bildet die **Piazza dei Priori** mit dem imposanten **Palazzo dei Priori**, dem ältesten Munizipalpalast der Toskana, erbaut zwischen 1208 und 1254. Nur ein paar Schritte entfernt erhebt sich der nicht zu übersehende **Dom**: Volterras 1120 erbaute Hauptkirche macht von außen vielleicht nicht viel her, doch drinnen sind 15 Kapellen mit Fresken und anderen Werken von z. B. Giovanni della Robbia, Benozzo Gozzoli und Pieter de Witte verziert.

Beherrscht wird das Stadtbild von der **Fortezza Medicea**, der beeindruckendsten Hinterlassenschaft aus der Zeit der Renaissance. Die Festung teilt sich in zwei Teile: die 1343 erbaute Rocca Vecchia und die 1475 fertiggestellte Rocca Nuova. Letztere wurde auf Geheiß von Lorenzo dem Prächtigen errichtet, nachdem Volterra den Florentinern zugefallen war, und dient seitdem als Gefängnis. Leider ist die Festung nicht für Publikum zugänglich.

PIEVE DI SANTA MARIA ASSUNTA A CELLOLE

Nördlich des Naturschutzgebiets Castelvecchio schmiegt sich die romanische Klosterkirche **Pieve di Santa Maria Assunta a Cellole** in die üppige Natur der hügeligen Umgebung von San Gimignano; das Kloster ist seit 1034 urkundlich belegt. Die hinter Zypressen versteckte Kirche ist eine friedliche Oase der klösterlichen Kommunität von Bose. Sie wartet mit herrlichen Ausblicken auf die umliegende Landschaft auf.

Naturschutzgebiet Castelvecchio

ÜBERRESTE EINER ALTEN SIEDLUNG IN DEN WÄLDERN VON SAN GIMIGNANO

Die rund 700 ha große **Riserva Naturale di Castelvecchio** erstreckt sich westlich von San Gimignano die Hänge des Hügels Poggio del Comune hinunter und bietet Wandermöglichkeiten in Eichen- und Buchenwäldern. Hier sind auch zahlreiche Vögel zu Hause wie der seltene Wanderfalke: Er verbringt den Winter in den über 600 m hohen Kalksteinformationen. Ab dem Weiler San Donato am Ostrand des Schutzgebiets sind einfache Tageswanderungen möglich; ein Weg führt zur alten Siedlung **Castelvecchio** mit den Ruinen der **Chiesa dei Santi Frediano e Giovanni** von 1144 sowie einem Wachturm aus dem 15. Jh. inmitten der Vegetation. Für die archäologische Stätte ist eine Führung nötig – Touren lassen sich über die Associazione Pro Loco San Gimignano (sangimignano.com) buchen.

RUND UM SAN GIMIGNANO AUF BAUERNHÖFEN ÜBERNACHTEN

Agriturismo Mormoraia
Rustikal-schickes Anwesen bei Ulignano, ideal gelegen für San Gimignano und das Val d'Elsa. **€€€**

Agriturismo Raccianello
Der nur 3 km von San Gimignano entfernte, im 16. Jh. aus Stein erbaute Bauernhof ist von Olivenhainen umgeben. **€€**

Agriturismo Poggiacolle
Heimelige Atmosphäre und toller Infinitypool, den man gar nicht wieder verlassen möchte – muss man auch nicht! **€€**

Das Val d'Elsa: eine Überraschung

ILLUSTRE KUNST IM TAL DES FLUSSES ELSA

Das Val d'Elsa als „abseits der ausgetretenen Pfade" zu beschreiben wäre sicher übertrieben – das Tal der Elsa in den Provinzen Florenz und Siena liegt nur eine kurze Autofahrt entfernt von einigen der meistbesuchten Orte der Toskana. Doch haben viele Reisenden die Gegend nicht auf dem Schirm. Wer ein wenig Zeit aufwendet, um das Tal zu erkunden, entdeckt hier Geschichten, die im allgemeinen „must do"-Getöse untergehen.

Bis vor nicht allzu langer Zeit war **Colle Val d'Elsa**, Geburtsort des legendären Architekten Arnolfo di Cambio, Italiens wichtigstes Zentrum für die Produktion von Kristallglas, ein Handwerk, dem schon seit dem Mittelalter in der Stadt nachgegangen wird. Das **Museo del Cristallo** ist das erste Museum des Landes, das sich vollständig der Kunst der Glasherstellung widmet, mit historischen Meisterwerken der örtlichen *vetrai*.

20 km weiter nördlich liegt **Certaldo**. Der Ort teilt sich in zwei Teile: die mittelalterliche Hügelsiedlung **Certaldo Alta** und das Städtchen **Certaldo Bassa** unten im Tal. Jedes Jahr im Juli huldigt das reizende Certaldo Alta seinen mittelalterlichen Wurzeln mit dem **Mercantia-Festival** (mercantiacertaldo.it): Dann füllen an drei Abenden Straßenkünstler, Musiker und Kunstgewerbehändler die Kopfsteinpflasterstraßen der Stadt. Certaldos Liebe zum Theater verdankt sich u. a. Giovanni Boccaccio, Verfasser des *Decamerone* und eine der Schlüsselfiguren der Literatur des 14. Jhs., der hier 1313 geboren wurde. In der kleinen, nach dem Zweiten Weltkrieg rekonstruierten **Casa di Giovanni Boccaccio** findet man in einer Bibliothek eine riesige Sammlung an Übersetzungen des *Decamerone*; außerdem eröffnen sich vom Dach tolle Ausblicke aufs Umland.

Weiter nördlich liegt an der Elsa der Ort **Castelfiorentino**. Hier lohnt sich eine Visite im **BeGo-Museum**, einem modernen Museumsbau zum Werk des Renaissance-Künstlers Benozzo Gozzoli. Er beherbergt zwei (restaurierte) große Tabernakel, die Gozzoli zusammen mit seinen Söhnen Francesco und Alesso 1484 und 1491 in der Stadt schuf.

CONVENTO DI SAN VIVALDO

In einem abgeschiedenen Wald liegt rund 7 km vom Ort Montaione der **Convento di San Vivaldo**, auch das „toskanische Jerusalem" genannt. Der Einsiedeleikomplex mit rund 20 kleinen Kapellen, die so angeordnet sind, dass sie an Jerusalem erinnern, wurde 1515 als Hommage an Bruder Vivaldo Sticchi aus San Gimignano errichtet, der sich hundert Jahre vorher in die totale Einsamkeit dieser Gegend zurückgezogen hatte. Nachdem Papst Leo X. denjenigen, die in dem Konvent beteten, in einer Bulle einen Ablass gewährt hatte, steuerten viele der Pilgernden auf der Via Francigena, die es nicht bis nach Jerusalem schafften, San Vivaldo an.

Dreitägige Pilgerwanderung

GEMÄCHLICH DURCH DIE ZENTRALTOSKANA

Eine tolle Art, die Umgebung von San Gimignano zu erkunden, ist eine Wanderung auf der **Via Francigena**, der alten Pilgerroute von Canterbury über Rom nach Jerusalem. Die ideale Dreitageswanderung durch die Zentraltoskana beginnt in San Miniato, von Florenz und Pisa leicht mit dem Zug zu er-

CRAFTBIER-BRAUEREIEN IM VAL D'ELSA

Birrificio San Gimignano
Eine der bekanntesten Craftbier-Brauereien der Region produziert in Barberino Tavarnelle gute Biere für Leute, die die Via Francigena erkunden.

Tenuta di Mensanello
Der rustikale *agriturismo* produziert u. a. Wein und Olivenöl sowie tolles Bier aus heimischem Getreide und Hopfen.

Birrificio 26 Nero
In Poggibonsi, an der Straße nach San Gimignano gelegen, mit kleinem Schankraum an den Brauräumen und Möglichkeit zur Verkostung.

FEEL GOOD STUDIO/SHUTTERSTOCK ©

Per Rad auf der Via Francigena

DIE VIA FRANCIGENA MIT DEM RAD

Zu einem großen Teil ist die Via Francigena mit dem Mountainbike befahrbar, doch einige Abschnitte sind wegen unebenem Terrain und steilen Anstiegen eventuell etwas schwierig, besonders wenn man mit schwerem Gepäck unterwegs ist. Die blau-weißen Schilder weisen auf Ausweichstrecken für Radfahrende hin. Karten und GPS-Daten stehen auf viafrancigena.bike zur Verfügung.

reichen. Nach sechs Stunden legt man in **Gambassi Terme** einen Stopp ein, unterwegs ist man schon an der steinernen **Pieve di Santa Maria Assunta a Chianni** vorbeigekommen.

Nachdem man in den **Terme di Gambassi** (termedigambassi.com) wieder zu Kräften gekommen ist, führt eine einfache dreistündige Wanderung durch Weinberge und Olivenhaine nach **San Gimignano**. Hier beginnt einer der malerischsten Abschnitte der Via Francigena: Die 31 km lange Strecke nach **Monteriggioni** führt vorbei an der reizenden Abbazia di Santa Maria Assunta a Conèo und der Chiesa di San Martino; bald sind dann die Tore der Hügelfestung erreicht. Wer noch Zeit hat, kann auch noch nach **Siena** weitergehen – oder vielleicht bis nach Rom, nach Bari und ins Heilige Land?

Die beste Zeit für die Via Francigena ist der späte Frühling: Dann scheint oft die Sonne und die Temperaturen sind noch erträglich. Pensionen, *agriturismi* (Bauernhof-Unterkünfte), Campingplätze und Hotels säumen den Weg, mit Preisen ab 30 € pro Nacht. Dazu kommen Pilgerherbergen, Kirchen und Gästehäuser, die für eine Spende Übernachtungen anbieten. Karten und detaillierte Routenbeschreibungen sind auf regione.toscana.it/via-francigena und viefrancigene.org zu finden.

UNTERWEGS VOR ORT

Wer von San Gimignano mit öffentlichen Verkehrsmitteln weiterreisen möchte, nimmt einen Bus zum nächsten Bahnhof und fährt von dort ab. Die Orte des Val d'Elsa sind relativ gut ans öffentliche Verkehrsnetz angebunden und Florenz ist von Poggibonsi und Colle Val d'Elsa leicht zu erreichen. San Gimignano liegt an der Via Francigena: Auf der alten Pilgerroute Richtung Rom kann man in aller Ruhe in die Natur und Kultur der Toskana eintauchen.

PIENZA

Pienza inmitten der mit Zypressen gespickten Landschaft des Val d'Orcia ist nicht einfach irgendeine Stadt der Toskana. Sie entstand im späten 15. Jh. aus dem Nichts gemäß den utopischen Vorstellungen von Enea Silvio Bartolomeo Piccolomini, einem Humanisten, der 1458 Papst Pius II. wurde: Pienza sollte die „ideale Stadt" der Renaissance werden. Architekt Bernardo Rossellino, ein Schüler Leon Battista Albertis, übernahm die Aufgabe, eine Stadt zu planen, die dem Papst zusagen würde, und nutzte dafür den klassizistischen Stil, der zu dieser Zeit angesagt war. Die Steingebäude, wie man sie sonst in der Toskana meist sieht, sind hier ersetzt durch stattliche Paläste, die mit Marmor und rätselhafter Symbolik verziert sind und in der üppigen Landschaft eine harmonische Komposition von Farben und Formen darstellen. Heute leben in Pienza rund 2000 Menschen – weitaus mehr kommen zu Besuch, angezogen vom einzigartigen Flair des Städtchens und von seinem berühmten Pecorino-Käse.

TOP TIPP

Der Pienza Pass (12 €; erhältlich auf pienzacittadiluce.it) ist 48 Stunden gültig und gewährt Zutritt zu den vier wichtigsten Sehenswürdigkeiten der Stadt: Palazzo Piccolomini, Dom, Krypta und Palazzo Borgia.

HIGHLIGHTS
1 Cattedrale dell'Assunta
2 Palazzo Borgia
3 Palazzo Piccolomini
4 Porta Murello

ESSEN
5 La Taverna del Pecorino
6 Marusco e Maria
7 Trattoria Latte di Luna

ANA DEL CASTILLO/SHUTTERSTOCK ©

Cattedrale dell'Assunte

PIEVE DI CORSIGNANO

Nur 1 km vom Zentrum von Pienza entfernt steht einer der wenigen Bauten aus der Zeit vor der Renaissance. Wer den Ort durch die Porta al Murello verlässt und etwa eine Viertelstunde weitergeht, kommt zur **Pieve di Corsignano**, einer romanischen Kirche mit niedriger Decke, wo kein anderer als Enea Silvio Bartolomeo Piccolomini getauft wurde. Die Kirche existiert seit mindestens dem 8. Jh. und ist an ihrem runden Steinturm zu erkennen. Im Inneren steht rechts vom Eingang das Originalbecken, in dem Papst Pius II. getauft wurde.

Ideale Architektur

DIE VISION DES HERRN PICCOLOMINI

Die fein verzierten Travertinfassaden, steinernen ionischen Säulen und opulenten Paläste im historischen Herzen des von 1459 bis 1462 in nur drei Jahren erbauten Pienza drängen sich auf kleiner Fläche rund um die Piazza Pio II, einen Katzensprung entfernt vom Stadttor 4 **Porta al Murello**. Den Platz beherrscht die von einem schlanken weißen Glockenturm flankierte 1 **Cattedrale dell'Assunta**. Das Tympanon ziert das Wappen der Familie Piccolomini; unten am Boden bilden Travertinstreifen ein Muster auf dem Platz - zweimal im Jahr füllt der Schatten der Kirche die neun Rechtecke des Platzes ganz genau, nämlich zur Frühjahrs- und Herbst-Tagundnachtgleiche. Im ehrwürdigen Innenraum ist ein Teil der privaten Kunstsammlung der Piccolomini zu sehen, darunter Arbeiten von Sieneser Größen wie Il Vecchietta und Giovanni di Paolo. Mehr Kunst gibt's in den elf Sälen des Museo Diocesano im 2 **Palazzo Borgia** (oder Palazzo Vescovile), dem Palast, den Papst Pius II. Kardinal Borgia schenkte; neben Sieneser Malerei des 14. Jhs. sind hier seltene Tapisserien, Goldarbeiten und liturgische Gewänder aus dem Mittelalter zu sehen. Zum 3 **Palazzo Piccolomini**, einstige Residenz des Papstes in der Nähe

ESSEN IN PIENZA

La Taverna del Pecorino
Wer sämtliche Pecorino-Sorten aus Pienza verkosten möchte, kann in diesem kleinen Lokal eine üppige, köstliche Käseplatte bestellen. **€€**

Marusco e Maria
In dieser gut sortierten Weinhandlung können neben örtlichen Weinen verschiedene Varianten des kräftigen Käses aus Pienza probiert werden. **€€**

Trattoria Latte di Luna
In romantischer Atmosphäre im Herzen des Zentrums wird echte Küche des Val d'Orcia serviert. **€€**

SIMONA BOTTONE/SHUTTERSTOCK ©

Pecorino-Käse

PIENZAS SCHLANGENKUCHEN

Wer in der Pieve di Corsignano genau hinschaut, entdeckt an einem der Kapitelle eine Darstellung der mythischen Schlange Regolo. Dies ist eine der letzten verbleibenden Darstellungen der römischen Gottheit in der Toskana. Die Schlange wachte angeblich über die Kreisläufe der Natur. Diese Bilder erscheinen in der Kunst bis zum 7. Jh. – dann verschwinden sie. In Pienza jedoch überdauerte die göttliche Schlange in der Volkskultur und gab einem Kuchen seine Form: „Il Serpe" ist eine lokale Leckerei, die zur Osterzeit aus Eiweiß, Mandelcreme und kandierten Früchten gebacken wird. Probieren kann man sie z. B. in der Bäckerei La Spiga.

der Cattedrale, gehört auch ein eleganter italienischer Garten mit schönem Ausblick auf den Monte Amiata.

Pecorino aus Pienza verkosten

KÖSTLICHER VERTRETER DER ESSKULTUR DES VAL D'ORCIA

Der Pecorino aus Pienza reift mindestens 90 Tage lang in alten Weinfässern aus Eichenholz und ist auf jeden Fall eine Verkostung wert, besonders nach einer langen Fahrt über die kurvenreichen Straßen des Val d'Orcia. Den Schafskäse, auf den Pienza sehr stolz ist, gibt's in verschiedenen Variationen und er ist am besten auf einer herrlichen Portion *pici* zu genießen – die Nudeln müssen unbedingt handgerollt sein und gelten zumindest bei den Einheimischen als Ursprung der Spaghetti. *Pici* und Pecorino sind in den meisten Restaurants des Orts erhältlich. Am besten schmeckt der Käse aber bei der **Fiera del Cacio**, Pienzas Käsefestival, das jedes Jahr Anfang September stattfindet. Dann versammelt sich der ganze Ort auf der Piazza Pio II, um die Vertreter ihres Viertels anzufeuern, die beim **Palio del Cacio Fuso** gegeneinander antreten: Bei diesem traditionellen Wettbewerb rollen die Teilnehmenden Käseräder um einen Holzkegel in der Mitte des Platzes.

UNTERWEGS VOR ORT

Die „ideale Stadt" Pienza ist so klein, dass man nur das eigene Paar Füße braucht, um sich hier fortzubewegen. Ohne Auto zum Städtchen zu gelangen, kann etwas Zeit kosten, da es nur unregelmäßige Verbindungen gibt. Von Siena nimmt man den Zug nach Buonconvento und dort den Bus 112 nach Montepulciano, der nach 35 Minuten Pienza erreicht. Wer jedoch den Reiz des Val d'Orcia erleben möchte, muss raus aufs Land, was ohne Auto oder Fahrrad schwierig ist. Normale Räder und E-Bikes können in Pienza bei E-Bike Tuscany mitten im Ort geliehen werden.

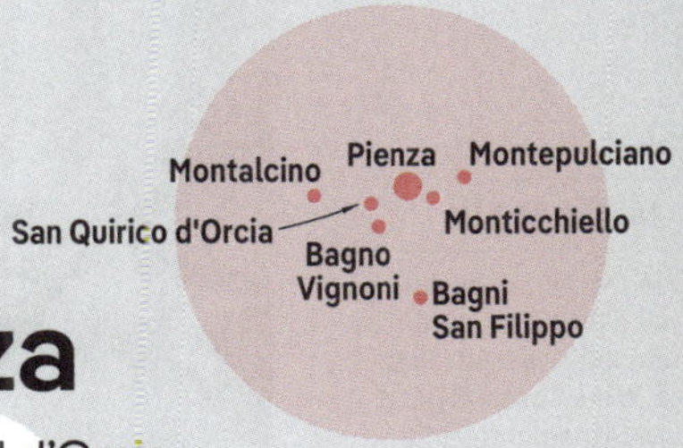

Rund um Pienza

Die herrlichen Landschaften des Val d'Orcia und seiner Umgebung erkunden.

Nur wenig gilt als so typisch toskanisch wie die von Zypressen gesäumten Straßen des hügeligen Val d'Orcia. Von Heuballen, Sonnenblumen und Weinbergen umgebene verträumte Bauernhäuser und steinerne Weiler bilden einen Teil des reizvollen Gefüges, das auch schon zahlreichen Hollywood-Streifen als Kulisse diente wie etwa Anthony Minghellas *Der englische Patient* (1996) und Ridley Scotts *Gladiator* (2000). Es wurde 2004 auch in die Liste des Unesco-Welterbes aufgenommen. Trotz zunehmender Touristenzahlen in den letzten Jahren bleibt das Val d'Orcia fest in ländlichen Traditionen verankert; außerdem kann man hier jede Menge Weltklasseweine verkosten und in natürlichen warmen Quellen entspannen.

TOP TIPP

Von Siena verkehren Busse in die meisten Orte im Val d'Orcia, jedoch muss man eventuell warten und oft umsteigen. Einfacher ist es mit dem Auto.

Val d'Orcia

RUDMER ZWERVER/SHUTTERSTOCK ©

JAZZ & WEIN

Jedes Jahr Mitte Juli wird die Festung von Montalcino beim **Jazz & Wine Festival** (jazzandwinemontalcino.it) zur Freilichtbühne. Bei dem freudig erwarteten einwöchigen Musikevent gesellen sich zu einigen der besten Weine Italiens die Klänge in- und ausländischer Jazzmusiker:innen.

BARMALINI/SHUTTERSTOCK ©

Brunello

Montalcino & sein Brunello

VERKOSTUNG VON WELTKLASSEWEINEN

Den Hügel mit dem historischen Zentrum von Montalcino krönt eine Festung von 1361. Die mit dem Wappen der Medici, den berühmten sechs Kugeln, geschmückte Verteidigungsanlage mit ihren kantigen Türmen ist eine der imposantesten der Zentraltoskana. Doch es ist nicht die mittelalterliche Architektur, die die meisten Reisenden in den kleinen 5000-Seelen-Ort lockt. **Montalcino** ist berühmt für seinen Brunello, einen der begehrtesten Weine überhaupt, dessen seltenste Jahrgänge für mehrere Tausend Euro über den Tisch gehen.

Im Vergleich zu anderen italienischen Weinen ist die Geschichte des Brunello noch eher kurz, wie man im neuen interaktiven Museum **Tempio del Brunello** im **Sant'Agostino-Komplex** im Ortszentrum erfährt. Seinen Ruhm verdankt der Wein größtenteils der Familie Biondi Santi: Sie diversifizierte ihre Weinproduktion im späten 19. Jh., indem sie mit verschiedenen Reifungsprozessen und ausgewählten Rebsorten experimentierte. Heute ist die Produktion des Brunello streng reguliert – nur hiesige Sangiovese-Trauben dürfen zum

WEITERE WEINGÜTER IN MONTALCINO

Fattoria dei Barbi
Auf diesem malerischen Weingut keltert die Familie Colombini seit dem 18. Jh. Brunello, Chianti und Morellino di Scansano.

Poggio Antico
Das malerische moderne Weingut Poggio Antico auf dem höchsten Hügel (500 m) von Montalcino produziert Brunello und Super-Toskaner.

SassodiSole
Das preisgekrönte, 19 ha große Weingut SassodiSole der Familie Terzuoli liefert ausgezeichneten Brunello und prickelnde Schaumweine.

Einsatz kommen und der Wein, der erst fünf Jahre nach der Lese in den Verkauf gehen darf, muss mindestens zwei Jahre in Eichenfässern reifen.

Sowohl innerhalb als auch außerhalb der Festung gibt's jede Menge Verkostungsmöglichkeiten. Die Burg von Montalcino beherbergt die **Enoteca la Fortezza di Montalcino**, wo man alles über die hiesigen Brunello-Varianten erfährt. In den Weinbergen rund um den Ort tummeln sich Dutzende von Weingütern, von kleinen, familiengeführten bis zu etablierten Anwesen mit globaler Ausstrahlung. Beim kleinen Weingut **NostraVita** gibt's nicht nur in kleinen Mengen produzierte Weine, sondern auch Kunstausstellungen. Das alte Weingut **Ciacci Piccolomini D'Aragona** keltert in einem Palazzo in Castelnuovo dell'Abate schon seit dem 17. Jh. außerordentliche Tröpfchen. Wer noch nicht genug hat, kann bei **Casato Prime Donne**, dem ersten nur von Frauen geführten Weingut Italiens, gegründet von der hiesigen Unternehmerin Donatella Cinelli Colombini, sechs Jahrgänge des Brunello di Montalcino verkosten.

KLOSTER-APOTHEKE

Bevor man Sant'Antimo verlässt, sollte man sich das urige Kloster mit seiner Apotheke anschauen, in der es Kräutertees, Salben und Bier zu kaufen gibt. Gelegentlich veranstaltet das Kloster Workshops, bei denen die Teilnehmenden etwas über alte Kräuterrezepte lernen können, wie sie die Mönche zur Herstellung von Heilprodukten und Verdauungsschnäpsen verwenden. Über anstehende Veranstaltungen informiert die Seite antimo.it.

Die Abbazia di Sant'Antimo

IN DER LEGENDÄREN ABTEI

Der Überlieferung zufolge war es 781 Karl der Große, der die **Abbazia di Sant'Antimo** 10 km südlich von Montalcino gründete, als er auf der Via Francigena nach Rom unterwegs war. Danach wurde die Armee des Kaisers von der Pest heimgesucht und als Versuch, den Ausbruch zu stoppen, gründete Karl die Abtei, um die Gnade Gottes zu erwirken. Das lässt sich zwar nicht belegen, doch auf jeden Fall ist Sant'Antimo eins der faszinierendsten Beispiele romanischer Baukunst in der Zentraltoskana.

Die karolingische Kapelle und das Kloster aus dem 12. Jh. bilden in einem abgeschiedenen Tal mit uralten Olivenbäumen und Sangiovese-Weinbergen eine wundersame Erscheinung. Hinter einer anmutigen Travertinhülle beherbergt der friedvolle Innenraum neben einem hölzernen Kruzifix an den Wänden Fresken, die dem Maler Spinello Aretino aus Arezzo zugeschrieben werden.

Ein Traum für Landschaftsfotografen

MALERISCHE STRASSEN & HÜGEL MIT ZYPRESSEN

Je nachdem, wann man im **Val d'Orcia** ist, bietet sich Besuchern ein völlig anderes Bild. Die saftig grünen Hügel wer-

ESSEN IM VAL D'ORCIA

Dopolavoro La Foce
Auf der netten Terrasse des Doppolavoro La Foce, einer Gourmetadresse fürs Mittagessen, haben Gäste die Qual der Wahl. €€

Osteria di Porta al Cassero
Das familiengeführte Restaurant in Montalcino widmet sich der Erhaltung tief verwurzelter Traditionen und serviert sämtliche Val-d'Orcia-Klassiker. €€

Tratoria Toscano al Vecchio Forno
Echtes Wohlfühlessen im freundlichem, kultiviertem Ambiente in San Quirico d'Orcia. €€

den golden, wenn der Frühling dem heißen Sommer Platz macht; im Herbst werden die Farben dann wärmer und an einigen Wintertagen bietet sich vielleicht ein atemberaubendes Spektakel: das Val d'Orcia im Schnee.

Zwar bevorzugen die meisten Besucher den Frühling und den Frühsommer, doch eine Tour durch die berühmte Landschaft lohnt sich zu jeder Jahreszeit, besonders für Fotografen.

Das beste Licht bietet sich morgens. Dann sollte man sich zu einer der meistfotografierten Straßen der Toskana aufmachen: Sie liegt auf dem Weg nach **Monticchiello**, einem der besterhaltenen mittelalterlichen Weiler im Val d'Orcia. Bei Pienza findet man nicht weit von der alten **Pieve di Corsignano** die Weizenfelder, durch die Russell Crowe in den letzten Szenen des Films *Gladiator* ging.

Auf dem Weg zum reizenden San Quirico d'Orcia lohnt sich ein Abstecher zur malerischen **Cappella della Madonna di Vitaleta**, einer winzigen, von Zypressen umstandenen Kapelle, die für Hochzeitsfotografie beliebt ist. Für weitere Zypressenbilder erreicht man hinter San Quirico d'Orcia auf der SR2 nach 5 km die vielleicht meistfotografierte Baumgruppe Italiens: Die **Cipressi di San Quirico d'Orcia** wurden auf einem einsamen Hügel in einem gleichmäßigen Kreis gepflanzt und sorgen für schöne Licht-und-Schatten-Kontraste. Wer in der goldenen Stunde an der Straße (der treffend benannten Zypressenallee) parkt, die zum **Agriturismo Poggio Covili** führt, genießt einen Blick auf eine perfekt ausgerichtete Doppelreihe von Bäumen.

FESTA DEGLI ANTICHI MESTIERI

In den vergangenen Jahren sind Fotos von den goldenen Landschaften der Zentraltoskana immer häufiger auf Instagram zu finden – es sind oft Traumbilder, die mit der landwirtschaftlichen Realität eigentlich nichts zu tun haben. Wer etwas über das ländliche Dasein im Val d'Orcia erfahren möchte, ist im Ort Radicofani an der richtigen Adresse: Anfang Juni wird hier bei der **Festa degli Antichi Mestieri** dem innigen Verhältnis der Bewohner zum Land gehuldigt. Dabei werden im Ortszentrum alte landwirtschaftliche Geräte zur Schau gestellt und es gibt Vorführungen alter Handwerkskünste – von der Seilmacherei bis zum Heustapeln.

Ein Bummel durch die Gärten von San Quirico d'Orcia

ITALIENISCHER GARTEN MIT GEGENWARTSKUNST

Innerhalb der Stadtmauern aus dem 15. Jh. von **San Quirico d'Orcia** erwartet Besucher eine Zeitreise zu romanischer Architektur, steinernen Kirchen und engen Gassen am Hang des Hügels. Neben all dem mittelalterlichen Flair gibt's hier aber auch die eleganten **Horti Leonini**, 1580 entworfen von Diomede Leoni, einem guten Freund von Michelangelo; die Gärten nehmen einen Großteil des historischen Zentrums ein. Die Horti Leonini gehören wie die meisten anderen Gärten der Renaissance nicht zu einer stattlichen Residenz, sondern boten den adligen Besuchern

ESSEN IM VAL D'ORCIA

Fonte alla Vena
Auf der Terrasse des schönen Restaurants in der Via Dante Alighieri in San Quirico d'Orcia werden saisonal wechselnde Gerichte serviert. **€€**

Agriturismo Il Rigo
In einer schönen Villa aus dem 16. Jh. bietet das Il Rigo ein Vier-Gänge-Menü mit traditionell angehauchten Gerichten aus regionalen Biozutaten. **€€**

Osteria La Porta
In dem Restaurant in Monticchiello kann man sich bei schönem Blick aufs Land mit einem Teller *pici all'aglione* stärken. **€€**

San Quirico d'Orcia

GIARDINO LA FOCE

In der Provinz Siena wartet die von März bis November geöffnete **Villa La Foce** aus dem 15. Jh. bei Chianciano Terme mit einem bedeutenden Garten auf. Die vom britischen Landschaftsarchitekten Cecil Pinsent im italienischen Stil entworfene Anlage besticht durch ihre Opulenz noch im kleinsten Detail, von sorgsam mit Pflanzenskulpturen inszenierten Achsen bis zur Travertintreppe hinauf zu einer Terrasse mit umwerfendem Ausblick auf das Val d'Orcia und den Monte Amiata. Die Eigentümer der Villa La Foce organisieren auch das Festival Incontri in Terre di Siena (itslafoce.org), eine Reihe von Open-Air-Klassikkonzerten auf den Hauptplätzen des Val d'Orcia im Juli.

nach langer Reise im Herzen von San Quirico eine erholsame Grünfläche. Der Garten teilt sich in zwei Abteilungen: einen wilden Steineichenwald auf der Westseite und einen geometrischen italienischen Garten mit einer Statue von Cosimo III. de' Medici von 1688 im Osten. Jedes Jahr werden die Gärten von Juli bis November im Rahmen von **Forme nel Verde** (formenelverde.com) zur Freiluftgalerie mit zeitgenössischen Werken von talentierten Künstler:innen aus den großen Kunstakademien Italiens.

Noble Weinproben in Montepulciano

DIE RENAISSANCE DER WINZERKULTUR

Der auf die Zeit der Etrusker zurückgehende alte *borgo* **Montepulciano** erlebte im 16. Jh. eine Blüte als Florentiner Außenposten auf Sieneser Territorium und hat sich sein historisches Flair durch die Jahrhunderte bewahrt. Das auf 600 m Höhe gelegene Montepulciano beherbergt eine ein-

CRAFTBIER-BRAUEREIEN IM VAL D'ORCIA & UMGEBUNG

Birrificio San Quirico
Die bekannteste Brauerei im Val d'Orcia produziert ein Dutzend elegante Biere aus regionalen Zutaten.

Brasseria della Fonte
Wer zwischen San Quirico und Pienza auf eine Nebenstraße abbiegt, gelangt zu dieser Brauerei mit Verkostung der britisch angehauchten Biere.

Miglio Verde
Im Brauhaus der Birrifico di Montepulciano werden gute Alternativen zum Vino Nobile di Montepulciano serviert.

BRAVÌO DELLE BOTTI

Am letzten Sonntag im August huldigt Montepulciano seinem Schutzpatron Johannes dem Täufer mit einem ungewöhnlichen Wettbewerb: dem **Bravìo delle Botti**. Bei dieser Sportveranstaltung treten die acht Contraden (historischen Bezirke) der Stadt gegeneinander an, indem sie 80 kg schwere Weinfässer eine ansteigende Straße bis zur Piazza Grande hochrollen, dem Hauptplatz von Montepulciano. Die Gewinner des Rennens erhalten den *bravìo*, ein mit dem Bildnis des hl. Johannes bemaltes Tuch.

SIMONA BOTTONE/SHUTTERSTOCK ©

Vino Nobile aus Montepulciano

drucksvolle Ansammlung von Renaissance-Architektur, ist aber wohl am meisten bekannt für seinen Vino Nobile, dessen Wurzeln bis ins Jahr 789 zurückreichen. Montepulcianos „nobler Wein“ wird vorwiegend aus Sangiovese-Trauben gekeltert und reift mindestens zwei Jahre lang, davon mindestens eins in Holzfässern. In Montepulciano tummeln sich Dutzende von Weingütern und *enoteche*. Sie bieten die Möglichkeit, den Vino Nobile und andere traditionelle Weine zu probieren.

Hinein in die Altstadt geht's durch die **Porta a Prato** beim **Giardino di Poggiofanti**; nach ein paar Schritten erreicht man die **Cantina Ercolani**, wo sich wunderbar etwas über die Weinkultur Montepulcianos erfahren lässt. Die Weinhandlung verfügt auch über eine „Untergrundstadt“ mit uralten Kellern voller Fässer unter den historischen Palästen. Nicht weit weg ist die **Cantina de' Ricci**, eine *enoteca*

ESSEN & AUSGEHEN IN MONTEPULCIANO

Acquacheta
Zu empfehlen für Leute, die sich in ein dickes, blutiges Chianina-T-Bone-Steak verbeißen und es mit einem Roten hinunterspülen wollen. **€€**

La Fognana
Von der eleganten Land-*enoteca* samt Restaurant 13 km östlich des Zentrums von Montepulciano fällt der Blick auf sanfte Hügel und Zypressen. **€€**

Caffè Poliziano
Das altmodische Café ist der ideale Stopp für einen entspannenden Kaffee oder *aperitivo*, mit tollem Ausblick vom Balkon auf der hinteren Seite des Hauses. **€€**

in einem Palast der Familie Ricci von 1534 mit unterirdischen Backsteinkellern („Kathedrale").

Außerhalb der Stadtmauern bietet das Weingut **Avignonesi** wunderbare Weinproben. Neben dem biodynamischen Vino Nobile kann man hier auch den bekannten Occhio di Pernice Vin Santo probieren, einen zehn Jahre gereiften „heiligen" Wein, dessen Ursprünge in der Renaissance liegen. Übrigens sollte man in Montepulciano den hiesigen Vino Nobile niemals mit dem Montepulciano d'Abruzzo verwechseln – diese Blasphemie könnte den Einheimischen mehr Schmerzen verursachen als die Instrumente im **Foltermuseum**.

WARMES WASSER

Weitere Thermalbäder befinden sich außerhalb des eigentlichen Val d'Orcia im kleinen Weiler **Rapolano Terme** mit seinen beiden Bäderkomplexen, den Terme di San Giovanni und den Terme Antica Querciolaia.

Ein Bad in Thermalwasser

ENTSPANNENDE HEISSE QUELLEN

Das Val d'Orcia machen nicht nur sanfte Hügel, idyllische Bauernhöfe und ordentlich gepflanzte Zypressenreihen aus, sondern auch natürliche warme Quellen, die die Gelegenheit zum Relaxen in der Natur und in Luxusbädern bieten. **Bagno Vignoni** mit nur 30 Einwohnern ist schon seit römischer Zeit ein Wellnessziel, als Pilgernde, die auf der Via Francigena unterwegs waren, herkamen, um im 52 °C warmen Wasser zu baden. Das ungewöhnliche 49 x 29 m große Becken auf dem Dorfplatz, der **Piazza delle Sorgenti**, wird aus 1 km Tiefe mit magnesiumreichem Wasser gespeist – hier drehte der sowjetische Regisseur Andrei Tarkowski seinen gefeierten Film *Nostalghia* (1983). Zwar kann man seine Zehen nicht in das riesige Becken tauchen, doch nur ein paar Minuten entfernt ist der **Parco dei Mulini** mit Quellen am Fluss Orcia.

Beim kleinen Castiglione d'Orcia, das an dem Wehrturm Rocca di Tentennano zu erkennen ist, liegt das Thermalbad **Bagni di San Filippo**. Diese warmen Quellen an den unteren Hängen des Monte Amiata zeichnen sich durch ihre natürlichen Kalksteinformationen aus. In Bagni di San Filippo fließt 48 °C warmes Wasser ins Thermalbecken **Fosso Bianco** mit dem eindrucksvollen Wasserfall **Balena Bianca** (Weißer Wal) und darunter azurblauen Becken, alles umgeben von herrlicher Natur.

UNTERWEGS VOR ORT

Das Herz des malerischen Val d'Orcia ist von Buonconvento, San Quirico d'Orcia und Montepulciano mit dem Bus zu erreichen, doch für die von Zypressen gesäumten Straßen, die diese Ecken der Toskana so berühmt gemacht haben, braucht man ein Auto. Oder man leiht sich in Pienza ein normales Rad oder ein E-Bike und erkundet die Schätze der Landschaft per Drahtesel.

VALERIOMEI/GETTY IMAGES ©

Oben: Monte Argentario (S. 171). Rechts: Mulino Spagnolo (S. 168)

SÜDLICHE TOSKANA

KÜSTENWILDNIS UND GERUHSAMES LANDLEBEN

Endlose Weinberge gesellen sich zu großen Naturschutzgebieten mit reicher Flora und Tierwelt – alles nicht weit entfernt von herrlichen langen Stränden.

Die Maremma macht beinahe ein Viertel der Toskana aus: Sie erstreckt sich in der Provinz Grosseto an der Südwestküste der Toskana entlang bis zur Grenze zu Latium. Sie ist der am dünnsten besiedelte Teil der Region; im 7. Jh. v. Chr. ließen sich in der Maremma die sagenumwobenen Etrusker nieder, gefolgt von den Römern ein paar Jahrhunderte später. Während diese frühen Kulturen Blütezeiten erlebten, gewann im Mittelalter die Natur die Oberhand; wegen der malariaverseuchten Sümpfe, die früher einen Großteil der Küste säumten, war die Maremma historisch ein eher problematisches Gefilde. Solch harte Lebensbedingungen behinderten jahrhundertelang die Urbanisierung und Industrialisierung der Region und die Bewohner der Maremma waren stets genötigt, in dieser schwierigen Umwelt ihren eigenen Überlebensmodus zu finden. Dieses Verhältnis zur Natur zeigt sich auch heute noch: landeinwärts, wo sich alte Dörfer an Tuffsteinfelsen klammern, und an der Küste, wo neben einem der größten Waldgebiete der Toskana tief verwurzelte Agrartraditionen existieren. Abseits der Postkartenmotive eröffnen sich hier wunderbare Erkundungsmöglichkeiten.

FLAVIO VALLENARI/GETTY IMAGES ©

DIE WICHTIGSTEN ZIELE

GROSSETO
Die Hauptstadt der Maremma – Ausgangspunkt für Erkundungen.
S. 158

ORBETELLO
Strandleben und herrliche Landschaften.
S. 168

Grosseto, S. 158

Die größte Stadt der Maremma bietet nicht viele Sehenswürdigkeiten, ist aber eine gute Basis für die Erkundung des Parco Regionale della Maremma und der etruskischen Stätten Roselle und Vetulonia.

SCHIFF/FÄHRE

Von Porto Santo Stefano, der zweitgrößten Stadt am Monte Argentario, fahren Fähren zu den Inseln Giglio und Giannutri. Im Sommer verkehren die Toremar- und Maregiglio-Fähren bis zu achtmal täglich.

ZUG

Der wichtigste Eisenbahnknoten der Maremma ist Grosseto; nach Pisa und Siena brauchen Züge jeweils rund 1½ Stunden. Und von Grosseto ist man mit dem Zug in einer halben Stunde in Orbetello.

AUTO

Am einfachsten lässt sich die südliche Toskana mit dem Auto erkunden, besonders wenn man archäologische Stätten, Regionalparks und im Sommer weniger volle Strände ansteuern möchte.

Erste Orientierung

Zwar ist Grosseto leicht mit öffentlichen Verkehrsmitteln zu erreichen, doch ansonsten ist man am besten mit dem Auto unterwegs, in den Naturschutzgebieten auch mit dem Rad.

Orbetello, S. 168

Das Tor zum Monte Argentario und zum unteren Toskanischen Archipel erstreckt sich an einer spiegelglatten Lagune mit reicher Tierwelt.

Perfekte Tage

Die riesige Maremma ist nichts zum Durchhetzen. Ob man das Landesinnere mit den Weinbergen erkundet oder an den Stränden der Küste abhängt – man sollte sich Zeit lassen.

MICHELE VACCHIANO/SHUTTERSTOCK ©

Massa Marittima (S. 163)

Wenig Zeit

● Nach einem frühen Start geht's nach Alberese, dem Haupttor zum **Parco Regionale della Maremma** (S. 161), um zu einer langen Wanderung durch die üppige Natur im ersten Naturschutzgebiet der Toskana aufzubrechen. Entweder unternimmt man eine Tageswanderung zur Abbazia di San Rabano und zur Torre dell'Uccellina oder man begnügt sich mit einer kürzeren Strecke, um vor der Rückkehr nach Grosseto noch am Strand von **Marina di Alberese** (S. 166) zu entspannen.

Beste Reisezeit

Viele der Küstenorte versinken im Winter in einen tiefen Schlaf und erwachen erst im Frühjahr wieder zum Leben. In der Nebensaison kann man am Monte Amiata Ski fahren oder auch in Ruhe wandern.

MÄRZ

Bei der **Torciata di San Giuseppe** in Pitigliano wird mit einem Freudenfeuer auf dem Hauptplatz in Anlehnung an heidnische Rituale der Frühling begrüßt.

APRIL

Nach der Winterpause eröffnet der **Giardino dei Tarocchi** mit Niki de Saint Phalles monumentalen Kunstwerken wieder.

JULI

Das **Morellino Classica Festival** (morellino classicafestival.com) mit Klassikkonzerten in der Weinregion der Maremma beginnt.

DIEGO FIORE/SHUTTERSTOCK ©, MZETA/SHUTTERSTOCK ©, PAOLO TROVO/SHUTTERSTOCK ©

Drei Tage in der südlichen Toskana

- Los geht die Reise in der Alta Maremma; am ersten Tag erkundet man die reizende Stadt **Massa Marittima** (S. 163) mit der Cattedrale di San Cerbone und dem – um es vorsichtig auszudrücken – provokanten Gemälde *Albero della Fecondità*.

- Vorbei an den etruskischen Zeugnissen im archäologischen Park von **Vetulonia** (S. 165) geht's Richtung Süden nach Grosseto. Weiter führt die Tour landeinwärts ins Umland von **Scansano** (S. 162); unterwegs laden zahlreiche Weingüter zur Einkehr ein: Hier kann man den weniger bekannten Cousin des Chianti probieren, den Morellino di Scansano. Dann geht's zurück an die Küste zu einem entspannten Tag in der **Riserva Naturale Duna Feniglia** (S. 168) in Orbetello.

Länger Zeit

- Durch die Orte Pitigliano, Sorano und Sovana geht's zum Archäologiepark **Città del Tufo** (S. 164) mit alten Hohlwegen durch den Tuffstein.

- Auf dem Weg zurück an die Küste bietet sich ein Zwischenstopp bei den Thermalquellen von **Saturnia** (S. 165) an, bevor es weitergeht zum mittelalterlichen Weiler **Capalbio** (S. 172). Ganz in der Nähe befindet sich der bunte **Giardino dei Tarocchi** (S. 172) mit seinen farbenfrohen Plastiken.

- Anschließend geht's schnurstracks nach **Orbetello** (S. 168) und zu einer schönen Autotour am **Monte Argentario** (S. 171); danach lockt eine Fährfahrt zur **Isola del Giglio** (S. 172), um einige der schönsten Strände der Toskana zu genießen.

AUGUST

Beim **Palio Marinaro dell'Argentario** in Monte Argentario treten vier historische Bezirke bei einer traditionellen Ruderregatta an.

SEPTEMBER

Der Parco Regionale della Maremma organisiert eine Nachtwanderung zur Abtei **San Rabano** am 15. September (Buchung über parco-maremma.it).

OKTOBER

Mit einem mittelalterlichen **Kostümumzug** und einem **Markt** auf dem Hauptplatz feiert Massa Marittima seinen Schutzheiligen Cerbonius.

DEZEMBER

Flamingos steuern die Oase von **Orbetello** an und lassen die Lagune in Rosa erstrahlen.

GROSSETO

Zwar ist Grosseto das Herz der Maremma und der wichtigste Verkehrsknotenpunkt der südlichen Toskana, doch Reisende haben die Stadt selten auf dem Schirm. Nach dem Niedergang der etruskischen und dann römischen Stadt Roselle wuchs Grosseto und geriet unter die Herrschaft der Sienesen und Florentiner. Für diese war die Stadt vor allem wegen der Mineralien in den nahen Colline Metallifere und der landwirtschaftlichen Erzeugnisse aus dem Ombrone-Tal von Bedeutung, ansonsten vernachlässigten sie die Stadt und hemmten so ihre Entwicklung. Und dann plagte auch noch die Malaria die Küste der Maremma, sodass diejenigen Einwohner von Grosseto, die es sich leisten konnten, im Sommer in höhere Gefilde umzogen. Das Malariaproblem wurde erst nach dem Zweiten Weltkrieg gelöst. Das im Krieg schwer bombardierte Grosseto verdankt sein heutiges Aussehen dem Wiederaufbau ab den 1950er-Jahren.

TOP TIPP

Ab Pisa und Siena erreichen Direktzüge nach etwa 1½ Stunden Grosseto; die Sehenswürdigkeiten rund um Grosseto sind ohne eigenes Fahrzeug meist schwer zu erreichen.

DIE BESTEN RESTAURANTS IN GROSSETO

Osteria Canapino
Die kultivierte *enoteca* (Weinbar) findet aus den 400 Tropfen im Keller immer den perfekten Wein zum gewählten Essen. **€€**

Trattoria Il Giogo
Die familiengeführte und sehr heimelige traditionelle Trattoria ist in der Tradition der Maremma verwurzelt, wie ihre Gemüsesuppe *acquacotta* beweist. **€**

Gabbiano 3.0
Das Sternerestaurant am Hafen von Marina di Grosseto serviert Fischgerichte mit balinesischem Einschlag. **€€€**

Die Hauptstadt der Maremma

STÜTZPUNKT FÜR DIE ERKUNDUNG DER REGION

Das nicht überlaufene und von Natur- und Kulturjuwelen umgebene Grosseto ist die ideale Basis für die Erkundung etruskischer Ruinen, herrlicher Naturschutzgebiete und abgeschiedener Landgemeinden, mit Verbindungen sowohl zur Alta Maremma im Norden als auch zur Bassa Maremma im Süden. Das historische Zentrum Grossetos ist von den Stadtmauern der Medici aus dem 16. Jh. eingeschlossen – diese Wehranlage ist trotz der turbulenten Geschichte der Stadt bis heute intakt geblieben.

Die wichtigsten Sehenswürdigkeiten von Grosseto befinden sich an der Piazza del Duomo und der benachbarten Piazza Dante mit der rosa **1 Cattedrale di San Lorenzo** von 1302 und dem erheblich jüngeren **3 Palazzo Aldobrandeschi**, der trotz seiner gotischen Optik erst im frühen 20. Jh. erbaut wurde.

Neben einem Bummel durch die architektonisch vielfältige Stadt lohnt sich auch eine Visite im **2 Museo Archeologico e d'Arte della Maremma** (MAAM): Hier kann man sich einen Überblick über die Frühgeschichte der Region verschaffen, bevor es zu den archäologischen Stätten der Maremma geht. Das MAAM beherbergt eine umfangreiche Sammlung von Artefakten, die bei Ausgrabungen ehemaliger etruskischer Städte ans Tageslicht kamen und teils aus dem 6. Jh. v. Chr. stammen.

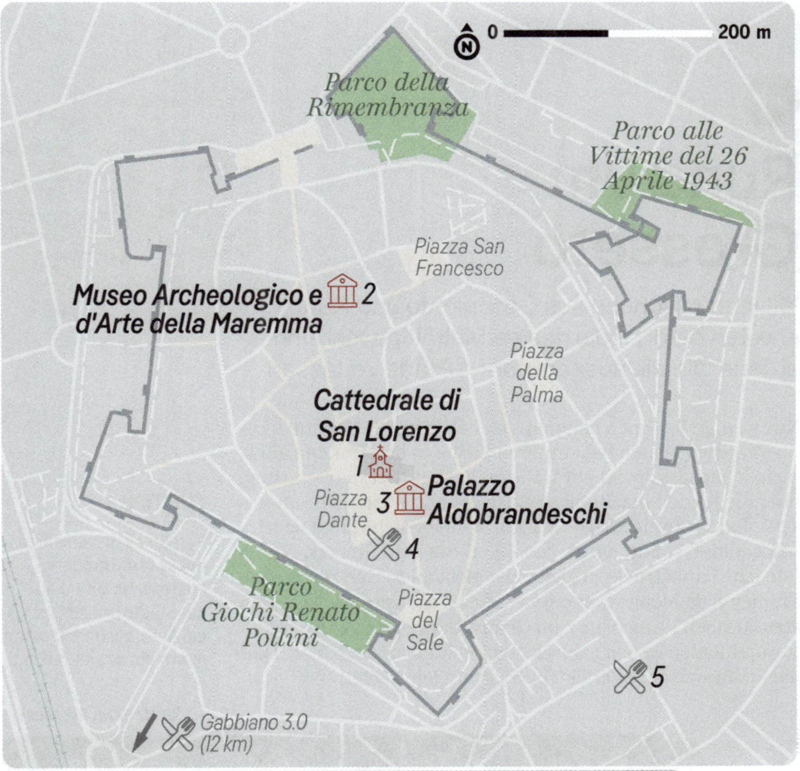

HIGHLIGHTS
1 Cattedrale di San Lorenzo
2 Museo Archeologico e d'Arte della Maremma
3 Palazzo Aldobrandeschi

ESSEN
4 Osteria Canapino
5 Trattoria a il Giogo

UNTERWEGS VOR ORT

Das historische Zentrum von Grosseto innerhalb der Stadtmauern ist für den Autoverkehr gesperrt, lässt sich aber problemlos zu Fuß erkunden. Wer mit dem eigenen Fahrzeug unterwegs ist, erreicht die Stadt über die Schnellstraße E80 von/nach Rom oder die SS223 von/nach Siena. In Grosseto parkt man sein Auto außerhalb der Stadtmauern (ca. 0,70 €/Std.). Die durch Grosseto führende Haupt-Bahnlinie ist die Strecke Rom–Genua. Von Florenz muss man wahrscheinlich in Pisa oder Livorno umsteigen. Der Bahnhof befindet sich nördlich der Stadtmauer, 15 Minuten zu Fuß vom Zentrum entfernt.

Rund um Grosseto

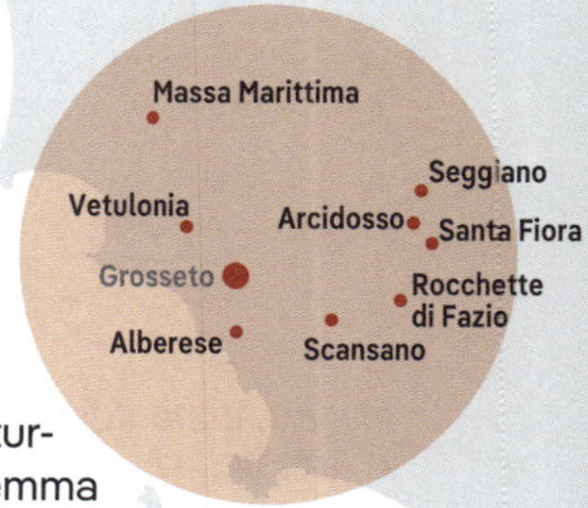

Mit ihrer Mischung aus Geschichte und Naturjuwelen belohnt die riesige, vielfältige Maremma all jene, die die ausgetretenen Pfade verlassen.

Nur wenige Reisende nehmen sich Zeit für die Maremma, die im Vergleich zu den bekannteren Zielen in der Toskana allgemein kaum gewürdigt wird. Die mangelnde Berichterstattung über die Region macht diese vielleicht aber erst recht interessant. Lange zweispurige Straßen winden sich durch scheinbar endlose Landschaften am Rand des Mittelmeers. Durch fotogene Landstriche zu gleiten ist nicht alles: Den Wegesrand säumen jede Menge lohnenswerte Zwischenstopps, von alten etruskischen Ruinen bis zum Genuss der regionalen Weinkultur und Baden in den zahlreichen Buchten an der Küste. Hier darf man sich auf allerlei Überraschungen freuen!

TOP TIPP

Von Grosseto verkehren Busse in die größeren Küstenorte; außerhalb der Städte braucht man ein Auto, besonders wenn man nicht so viel Zeit hat.

Radfahren, Alberese

MIKEDOTTA/SHUTTERSTOCK ©

CRISTINA PIETRAPERZIA/SHUTTERSTOCK ©

Abbazia di San Rabano

Die Maremma zu Fuß, per Rad und Kanu

DAS GRÖSSTE NATURRESERVAT IN DER SÜDLICHEN TOSKANA

Ungezähmte Wildnis erstreckt sich über 90 km² die unteren Hänge der Uccellina-Hügelkette bis zur Küste des Tyrrhenischen Meers hinunter – es ist das erste Naturschutzgebiet der Toskana. Der 1975 eingerichtete **Parco Regionale della Maremma** wird von Wander- und Wasserwegen durchzogen, die der Erkundung harren, zu Fuß oder per Rad oder Kanu; die Wege verbinden die Überreste alter Wachtürme mit verlassenen Abteien und Sandstränden am Mittelmeer.

Das Haupttor zum Park ist der Ort **Alberese** südlich von Grosseto: Hier gibt's im Besucherzentrum Tickets, Karten und Informationen. Auf acht Rad- und zwölf Wanderwegen erschließen sich Natur und Tierwelt der Maremma; die Wege reichen vom relativ flachen, 10 km langen „Höhlen"-Weg A3 bis zur Rundroute C1 zum Strand **Salto del Cervo** mit insgesamt 600 Höhenmetern Anstieg.

Das Herz des Parks bilden die stimmungsvollen Ruinen der **Abbazia di San Rabano**, einer monumentalen, im 11. und 12. Jh. erbauten und im 16. Jh. aufgegebenen Benediktinerabtei. Nach San Rabano führt durch dichte Wälder der 16 km

RISERVA NATURALE DELLA DIACCIA BOTRONA

Wer vom Parco Regionale della Maremma der Küste Richtung Norden folgt, kommt bald zu einem weiteren Schutzgebiet mit reicher Tierwelt. Die **Riserva Naturale della Diaccia Botrona** entstand im 18. Jh. durch die Trockenlegung des einst riesigen Lago Preglio zur Ausrottung der Malaria – bis in die 1940er-Jahre plagte diese Krankheit die Maremma. Heute nehmen die Marschlandschaften fast 13 km² ein und bilden ein perfektes Ökosystem für Dutzende von Vogelarten wie Flamingos, Wildgänse, Silberreiher und Kraniche.

ESSEN RUND UM DEN PARCO REGIONALE DELLA MAREMMA

Ristorante da Remo
Im kleinen Ort Rispescia bei Alberese zeichnet sich das beliebte Fischrestaurant durch die Frische seiner Speisen aus. **€€**

L'Ambientino del Pescatore
Das Lokal am Hafen von Marina di Grosseto nördlich des Parks ist für seine altmodische Gastfreundschaft und herzhaften Fischgerichte bekannt. **€€**

Altro?
Das Altro? beim Parkeingang in Alberese ist schon fast klischeehaft toskanisch und serviert großzügige Portionen von Maremma-Klassikern. **€**

lange Rundweg A1, für den man etwa sieben Stunden braucht; auf dem Weg zurück zum Startpunkt bei der Casetta dei Pinottolai passiert er den Uccellina-Wachturm aus dem 14. Jh. Unterwegs im Park sollte man sein Zoomobjektiv bereithalten: Neben Wild, Wildschweinen und Füchsen bevölkern 270 Vogelarten die Waldgebiete, darunter Fischadler und Wanderfalke. Vogelkundler können sich auch einer Kanutour auf dem Fluss Ombrone in der Morgendämmerung anschließen (Buchung über parco-maremma.it).

Doch nicht der gesamte Park ist der Fauna überlassen. Menschliche Siedlungen in dem Gebiet gehen bis in die Altsteinzeit zurück und jüngeres landwirtschaftliches Erbe ist auch heute noch im Schutzgebiet vorhanden. Die **Tenuta di Alberese**, einer der größten Biohöfe Europas, ist fast 40 km² groß – hier erblickt man vielleicht einige der letzten verbleibenden *butteri*, der berittenen Hirten der Maremmana-Langhornkühe, die im Park unterwegs sind. Von *butteri* geführte Touren können über alberese.com gebucht werden.

Vom 15. Juni bis 15. September ist das Wandern aufgrund hoher Waldbrandgefahr nur mit lizenziertem Guide erlaubt.

ABBAZIA DI SAN BRUZIO

Freunde verlassener Orte sollten kurz bei der **Abbazia di San Bruzio** rund 2 km vom befestigten Dörfchen Magliano in Toscana halten. Die Ruinen der kleinen weißen Abtei sind von Weinstöcken und Olivenbäumen umgeben. Die Abtei soll aufs 11. Jh. zurückgehen, die Ursprünge liegen nach wie vor im Dunkeln.

Weniger befahrene Weinstraßen

DIE HÜGEL, VON DENEN DER MORELLINO DI SCANSANO STAMMT

Bolgheri, Montalcino, Montepulciano und das Chianti genießen in Sachen toskanische Weinrouten die gesamte Aufmerksamkeit, jedoch gibt's für diejenigen, die ihren Italientrip gern mit ein bisschen Traubensaft würzen, auch noch eine andere, unbekanntere Region, die eine Erkundung lohnt. Im Gebiet um den Hügelort **Scansano** mit den Gemeinden **Magliano in Toscana** und **Manciano** wird traditionell die Sangiovese-Trauben angebaut, aus denen der Morellino di Scansano gekeltert wird.

Außer dem kleinen **Museo Archeologico** und dem **Museo del Vino** im Palazzo Pretorio hat Scansano selbst nicht viel zu bieten. Außerhalb des *borgo* (Weilers) erstrecken sich beiderseits der kaum befahrenen zweispurigen Straßen endlose mit Wein bewachsene Felder. Offiziell darf der Morellino di Scansano nur in dieser Gegend produziert werden, aus mindestens 85 % Sangiovese-Trauben.

Hier in der Gegend lässt sich vielerorts Wein verkosten, was außerdem meist billiger ist als in den bekannteren Weinregionen der Toskana. Wer auf dem Weg zur Küste ist, kann die moderne, schiffsförmige **Tenuta Ammiraglia** der Familie Frescobaldi ansteuern oder auch die malerische **Fattoria**

WEITERE MORELLINO-WEINGÜTER

Cantina Mantellassi
Seit Generationen keltert die Familie Mantellassi bei Magliano auf einem der Vorzeigeweingüter der Region nun schon guten Morellino.

Cantina Vignaioli del Morellino di Scansano
Nicht so malerisch wie andere Weingüter, doch toll, um etwas über die verschiedenen Facetten des Morellino zu erfahren.

Podere 414
Ein von leidenschaftlichen Winzern geführter kleiner Betrieb, wo man gern über die eigene Weinphilosophie informiert.

di Magliano, um dort verschiedene Typen des Morellino zu vergleichen. Oder man stoppt südöstlich von Scansano bei den Weingütern **Roccapesta** und **Terenzi**, um den bekanntesten Wein der Maremma zu testen.

Kunst ohne Besuchermassen

EIN BORGO WIE KEIN ANDERER

Massa Marittima kann es durchaus mit den Top-Kunststädten der Toskana aufnehmen. Aber angesichts der fehlenden direkten Anbindung mit öffentlichen Verkehrsmitteln an die größeren Städte nehmen sich nur wenige Touristen Zeit für die geschichtsträchtige Stadt. Das nicht mit dem Massa bei Carrara zu verwechselnde Massa Marittima war von 1225 bis 1337 ein unabhängiger Stadtstaat und hat sich dank seiner isolierten Lage an den bewaldeten Hängen der Colline Metallifere sein mittelalterliches Flair weitgehend bewahrt.

Die meisten Sehenswürdigkeiten sind von der **Piazza Garibaldi**, dem Hauptplatz der Stadt, leicht zu erreichen. Die romanische **Cattedrale di San Cerbone** wurde vom 11. bis 14. Jh. erbaut, finanziert durch den Abbau von Mineralien, der das Goldene Zeitalter von Massa Maritima begründete. Die prächtige Fassade ist mit Skulpturen von Giovanni Pisano geschmückt – wer genau hinschaut, sieht, dass die obersten Säulen von einem Mann, einem Pferd und einem Greif getragen werden; fünf Tafeln am Türsturz erzählen die Geschichte des hl. Cerbonius. Drinnen gesellt sich Giroldo da Comos fein gearbeitetes Taufbecken (1267) zu Duccio di Buoninsegnas Gemälde *Madonna delle Grazie* (1318) und Goro di Gregorios *Arca di San Cerbone* (1324). Weitere Arbeiten Pisanos, die einst den Dom schmückten, sind zehn Gehminuten entfernt im **Museo di San Pietro all'Orto** zu sehen.

Massa Marittimas heute bekanntestes Gemälde ist außerhalb des Doms zu finden, an einer Mauer des nahen **Palazzo dell'Abbondanza**, des früheren Getreidespeichers von 1265. Hier entdeckten Archäologen 1999 das Fresko *Albero della Fecondità* (*Fruchtbarkeitsbaum*) eines unbekannten Künstlers: An einem Baum hängen Penisse als Früchte und darunter wollen von ominösen Krähen bedrohte Frauen die Früchte anscheinend ernten. Das Bildnis wird unterschiedlich interpretiert; die Fachleute streiten noch darum, ob es sich um ein hoffnungsvolles Omen für eine reiche Ernte handelt oder um Propaganda, die vor den verkommenen Sitten der Ghibellinen, der Kontrahenten des Papstes, warnen.

IL GIARDINO DEI SUONI

Seit 1996 bestückt der deutsche Künstler Paul Fuchs seinen **Giardino dei Suoni** im Ort Boccheggiano 18 km von Massa Marittima mit seinen Werken. Die Dauerausstellung besteht aus Holz-, Eisen- und Steininstallationen, die einzigartige Klänge erzeugen, wenn der Wind durch sie hindurchbläst – so entsteht ein Zwiegespräch zwischen Natur und Kunst. Wer sich Fuchs' Arbeiten auf dem über 2 ha großen Privatgelände anschauen möchte, muss unter ☎ 0566 99 82 21 reservieren.

ESSEN IN MASSA MARITTIMA

Le Fate Briache
Dank der köstlichen *tortelli alla maremmana* mit Spinat und Ricotta kommen die Leute immer wieder zurück in das kleine Restaurant. **€€**

Taverna del Vecchio Borgo
Die Trattoria nicht weit vom Dom bietet in rustikalem Ambiente mit blankem Backstein Spezialitäten der Maremma. **€€**

Tana dei Brilli
Das winzige Lokal, die „Höhle der Beschwipsten", ist bekannt für seine Wildschweingerichte mit ordentlich Morellino dazu. **€**

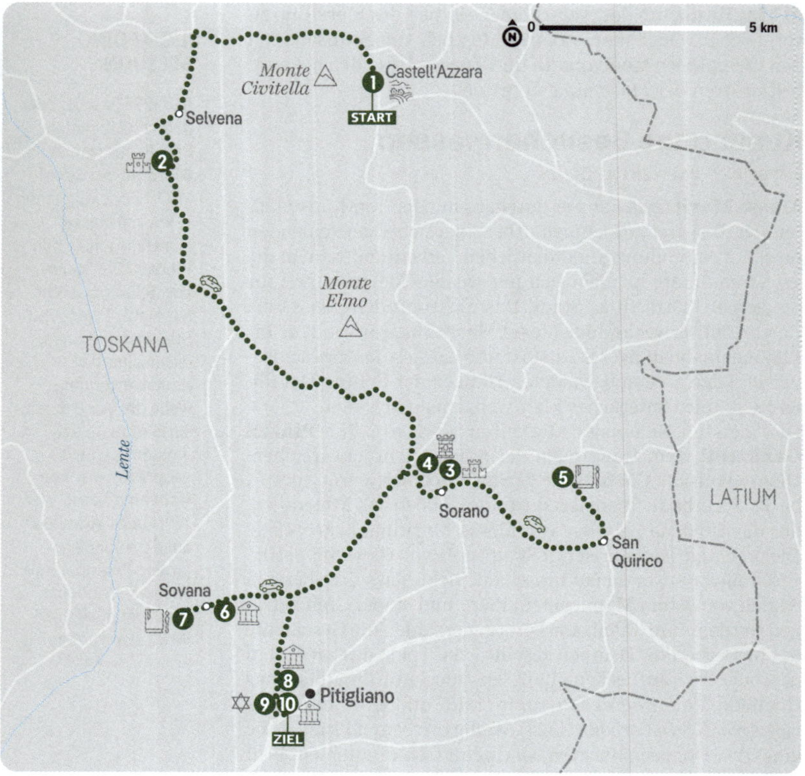

Autotrip durch die Città del Tufo

AUTOTOUR

Im tiefen Süden der Toskana erstreckt sich als Dreieck das als **Città del Tufo** bekannte Gebiet mit alten Siedlungen aus der Zeit der Etrusker. Die drei wichtigsten und eindrucksvollsten Orte der Città del Tufo sind **Pitigliano**, **Sovana** und **Sorano**; hier erstreckt sich auch der 60 ha große **Parco Archeologico Città del Tufo**.

Eine Tour ab Grosseto führt zunächst über eine gewundene Landstraße nach ❶ **Castell'Azzara** und dann im Bogen Richtung Süden nach Sorano, mit einem kurzen Stopp bei der verlassenen Burg ❷ **Rocca Silvana** aus dem 9. Jh. Die Skyline von Sorano beherrscht das ❸ **Castello Orsini** aus dem 12. Jh., am besten zu sehen von der Festung ❹ **Masso Leopoldino** aus.

ESSEN IN PITIGLIANO

Forno del Ghetto
Hier kann man *lo sfratto* probieren, ein zylindrisches Gebäck mit Honig, Walnüssen, Muskatnuss und Anis. **€**

Trattoria Il Grillo
Die altmodische Trattoria serviert köstliche handgemachte *pici*, Wildschwein und Käse aus der Region sowie viele saisonale Gerichte. **€€**

Il Tufo Allegro
Küchenchef Pichini Domenico huldigt mit seiner außergewöhnlichen Mischung von Aromen örtlichen Traditionen. **€€€**

In der Nähe des Dorfs Sorano erhascht man den ersten Blick auf die etruskischen Wurzeln der Region: Die archäologische Stätte ❺ **Vitozza** umfasst 200 in den Tuffstein gehauene Höhlen, die einst als Wohnhöhlen und *colombari* (Taubenhäuser) genutzt wurden. Noch eindrucksvoller sind die etruskischen Hinterlassenschaften in Sovana, einem Weiler an der ❻ **Rocca Aldobrandesca** aus dem 11. Jh. Neben der monumentalen Nekropole befindet sich die ❼ **Via Cava di San Sebastiano**, einer von 15 ins Tuffgestein geschlagenen Hohlwegen der Gegend.

Letzter Halt vor der Rückkehr nach Grosseto über die SR74 ist Pitigliano, der größte Ort der Città del Tufo mit dem ❽ **Palazzo Orsini**. Im späten 16. Jh., nachdem in Rom und Florenz jüdische Ghettos eingerichtet worden waren, entwickelte sich in Pitigliano eine blühende Gemeinde jüdischer Flüchtlinge. Zwar leben heute nur noch eine Handvoll Juden im Städtchen, doch es existieren einige Spuren der Vergangenheit wie ein Weinkeller, eine Bäckerei und ein Friedhof in der Nähe der ❾ **Synagoge von 1598** und des ❿ **Museums für jüdische Kultur**.

Etruskische Juwelen in Roselle & Vetulonia

SPUREN EINER VERGANGENEN KULTUR

Einige der ältesten Städte der Toskana wurden von den Etruskern gegründet, die sich im 7. Jh. v. Chr. in der Region niederließen und bis zur römischen Expansion im 3. Jh. v. Chr. ihre Blütezeit hatten. Spuren der alten Kultur sind auch heute noch in den archäologischen Stätten **Roselle** und **Vetulonia** zu finden, beide nicht weit von Grosseto entfernt.

Roselle ist eine jahrtausendealte Siedlung, ursprünglich am inzwischen verschwundenen Lago Prile angelegt; in den 1950er-Jahren wurden ihre Reste bei Grabungen freigelegt. Die Stadt florierte dank ihrer strategischen Lage am Ombrone-Becken. 294 v. Chr. fiel sie an die Römer. 1138 verlegte Papst Innozenz XI. den Sitz der Diözese von Roselle nach Grosseto und die Stadt wurde daraufhin aufgegeben. Ein großer Teil dessen, was man heute hier sieht, verdankt sich den beiden antiken Kulturen: Die etruskische Anlage ist innerhalb der Steinmauern, die die Stadt einst schützten, nach wie vor intakt; die Überreste von Bauten wie **Thermalbädern** und der **Basilika** gehen auf römische Zeit zurück.

Noch deutlichere Spuren der etruskischen Kultur weist Vetulonia auf. In der römischen Literatur wurde die Stadt als wichtiges Handelszentrum im Herzen der historischen Region Etrurien beschrieben. Bis in die 1840er-Jahre hinein glaubten die Archäologen, dass die Stadt ein Mythos sei: Dann tauch-

DIE ANTIKE STADT COSA

Eine wichtige Stätte in der Kulturgeschichte der Etrusker und der Maremma war die antike Stadt **Cosa**, die 273 v. Chr. römische Kolonie wurde – der Anfang vom Ende der etruskischen Vorherrschaft in der Toskana. Die meisten Ruinen wie der „Arce", der Tempel, wo religiöse Rituale vollzogen wurden (mit tollem Blick auf den Argentario), und das Forum stammen aus römischer Zeit. Die Stätte ist freitags bis sonntags von 9.45 bis 18.30 Uhr geöffnet (Eintritt 2 €).

DIE THERMALQUELLEN VON SATURNIA

Auf dem Weg von der Città del Tufo zurück nach Grosseto lohnt sich ein Halt bei den **Cascate del Mulino** in Saturnia: Hier fließt schwefelhaltiges, beständig 37 °C warmes Wasser in Becken (frei zugänglich).

ESSEN & ÜBERNACHTEN BEI ROSELLE

Le Tre Fonti
Das Roselle am nächsten gelegene Restaurant befindet sich in der schönen Landschaft um Grosseto auf einem Weingut. **€€**

Villa Passerini
Ein Restaurant in einer sanierten Mühle des 19. Jhs. sowie ein Hotel und ein Spa inmitten der Natur – was will man mehr? **€€€**

Trattoria La Parolaccia
Tolle Mittagsadresse auf dem Weg zu den archäologischen Stätten, beliebt dank der Treue zur Tradition und der Speisen zu vernünftigen Preisen. **€€**

te bei Cerveteri in Latium eine Statue mit Hinweisen auf das untergegangene Vetulonia auf und löste in der Maremma eine neue Schatzsuche aus. Vetulonia gelangte in den 1880er-Jahren wieder ans Tageslicht und galt bald als eine der wichtigsten Stätten in der Toskana für das Verständnis der etruskischen Geschichte. Auf dem Weg durch die **Via dei Sepolcri** sieht man das **Belvedere-Grab** und in der Nähe die Pietrera-Statue, zwei der eindrucksvollsten Beispiele für etruskische Bildhauerkunst aus dem 7. Jh. v. Chr. Ansteuern sollte man zum Verständnis der Symbolik auf jeden Fall auch das **Museo Civico Archeologico „Isidoro Falchi"** (5 €), wo noch weitere etruskische Artefakte ausgestellt sind.

CALA DI FORNO

Die **Cala di Forno** schmiegt sich in die Natur des Parco Regionale della Maremma, doch muss man sich die Strandfreuden erst verdienen. Der vom dichten Wald des Schutzgebiets gesäumten goldenen Bucht statten oft Rehe und Wanderfalken einen Besuch ab. Hierher führt ein 9 km langer Weg durch den Park – schneller geht's natürlich mit dem Boot. Parkscheine fürs Auto (10 €) muss man sich im Voraus beim Besucherzentrum in Alberese besorgen; von Juni bis September ist wegen der hohen Waldbrandgefahr außerdem ein lizenzierter Guide nötig.

Sandstrände & versteckte Buchten

ORTE ZUM RELAXEN AN DER KÜSTE DER MAREMMA

Die Maremma beherbergt einige der besten Strände der Toskana. Im Vergleich zu den glamourösen Ferienorten am nördlichen Teil der Küste sorgen die Sanddünen, die sich in Richtung Latium erstrecken, für eine entspanntere Atmosphäre. Dieser Abschnitt der toskanischen Küste ist für seine vielen versteckten Buchten bekannt – die bekannteste ist die **Cala Violina** im Naturschutzgebiet Bandite di Scarlino. Seinen Namen verdankt der kleine Strand dem azurblauen Wasser.

Zur Cala Violina ist eine kurze Wanderung erforderlich: Entweder man folgt dem 4 km langen Panoramaweg ab Portiglioni beim Hafen von Scarlino – er führt durch dichten Pinienwald, der gelegentlich spektakuläre Ausblicke auf die Küste freigibt; oder man parkt beim Agriturismo Val Martina (10 €/Tag) und geht 2 km. Am Strand sind pro Tag 700 Personen erlaubt; im Sommer muss man auf calaviolinascarlino.it reservieren.

Weiter südlich befindet sich die familienfreundliche **Spiaggia delle Rocchette**, ein 8 km langer Strand nördlich von **Castiglione della Pescaia**, wo der berühmte Schriftsteller Italo Calvino bestattet ist; der Strand erstreckt sich bis zu den felsigen Hängen mit dem **Forte delle Rocchette**, einem Wachturm aus dem 12. Jh. Man kann unter einem Sonnenschirm chillen oder auch schnorcheln; im Sommer kann es voll werden, also früh da sein!

Mit wilderen Stränden wartet der Parco Regionale della Maremma auf. Die von dichtem Wald umstandene **Marina di Alberese** – leicht zu erreichen mit dem Rad oder Bus 17 (nur im Sommer) ab Alberese über einen 8 km langen Weg im Park – bietet 4 km unberührten Sandstrand, wo es immer ruhiger wird, je weiter man nach Süden Richtung FKK-Abschnitt geht. Proviant und Wasser mitnehmen!

ESSEN & AUSGEHEN IN CASTIGLIONE DELLA PESCAIA

Osteria del Mare
Das Fischrestaurant in der Altstadt serviert köstliche Eintöpfe und Nudelgerichte und bietet dazu eine große Auswahl an toskanischen Weinen. **€€**

Le Mortelle
10 km landeinwärts von Castiglione della Pescaia bietet das moderne Weingut tolle Verkostungen von Maremma-Weinen. **€€**

Ristorante Da Antonietta
Frische Fische sorgen in dem quirligen, familiengeführten Lokal für eine köstliche Mittagspause – Antoniettas Hummer-Spaghetti probieren! **€€**

Erleuchtende Erkundungen am Monte Amiata

KUNST, GESCHICHTE & BUDDHISMUS

Der 1800 m hohe **Monte Amiata**, der sich als imposantes Massiv in der südlichen Toskana erhebt, ist ein erloschener Vulkan. An den Hängen des Bergs und in den einsameren Ecken der Gegend, am besten zu erkunden über die Straße ab dem Ort **Seggiano**, locken alte Weiler und außergewöhnliche Möglichkeiten, die Natur zu genießen.

Das von riesigen Olivenhainen umgebene Seggiano ist vor allem für seine lange Geschichte der Olivenölproduktion bekannt, wie das **Museo dell'Olio** belegt. In üppiger Umgebung befindet sich hier die 16 ha große Freiluft-Kunstausstellung von Daniel Spoerri mit über 100 Installationen des Schweizer Künstlers. Rund eine Viertelstunde entfernt liegt der kleine Hügelort **Arcidosso**, der sich durch seine besondere Beziehung zur tibetischen Kultur auszeichnet. Hier befindet sich das **MACO**, das Museum für Kunst und Kultur des Orients mit über 5000 Exponaten aus der Sammlung von Namkhai Norbu, bis 1992 drei Jahrzehnte lang Professor für tibetische und mongolische Sprache und Literatur an der Universität Neapel L'Orientale.

Namkhai Norbu war außerdem einer der Gründer der nahen **International Dzogchen Community Merigar**, eines seit 1981 existierenden Zentrums der hiesigen buddhistischen Gemeinde inmitten der Natur mit Stupas, Gonpas, Tempeln und Meditationshallen. Für Gäste werden regelmäßig kostenlose Führungen angeboten, zu buchen über merigar.it.

Weiter oben an den Hängen des Monte Amiata liegt das befestigte Städtchen **Santa Fiora**: Hier erbaute die mächtige Familie Aldobrandeschi im 11. Jh. eine ihrer vielen Burgen. Santa Fiora steht jedoch auch noch für eine weitere Facette der Geschichte des Monte Amiata: Seit jeher wird hier schon Quecksilber abgebaut, ein gefährliches Unterfangen, beleuchtet im kleinen **Museo Miniere di Mercurio**, das auf den Spuren der Bergarbeiter wandelt.

Wer noch weiter nach Süden vorstößt, kommt zum Minidörfchen **Rocchette di Fazio** mit ein paar Dutzend Einwohnern, das sich oberhalb der Landschaft der Maremma an eine Klippe zu klammern scheint. Den alten *borgo* sollen im 13. Jh. Tempelritter bewohnt haben.

WANDERN & SKIFAHREN AM MONTE AMIATA

Im Sommer lässt sich der Monte-Amiata-Trip durch einen Besuch des mittelalterlichen, 820 m hoch gelegenen Orts **Abbadia San Salvatore** verlängern, im 8. Jh. vom Langobardenkönig Ratchis gegründet. Von hier aus kann man auch den 27 km langen Wanderweg um den Monte Amiata, den Anello dell'Amiata, angehen, eine schöne Strecke durch Buchenwälder, die auf dem ehemaligen Vulkan gedeihen. Im Winter wird der Berg zum Wintersportziel: Von Abbadia San Salvatore und Vivo d'Orcia sind 12 km Pisten angelegt.

UNTERWEGS VOR ORT

Die Umgebung von Grosseto mit ihren schönen Landstrichen, urigen Dörfern und herrlichen Stränden lässt sich am besten mit dem Auto erkunden. Den Parco Regionale della Maremma durchzieht ein umfangreiches Wegenetz; das Tor zum Park ist der Ort Alberese nicht weit von der Schnellstraße E80. Eine regionale Bahnstrecke verbindet Grosseto mit vielen anderen Städten an der Küste und führt Richtung Süden bis nach Rom.

ORBETELLO

Der Ferienort Orbetello erstreckt sich in einer Lagune, die von den *tomboli* (schmalen Dünenstreifen) Giannella und Feniglia gebildet wird. Die Stadt lockt mit ihrer einzigartigen Lage und ihrem geruhsamen Flair, das sich ihrer Einbettung in die Natur der Umgebung verdankt. Die seit etruskischer Zeit besiedelte Stadt kam im 16. Jh. als Teil des Stato dei Presidi, der nach dem Fall der Republik Siena entstand, unter spanische Herrschaft. Spuren aus spanischer Zeit sind noch immer vorhanden, doch die meisten Reisenden ziehen die langen Strände und die vogelreichen Schutzgebiete in dieser Ecke der südlichen Toskana an. 1842 wurde zwischen Orbetello und dem Monte Argentario ein Damm angelegt, die Diga Leopoldina, die die Lagune zweiteilt. Das Gros des Nordostteils steht unter Schutz; wenn zwischen Spätherbst und frühem Frühjahr Flamingos das Gebiet ansteuern, färbt sich die Lagune quasi rosa – ein tolles Ziel für die Nebensaison.

TOP TIPP

Der Bahnhof von Orbetello befindet sich vor der Insel; Grosseto erreicht man in rund einer halben Stunde. Vom Bahnhof fährt der Bus 1 ins Stadtzentrum.

DIE BESTEN RESTAURANTS IN ORBETELLO

L'Asino d'Oro
Lucio Sforzas kleines Lokal ist toll, um die vielfältige Küche der Bassa Maremma zu probieren, mit saisonal wechselnden Speisen. Reservieren! €€

La Mi Casa
Keine Mätzchen – La Mi Casa steht für frische Zutaten, die in heimeligem Ambiente auf altbewährte Weise zubereitet werden. €€

Trattoria Rugantino
Wer eine Abwechslung von der toskanischen Küche möchte: Hier gibt's viele römische Klassiker wie *cacio e pepe* und Carbonara. €€

Zwischen Natur & Geschichte

LANDSCHAFTEN & SPANISCHES ERBE

Das Symbol Orbetellos steht an der Spitze der Halbinsel: die kleine zylindrische Getreidemühle **2 Mulino Spagnolo** westlich vom Damm in der Lagune. Sie stammt aus Sieneser Zeit und wurde von den Spaniern restauriert. Die Mühle ist nicht das einzige Bauwerk, das an den spanischen Stato dei Presidi erinnert – in der Polveriera Guzman von 1692 lagerten einst Tonnen an explosivem Material. Heute ist hier das **1 Archäologische Museum** von Orbetello. An der Piazza Eroe dei Due Mondi mit ihrem markanten Uhrenturm erhebt sich außerdem der **3 Palazzo del Podestà**, der einstige Sitz der spanischen Vizekönige.

Verlässt man das Stadtzentrum, tritt die urbane Landschaft zurück und macht Platz für lange Sandstrände und die vom WWF geschützte Oase. Die beiden Strände, wegen derer die meisten Gäste im Sommer herkommen, erstrecken sich am äußeren Rand der beiden sandigen *tomboli*, die den Monte Argentario mit dem Festland verbinden, **Giannella** und **Feniglia**. Vom 6 km langen baumgesäumten Giannella-Strand lässt sich wunderbar der Sonnenuntergang über dem Mittelmeer bestaunen, während die Feniglia in der **Riserva Naturale Duna Feniglia** geschützt ist; hier sind zwischen der Lagune und dem offenen Meer Rehe, Wildschweine, Füchse und andere Tiere zu Hause.

HIGHLIGHTS
1 Archäologisches Museum
2 Mulino Spganolo
3 Palazzo del Podestà

ESSEN
4 La Mi Casa
5 L'Asino d'Oro
6 Trattoria Rugantino

CARAVAGGIOS *MEDUSA*

In der Riserva Naturale Duna Feniglia steht eine Kopie von Caravaggios *Medusa*; die Marmorstatue erinnert an den Künstler, der 1610 hier in der Gegend verstarb. Das Original ist in den **Uffizien** (S. 33) in Florenz zu sehen.

UNTERWEGS VOR ORT

Orbetello lässt sich leicht zu Fuß erkunden, doch für die Strände und die Umgebung des Städtchens benötigt man auf jeden Fall ein Auto. Da die Umgebung großenteils eher flach ist, sind viele der malerischsten Ecken im Umkreis von Orbetello auch mit dem Rad – Leihräder gibt's im Zentrum – zu erreichen. Orbetello ist auch ans nationale Bahnnetz angeschlossen. Zwischen Pisa und Rom verkehrende Züge halten am Bahnhof Orbetello Monte Argentario. Vom Bahnhof fahren auch Busse zum Monte Argentario.

Rund um Orbetello

Die Strände halten Reisende oft vom Sightseeing ab; unerwartete Überraschungen belohnen aber alle, die sich vom Wasser wegbewegen.

Die südlichste Ecke der Toskana liegt näher an Rom als an Florenz. Mit ihren Stränden, die zu den besten der Region zählen, lockt die Gegend im Sommer Urlauber aus beiden Metropolen an. Doch rund um Orbetello ist weit mehr zu entdecken als das perfekte Fleckchen fürs Sonnenbad. Die schönen Strände des südlichen Toskanischen Archipels sind zwar allemal einen Abstecher wert, aber im bewaldeten Landesinnern harren Kunst und mittelalterliche Festungen der Erkundung. Hier herumhetzen zu wollen ist sinnlos – ob man übers Meer oder über Land reist, man sollte sich an die geruhsame Geschwindigkeit dieses Grenzlands anpassen.

TOP TIPP

Das direkte Umland von Orbetello, besonders das Schutzgebiet Feniglia, lässt sich toll mit dem Rad erkunden. Leihräder bei Girobike und La Casa del Ciclo im Zentrum.

Monte Argentario

VALERIOMEI/SHUTTERSTOCK ©

DUTCH_PHOTOS/SHUTTERSTOCK ©

Cala del Gesso

PALIO MARINARO DELL'ARGENTARIO

Am 15. August findet auf der Halbinsel Monte Argentario jedes Jahr ein eigener Palio statt. Beim **Palio Marinaro dell'Argentario** wetteifern vier Mannschaften, die die vier historischen Bezirke repräsentieren, in traditioneller Kleidung bei einer 4 km langen Ruderregatta vor Porto Santo Stefano.

Mediterrane Fluchten

AUSBLICKE, BUCHTEN & DER GEHEIMNISVOLLE CARAVAGGIO

Monte Argentario, mit der restlichen Toskana durch drei schmale Landzungen verbunden, die zwei Lagunen bilden, ist eigentlich keine Insel, verströmt jedoch das Flair eines Eilands. Die im Winter verschlafene und im Sommer wuselige Halbinsel wartet mit einer einzigartigen Geografie auf und lockt mit ihren über zwanzig Buchten und Stränden Urlauber an.

Die beiden Hauptorte der Halbinsel, **Porto Santo Stefano** und **Porto Ercole**, sind durch die **Via Panoramica** miteinander verbunden, die atemberaubende Ausblicke bietet. Viele der schöneren Strände sind allerdings nicht mit dem Auto erreichbar. Die **Cala del Gesso** an der Westküste etwa ist über einen 700 m langen, steilen Pfad zu erreichen – hier kann man im Schatten eines Wachturms aus dem 15. Jh. wunderbar schnorcheln. Auch die Kieselstrände an der **Cala Grande** und **Cala Piccola** erfordern einen Spaziergang – es sei denn, man hat eine Jacht. Zwischen den Strandbesuchen lohnt in Porto Santo Stefano die **Chiesa della Santissima Trinità** mit Mosaiken aus den frühen Nullerjahren einen Abstecher – einzigartiger, mit traditioneller sakraler Kunst vergleichbarer Wandschmuck.

ESSEN AM MONTE ARGENTARIO

Ristorante La Sirena
Das beliebte, bekannte Lokal in Porto Ercole serviert in klassischem Trattoria-Ambiente Gerichte aus frischen Meeresfrüchten. **€€**

Cala Piatti
Das Restaurant an der Westküste ist zwar nicht leicht zu erreichen, doch die Ausblicke sind unschlagbar. **€€€**

Il Pellicano
Sternekoch Michelino Gioia lädt alle mit prallem Geldbeutel zu kreativen Geschmackskombinationen beim Plätschern der Wellen ein. **€€€**

In Porto Ercole, dem Hauptort am Monte Argentario, wurden Szenen von Anthony Minghellas *Der talentierte Mr. Ripley* (1999) mit Matt Damon gedreht. Der Ort beherbergt auch das Grab des Renaissance-Künstlers Michelangelo Merisi, besser bekannt als Caravaggio. Caravaggio starb 1610 in Porto Ercole, kurz nachdem er hier eingetroffen war, um eine Reihe von Gemälden zurückzuholen, die versehentlich zum Monte Argentario versandt worden waren. Lange wurde über die Echtheit der Gebeine gestritten, doch 2010 ergab ein DNA-Test, dass sie mit 85 %-iger Sicherheit Caravaggios sind – daraufhin wurde im Ortszentrum ein Denkmal errichtet. 2019 wurde das Grab auf den örtlichen Friedhof verlegt.

DIE BESTEN STRÄNDE BEI CAPALBIO

Oasi di Macchiatonda
Ein wilder, ruhiger, geschützter Strand direkt am Lago di Burano mit klarem Wasser, zu erreichen über einen 1 km langen Pfad.

Ansedonia
Der beliebte Urlaubsort zwischen Capalbio und Orbetello bietet bei den Klippen des Spacco della Regina goldene Strände.

Spiaggia di Chiarone
Hier plätschert türkises Wasser an den letzten Strand der Toskana vor Latium.

Zwischen Mittelalter & Moderne

HÜGELFESTUNGEN & PSYCHEDELISCHE KUNST

Von der Festung von **Capalbio**, errichtet von der Familie Aldobrandeschi im 11. und 12. Jh., an der Südspitze der Maremma fällt der Blick auf die Küste und das WWF-Schutzgebiet Lago di Burano. Innerhalb der hohen, begehbaren Stadtmauer verbergen sich enge Gassen mit der Chiesa di San Nicola, der Burg und den in vielen der malerischen Hügelorte Italiens aus dem Mittelalter üblichen Steinhäusern. Während der Reiz alter *borghi* wie Capalbio kaum verblasst, erwartet einen außerhalb des mittelalterlichen Ortskerns eine Überraschung.

Der französisch-amerikanischen Künstlerin Niki de Saint Phalle (1930–2002) ist der visionäre **Giardino dei Tarocchi** (ilgiardinodeitarocchi.it) zu verdanken, eine psychedelische Freiluft-Skulpturengalerie 8 km südlich von Capalbio, inspiriert von Antoni Gaudís Park Güell in Barcelona. Mit dem Projekt begann sie 1974, nachdem die Kunstsammlerin Marella Agnelli Saint Phalles fantastische Skulpturen auf dem Anwesen ihrer Familie in der Maremma ausgestellt hatte. Niki de Saint Phalle und ihr Ehemann Jean Tinguely widmeten ihr Leben sodann der Herstellung von 24 bunten Figuren, die an die Symbole der Tarotkarten erinnern, wie Zauberer, Bischof, Priesterin und einer spiegelverkleideten Sphinx, in der Niki de Saint Phalle wohnte, als sie hier arbeitete.

Inselleben

WANDERN & STRÄNDE

Auf der idyllischen **Isola del Giglio**, der zweitgrößten Insel des Toskanischen Archipels, ist es selbst im Hochsommer meist ruhig und abgeschieden. Die für ihre Schönheit bekannte, 21 km² große Insel ist mit ihren zerklüfteten Hügeln ein beliebtes Wanderrevier. Auf einer dreistündigen Wanderung über alte

ESSEN IN CAPALBIO

Trattoria Toscana
Die hübsche altmodische Trattoria, rustikal und heimelig, serviert erstklassige, perfekt zubereitete saisonale Gerichte in großzügigen Portionen. **€€**

Nato Contadino
Der Bauernhof zwischen Ortskern und Küste bietet abends eine wechselnde Karte mit Speisen aus selbst angebauten Zutaten. **€€**

Ristorante Tullio
Einen Katzensprung vom Zentrum von Capalbio bietet das Tullio in freundlichem Ambiente Klassiker der Maremma. **€€**

ARKANTO/SHUTTERSTOCK ©

Capalbio

Maultierpfade und steile Fußwege kommt man an allen drei Dörfern der Insel vorbei.

Von **Giglio Porto**, dem einzigen Fährhafen der Insel, geht's nach **Castello**, einem befestigten, von der Familie Aldobrandesca erbauten Hügeldorf, und schließlich nach **Campese**, einem Strandort an der Nordwestküste. Im Frühjahr, wenn das mediterrane Gebüsch blüht und mildes Wetter herrscht, lockt das **Giglio Walking Festival** (giglioinfo.it) Wanderfreunde zu verschiedenen Touren auf die Insel.

Die Strände auf Giglio sind für ihren feinen weißen Sand und kristallklares Wasser bekannt – echtes Robinson-Crusoe-Flair für alle, denen Elba zu voll ist. Die drei schönsten Strände sind von Giglio Porto allesamt einfach zu erreichen. 15 Fußminuten vom Fähranleger ist die herrliche bogenförmige **Cala delle Cannelle** mit glitzerndem türkisem Wasser. Dann führt ein Schotterweg zu **Le Caldane**, einem weiteren himmlischen Fleckchen. Die **Cala dell'Arenella** nördlich von Porto Giglio ist eine geschützte Bucht mit tollen Schnorchelspots. Zwischen Porto Santo Stefano und Giglio Porto verkehren ganzjährig Fähren von Toremar und Maregiglio; die Fahrt dauert eine Stunde.

ESSEN & AUSGEHEN AUF GIGLIO

Da Maria
In einem historischen Palast mit Blick auf die Campese-Bucht gibt's bei Kerzenschein schöne Meeresfrüchte-Pasta und Fisch. **€€**

Faro di Punta Fenaio
Winziges Hotel und Restaurant in einem Leuchtturm aus dem 19. Jh.; das Essen ist gut, die Ausblicke zum Sonnenuntergang sind einsame Spitze. **€€**

L'Arenella
Das Hotel L'Arenella verströmt das schicke Strandclubflair größerer Inseln und wartet mit gehobener Fischküche auf. **€€**

UNTERWEGS VOR ORT

Vom Bahnhof von Orbetello verkehren Busse zum Monte Argentario und ins Landesinnere der Maremma, doch Aussichtspunkte und versteckte Strände sind mit dem eigenen Auto erheblich leichter zu erreichen. In der Hochsaison (Mai–Sept.) fahren von Porto Santo Stefano am Monte Argentario tagsüber zahlreiche Fähren zur Insel Giglio; im Winter ist das Angebot eingeschränkt.

Oben: Livorno (S. 180). Rechts: Portoferraio (S. 189)

ETRUSKISCHE RIVIERA & ELBA

STRÄNDE UND RUINEN

Mit ihren Inseln, Hügelorten, Thermalquellen und endlosen alten Weinbergen harrt die allürenfreie Etruskische Riviera der Erkundung.

Die Etruskische Riviera, eine Region mit altmodischen Küstenorten und Bergpanoramen, erstreckt sich von Livorno bis hinter Piombino. Sie hat zwar nicht den Glamour der italienischen Riviera oder der Amalfiküste, doch das ist auch gut so. Und in der Tat hüten die Einheimischen die zerklüftete Region gern wie ein Geheimnis. Außer im August, wenn die ganze Toskana an die Küste strömt und besonders nach Elba, findet man mit einiger Wahrscheinlichkeit ruhige, saubere Strände und leere Straßen vor. Die größte Stadt der Region und Ausgangspunkt für Erkundungen ist Livorno, eine geschichtsträchtige Hafenstadt, zu deren Wohlergehen im Verlauf der Jahrhunderte allerlei Händler und Zuwanderer beigetragen haben. Richtung Süden folgt die alte Römerstraße Via Aurelia 90 km lang der Küste durch dichte Pinienwälder und wunderschöne Zypressenlandschaften. Landeinwärts finden sich oberhalb von Super-Toskaner-Weinbergen mittelalterliche Hügelorte wie Bolgheri und Suvereto. Im Winter sorgen Thermalquellen in Venturina und Sassetta für wohlige Wärme, ebenso locken herrliche Wanderwege und rustikale Trattorien. So ansprechend wie das Festland sind die sieben Inseln des Toskanischen Archipels. Italiens drittgrößte Insel, Elba, bietet Traumstrände und Häfen, die abgeschiedene Insel Capraia ein zerklüftetes, majestätisches Naturschutzgebiet, das bis in die 1980er-Jahre Strafkolonie war.

BALATE DORIN/SHUTTERSTOCK©

DIE WICHTIGSTEN ZIELE

LIVORNO
Historische Hafenstadt.
S. 180

ELBA
Insel und Strände.
S. 189

AUTO

Ein kleines Cinquecento-Cabrio bietet ultimatives Dolce-Vita-Flair und man kann spontan an hübschen Stränden oder einer Zypressenallee halten. Im Juli und August kann Parken ein Problem darstellen, doch die kurvigen Küstenstraßen sind meist eher leer.

ZUG

Einen Sitzplatz bekommt man nicht immer und vielleicht werden die Fahrpläne nicht eingehalten, doch die Orte an der Küste sind gut mit Regionalbahnen zu erreichen. Am besten bucht man im Voraus auf der Seite von Trenitalia (trenitalia.com).

SCHIFF/FÄHRE

Mit normalen Fähren sind sechs der sieben Inseln des Toskanischen Archipels zu erreichen – nur Montecristo nicht. Wer einsame Strände und azurblaue Buchten erkunden möchte, kann in den Häfen von z. B. Cecina, Baratti und Portoferraio auf Elba ein Privatboot chartern.

Livorno, S. 180

Erstklassige Meeresfrüchte, venezianisch anmutende Kanäle und der bunte Kulturmix einer geschichtsträchtigen freien Hafenstadt lassen Livorno unter den sonst meist eher ähnlichen Städten der Toskana hervorstechen.

Elba, S. 189

Kristallklares Wasser, Sandstrände, Art-déco-Villen und eine uralte Geschichte üben das ganze Jahr über ihren Reiz aus.

CHERRYYBLOSSOM/SHUTTERSTOCK ©

Erste Orientierung

Von Livorno nach Piombino zieht sich 90 km weit der schmale Küstenstreifen der Etruskischen Riviera . Mit dem Auto erreicht man eigentlich alles in ein oder zwei Stunden.

Perfekte Tage

Die Etruskische Riviera ist durchdrungen von einem rustikalen, stillen Charme – mit zypressengesäumten Sträßchen sowie Weingütern und alten Ruinen. Und am Ende lockt ein kühles Bad im Tyrrhenischen Meer.

ANDREA PISTOLESI/GETTY IMAGES ©

Populonia (S. 195)

Wenig Zeit

- Vormittags erkundet man die verblichene Pracht der Altstadt von **Livorno** (S. 180) mit vielfältiger Architektur und Kanälen im Stil Venedigs. Mittags ist bei **Gagarin** (S. 183) gleich beim **Mercato delle Vettovaglie** (S. 183) ein *cinque-e-cinque*-Sandwich ein Muss. Anschließend geht's mit dem Zug zum nicht weit entfernten reizenden Küstenort **Castiglioncello** (S. 185): Die sanfte Meeresbrise, die blau-weißen Sonnenschirme und die harten Beats im Beachclub **Bagni Nettuno** (S. 185) stellen eine ganz andere Welt dar, während das Meer kobaltblau schimmert. Der Sonnenuntergang ist die goldene Stunde am Strand; anschließend geht's per Direktzug nach Florenz oder Pisa.

Beste Reisezeit

Die Küste der Toskana hat zu jeder Jahreszeit etwas zu bieten. Im Sommer ist es heiß und voll, aber schön; der Frühling mit seinen Wildblumen und der Herbst mit der Weinlese ermöglichen geruhsameres Reisen.

JANUAR

Im Januar und Februar sind viele Restaurants und Hotels an der Küste geschlossen. Was geöffnet ist, ist oft eine Lieblingsadresse der Einheimischen.

FEBRUAR

Jetzt sind die **Thermalquellen** von Venturina und Sassetta besonders verlockend, außerdem gibt's zum Karneval und Beginn der Fastenzeit süße Leckereien.

APRIL

Sonnige Frühlingstage bieten beste Bedingungen zum **Wandern** und **Radeln**; abends speist man deftige Gerichte mit z. B. *cinghiale* (Wildschwein).

NAPA/SHUTTERSTOCK ©, GIMMI/REDA &CO SRL/ALAMY ©, UMOMOS/SHUTTERSTOCK ©

Drei Tage an der Etruskischen Riviera & auf Elba

● Nach ein paar Stunden in Livorno (siehe links) fährt man auf der alten Via Aurelia bis hinunter nach Piombino und besteigt dort die einstündige Fähre nach **Elba** (S. 189). Hier wird's geruhsam, mit zahlreichen Stränden und jeder Menge Sonne von April bis Oktober. Mit dem Auto kann man ein paar Tage lang die steilen Bergstraßen mit Panoramablick aufs benachbarte Korsika erkunden. Das 224 km^2 große Elba hat verschiedenste Ecken, sodass für jeden etwas dabei ist: wilde windgepeitschte Klippen, sandige Buchten, azurblaues Wasser und reizende Häfen, mit viel napoleonischer Geschichte in **Portoferraio** (S. 189), dem größten der Hafenstädtchen.

Länger Zeit

● Los geht's mit einer Nacht in Livorno, um ein Gefühl für den ungeschliffenen Diamanten der Toskana zu bekommen: Livemusik gibt's in der **Fortezza Nuova** (S. 182), an den Kanälen hervorragende Meeresfrüchte. Mit einem Auto oder Wohnmobil kann man sich Zeit lassen für die Fahrt Richtung Süden und nach Lust und Laune für ein Bad im Meer anhalten. Unterwegs erkundet man einen Tag lang die Weinberge um **Bolgheri** (S. 188) und pendelt zwischen mittelalterlichen Hügeldörfern und Slow-Food-*agriturismi* (Bauernhof-Unterkünften). Anschließend bieten sich ein paar Nächte auf der Insel **Elba** (S. 189) an oder vielleicht noch weiter draußen auf **Pianosa** (S. 195).

JUNI

Am 21. Juni wird in den Hauptorten an der Etruskischen Riviera in der **Blauen Nacht** die Sommersonnenwende mit Partys, Konzerten, Kultur- und Kulinarikevents gefeiert.

AUGUST

Am 15. August, dem italienweiten Feiertag **Ferragosto**, sind die Strände brechend voll – die Toskaner fliehen ans Meer.

SEPTEMBER

Im September feiert Livorno mit Straßenbanketten, Livemusik und Kulinarikevents zu Ehren seiner bekannten Fischsuppe das Festival **Cacciucco Pride**.

OKTOBER

Auf Elba finden in Hügelorten wie Poggio und Marciana **Kastanienfeste** statt; Wanderer freuen sich über mildes Wetter und tolle Herbstfarben.

LIVORNO

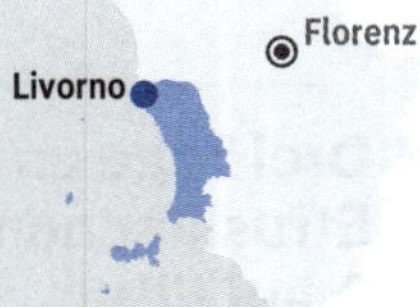

Die Hafenstadt Livorno steht nur bei wenigen ganz oben auf der Liste, doch sie überrascht mit verborgenen Reizen. Auf dem Weg zur Küste ist die Stadt ein guter Zwischenstopp abseits der Massen in schöneren Städten. Nachdem der Hafen von Pisa versandet war, gründeten die Medici 1606 Livorno als „Freihafen". Daher tummelte sich hier bald ein buntes Kaufmannsvolk aus Juden, Armeniern, Holländern, Engländern, Spaniern und Griechen. Aus Venedig wurden Handwerker angeheuert, um Häuser, Kirchen und Kanäle zu bauen, und die Stadt florierte als Zufluchtsort für verfolgte Minderheiten und begnadigte Verbrecher. Ihren Status als Freihafen verlor die Stadt bei der Gründung des Nationalstaats Italien vor über 150 Jahren; im Zweiten Weltkrieg wurde sie schwer bombardiert. Doch das Mulitkulti-Erbe währt fort: auf den wuseligen Märkten, in der Architektur und in den Einwohnern Livornos. Dazu kommen mit die besten Meeresfrüchte-Gerichte an der ganzen Tyrrhenischen Küste.

TOP TIPP

Livorno ist leicht zu Fuß zu erkunden, mit dem Leihrad über die App Bicincitta (bicincitta.com) macht's auch Spaß. Der Bahnhof liegt eine halbe Fußstunde vom Zentrum entfernt, zu erreichen über den Viale Giosuè Carducci.

WARUM ICH LIVORNO LIEBE

Angelo Zinna, Autor

Die besten Städte schließt man eher langsam ins Herz und da ist Livorno keine Ausnahme. Bei jedem Besuch hatte ich tolle Erlebnisse: eine Plauderei mit einer älteren Dame in der Schlange für ein *cinque-e-cinque*-Sandwich, ein Techno-Konzert in der Fortezza Nuova aus dem 17. Jh. oder das wilde Zelten am Strand der Cala del Leone eine knappe halbe Stunde vom Stadtzentrum. Dazu kommen die alten Kanalhäuser von Venezia Nuova und die Schachbrettpromenade Terrazza Mascagni. Livorno ist für mich eine der freundlichsten und authentischsten Städte der Toskana.

Mannigfaltige Schätze

STADTMUSEUM

Im kanalgesäumten Venezianischen Viertel eröffnete 2018 das **2 Museo della Città di Livorno**. Mit einer Sammlung von 600 Kunstwerken und Artefakten erinnert es an die einstige maritime Pracht der Stadt und die Glanzzeiten der Medici. Zu den Höhepunkten zählen die Stadtpläne des Florentiner Architekten Buontalenti aus dem 16. Jh., immer noch die Blaupause für Livorno, Pino Pascalis *Großes Reptil* und die allererste Flagge der Kommunistischen Partei Italiens, 1921 von Genossen aus Livorno geschaffen. Genauso eindrucksvoll wie die Exponate ist das Gebäude der Bottini dell'Olio, ein von Cosimo III. in Auftrag gegebenes Lagerhaus aus dem 18. Jh. mit einer säkularisierten Kirche nebenan. Dank interaktivem Kinderangebot und Führungen ist das Museum eine familienfreundliche Option für Regentage.

Kulinarisches aus Livorno

MEERESFRÜCHTE-SPEZIALITÄTEN & MARKTLECKEREIEN

In Livorno bedeutet Essen Genuss. Die jahrhundertealte reiche Handelsgeschichte hat eine Reihe einzigartiger Spezialitäten hervorgebracht, die es anderswo in der Toskana nicht gibt. Um sich Livorno über den Magen zu nähern, peilt man morgens den **1 Mercato delle Vettovaglie** an, mit frischen Meeresfrüchten, saisonalen Erzeugnissen, handwerklich gebackenem Brot und toskanischem Wein in Hülle und Fülle.

HIGHLIGHTS
1 Mercato delle Vettovaglie
2 Museo della Città di Livorno

SCHLAFEN
3 Agave in Città
4 Dogana d'Acqua
5 Affittacamere il Porto

ESSEN
6 Alla Vettovaglie
7 Azzighe
8 Gagarin
9 Il Frataio 1920 Antica Friggitoria
10 Il Sottomarino
11 La Borracciaia
12 L'Antica Venezia
13 Melafumo
14 Seghieri

AUSGEHEN & FEIERN
15 Alphonse
16 Bar 70
17 Fortezza Elettrica

Die Markthalle, einst die größte Italiens, erbaute 1894 Angiolo Badaloni; früher beherbergte sie auch das Atelier von Modigliani.

Los geht's in der **Bar 70** mit einem *cornetto* (Croissant) und einem Ponce-Kaffee (von engl. *punch*), einem mit Ponce-Likör aus Livorno und viel Zucker aufgemotzten Espresso. Für ein Mittagessen in der Markthalle ist das von drei Sommeliers geführ-

ÜBERNACHTEN IN LIVORNO

Affittacamere il Porto
Livornos bestes Hostel, mitten im Zentrum, mit sauberen Schlafsälen und Gemeinschaftsküche. **€**

Dogana d'Acqua
Reichhaltiges Frühstück und eine urige Einrichtung machen die 3-Zimmer-Pension zu einem seltenen Juwel. **€**

Agave in Città
Das Flair des venezianischen Kanalviertels gepaart mit Whirlpool und Pool; für ein eher jüngeres Publikum. **€€**

te Restaurant **Alla Vettovaglie** eine echte Institution, mit täglich wechselndem Angebot an Livorneser Fischgerichten. Ein Muss sind die Fischsuppe *cacciucco* mit Tomaten auf dicken Scheiben Brot und der *baccalà alla Livornese* (Kabeljau in Tomate). Anschließend geht's immer der Nase nach zu **Il Frataio 1920 Antica Friggitoria**: Mit den namengebenden *frati* (frittiertes Gebäck mit Zuckerguss) und mit *scagliozzi* (frittierte Polentaschnitten) lässt sich der Vormittag wunderbar krönen. Wer tiefer in die kulinarische Geschichte der Stadt eintauchen möchte, dem bietet Italy Segreta Experiences (italysegreta.com) maßgeschneiderte Touren mit anschließendem Mittagessen.

Historisches Zentrum

SPAZIERGANG

Wer ein bisschen Zeit hat, kann auf einem Bummel durch das Viertel Venezia Nuova wunderbar das Renaissance-Flair der Stadt genießen. Los geht's auf der ❶ **Piazza della Repubblica** mit Medici-Statuen auf beiden Seiten. Von hier folgt man dem alten Festungsgraben zur ❷ **Fortezza Nuova**, einer mächtigen fünfeckigen Festung von Bernardo Buon-

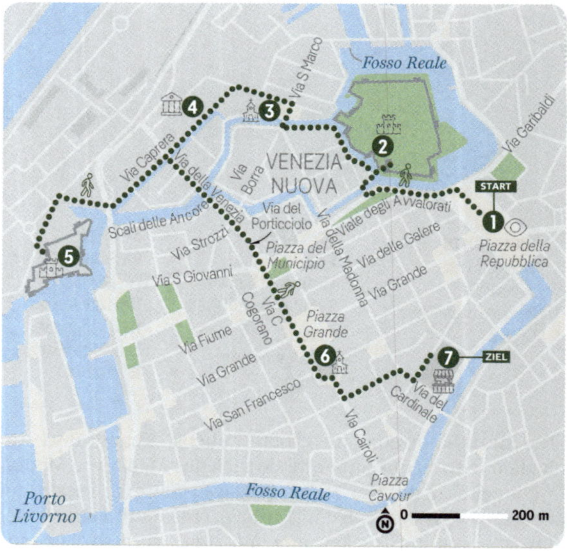

DIE BESTEN FISCHRESTAURANTS IN LIVORNO

La Barrocciaia
Immer beliebt: Das quirlige, nur abends geöffnete Restaurant serviert köstlichen Fisch vom nahen Mercato delle Vettovaglie. €

Melafumo
Laute Trattoria mit riesigen Meeresfrüchte-Platten, beliebt bei Einheimischen wie Touristen. €

L'Antica Venezia
Seit Jahrzehnten unverändertes familiengeführtes Lokal im Kanalviertel mit einheimischen Gästen und unschlagbarem *baccalà alla Livornese* (Kabeljau). €€

Azzighe
Erstklassige Meeresfrüchte-Tapas im Barcelona-Stil mit moderner Livorno-Seele. €€

Il Sottomarino
Traditionelle Tagesgerichte mit der vielleicht besten *cacciucco*-Suppe der Stadt. €€

AUSGEHEN IN LIVORNO

Fortezza Elettrica
Die angesagte Bar innerhalb der Mauern der alten Fortezza Nuova ist auf Tequila-Cocktails und leichte Abendsnacks spezialisiert.

Cantina Nardi
Historische *enoteca* (Weinbar) mit großer Auswahl an Flaschenweinen, serviert mit einem Teller *stuzzichini* (Fingerfood).

Alphonse
Trendiger *aperitivo*-Laden an einem Kanal, verwandelt sich später in eine Kneipe mit Livemusik und experimentellen Cocktails.

talenti, die noch immer so aussieht wie im 16. und 17. Jh. Weiter geht's zur großen achteckigen Kirche ❸ **Santa Caterina**. Drinnen ist auf Giorgio Vasaris Altarretabel die Marienkrönung dargestellt. Das Kloster im hinteren Bereich wurde zum Gefängnis umfunktioniert, in dem während des Faschismus der sozialistische Politiker Sandro Pertini eingesperrt war. Das ❹ **Museo della Città di Livorno** ein paar Schritte weiter haucht einem prachtvollen Lagerhaus für Olivenöl aus dem 18. Jh. und einer Barockkirche Leben ein. Blickt man vom Museum die Via Caprera hinunter, sieht man die ❺ **Fortezza Vecchia**, eine Festung aus dem 11. Jh., die heute fast vollständig von Fährterminals umgeben ist. Anschließend geht's durch graffitigesäumte Straßen und über Kanalbrücken zum ❻ **Dom**, der Cattedrale di San Francesco. Auch Julia von Korsika, der Schutzpatronin von Livorno, wird hier gedacht. Der im Zweiten Weltkrieg bombardierte Dom wurde wiederaufgebaut und 1952 neu geweiht. Drinnen gibt's in der Abendmahlkapelle das Frührenaissance-Fresko *Christus mit Dornenkrone* von Fra Angelico. Auf der Rückseite des Doms verläuft die Einkaufsstraße Via Grande mit Arkaden auf beiden Seiten. Durch diese geht's zurück zum Ausgangspunkt der Tour oder man biegt rechts auf einen Imbiss zum ❼ **Mercato delle Vettovaglie** ab.

SPAZIERGÄNGE AM MEER

Einen Großteil von Livornos Küste nehmen Werften und Schiffsanleger ein; daher lohnt sich zur abendlichen *passeggiata*, der sehr italienischen Tradition eines entspannten Spaziergangs, ein Abstecher zur spektakulären **Terrazza Mascagni**. Mit ihren 34 000 schwarzen und weißen Kacheln ist die Promenade aus den 1920er-Jahren das weltgrößte Schachbrett – an klaren Tagen mit Blick auf die Inseln Gorgona und Capraia in der Ferne.

Kichererbsengeschichten

FÜNF & FÜNF

Keine Streetfoodtour durch Livorno wäre vollständig ohne ein *cinque e cinque*, die typische Livorneser Focaccia mit gebratener *torta di ceci*, einem Kichererbsenpfannkuchen mit knusprigem Rand. Der Name „fünf & fünf" stammt aus den 1930er-Jahren: Damals stärkten sich die Arbeiter mit Brot für fünf Lire und Kichererbsenfüllung für ebenfalls fünf Lire. So billig ist es heute natürlich nicht mehr, doch vor dem **Gagarin** gibt's immer eine Warteschlange: Seit der Eröffnung der kleinen Bäckerei 1959 gehen die Sandwiches für 2,70 € weg wie warme Semmeln. Auf der anderen Seite des Kanals macht **Seghieri** dem Gagarin den Titel für das beste *cinque e cinque* der Stadt streitig; hier gibt's auch ein paar Tische sowie Holzofenpizza.

CECINA, CINQUE E CINQUE & KICHERERBSEN

Die *torta di ceci* aus Livorno ist an der ganzen tyrrhenischen und ligurischen Küste beliebt und im Etruskerort **Cecina** (S. 184) gibt's zahlreiche tolle Versionen (immer beliebt: die Pizzeria Lapo). Mit Kichererbsen hat der Ortsname aber nichts zu tun.

UNTERWEGS VOR ORT

Als einer der wichtigsten Häfen der Toskana ist Livorno für viele Reisende Ausgangspunkt für Fährfahrten nach Sardinien, Korsika, Sizilien oder zum Toskanischen Archipel. Die Busse vom Bahnhof (zu Fuß 30 Min. vom Stadtzentrum) und von Livorno selbst sind eher unzuverlässig, also nimmt man durch das Gewusel aus Autobahnausfahrten und Fährterminals am besten ein Taxi und plant ausreichend Zeit ein. Von Livorno aus die Etruskische Riviera zu bereisen ist dagegen völlig unproblematisch; regelmäßig verkehrende Züge halten u. a. in Castiglioncello, Cecina, Bolgheri, San Vincenzo und Piombino. Ebenso schön ist die Fahrt auf der Via Aurelia, der alten Römerstraße, die an der Küste entlang nach Rom führt.

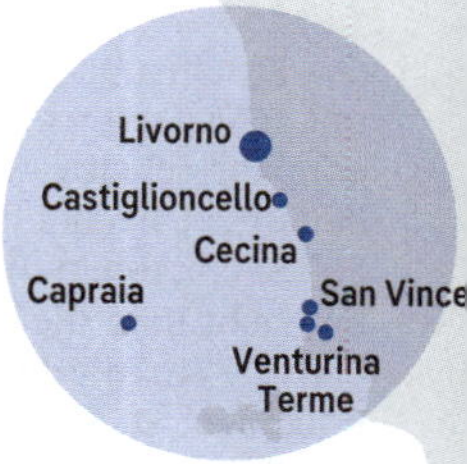

Rund um Livorno

Auf dem Weg von Livorno die Küste hinunter räumen schäbige Küstenorte das Feld für Slow-Food-Lokale, Super-Toskaner-Weingüter und weiße Sandstrände.

Die Etruskische Riviera verdankt ihren Namen der vorrömischen Kultur, die hier im 9. Jh. v. Chr. vertreten war. Mit dem Zug kann man ab Livorno in einer halben Stunde an den Stränden von Castiglioncello und Cecina sein und bei Sonnenuntergang – mit den Füßen im Sand – *fritti di mare* (Meeresfrüchte) schlemmen. Mit dem Auto ist die beste Strecke die alte römische Via Aurelia: Sie führt weiter zum quirligen, familienfreundlichen San Vincenzo und dem weniger hektischen Strand von Rimigliano (etwa eine Autostunde von Livorno). Landeinwärts lassen sich mit dem Auto Weinberge und Olivenhaine erkunden sowie mittelalterliche Hügeldörfer wie Bolgheri und alte Thermalbäder wie Sassetta.

TOP TIPP

Mit der Regionalbahn gelangt man von Livorno billig und problemlos zu Küstenorten wie Castiglioncello, Cecina und San Vincenzo.

Spiaggia del Quercetano

SAMVALTENBERGS/GETTY IMAGES ©

Meeresfrüchte & Strandbars

DOLCE VITA IN CASTIGLIONCELLO

Eines der reizendsten Fleckchen an der Etruskischen Riviera ist der Ort **Castiglioncello** mit kristallklarem Wasser, goldenem Sand, Retro-*ombrellone* (Sonnenschirmen) und quirligem Zentrum mit jeder Menge Fischbuden und familiengeführten Restaurants. In der Hauptsaison ist das Parken an der Straße so gut wie unmöglich, doch gleich unterhalb vom Bahnhof – mit Direktverbindungen nach Livorno, Pisa und Florenz – ist ein großer Parkplatz. Von hier geht's durch den Ort hinunter zur **Spiaggia del Quercetano**, einem herrlichen sichelförmigen Strand mit sehr guten Esslokalen, Strandhütten und Münzduschen. Ein ruhiges Mittagsmahl mit *fritti* (frittierten Meeresfrüchten) und *spaghetti alla vongole* (Spaghetti mit Venusmuscheln) lockt bei **La Capanna dello Zio Tom**, gefolgt von Strandnickerchen und Bad, bevor es Zeit ist für einen *aperitivo* bei den **Bagni Nettuno**.

Das seichte Wasser an der **Punta Righini** ist ein Paradies für Kinder und in der schattigen *pineta* (Pinienwald) gibt's z. B. Minigolf, Freilichtkinos, Fahrgeschäfte und Märkte. Abseits des Strands veranstaltet das **Castello Pasquini** im Sommer Konzerte und Ausstellungen. Als heimelige Trattoria ist das winzige, von einem Mutter-Tochter-Team geführte **Il Piccinino** unschlagbar, mit täglich wechselndem Angebot an einfachen, kreativen Meeresfrüchte-Speisen. Außerhalb des Sommers kommen gelegentlich Surfer nach Castiglioncello und altbewährte Läden wie das **Caffè Ginori** von 1949 laden zum Entspannen ein. Castiglioncello ist ein toller Stützpunkt für drei oder vier Tage – oder auch für länger, wenn man mal richtig abschalten möchte.

LIEGESTUHL-POLITIK

Über die Hälfte der Küste Italiens verpachtet der Staat inzwischen an *bagni*, private Strandresorts mit Restaurants, Strandhütten, Duschen und endlosen Reihen von Liegestühlen. An der beliebten Küste der Toskana liegt der Anteil dieser Privatstrände sogar noch höher und eine *spiaggia libera*, einen kostenlosen Strand, zu finden wird immer schwieriger – seit 2018 ist die Zahl der privaten Strandkonzessionen italienweit um 12,5 % gestiegen. Die Wahl ist einfach: Entweder man zahlt und genießt Strandclubflair und Einrichtungen oder man wandert durch die Pinienwälder, bis man ein eigenes Stückchen Strand gefunden hat. Für Letzteres halten Baratti und Rimigliano einige der besten Möglichkeiten bereit.

Faule Strandtage

KIESELSTEIN- & SANDBUCHTEN

Die Strände der mittleren Toskana stehen ganz im Zeichen eines rustikalen, stillen Charmes – sie sind eher volkstümlich als sonderlich kultiviert, gesäumt von Pinienwäldern und süß duftendem Gebüsch. Hat man die schäbigen Vororte von Livorno hinter sich gelassen, kommt man zu kurvigen Küstenpassstraßen und langen Stränden. Zuerst erreicht man das felsige **Calafuria**, eine dramatische Landspitze mit Fischrestaurants und glamourösen Freiluftclubs – und darunter tost das Meer. Hinter **Castiglioncello** ist der nächste größere Halt

INSELFIEBER

An klaren Sonnentagen sind von Castiglioncello aus die Inseln Gorgona und **Capraia** (S. 187) zu erspähen.

IN ÖKOHOTELS AN DER ETRUSKISCHEN RIVIERA ÜBERNACHTEN

Fattoria la Prugnola
Auf diesem Biohof mit Meerblick sorgen Jurten für ein vergnügliches Glamping-Erlebnis. **€**

Paradú
Die mit erneuerbarem Strom betriebenen Hütten in den Wäldern beim Strand von Castagneto Carducci sind perfekt für Familien. **€**

Villa Tramonto
Der Strom fürs Warmwasser stammt von Solarmodulen; das familiengeführte Hotel in San Vincenzo bietet Meerblick und einen Privatstrand. **€€**

LOCAL TIPP: DIE BESTEN WANDERUNGEN UM SAN VINCENZO

Francesca Vierucci führt mit viel Einsatz ihren *agriturismo* in Poggio ai Santi in den Hügeln oberhalb von San Vincenzo. Wenn sie nicht im Garten arbeitet oder Gäste begrüßt, ist sie draußen in der Natur. Hier ihre drei Lieblingswanderungen. *@poggioaisanti*

Von Poggio ai Santi führt der Weg „Il Corbezzolo" durch mediterranes Gebüsch zu den Ruinen der Rocca San Silvestro aus dem 10. Jh.; hier wird schon seit etruskischer Zeit Silber und Kupfer abgebaut. Am Ristorante La Conchiglia in San Vincenzo beginnt eine 8 km lange Wanderung Richtung Norden an Sanddünen vorbei zur Forte di Castagneto Carducci. Ein wunderbares Küstenprojekt ist das Bolgheri Wildlife Refuge mit Rundwegen durch geschützte Feuchtgebiete mit Reihern, Schnepfen, Störchen u. v. m.

Bibbona

Vada mit einem strahlend weißen 5-km-Strand, der **Spiaggia Bianca** mit glitzerndem türkisem Wasser. Zwar wird das immer abgestritten, doch für die unnatürlichen maledivischen Farben wird oft die Solvay-Fabrik für Soda und Backnatron verantwortlich gemacht. Die regionale Umweltschutzbehörde bezeichnet die Wasserqualität als „ausgezeichnet" und der Strand zählt zu den meistfotografierten der Toskana. Weiter südlich sieht das Wasser an den beliebten Strandabschnitten von **Cecina**, **Bibbona** und **San Vincenzo** wieder natürlicher aus. Die Orte sind sich sehr ähnlich, mit alten Fischtrattorien und bei Familien beliebten Strandclubs. Wer dem entkommen möchte, kann an der schmalen Straße südlich von San Vincenzo irgendwo halten und sich in der unter dem Namen **Rimigliano** zusammengefassten Gegend durch die duftenden Pinienwälder zu naturbelasseneren Stränden auf den Weg machen. Wer keine endlos aufgereihten Liegestühle und Sonnenschirme mag, kann sich hier über Hunde-, FKK- und kostenlose Strände freuen.

VEGETARISCH ESSEN AN DER ETRUSKISCHEN RIVIERA

Bolgheri Green
In dem Freiluftlokal mit täglich wechselnden Biogerichten trifft rustikaler toskanischer Charme auf vegane Innovation. **€**

Fito
Das schicke Restaurant auf dem Gelände des Castello Pasquini bietet Live-Klaviermusik und eine trendige offene pflanzenbasierte Küche. **€**

Arduino Osteria Ancestrale
In den Hügeln bei Castagneto Carducci hebt die nachhaltige *farm-to-table*-Küche vegetarische Kost auf ein neues Level. **€€€**

Handwerkliche Inselküche

CAPRAIA: BIOKOST & WEIN-REVIVAL

Da **Capraia** jahrhundertelang Sträflingskolonie war, entwickelte sich hier kein Hypertourismus wie auf vielen anderen italienischen Inseln. Dank strenger Regeln zur Automobilität und aufgrund des Schutzstatus als Nationalpark wird sich daran auch kaum etwas ändern. Seit 1986 die letzten Gefangenen weg sind, gehört das Land wieder den Insulanern und es findet eine Art Agrotourimus-Revolution statt. Die tatkräftige Bürgermeisterin Marida Bessi setzt sich leidenschaftlich für die Wiederbelebung der traditionellen Biokäse-Herstellung – die Insel verdankt ihren Namen den Ziegen, die in den zerklüfteten Bergen noch immer unterwegs sind – und der uralten Keltertechnik mit Terrakotta-Amphoren ein. Damit sollen für die nächste Generation von Inselbewohnern Arbeitsplätze geschaffen werden, sodass die Menschen vor Ort bleiben. Von Porto Vecchio führt eine 15-minütige Wanderung bergan zum Bio-Weingut La Piana; weiter landeinwärts ist La Mursa, wo Francesco Cerri an alten terrassierten Hängen wieder Grenache gepflanzt hat. Am Rand des Hafens kann man bei der Azienda Agricola il Saracello handwerklich hergestellten Käse verkosten, der bei den World Cheese Awards eine Goldmedaille gewann. Artviva (artviva.com) bietet maßgeschneiderte, von englischsprachigen Einheimischen geführte Kulinariktouren zu diesen und anderen kreativen Lebensmittelprojekten. Um einen Eindruck vom nur 8 km langen und 4 km breiten Capraia zu erhalten, reicht ein Tag, doch wer mehr Zeit hat, kann noch felsige Strände und die quirlige Fischerei erkunden. Von Livorno ist die Insel drei Fährstunden entfernt; im Sommer fahren täglich Fähren von Toremar (toremar.it), teils über Gorgona.

LYRISCHE BLICKE & ZYPRESSEN

Fragt man Italiener nach dem Ort **Castagneto Carducci**, zitieren sie vielleicht Verse des gefeierten Dichters Giosuè Carducci.
In einem seiner berühmtesten Gedichte, „Davanti San Guido", schwärmt Carducci von der Zypressenallee zwischen dem Ort Bolgheri und dem Weiler San Guido – ein toller Fotospot nicht weit von der SS1. Als Kind lebte Carducci einige Jahre in Castagneto (was „Kastanienwald" bedeutet) – als er 1907 starb, wurde sein Name an den Ortsnamen angehängt.

Thermalquellen

BADEN WIE DIE ALTEN RÖMER

Das Hügeldorf **Sassetta** beherbergt mit die besten Thermalbäder der Region, im Winter ein entspannender Genuss nach einer Wanderung durch den Parco forestale di Poggio Neri in der Nähe. Die warmen Quellen, an denen sich die Einheimischen schon seit Jahrhunderten erfreuen, befinden sich jetzt in den kommerziellen, gepflegten Thermen La Cerreta, einem reizenden Komplex mit Bauernhäusern, Weinreben und alten Olivenhainen sowie rund 50 °C

ÜBER DEN PASSO DELLA BOCCA RADELN

Radfahrer schwärmen von der 20 km langen Strecke von Castagneto Carducci durch Kastanienwälder und Bolgheri-DOC-Weinberge nach **Suvereto** (S. 194). Im malerischen Sassetta (mit der Art Cafè Bar Roma) geht's rechts ab auf die Kammstraße und dann 15 km sanft hinunter nach Suvereto.

ÜBERNACHTEN RUND UM BOLGHERI

Villa Caprareccia
Kochkurse, Weinberge und Obstgärten machen diesen traditionellen *agriturismo* samt Zeltplatz zu einem Refugium für preisbewusste Foodies. **€**

Il Chiassetto
Die urige Pension bietet die seltene Chance, im mittelalterlichen Weiler Bolgheri zu nächtigen. **€€**

Relais Sant'Elena
Das märchenhafte Hotel auf dem Landgut Tenuta Gardini wartet mit exquisiter Gastronomie und opulenter Cottage-Einrichtung auf. **€€€**

warmem Thermalwasser (unter der Woche Eintritt ab 35 €). Weiter südlich, aber noch immer nur eine Autostunde von Livorno entfernt, bildet **Venturina Terme** einen kompletten Ort rund um Thermalquellen mit Siedlungen aus etruskischer Zeit. Familienfreundlich sind die Terme di Venturia mit den dampfenden, schwefelhaltigen Aquae Populoniae. Exklusiver kommt das Wellnesszentrum Calidario Terme Etrusche in der Nähe daher oder man lässt sich bei einer Übernachtung im Hotel verwöhnen.

Weinstraße

DER AUFSTIEG DER SUPER-TOSKANER

Bis in die 1980er-Jahre war der Chianti der einzige Wein der Toskana, der sich auf dem internationalen Markt einen Namen gemacht hatte. Dann traten die „Super-Toskaner" auf den Plan: Eine Handvoll beherzter, experimentierfreudiger Winzer aus der Region **Bolgheri** baute auf dem fruchtbaren Lehmboden französische Reben wie Merlot, Syrah sowie Cabernet Sauvignon und Franc an – so läuteten sie eine neue Epoche des Weinbaus in der Toskana ein. Heute ist ein Morgen Land in der Bolgheri-DOC-Region der teuerste in ganz Italien und der Wein verkauft sich oft für den zwanzigfachen Preis eines Chianti.

Eine Erkundung der von Zypressen gesäumten Straßen und Hügelorte der Weinregion Bolgheri beginnt beim Dorf **Castagneto Carducci** mit einem Besuch bei Michele Satta, einem der ersten Bolgheri-Weingüter. Dann geht's über Landstraßen zu I Greppi, einem der eindrucksvollsten Güter der Region: Hier sorgen Solarzellen auf den Dächern und Erdwärmepumpen für eine CO_2-neutrale Produktion. Der neue verglaste Verkostungsraum samt Kamin an der Straße nach Bolgheri erinnert eher an Kalifornien als ans ländliche Italien. Privatverkostungen, Winzertouren, Weinbergspaziergänge usw. müssen vorgebucht werden, oder man kehrt einfach auf ein Probierset und ein paar Häppchen für rund 20 € ein. Gegenüber hat der Chianti-Großwinzer Antinori seine Hand im Bolgheri-Spiel; die Tenuta Guado al Tasso ist ein herrliches Örtchen für einen Sonnenuntergangs-*aperitivo*.

Bolgheri ist ein klitzekleiner, malerischer Hügelweiler. Das ganze Örtchen kann man in ein paar Minuten abklappern – besonders da die wichtigste historische Attraktion, die Burg, nicht zugänglich ist –, doch der wahre Zauber besteht natürlich in den Weinproben, während man auf das Land blickt, wo die Trauben wachsen.

LOCAL TIPP: ESSEN IN BOLGHERI & CECINA

Dale Rees Heatley, General Manager des Weinguts I Greppi in Bolgheri, nennt seine Lieblingsrestaurants. *@igreppiwinery*

Enoteca Tognoni, Bolgheri
Nirgends in der Region gibt's bessere *pappardelle al cinghiale* (Wildschweinpasta) und nirgendwo gibt's dazu eine größere Auswahl an Bolgheri-Weinen.

La Capannina, Marina di Cecina
Dieses leicht abseits liegende Strandlokal finde ich echt klasse. Hier gibt's zum Sonnenuntergang tolle Pizza und Meeresfrüchte.

Osteria del Tasso, Bolgheri
In dem schönen Weingutrestaurant, im Sommer donnerstags mit Livemusik, treffen sich Meer und Land.

Osteria in Baracca, Marina di Cecina
Das familiengeführte Lokal verarbeitet stets superfrische Zutaten. Ein Muss ist die Meeresfrüchte-Lasagne.

UNTERWEGS VOR ORT

Die Etruskische Riviera ist für ihre Autorouten bekannt, besonders die alte römische Via Aurelia, eine herrliche schnurgerade Allee, die bis hinunter nach Rom führt. Die touristische Strada del Vino (lastradadelvino.com) erstreckt sich ab Livorno 150 km vorbei an Weinbergen und Olivenhöfen nach Piombino. Der Bahnhof von Bolgheri liegt übrigens nicht im Ort selbst, sondern am Rand von Marina di Bibbona, von wo aus man mit dem Taxi ins Hügeldorf kommt – Busse fahren hier nur selten.

ELBA

Alle wollten sie ein Stück von Elba haben: Zuerst waren es ligurische Stämme, dann kamen Etrusker, Griechen, Römer und Napoleon (der es aber nur neun Monate aushielt). Heute gehören zu den Eindringlingen im Sommer Scharen von Tagesausflüglern (und leider auch Quallen), während es in der Zwischensaison schön ruhig ist. Elba, nach Sizilien und Sardinien drittgrößte Insel Italiens, ist ganzjährig ein Reiseziel. Im August machen Natur- und Wanderfreunde italienischen Familien Platz: Den August sollte man möglichst meiden, dann sind Straßen und Hotels voll und die Preise verdoppeln sich oft. Im restlichen Sommer ist es paradiesisch, da 147 km herrliche Küste zu Erkundungen einlädt. Ebenso reizvoll wie die Strände sind die zerklüfteten Hügel und Kastanienwälder, beliebt bei Wanderern, Bikern sowie Slow-Food-Fans. Auch wenn man nicht alles sehen kann: Einen Großteil des Zaubers von Elba machen geruhsame Tage aus, an denen man in den italienischen Lebensstil eintaucht.

TOP TIPP

Außer im August, wenn die Straßen verstopft sind und man besser an einem Ort bleibt, braucht man für Elba ein Auto. Das kann gegen Aufpreis auf der Fähre mitgenommen werden oder man mietet sich eins in Portoferraio: elbabycar.com hat ein paar Fußminuten vom Anleger eine Abholstation.

Strandfreuden

BADEN, SCHNORCHELN & SONNENBADEN

Lange Sandbuchten, Mondlandschaften, windgepeitschte Landspitzen und Kieselhalbinseln – bei 126 Stränden hat man die Qual der Wahl. Glücklicherweise gibt's dafür eine App: **Elba Spiagge** („Strände auf Elba“) bietet aktuelle Infos zu Wetterbedingungen auf der ganzen Insel bis hin zur Richtung, aus der am jeweiligen Strand der Wind weht. Portoferraio am nächsten liegt die **13 Spiaggia di Capo Bianco** mit weißen Felsen – eine gute (aber manchmal volle) Option für Leute, die nur ein bisschen Zeit haben. Ganz in der Nähe ist **2 Capo d'Enfola** mit klarem Wasser und einer kräftigen Brise – gut für Wassersport. 10 km westlich von Portoferraio liegen der Strandort **Procchio** und der benachbarte Ferienort **16 Biodola** mit hübschen Sandstränden und klarem Wasser. Westlich von Procchio klebt die Straße an Klippen über **12 Spartaia** und **9 Paolina**, schönen kleinen Stränden, zu denen man steil hinabkraxeln muss.

Weiter entfernt zählen zu den Top-Stränden die drei kleinen Sandbuchten von **8 Morcone**, **10 Pareti** und **1 Cala dell'Innamorata** mit ihren duftenden Pinien. **3 Cavo** an der Nordspitze Elbas ist okay, wenn man mit der Fähre direkt hierherschippert und dann auch hier bleibt. Die nahe **14 Spiaggia di Frugoso** ist ein verträumtes Fleckchen mit Ausblick auf die winzige Isola dei Topi. Aktive könnten sich um **Porto Azzurro** und **Narengo** niederlassen, wo man gut windsurfen, Kanu fahren und jollensegeln kann. Auch das schöne **Marina del Campo** hat eine Segelschule, den **4 Club del Mare**,

EXIL UND FLUCHT

Nach seiner Niederlage 1814 wählte der abgesetzte französische Kaiser Napoleon Bonaparte Elba als Exil. Zwar verlor er seine Besitztümer, doch gemäß dem Vertrag von Fontainebleau durfte er auf Elba seinen Kaisertitel behalten. Damals hatte die Insel nur 1200 Einwohner. Napoleon machte sich sogleich daran, Theater und Schulen zu bauen, Sümpfe trockenzulegen und das gesamte Schul- und Rechtssystem umzukrempeln. Neun Monate nach seiner Ankunft organisierte er dann einen der bekanntesten Gefängnisausbrüche der Geschichte. Das geschah direkt unter den Augen seiner britischen Babysitter: mit einer Flotte von Schiffen, die teils als britische getarnt waren, und einer kleinen Armee von Loyalisten.

HIGHLIGHTS
1 Cala dell' Innamorata
2 Capo d'Enfola
3 Cavo
4 Club del Mare
5 Forte Falcone
6 Forte Stella
7 Molo del Gallo
8 Morcone
9 Paolina
10 Pareti
11 Sansone & Sorgente
12 Spartaia
13 Spiaggia di Capo Bianco
14 Spiaggia di Frugoso
15 Villa dei Mulini

SCHLAFEN
16 Biodola
17 Hotel Ilio
18 Tenuta delle Ripalte
19 Villa Ottone

ESSEN
20 Agriturismo Montefabbrello
21 Calanova
22 Capo Nord
23 Pino Solitario
24 Zero Gradi

AUSGEHEN & FEIERN
25 La Cambusa

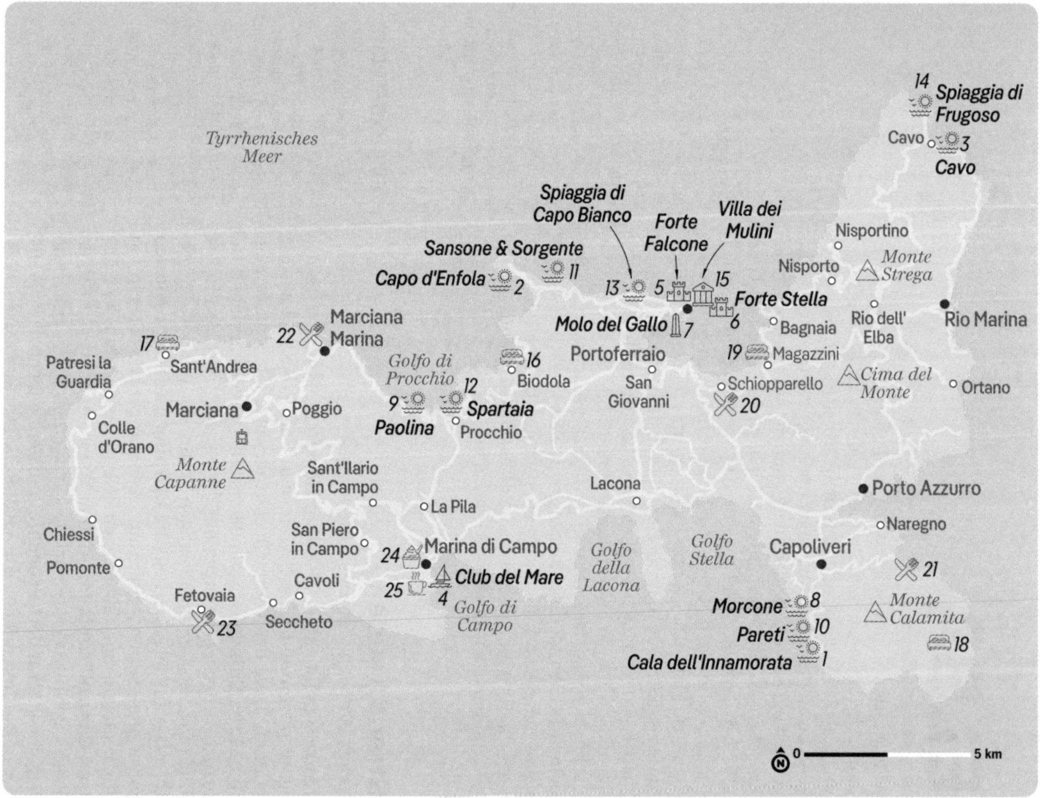

mit kleinen Booten für alle Levels. Die weißen Kiesstrände von **Sansone** und **Sorgente** schließlich stechen durch ihr kristallklares türkises Wasser hervor.

Napoleonische Pracht

SEEFAHRTSGESCHICHTE, BURGEN & FISCHER

Portoferraio, größter Hafen der Insel, ist zwar weniger schön, doch ein Bummel durch die chaotischen Straßen zum alten Fischerhafen lohnt sich durchaus, besonders für Napoleon-Fans. Während seines Aufenthalts auf der Insel 1814 residierte der verbannte Kaiser teils in der alten **Villa dei Mulini** („Villa der Mühlen") der Medici auf dem Hügel über der Stadt. Seine Villa war kein Gefängnis und Napoleon ließ sie persönlich umbauen mit opulentem Ballsaal und Platz für Gäste. Heute ist die Villa ein Museum – das Highlight ist der botanische Garten mit Ausblick aufs Meer. Auf dem selben Hügel thront auch der Festungskomplex mit dem **Forte Falcone** und **Forte Stella**, zwei Wehranlagen aus dem 16. Jh. mit schönem Ausblick auf beide Seiten der Insel. Unten im Altstadthafen kann man beim **Molo del Gallo** Fischern beim Verkauf ihres Fangs – Tintenfisch, Schwertfisch, Hummer und manchmal auch Thunfisch – an Köche und andere Kunden zuschauen und vielleicht ein Gläschen marinierte Sardellen erstehen.

Windumtoste Panoramen

AUTOTOUR

Die 9 km lange Fahrt auf der SP25 von Fetovaia nach Patresi ist so toll wie die Strände an beiden Enden. Los geht's mit einem Bad im stillen, klaren Wasser am Strand von ❶ **Fetovaia**, wo man Dingis, Tretboote und Kanus leihen kann. Dann geht's die *strada panoramica* hoch; unterwegs bieten sich zahlreiche Haltepunkte an den Bergpässen an, von wo man wie einst sehnsuchtsvoll Napoleon den Ausblick auf Korsika genießen kann. Mit seinem Strand (und einem Schiffswrack für Taucher) und dem hübschen Ortskern mit Bougainvilleen lohnt ❷ **Pomonte** einen Halt. Auch von der ❸ **Punta della Testa** und ❹ **Madonnina** eröffnen sich schöne Panormablicke. In ❺ **Colle d'Orano** sollte man von der Hauptstraße nach ❻ **Patresi** abbiegen, um am wilden Felsstrand einen der berühmtesten Sonnenuntergänge Elbas zu bewundern.

Genauso spektakulär ist die 13 km lange Fahrt im Norden der Insel vom verschlafenen ❼ **Sant'Andrea** nach **Marciana Marina**. Hoch nach ❽ **Marciana**, dem ältesten und höchsten (375 m) Dorf der Insel, führt eine einspurige kurvenrei-

UNVERGESSLICHE SPEISELOKALE

Marina Cacciapuoti, Gründerin von Italy Segreta, verbrachte die Sommer ihrer Kindheit mit Segeln rund um die Insel. Hier ihre stimmungsvollen Lieblingslokale. *@italysegreta*

Agriturismo Montefabbrello
Das Weingut im Inselinneren bietet Gemüsegärten und einen geschützten Hof. Tipp: Auf den *antipasto dell'orto* ein traditionelles Fiorentina-Steak folgen lassen, runtergespült mit hiesigem Biowein.

Calanova
Baden und essen in dieser friedvollen Oase zwischen den Stränden von Malpasso und Istia. Im Schatten alter Korkeichen genießt man Simonas und Cristophes Seafood-Gerichte, um dann unter Sonnenschirmen zu relaxen.

Capo Nord
Tolles Lokal in Marciana Marina, der urigsten Stadt Elbas. Los geht's mit Sonnenuntergangscocktails im Bleep, dann weiter zu den Bagni Capo Nord mit regenbogenfarbenen Hütten und schließlich ins Restaurant am Wasser.

ÜBERNACHTEN AUF ELBA (HOTELS & CAMPINGPLÄTZE)

Villa Ottone
Palastartige Villa aus dem 19. Jh. am Privatstrand, mit erstklassiger Ausstattung und wunderbarer Retro-Einrichtung. **€€€**

Hotel Ilio
Einfaches, einladendes Boutiquehotel in Sant'Andrea mit toller verschlafener Strandlage und schattigem Hof. **€€**

Tenuta delle Ripalte
Weingut an der wilden Nordspitze von Capoliveri mit Glamping-Zelten, Villen, Bauernhäusern und stattlichem alten Hotel. **€€**

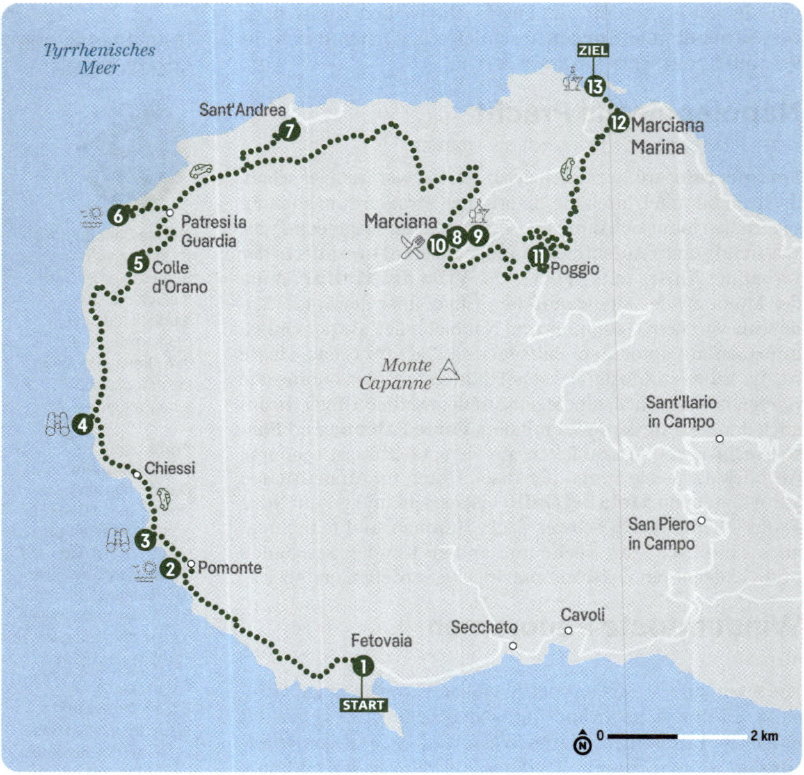

che Straße. In den reizenden Gassen gibt's bei **Il Capete** hausgemachte Marmelade, in der Bar ❾ **Acropoli** Kastanienbier und in der ❿ **Osteria del Noce** beste Ausblicke von der weinumrankten Pergola. Von hier führt eine gewundene, steile Straße ins Bergdorf ⓫ **Poggio** mit Kopfsteinpflastergassen und umwerfendem Blick auf die Küste. Jetzt geht's zurück ans Meer, nach ⓬ **Marciana Marina** zu einem Nachmittagsbad am Anleger und Sundowner-Cocktail im grün-weißen ⓭ **Bleep**.

UNTERWEGS VOR ORT

Elba ist sehr leicht überwiegend mit dem Zug zu erreichen: Von Florenz oder Pisa nimmt man einen Zug zum Fährhafen Piombino Marittima – eventuell muss man im Ort Piombino umsteigen. Es verkehren nur ein paar Züge pro Tag, daher sollte man sich die Verbindungen anschauen und vielleicht über Trenitalia (trenitalia.com) reservieren. Die Fähren von Piombino nach Portoferraio, dem größten Hafen der Insel, werden von vier Reedereien betrieben: Toremar, Moby Lines, Blu Navy und Corsica Ferries. In Sachen Qualität und Preis sind sie alle ähnlich, die Fähren von Corsica Ferries sind aber etwas schneller. Von Piombino verkehren außerdem Fähren nach Cavo und Rio Marina. Fahrpläne studieren, Preise vergleichen und dann über z. B. die App Elba Traghetti buchen.

Von Pisa, Florenz und Mailand kann man außerdem das ganze Jahr über nach Elba fliegen, im Sommer auch teils von anderen Städten.

Rund um Elba

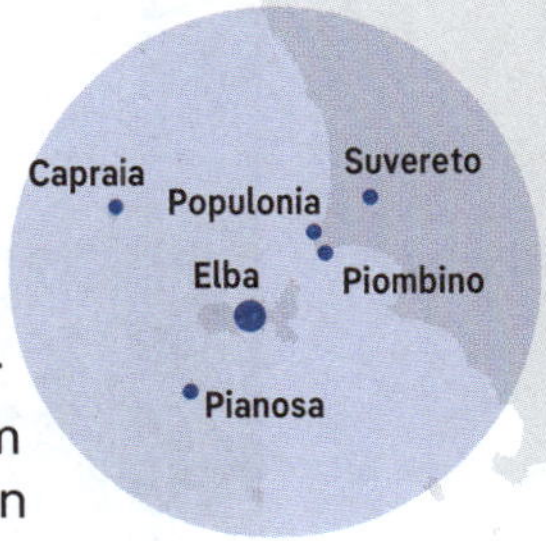

Die südliche Halbinsel, einst ein in der antiken Welt bekanntes Machtzentrum der Etrusker, lockt mit wilden, windigen Stränden und bröckelnden Ruinen.

Das Val di Cornia, der letzte Küstenabschnitt vor der Maremma, wird auf dem Weg zur Fähre von **Piombino** nach Elba oft übersehen – gut für diejenigen, die hier verweilen und die natürliche Schönheit des **Golfs von Baratti** und von **Populonia** genießen oder landeinwärts hübsche Hügeldörfer wie **Suvereto** ansteuern. An der ganzen Küste finden sich in der Landschaft Überreste der etruskischen Kultur, mit Eisenzeitminen, Begräbnisstätten, Hügelruinen und Silberablagerungen, die dem Sand seine markante Färbung verleihen. Auch das gradlinig charmante Piombino lohnt mit tollen Fischrestaurants, sauberen Stränden und jeder Menge Geschichte mehr als einen flüchtigen Blick – so lässt sich leicht ein Nachmittag füllen.

TOP TIPP

Mit einem gemieteten Wohnmobil kann man hier schön zwei Wochen die Küste des Golfs von Baratti erkunden. Fahrzeuge verleiht ganzjährig Yescapa (yescapa.com).

Ausblick von der Burg von Populonia (S. 197)

DER VENUS-MYTHOS

Als sich Venus aus den Wellen erhob, sollen aus ihrer Tiara sieben Edelsteine gefallen sein – so entstanden gemäß der Mythologie die sieben Inseln vor der Küste der Toskana. Der Toskanische Archipel ist Europas größtes Meeresschutzgebiet und beherbergt seltene Arten wie die sogenannte Rasierpinsel-Alge, die es nur hier gibt. Die am besten erhaltene Insel ist Montecristo, wo sich in tiefen Unterwasserspalten noch immer Mönchsrobben tummeln.

FOTOGRAFICHE/SHUTTERSTOCK ©

Rocca Aldobrandesca

Reizendes Hügeldorf

KOPFSTEINPFLASTER & EINE BURG AUS DEM 12. JH.

Ein Tagestrip nach **Suvereto**, einem unglaublich gut erhaltenen mittelalterlichen Ort, ist eins der schönsten Erlebnisse an der Etruskischen Riviera. Die steilen Straßen hoch zu den alten Schutzmauern sind von Olivenbäumen, Weinreben und den *suvere* (Korkeichen) gesäumt, denen die Gemeinde ihren Namen verdankt. In der Umgebung warten über 80 km an beschilderten Wander- und Rad- und Reitwegen. Im Dorf selbst schmücken Blumen und Weinranken die Kopfsteinpflastergassen und urigen Häuschen. Der ganze Ort lässt sich in rund zwei Stunden zu Fuß erkunden. Alle Straßen führen zur **Rocca Aldobrandesca** aus dem 12. Jh. in der Dorfmitte: Hier erzählt ein eher mäßiges Museum von Napoleons Schwester Elisa Bonaparte, die in Piombino lebte. In der Burg selbst bieten sich von einem Wachturm Ausblicke auf die gesamte Küste. Im Ortszentrum gibt's außerdem ein unheimliches Puppenmuseum mit über 50 einzigartigen Puppen aus der Zeit ab dem 19. Jh.

ÜBERNACHTEN IN LUXUSHOTELS

Poggio ai Santi
Ein Feinschmeckertraum: Das elegante Restaurant Il Sale serviert mit viel Raffinesse hausgemachte Wurst und Bio-Erzeugnisse. **€€**

Castello Bonaria
Glitzerndes Spahotel in einer echten Burg mit Himmelbetten und zypressengesäumter Auffahrt. **€€€**

Torre di Baratti
Eine Biohof-Kulisse und unangestrengt elegante Suiten machen das Boutiquehotel zu einer lohnenden Verwöhnadresse. **€€€**

Schatzinsel

SANDIGE UFER & SCHNORCHELN

Pianosa ist die einzige flache Insel im Toskanischen Archipel, kaum mehr als ein Sandstreifen mit einer maximalen Höhe von 29 m. Außer den ruhigen Stränden und der Leere ist die Hauptattraktion hier Schnorcheln und Tauchen. Im vor Schleppnetzfischern geschützten Meeresnationalpark gibt's neben Seegraswiesen Tintenfische, Muränen, Schnapper und andere Mittelmeerarten. Der weiße Strand an der **Cala Giovanni** ist toll zum Baden und man kann eine römische Villa, eine Nekropole aus der Kupfersteinzeit und frühchristliche Katakomben erkunden. Die Fähren ab Elba und Piombino legen in Vecchio Porto an, einem wunderhübschen kleinen Hafen mit dem einzigen echten Restaurant der Insel, der Bar da Brunello, und ein paar Häusern.

Etruskische Ruinen

ARCHÄOLOGISCHER PARK

Für Freunde klassischer Kulturen sind die Ruinen im **Parco Archeologico di Baratti e Populonia** ein Muss. **Populonia**, einst eine florierende etruskische Stadt, die in der ganzen antiken Welt für Eisenerzeugung bekannt war, ist die einzige etruskische Stätte direkt an der Küste. Der archäologische Park teilt sich grob in zwei Bereiche, die **Nekropole von Baratti** beim Strand und die **Akropolis** oben auf dem Hügel von Populonia Alta. Wer nur für einen Bereich Zeit hat, sollte die Akropolis ansteuern. Teilrekonstruierte Bäder, Steinbrüche, Mosaiken und Tempel säumen einen interaktiven und familienfreundlichen Waldweg (ca. 1 Std.) mit Ausblick auf den Golf von Baratti und Elba. Der Naturpfad führt hinauf zur ältesten Siedlung von Populonia (aus der Eisenzeit, ca. 800 v. Chr.): Hier wurde eine Holzhütte für Bildungszwecke und historische Reenactments wiederaufgebaut. Wer einen ganzen Tag füllen möchte, kann mit dem Bus hinunter nach Barrati fahren oder der alten Via della Romanella zur Nekropole folgen (2½ Std.). Hier zählen zu den Highlights der Tumulus Tomba dei Carri und ein neues archäologisches Zentrum, wo Kinder töpfern, auf Etruskisch schreiben und etwas weben können. Die beiden Bereiche sind gewöhnlich montags geschlossen und teils auch im Winter. Mit der Eintrittskarte erhält man Ermäßigungen auf einigen Parkplätzen und in anderen Museen im Val di Cornia.

ESSEN & AUSGEHEN AM GOLF VON BARATTI

Bagno Baratti
Hölzerner *chiringuito* (Strandschuppen) mit frisch gebackenem Frühstücksgebäck, köstlichem kaltem Mittagessen und Livemusik. €

Sun Beach Bar
Idyllische tropische Bar mit zahlreichen kreativen Cocktails sowie dazu – aufs Haus! – einem Teller *stuzzichini* (Fingerfood). €

I Polpo Marino
Das rührige Pop-up-Fischlokal lockt mit frittiertem Tintenfisch, Sardellen und Riesengarnelen jede Menge Foodies an. €€

WEITERE HÜGELORTE

Wer Suvereto mochte, dem gefallen sicher auch die gut erhaltenen Mittelalterdörfer **Bolgheri** (S. 198) und **Sassetta** (S. 197), mit Kopfsteinpflastergassen und schönem Ausblick sowie tollen Wanderwegen durch die Wälder.

CAMPING & GLAMPING

Giro di Boa
Auf diesem „Agri-Camping"-Biohof in den Hügeln über Piombino treffen sich Naturfreunde. €

Agriturismo Isolotto
Pizzaöfen, Gemüse zum Selbstpflücken und der herrliche Carbonifera-Strand: Dieser Zeltplatz und *agriturismo* sind etwas ganz Besonderes. €

Tenuta Poggio Rosso Glamping
Der gepflegte Bauernhof beim Golf von Baratti bietet Holzhäuschen im Shabby-Chic-Stil und Jurten. €€

DIE BESTEN STRÄNDE RUND UM PIOMBINO

Matilde Pettini, Köchin und Gastronomin, wuchs in Florenz und an der Etruskischen Riviera auf. Hier sind ihre schönsten versteckten Strände bei Piombino. *@dallalola*

Buca delle Fate
Zu diesem Aussichtspunkt bei Populonia muss man einen felsigen Fußpfad hinabkraxeln. Unten bieten sich von der Kieselbucht tolle Ausblicke aufs kobaltblaue Meer.

Parco della Sterpaia
Der lange Strand mit feinem weißem Sand und klarem Wasser wird wegen des Anmarschs nicht so oft angesteuert. Der Naturpark ist mit dem Auto nicht zu erreichen.

Calamoresca
Eine kleine Bucht westlich von Piombino mit Felsbecken, rauem Sand und klarem Wasser. Leicht mit dem Auto zu erreichen; ein kleiner Kiosk verkauft Snacks.

Piombino

Unberührte Küste

PINIENWÄLDER & GEHEIME STRÄNDE

Nur ein paar Kilometer von den alten Siedlungen von Populonia entfernt erstrecken sich einige der schönsten und unberührtesten Strände der gesamten Küste, so etwa am **Golf von Baratti**, dem stillen Helden der Etruskischen Riviera: Hier zieht sich eine 2 km lange goldene Sandsichel mit sanfter Brandung entlang. Am besten versucht man es mit einem Parkplatz abseits der Hauptstraße – gute Orientierungspunkte sind die Bushaltestelle Scuola di Vela sowie das Lokal Al Polpo Marino – und geht dann durch den duftenden Pinienwald zum Strand. Wilde Narzissen, Flockenblumen und lilafarbener Meersenf blühen den ganzen Sommer über – dann scheint es hier Welten entfernt von den stärker bebauten Gegenden weiter nördlich. Ein Großteil des Strands kann kostenlos genutzt werden, aber im Bagno Altamarea gibt's auch Liegestühle und Sonnenschirme. Vorhanden sind außerdem Münzduschen und Toiletten (beim Bagno Altamarea) und es gibt Surfbretter, Paddleboards und Tretboote zu leihen. Abends erwachen Holzbuden mit Cocktails und Live-

ESSEN IN PIOMBINO

L'OSTEria
Praktisches Lokal in der Altstadt mit toskanischen Klassikern und großen Portionen Pasta. **€**

Ristorante La Sirena
Schnörkelloses Seafood-Restaurant ohne Karte, aber mit Essen, das zum besten in Piombino zählt. **€€**

Teatro del Mare
Das Essen ist gut, zu etwas Besonderem wird das Fischrestaurant durch die Lage am Hafen, sanfte Brisen und direkten Zugang zum Meer. **€€**

musik zum Leben. Der nahe Fischerhafen Baratti besteht aus kaum mehr als ein paar Häusern und Restaurants und lohnt nicht den Abstecher.

Burgen, Klippen & Bootsfahrten

PIOMBINOS HISTORISCHES ZENTRUM

Je nach Einstellung ist **Piombino** entweder ein unnötiger Zwischenstopp auf der Strecke nach Elba und zum Toskanischen Archipel oder ein seltener Ort an der Küste, der mehr zu bieten hat als Tourismus. Hängt man der ersten Ansicht an, steuert man schnurstracks den Fährhafen Piombino Marittima mit Bahnhof, Bushaltestelle und Parkplätzen an. Wer Piombino durch die andere Linse betrachtet, wenn auch nur für vielleicht zwei Stunden, findet hier reizende eiscremefarbene Häuser, ausgezeichnete Meeresfrüchte und luftige Meerblicke vom kleinen historischen Zentrum. Nicht versäumen sollte man einen Bummel hinunter zum Riesenrad und Leuchtturm, dem Faro della Rocchetta, am Ende des Piers – von hier blickt man hinüber nach Elba und erspäht vielleicht sogar Korsika. Trotz des starken Fährverkehrs sind die Strände des Städtchens überraschend sauber: Die Spiaggia sotto Piazza Bovio ist ein hübsches kleines Sonnenfleckchen mit Sand und türkisem Wasser. Wer am Uhrturm, der Torre dell'Orologio, vorbeigeht, stößt im Corso Vittorio Emanuele II. auf eine Reihe passabler Mittagslokale. Geht man weiter, kann man den Torrione und die Stadtmauern aus dem 12. Jh. erkunden. Einen kurzen Spaziergang vom Zentrum entfernt gibt's noch die Burg von Piombino aus dem 13. Jh., doch ihre Öffnungszeiten sind kurz und unregelmäßig.

BELEBTE BURG

Die Burg von Populonia wurde 300 n. Chr. auf etruskischen Ruinen errichtet – Fufluna genannt nach dem etruskischen Gott des Weines. Doch das perfekt erhaltene Burgdorf ist weit mehr als eine historische Stätte. Über die Zugbrücke und unter dem Fallgitter hindurch kommt man zu einer belebten Straße mit Bäckereien, Bio-Weinbars (Lieviti & Co), Flüsterkneipen-Cocktailbars (Dispensa Desideri) und *farm-to-table*-Lokalen. Die Unternehmen sind in die mittelalterlichen Mauern hineingebaut und bewahren sich ein altmodisches Flair ohne Tourikitsch. Außerhalb der Mauern stellt der Giardino della Taverna eine schattige Oase für einen Drink oder ein Mittagsmahl dar.

INSELHOPPING

Die sieben Hauptinseln des Toskanischen Archipels sind teils schwer zu erreichen. Zum wilden und felsigen **Capraia** (S. 187) mit Weinbergen und preisgekrönten Käsereien verkehren Fähren ab Livorno.

UNTERWEGS VOR ORT

Piombino liegt an der Hauptbahnlinie ab Florenz und Pisa, doch ansonsten benötigt man für das Val di Cornia ein Auto. Es fahren nur ein paar Züge pro Tag, also Fahrpläne studieren und eventuell über Trenitalia (trenitalia.com) buchen! Wer mit dem Auto nach Piombino hineinfährt, sollte für die Stadterkundung den sehr zentralen „Panorama"-Parkplatz ansteuern. Wer hingegen zu den Inseln schippert, parkt auf den ausgewiesenen Parkplätzen am Fährterminal.

Oben: Schiefer Turm von Pisa (S. 204). Rechts: Dom, Lucca (S. 217)

NORDWESTLICHE TOSKANA

BERÜHMTE STÄDTE UND WILDE BERGE

Außerhalb der historischen Städte der Toskana lohnen auch entlegene Gebirgslandschaften einen Besuch.

Schon im Mittelalter überquerten viele Pilger aus dem Norden den 1041 m hohen Cisa-Pass zwischen der Emilia Romagna und der Toskana. Danach wanderten sie wochenlang weiter nach Rom oder sogar Jerusalem. Diese Route, die legendäre Via Francigena, hat die Entwicklung vieler Städte der nordwestlichen Toskana gefördert, darunter Pontremoli, Lucca und San Miniato. Sie alle profitierten vom Verkauf ihrer Waren an die Pilger und den Ideen, die diese mitbrachten. Auch die Nähe des Arno, des wichtigsten Flusses der Toskana, begünstigte den Bau der imposanten Festungen und Kathedralen, die noch heute die Landschaft dieser Region prägen. Besonders Pisa erlangte durch die auf dem Wasserweg in die Stadt gebrachten Schätze des Mittelmeerraums einen unglaublichen Wohlstand.

DAVID ROWLAND/GETTY IMAGES ©

Doch diese Städte voller Kunst und Architektur sind nur eine Seite der Medaille. Quer durch die nordwestliche Toskana ziehen sich die Apuanischen Alpen, in denen schon die Römer den kostbaren Carrara-Marmor abbauten. Heute sind die Berge ein Paradies für Naturliebhaber. Besonders die zerklüftete Gebirgslandschaft der Garfagnana und Lunigiana zeigen eine Seite der Toskana, die so ganz anders ist als die gängige Vorstellung.

DIE WICHTIGSTEN ZIELE

PISA
Hier steht der berühmte schiefe Turm.
S. 204

LUCCA
Die Vereinigung von Mittelalter und Barock.
S. 215

CASTELNUOVO DI GARFAGNANA
Am Rand der Wildnis.
S. 222

CARRARA
Herkunft des Marmors seit der Antike.
S. 228

PISTOIA
Gegenwartskunst und Zentrum für Kultur.
S. 234

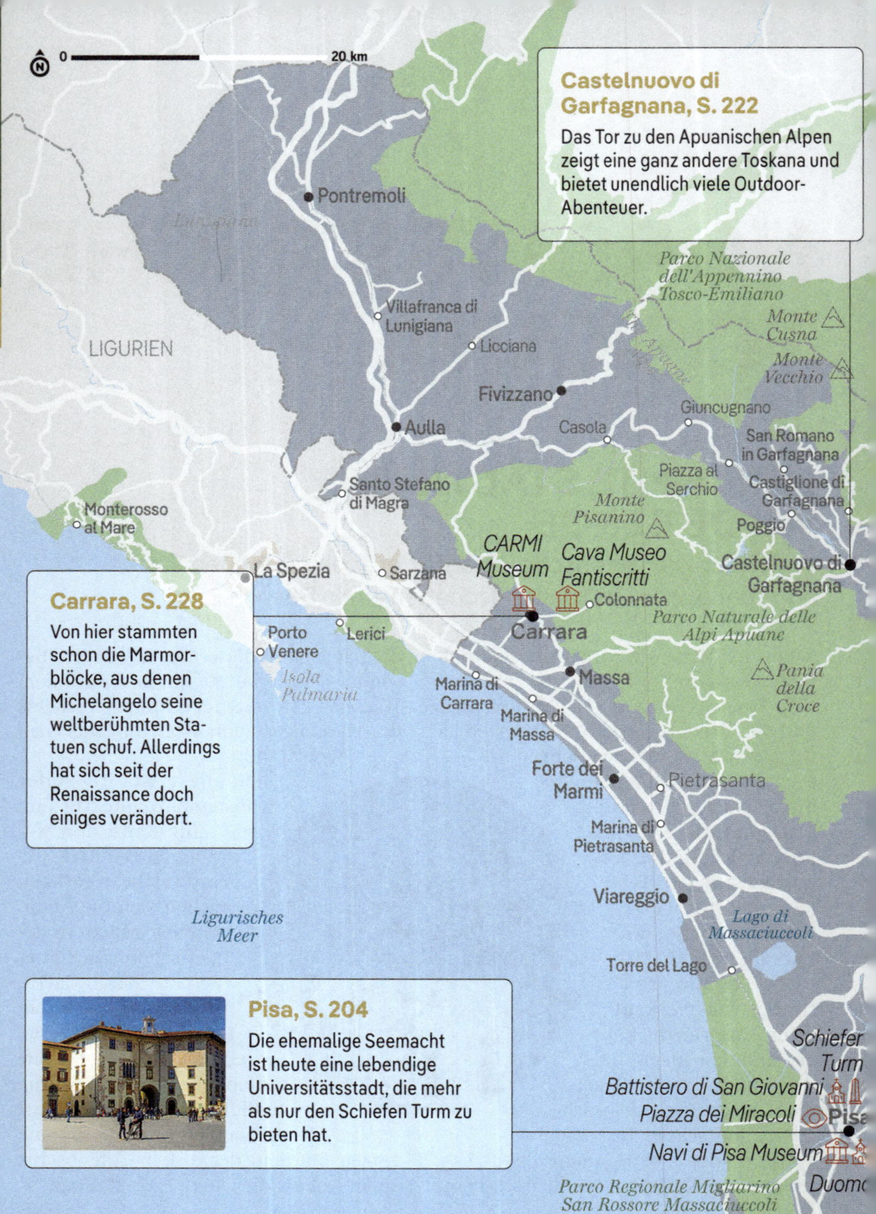

Castelnuovo di Garfagnana, S. 222

Das Tor zu den Apuanischen Alpen zeigt eine ganz andere Toskana und bietet unendlich viele Outdoor-Abenteuer.

Carrara, S. 228

Von hier stammten schon die Marmorblöcke, aus denen Michelangelo seine weltberühmten Statuen schuf. Allerdings hat sich seit der Renaissance doch einiges verändert.

Pisa, S. 204

Die ehemalige Seemacht ist heute eine lebendige Universitätsstadt, die mehr als nur den Schiefen Turm zu bieten hat.

AUTO

Mit dem eigenen Fahrzeug ist die nordwestliche Toskana am besten zu erkunden, vor allem, wenn man abgelegene Bergdörfer besuchen oder wandern möchte. Autovermietungen gibt's am Flughafen von Pisa und in allen größeren Städten.

BUS

In die kleineren Städte abseits der Bahnlinien fahren zwar Busse, aber eher selten und nicht überall hin. Wer mit Bussen unterwegs ist, kommt nur langsam voran und muss sehr gut planen. Fahrpläne gibt's unter moovitapp.com.

ZUG

Städte wie Pisa, Lucca, Pistoia, Pontremoli und San Miniato haben meist gute Zugverbindungen und sind ab Florenz gut zu erreichen. Tickets müssen nicht im Voraus gekauft werden, Fahrpläne siehe trenitalia.com.

Erste Orientierung

Der interessanteste Teil der nordwestlichen Toskana ist das Dreieck zwischen Pisa, Prato und Pontremoli. Hier finden sich historische Städte, Küstenorte und abgelegene Bergdörfer mit nur wenigen Einwohnern.

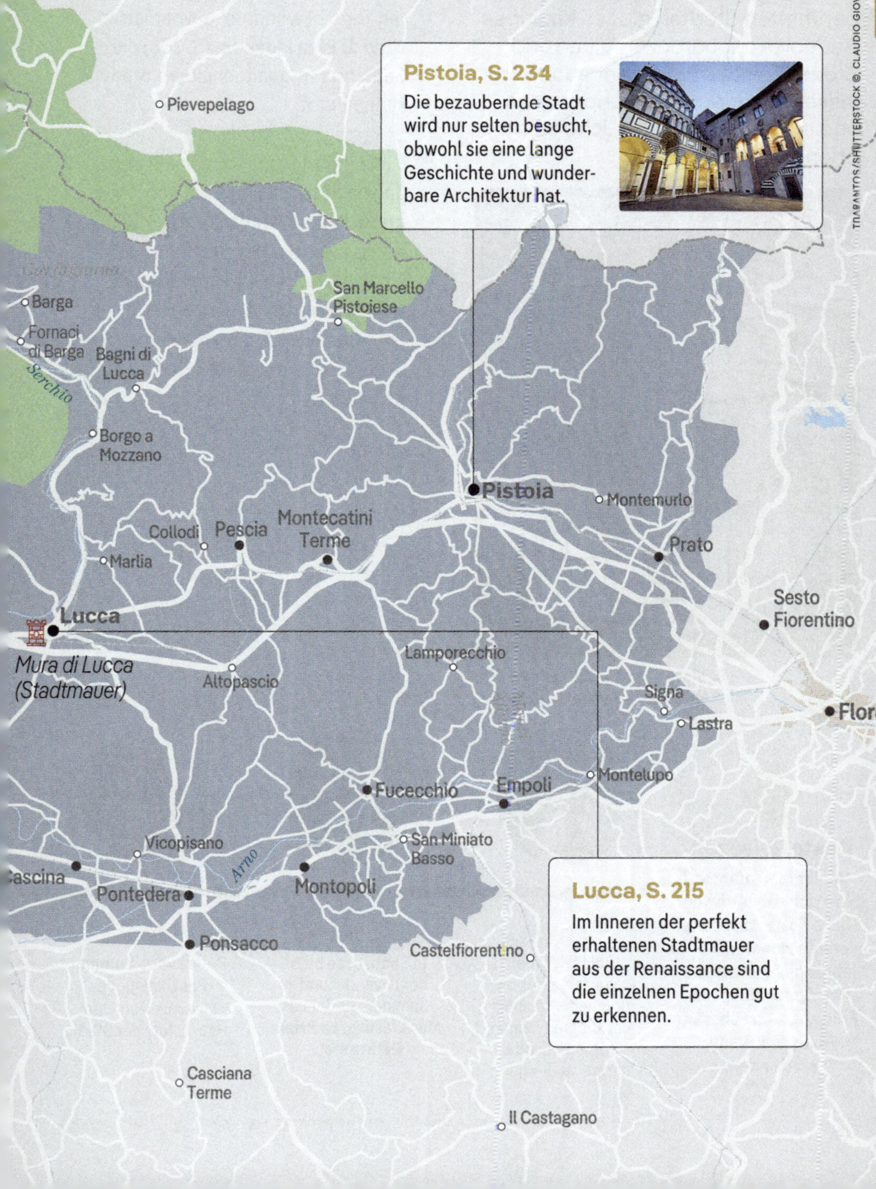

Pistoia, S. 234

Die bezaubernde Stadt wird nur selten besucht, obwohl sie eine lange Geschichte und wunderbare Architektur hat.

Lucca, S. 215

Im Inneren der perfekt erhaltenen Stadtmauer aus der Renaissance sind die einzelnen Epochen gut zu erkennen.

Perfekte Tage

Die nordwestliche Toskana lässt sich keiner speziellen Kategorie zuordnen. Neben den für ihre Kunstwerke berühmten Städten gibt es luxuriöse Badeorte mit barocken Villen und Sterne-Restaurants, aber auch verlassene Burgen, Fernwanderwege und einsame mittelalterliche Dörfer. Eben von allem etwas.

SERGII FIGURNYI/SHUTTERSTOCK ©

Schiefer Turm & Cattedrale di Santa Maria Assunta (S. 204)

Wenig Zeit

- Einen Vormittag lang sollte man in Pisa die **Piazza dei Miracoli** (S. 204) besuchen und die vielen Meisterwerke rund um den Schiefen Turm bewundern, bevor man im **Navi di Pisa Museum** (S. 208) die Seefahrervergangenheit der Stadt kennenlernt.

- Nachmittags fährt man mit dem Zug nach Lucca und sieht von der **historischen Stadtmauer** (S. 215) auf das mittelalterliche Zentrum hinab. Danach geht es zur **Piazza dell'Anfiteatro** (S. 218), um in der originellen Atmosphäre des ovalen Platzes das Abendessen zu genießen.

Beste Reisezeit

Außer für Skifahrer lohnt sich die nordwestliche Toskana in den ersten Monaten des Jahres nicht. Die beste Reisezeit beginnt im Frühjahr, wenn überall Feste und Events stattfinden.

APRIL
Vinci feiert den Geburtstag des berühmtesten Sohnes der Stadt mit Filmen, Vorführungen und Sonderausstellungen.

JUNI
In Santa Luce blüht der Lavendel und in Camaiore findet das Musikfestival **La Prima Estate** statt.

JULI
Beim **Lucca Summer Festival** gibt es Livemusik auf dem Hauptplatz der Stadt.

ANDREJ PRIVIZER/SHUTTERSTOCK ©, MARCO TALIANI DE MARCHIO/SHUTTERSTOCK ©, STEDALLE/SHUTTERSTOCK ©

Zwei Tage in der Umgebung

- Von Pisa fährt man mit dem Zug nach **Pontremoli** (S. 232) im nördlichen Lunigiana und wundert sich über die mysteriösen Steinstatuen im **Museo delle Statue Stele Lunigianesi** (S. 232). Dann fährt man mit dem Rad auf der 47 km langen **Ciclovia dei Castelli** (S. 233) zu den vielen Burgen in der Gegend.

- Am zweiten Tag geht es mit dem Zug in das etwas andere **Pietrasanta** (S. 220), wo man entweder die Galerien besuchen oder im Meer baden kann. Danach unternimmt man einen **Stadtspaziergang in Lucca** (S. 217), bevor es zum Abendessen ins Trüffel-Bergdorf **San Miniato** (S. 211) geht.

Länger Zeit

- Mit dem Auto fährt man von Pisa in Richtung Norden nach Lucca und erkundet unterwegs die Dörfer im Tal des **Serchio** (S. 220) in der Bergregion Garfagnana. Nach einem Tag im bezaubernden **Barga** (S. 221) wandert man auf einem der vielen Weg rund um den **Lago di Vagli** (S. 225) und besucht die spektakuläre **Grotta del Vento** (S. 227). Wieder zurück im Tal lohnt sich ein Abstecher nach **Pistoia** (S. 234), es ist eine der am meisten unterschätzten Städte der Toskana. Auf dem Weg zurück nach Pisa sollte man unbedingt das Haus und Museum von Leonardo da Vinci in **Vinci** (S. 238) besichtigen.

SEPTEMBER

Der Herbst ist **Kastaniensaison** in der Garfagnana und die leckeren Früchte erscheinen auf jeder Speisekarte.

OKTOBER

Beim **Lucca Comics & Games**-Festival präsentieren sich die Cosplayer auf Märkten und Messen.

NOVEMBER

Zum Ende der Trüffelsaison findet in San Miniato der bekannte **Mostra Mercato Nazionale del Tartufo Bianco** statt.

DEZEMBER

Lichterketten, geschmückte Bäume und Weihnachtsmärkte sorgen in Pisa, Lucca und Pistoia für Weihnachtsstimmung.

PISA

Der Schiefe Turm (*torre pendente*) ist so berühmt, dass viele Besucher Pisa darauf reduzieren und nach einem kurzen Blick auf das Wahrzeichen die Stadt gleich wieder verlassen. Dabei hat Pisa so viel mehr zu bieten als nur die – zugegeben sehr beeindruckende – Piazza dei Miracoli, die auch Welterbestätte ist. Jenseits des prachtvollen Marmor-Ensembles, das in fragwürdigen Souvenirs verewigt wird, ist Pisa zuerst und vor allem ein Ort des Ideen- und Kulturaustausches. Auch wenn rund die Hälfte der Stadt im Zweiten Weltkrieg zerstört wurde, lassen sich noch genügend Überreste des immensen Beitrags zu Kunst und Wissenschaft der Toskana entdecken. Die ehemalige Seemacht, die durch den Handel im Mittelmeer unermesslich reich wurde, ist heute ein bedeutendes Forschungszentrum, dessen Universitäten Studierende aus aller Welt anziehen, die wiederum für die lebendige Atmosphäre der Stadt sorgen.

TOP TIPP

Von der 11 m hohen Stadtmauer hat man einen tollen Blick auf Pisa und seine Sehenswürdigkeiten. Die 3 km lange Mauer wurde 1154–61 errichtet und führt von der Torre Nuova über die Piazza dei Miracoli zur Torre di Legno beim Lungarno. Tickets kosten 5 €.

ENE LÖSUNG FÜR DEN SCHIEFEN TURM

Nach seiner Vollendung 1370 neigte sich der Turm in den folgenden 600 Jahren immer weiter nach Süden. Erst in den 1990er-Jahren gelang es Ingenieuren, das Fundament zu stabilisieren, und zwar durch die sogenannte Technik der „kontrollierten unterirdischen Aushöhlung“. Dafür wurden geringe Mengen an Erdreich unter der Nordseite entnommen. Seitdem hat sich der Turm wieder um 4 cm aufgerichtet und hat jetzt nur noch eine Neigung von 3,97 Grad. Damit gilt er zur Zeit als so stabil wie nie zuvor.

Der Platz der Wunder

DER SCHIEFE TURM & SEINE UMGEBUNG

Innerhalb einer der ältesten erhaltenen **Stadtmauern** Italiens befindet sich eine der symbolträchtigsten Grünflächen der Toskana: die überwältigende **13 Piazza dei Miracoli**. Die meisten Besucher kommen zu diesem einmaligen Freiluftmuseum (Tickets 27 €) nur, um das architektonische Missgeschick des Schiefen Turms zu bewundern und das obligatorische Selfie zu schießen. Damit verpassen sie aber die anderen Meisterwerke dieser Welterbestätte.

Die romanische **4 Cattedrale di Santa Maria Assunta (Duomo)** bildet den Mittelpunkt des Ensembles. Sie wurde ab 1063 errichtet, nachdem Pisas siegreiche Armee von Sizilien mit sechs Schiffen voller kostbarer Materialien zurückkehrte (so steht es auf einer Tafel links des Eingangs). 1173 sollte der 56 m hohe **8 Schiefe Turm** an die Kathedrale angebaut werden. Doch nach fünf Jahren Bauzeit (und vier fertiggestellten Stockwerken) merkten die Architekten, dass sich der Turm nach Norden neigte, und beendeten die Arbeiten. Erst 200 Jahre später gelang es Ingenieuren, den weichen Boden unter dem Fundament des Glockenturms so weit zu stabilisieren, dass sie das 14,5 t schwere Bauwerk fertigstellen konnten. Allerdings begann der Turm sich dann kurz vor der Vollendung nach Süden zu neigen. Heute kann man die 251 Stufen an der Außenseite in den 8. Stock hinaufsteigen und den Ausblick auf die Stadt genießen.

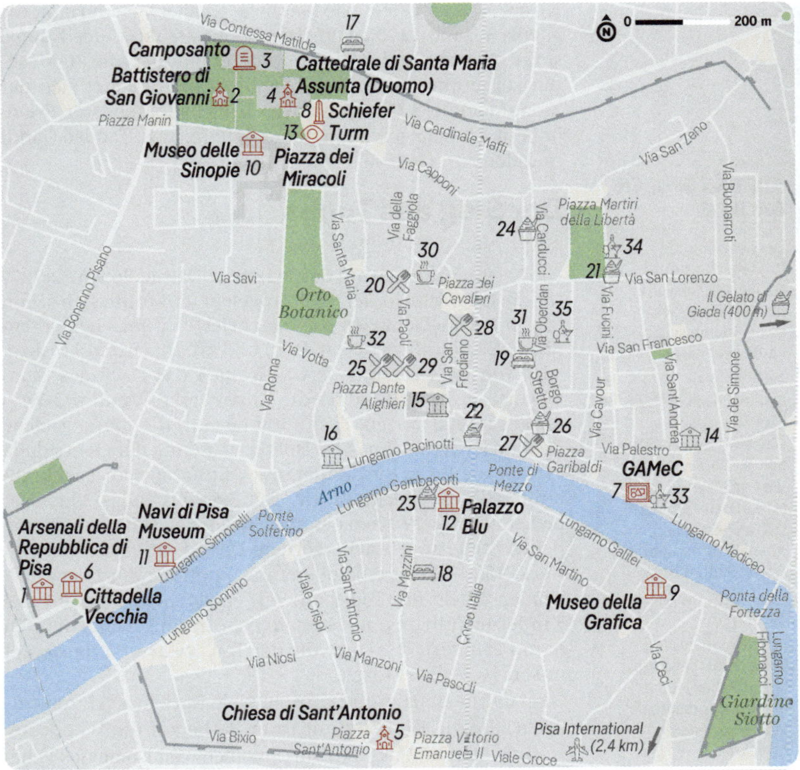

HIGHLIGHTS
1 Arsenali della Repubblica di Pisa
2 Battistero di San Giovanni
3 Camposanto
4 Cattedrale di Santa Maria Assunta (Duomo)
5 Chiesa di Sant'Antonio
6 Cittadella Vecchia
7 GAMeC
8 Schiefer Turm
9 Museo della Grafica
10 Museo delle Sinopie
11 Navi di Pisa Museum
12 Palazzo Blu
13 Piazza dei Miracoli

SEHENSWERTES
14 Galileis Haus
15 Palazzo della Sapienza
16 Palazzo Reale

SCHLAFEN
17 Hostel Pisa Tower
18 Hotel Bologna
19 Rinascimento B&B

ESSEN
20 Cantina Vasari
21 Gelataria Artigianale Rufus
22 Gelateria De'Coltelli
23 Gelataria Tuffo 13
24 Gelato Dipendente
25 I Porci Comodi
26 La Bottega del Gelato
27 La Ghiotteria
28 Osteria dei Cavalieri
29 Trattoria da Stelio

AUSGEHEN & FEIERN
30 Caffe dei Cavalieri
31 Caffetteria Carraia del Nicchio
32 Filter Coffee Lab
33 Jeffer
34 L'Etrusco
35 Scaccomalto

Von dort oben sieht man auch gut das runde **2 Battistero di San Giovanni**. Die größte Taufkapelle der Welt hat einen Durchmesser von 107 m. Im Inneren der gotisch-romanischen

ÜBERNACHTEN IN PISA

Hostel Pisa Tower
Saubere Schlafsäle und freundliches Personal in der Nähe des Schiefen Turms. Vorhängeschloss mitbringen! **€**

Hotel Bologna
Das schon etwas ältere Hotel in toller Lage bietet ausgezeichnetes Frühstück. **€€**

Rinascimento B&B
In einem mittelalterlichen Wohnturm werden moderne Annehmlichkeiten geboten. **€€€**

Kirche befindet sich eine herrliche Kanzel aus Marmor, die Nicola Pisano 1260 schuf. Die Doppelstruktur der Kuppel sorgt für einen tollen akustischen Effekt (der alle 30 Minuten vorgeführt wird). Ganz in der Nähe befindet sich der monumentale **3 Camposanto**, Pisas bedeutendster Friedhof mit Fresken von Buonamico Buffalmacco, Taddeo Gaddi und Benozzo Gozzoli.

AUF DEN SPUREN GALILEIS

Der überragende Wissenschaftler Galileo Galilei wurde 1564 in Pisa geboren, seine Spuren sind bis heute in der Stadt zu verfolgen.

Galileis Geburtshaus
In der heutigen Via Giusti wurde der Astronom am 15. Februar 1564 geboren. Eine Hinweistafel befindet sich an der Casa Ammannati im Stadtviertel Sant'Andrea.

Palazzo della Sapienza
In dem eleganten Universitätsgebäude lehrte Galilei Mathematik und forschte für sein Werk *Sidereus Nuncius.*

Palazzo Reale
Auf dem Turm des Palastes – im 16. Jh. von Francesco I. de' Medici errichtet und heute ein Museum der Medici-Familie – beobachtete Galileo Galilei den Sternenhimmel.

Der Sieg des Todes

BUFFALMACCOS DÜSTERES MEISTERWERK

Die Friedhofsanlage auf der Piazza dei Miracolo wurde 1277 für die Oberschicht der Stadt angelegt und füllte sich schon bald mit Kunstschätzen wie restaurierten römischen Sarkophagen, Epigrafen (Inschriften) und großflächigen Fresken.

Im Juli 1944 setzte eine US-Granate das Dach des Camposanto in Brand, sodass die Kunstwerke Wind und Wetter ausgesetzt waren. Erst 2009 begann die umfangreiche Restaurierung. Zehn Jahre später war dank der Opera della Primaziale Pisana mit Buonamico Buffalmaccos spektakulärem *Il Trionfo della Morte* (Der Sieg des Todes) eines der bedeutendsten Fresken der Stadt wieder an seiner ursprünglichen Stelle angebracht worden. Das 84 m^2 große Meisterwerk (1336–41) ist eine düstere Darstellung der überwältigenden Macht des Todes, die mit entsetzlichen Details wie Kindesentführungen, Massengräbern und Skelettthaufen daran erinnert, dass uns alle der Tod erwartet, ungeachtet unseres sozialen Status.

Bei der Restaurierung wurden viele Entwurfsskizzen entdeckt, die die Künstler mit roter Farbe auf die Wände gezeichnet hatten. Viele Skizzen (Sinopien) von Domenico Veneziano, Spinello Aretino, Benozzo Gozzoli und Taddeo Gaddi wurden kopiert und sind nun im **Museo delle Sinopie** zu bewundern.

„Gerade" Architektur

SPAZIERGANG

Viele machen den Fehler, nur kurz den Schiefen Turm zu besichtigen und Pisa dann wieder zu verlassen. Dabei bietet die kleine, lebhafte Altstadt eine bis zu 1000 Jahre alte Architektur.

Die Tour beginnt auf der **1 Piazza dei Cavalieri** (Platz der Ritter), die im Mittelalter an der Stelle eines römischen Forums angelegt wurde. Cosimo I. de' Medici, dessen Statue mitten auf dem Platz steht, ließ hier das Hauptquartier

EIS ESSEN IN PISA

Gelateria De'Coltelli
Traditionelles Eis der Saison wird mit schönem Blick auf den Fluss serviert.

Gelato Dipendente
Die Eisdiele in der Via Giosuè Carducci ist bekannt für ihre leckeren Fruchtsorten.

Gelateria Tuffo 13
Das Lokal in der Nähe des Palazzo Blu bietet neben den Klassikern auch glutenfreies und veganes Eis.

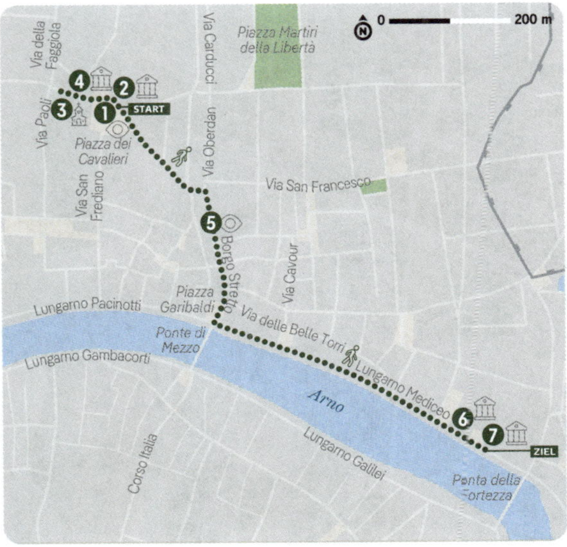

des St.-Stephans-Ordens errichten. Daneben befindet sich der opulente ❷ **Palazzo della Carovana**, dessen Fassade Giorgio Vasari mit wundervollen Skulpturen und Sgraffiti mit der reichen Symbolik der Renaissance verzierte.

Ein paar Schritte weiter erhebt sich die 900 Jahre alte ❸ **Chiesa di San Sisto** im klassisch romanischen Stil von Pisa, deren Fassade jedoch mit türkisfarbener islamischer Majolika geschmückt ist. Auch der ❹ **Palazzo dell'Orologio** aus dem 17. Jh. wurde nach Entwürfen von Vasari gebaut.

In Richtung Süden führt der Weg durch den bezaubernden ❺ **Borgo Stretto** zum romantischen Lungarno Mediceo am Arno. Hier befindet sich der ❻ **Palazzo Medici** (Eintritt 5 €) mit herrlichen Kunstwerken. Die *casa-torri* (Wohnturm) aus dem 11. Jh. wurde ab 1441 von den Medici zu einem Palast umgebaut, in dem dann Lorenzo der Prächtige und Karl VIII. von Frankreich residierten. Ganz in der Nähe zeigt Pisas größtes Kunstmuseum, das ❼ **Museo di San Matteo**, eine riesige Sammlung von Kunstwerken aus dem Mittelalter und der Renaissance, darunter Gemälde von Taddeo Gaddi, Ghirlandaio, Masaccio und Fra' Angelico. Das ehemalige Kloster hat auch einen schönen Innenhof.

DIE BESTEN RESTAURANTS IN PISA

I Porci Comodi
Das rustikale Sandwich-Lokal unweit der Piazza dei Cavalieri bietet üppig gefüllte *panini* und Wurstplatten. €

Trattoria da Stelio
Das Lieblingslokal der Einheimischen punktet mit traditioneller Küche, fairen Preisen und einer gemütlichen Atmosphäre. €

La Ghiotteria
Die üppigen Pastagerichte des einfachen Restaurants sind das perfekte Mittagessen. €

Osteria dei Cavalieri
Diese Institution in Pisa hat dank des altmodischen Charmes und hochwertiger Zutaten eine treue Kundschaft. €€

Cantina Vasari
Zu den kreativen Gerichten der Saison gibt's eine riesige Auswahl an Weinen. €€€

La Bottega del Gelato
Auf der Piazza Garibaldi werden klassische und außergewöhnliche Eissorten serviert.

Il Gelato di Giada
Der etwas weitere Weg lohnt sich auf jeden Fall. Und es gibt auch veganes Eis.

Gelateria Artigianale Rufus
Die ausgezeichnete Eisdiele liegt nahe der Piazza dei Cavalieri. Unbedingt das Pistazieneis probieren!

DIE REGATTA DER SEEREPUBLIKEN

Seit 1956 tragen die vier ehemaligen Seerepubliken Italiens – Amalfi, Genua, Pisa und Venedig – jeden Sommer eine Regatta aus, bei der die Boote jeweils in den Farben der früheren Flaggen gestrichen sind und die Mannschaften die traditionelle Kleidung tragen. Das historische Spektakel findet jedes Jahr in einer anderen der vier Städte statt. Weitere Infos unter repubbliche marinare.org.

DEVIANT PROD/SHUTTERSTOCK ©

Cattedrale di Santa Maria Assunta (S. 204)

Tausend Jahre Seemacht

PISAS LANGE SEEFAHRERVERGANGENHEIT

Seit der Antike hat sich Pisa zu einer wichtigen Seemacht entwickelt. In der zweiten Hälfte des 10. Jhs. erweiterte Pisa seine militärischen und kommerziellen Aktivitäten auf den gesamten Mittelmeerraum und wurde bald eine der mächtigsten Stadtrepubliken in Italien. Spuren dieser herrschaftlichen Vergangenheit sind in der ganzen Stadt zu entdecken – angefangen beim Dom, dessen Bau durch die Eroberung der sizilianischen Stadt Palermo 1063 finanziert wurde, über die Cittadella Vecchia bis zum restaurierten 1 **Arsenali della Repubblica di Pisa**, wo die Schiffe nach Korsika, Sardinien, Nordafrika, Griechenland, zu den Balearen und in den Nahen Osten ablegten.

Einen hervorragenden Einblick in die stolze Geschichte Pisas bietet das 11 **Navi di Pisa Museum** (Eintritt 10 €). Das 2019 eröffnete Museum präsentiert die größte Sammlung antiker Schiffe, darunter 800 Fundstücke aus der Um-

MUSEO GALILEO

Eine ausführliche Dokumentation über Leben und Werk Galileo Galileis findet sich auch im **Museo Galileo** (S. 37) in Florenz.

KAFFEE TRINKEN IN PISA

Filter Coffee Lab
Das Café bietet alles – von Espresso bis zu internationalen Spezialitäten – und dazu süße Leckereien.

Caffetteria Carraia del Nicchio
Das klassische italienische Café serviert morgens Cappuccino und abends *aperitivo*.

Caffè dei Cavalieri
Zu den Kaffeespezialitäten in modernem Ambiente passen am besten die hausgemachten *cannoli* (Gebäck).

gebung von Pisa: Die meisten Schiffe wurden erst 1998 gefunden, als Archäologen einen antiken Schiffsfriedhof in einem ehemaligen Flussbett des Serchio entdeckten. Unter den Dutzenden von gut erhaltenen Frachtschiffen und Flussbooten befanden sich auch acht römische Schiffe (aus dem 3. Jh. v. Chr. bis 7. Jh. n. Chr.) mit mehr als 13 000 Amphoren und Artefakten, die vom Leben der Seeleute in diesem 1000-jährigen Zeitraum erzählen.

Begegnungen mit moderner Kunst

PISAS LEBENDIGE KUNSTSZENE

Die spektakuläre Architektur der Vergangenheit überschattet oft die Werke zeitgenössischer Künstler, die überall in der Stadt präsent sind, vor allem aber am südlichen Ufer des Arno. Jenseits des Ponte Solferino geht man in Richtung Osten am Lungarno Gambacorti entlang. Nach dem Besuch der typisch gotischen Chiesa di Santa Maria della Spina gelangt man zum Palazzo Blu (Eintritt 3 €). Hinter der hellblauen Fassade verbirgt sich die Dauerausstellung der Pisa Foundation, die auf zwei Stockwerken Gemälde, seltene Münzen und Fotografien aus dem 14. bis 20. Jh. zeigt. In einem Saal finden auch Wechselausstellungen mit Comics, Fotografien und Straßenkunst statt.

Ganz in der Nähe befindet sich das berühmte Wandgemälde *Tuttomondo* an der **5 Chiesa di Sant'Antonio**. Mit dem 180 m² großen farbenfrohen Gemälde feierte Keith Haring kurz vor seinem Tod 1990 das Leben.

Zurück am Lungarno zeigt das **9 Museo della Grafica** (Eintritt 5 €) im imposanten Backsteinbau des Palazzo Lanfranchi eine große Sammlung zeitgenössischer Grafiken.

Dann geht es wieder über den Fluss zurück zum **7 GAMeC**, dem Zentrum für moderne Kunst in Pisa. Die historische Galerie ist wesentlich älter als die meisten der ausgestellten Werke junger und etablierter Künstler, denn sie ist schon seit knapp 50 Jahren eine Institution der städtischen Kulturszene.

Chiesa di Santa Maria della Spina
CRISTIAN STORTOSHUTTERSTOCK ©

DIE BESTEN BARS IN PISA

Scaccomalto
In der coolen Kneipe der Brauerei Scaccomalto ist alles handgemacht: die Tische und anderen Möbel – und natürlich das leckere Craftbier.

L'Etrusco
Die kleine Bar bietet eine große Auswahl an toskanischen Weinen und Craftbieren.

Jeffer
Die schicke Cocktailbar im Stadtzentrum serviert leckere Cocktails und kleine Gerichte in eleganter, freundlicher Atmosphäre.

UNTERWEGS VOR ORT

Mit dem Flughafen Galileo Galilei wurde Pisa zum internationalen Verkehrsknotenpunkt der Toskana. Hier werden mehr als 5 Mio. Passagiere pro Jahr abgefertigt, es starten und landen viele Billigfluglinien. Der Flughafen liegt ganz in der Nähe des Stadtzentrums und ist mit der Pisa Mover-Bahn in wenigen Minuten zu erreichen. Vom Hauptbahnhof in Pisa fahren jede Stunde drei Regionalzüge nach Florenz und ein Zug nach Lucca. Wer von Florenz mit dem Zug nach Pisa kommt, sollte aber am Bahnhof San Rossore aussteigen, denn er liegt in der Nähe der Piazza dei Miracoli.

Rund um Pisa

Meer, Berge, moderne Kunst und feinstes Essen – all das bietet die Umgebung von Pisa in Hülle und Fülle. Dennoch verirren sich nur wenige Reisende hierher.

Die Gegend um die Mündung des Arno ist schon lange bekannt für ihre üppige Vegetation, die gleichermaßen Ressource und Erholungsgebiet ist. Im 16. Jh. legten die Medici einen großen Wildpark am Meer an, der heute das Herz eines 230 km^2 großen Naturschutzgebietes bildet, das sich gut zu Fuß oder mit dem Rad erkunden lässt. In dem recht flachen Gebirgszug der Monti Pisani kann man ebenfalls herrlich wandern und radfahren. Die beste Kombination aus idyllischer Landschaft, fantastischem Essen und überraschender alter und moderner Kunst bieten vor allem die weit verstreuten Bergdörfer der Region.

TOP TIPP

Vom Hauptbahnhof in Pisa fahren Züge nach Pontedera, San Miniato, Lucca und Viareggio. Außerhalb der Städte ist ein Auto erforderlich.

Trüffeljagd, San Miniato

Ein Paradies der modernen Kunst

KUNST AUS MÜLL – EIGENTLICH

Bis vor wenigen Jahrzehnten kannte kaum jemand das Bergdorf **Peccioli** außer den knapp 5000 Einwohnern. Doch seit 1997 entwickelte sich das 45 Minuten von Pisa entfernte Dorf zu einem Zentrum zeitgenössischer Kunst. Damals beschloss der Bürgermeister von Peccioli, eine der gößten Mülldeponien Italiens in ein gemeinnütziges Unternehmen zu verwandeln, dessen Erlöse für kulturelle Projekte im Ort verwendet werden sollten. Es wurde ein voller Erfolg: Innerhalb von 20 Jahren finanzierte die hochmoderne Mülldeponie zahllose zeitgenössische Kunstinstallationen, Veranstaltungen und Dienstleistungen, die landesweit Beachtung fanden und Peccioli zu einem Paradebeispiel moderner Ortsentwicklung machten.

Als Symbole dieser Erneuerung wurden die vier menschenähnlichen Riesenstatuen der *Presenze* bei der Deponie am Ortseingang aufgestellt. Im 2007 gebauten Anfiteatro Fonte Mazzola aus Tuffstein findet jedes Jahr im Juli das Musikfestival **11 Lune** statt.

Die Altstadt ist heute ein Freiluft-Kunstmuseum, in dem kleine und große Installationen internationaler Künstler ausgestellt werden. So gestaltete der britisch-schweizerische Künstler David Tremlett 2019 die Häuser in der **Via di Mezzo** mit abstrakten Wandgemälden in den Farben der Landschaft. Die polnisch-deutsche Bildhauerin Alicja Kwade platzierte ihre *Solid Sky*-Kugel vor der **Chiesa dei Santi Germano e Prospero**, um die Realität durch die mögliche Existenz eines Paralleluniversums infrage zu stellen.

Das sind nur einige Beispiele. Zu nennen wären etwa noch *Elevatio Corpus* und *Endless Sunset* von Patrick Tuttofuoco, *Artificial Wind* von Wang Yuchen und Vittorio Corsinis *Lo Sguardo di Peccioli*.

TEATRO DEL SILENZIO

Rund 15 Autominuten südlich von Peccioli liegt das Dorf Lajatico,das vor allem für sein Teatro del Silenzio bekannt ist. Das Freilufttheater inmitten herrlicher Landschaft war die Idee des berühmtesten Sohnes von Lajatico, des Tenors Andrea Bocelli. Jedes Jahr im Juli gibt Bocelli hier ein Konzert. Der Termin findet sich auf teatrodelsilenzio.it.

Das weiße Gold von San Miniato

AUF TRÜFFELSUCHE

Ungefähr auf halbem Weg zwischen Pisa und Florenz liegt das mittelalterliche Bergdorf und kulinarische Wunderland **San Miniato**. Die mächtige **Torre Federico II.** ist schon von Weitem zu sehen. Hier hat von September bis Dezember der heiß geliebte *tuber magnatum pico* (Weiße Trüffel) Saison. Doch auch im restlichen Jahr bietet San Miniato kulinarische Genüsse.

BUDDHISMUS IN DER TOSKANA

Ein bedeutendes Zentrum des Buddhismus befindet sich bei Arcidosso, wo die Gemeinschaft der **Merigar International Dzogchen Community** (S. 167) lebt.

MUSEEN IN PECCIOLI

Museo d'Arte Sacra
Das Museum für Religiöse Kunst in Peccioli erzählt die Geschichte des Ortes anhand ihrer göttlichen Gemälde.

Museo Archeologico
Das archäologische Museum zeigt etruskische Fundstücke aus Ortaglia in der Nähe von Peccioli.

Museo di Palazzo Pretorio
In dem herrschaftlichen Wohnhaus aus dem Mittelalter ist heute moderne Kunst untergebracht.

DIE BESTEN RESTAURANTS IN SAN MINIATO

Pepenero
Das bekannte Restaurant unter Küchenchef Gilberto Rossi serviert Gerichte der Saison zu wunderbaren Weinen der Region. €€

Piccola Osteria del Tartufo
Hier kann es gar nicht genug Trüffeln geben, denn jedes Gericht wird mit dem kostbaren Pilz bestreut. €€

Le Colombaie
Das typisch toskanische Restaurant verarbeitet sorgfältig ausgewählte frische Zutaten aus der Region zu traditionellen Gerichten. €€

Papaveri e Papere
In dem experimentierfreudigen Nobelrestaurant werden Zutaten aus der Region zu kreativen Gerichten der Saison verarbeitet. €€€

GIMMI/REDA&CO/UNIVERSAL IMAGES GROUP/GETTY IMAGES©

San Miniato

Während die Weiße Trüffel nur im Herbst wächst, sprießen andere Arten des kostbaren Pilzes das ganze Jahr über an den Kalksteinhängen der Umgebung. Man sollte die Trüffeln allerdings keinesfalls selbst ausgraben. Nur erfahrene, zertifizierte *tartufaio* (Trüffelsucher) dürfen mit ihren Hunden die Trüffeln in den Wäldern ernten. 1954 wurde in San Miniato die mit 2,5 kg schwerste Trüffel aller Zeiten gefunden und US-Präsident Dwight Eisenhower gewidmet. Die Statue des glücklichen *tartufaio* Arturo Gallerini mit seinem Hund Parigi steht in der Viale XXIV Maggio.

An den letzten drei Wochenenden im November findet in San Miniato der **Mostra Mercato Nazionale del Tartufo Bianco** statt. Bei dem beliebten Markt werden frische Trüffeln aller Art und Größen geprüft, verkostet, verarbeitet und an Besucher, Händler, Restaurants und Liebhaber versteigert. Wem das nicht genügt, kann auch mit einem *tartufaio* auf Trüffelsuche gehen und unter Eichen, Pappeln und Haselnusssträuchern nach den Schätzen der Natur suchen. **Truffle in Tuscany** (truffleintuscany.com) des alteingesessenen Trüffelsuchers Massimo Cucchiara und der Biobauernhof **Barbialla**

AUSGEHEN IN PONTEDERA

VIVO!
Das coole literarische Café mitten in Pontedera bietet leichte Gerichte und *aperitivo* in entspannter Atmosphäre.

Black Silk
Die historische Bar zieht mit ihren tollen Cocktails jeden Abend ein schickes Publikum an.

Il Mandarino
Die freundliche Bar in der Hauptstraße von Pontedera bietet *aperitivo*, Kaffee, Kuchen und Sandwiches.

Nuova (barbialla.it) in der Nähe von Montaione bieten im Herbst solche Touren an, die jeweils mit einer Verkostung der Weißen Trüffel enden.

Italienische Ikone

DAS VESPA-MUSEUM IN PONTEDERA

Pontedera ist nicht sonderlich attraktiv, denn die Altstadt wurde im Zweiten Weltkrieg von Engländern und Amerikanern mehrmals bombardiert, um die Rüstungsindustrie zu zerstören. Im Zuge des Wiederaufbaus in der zweiten Hälfte des 20. Jhs. erblickte hier allerdings die bekannteste Ikone Italiens das Licht der Welt: 1946 stellte das ortsansässige Unternehmen Piaggio erstmals den Vespa-Roller her, der durch Filme wie *Ein Herz und eine Krone* (1953) mit Gregory Peck und Audrey Hepburn und *Das süße Leben* von Federico Fellini (1960) zur Legende wurde.

Das **Museo Piaggio** erzählt die Geschichte der Vespa anhand von historischen Dokumenten und Ausstellungen, in denen u. a. die ersten Modelle aus den 1940er-Jahren zu sehen sind. Vom Bahnhof in Pontedera, wo der Zug aus Pisa hält, sind es noch fünf Minuten zu Fuß bis zum Museum.

Der Besuch muss im Voraus unter museopiaggio.it gebucht werden.

PROVENCE UND TIBET IN DER TOSKANA

Die Fahrt mit einer Vespa durch die malerische Landschaft beginnt südlich von Pontedera. Nach 40 Minuten erreicht man Santa Luce. Auf den früheren Weizenfeldern wird heute Lavendel angebaut, der im Juni Fotografen aus der ganzen Region anzieht. Im nahegelegenen Pomaia befindet sich das Istituto Lama Tzong Khapa für tibetanischen Buddhismus. Derzeit wird hier auch das größte buddhistische Kloster Italiens gebaut.

Wälder, Berge & Seen

RADFAHREN & VÖGEL BEOBACHTEN

Das 230 km² große Unesco-Biospärengebiet **Parco Naturale di Migliarino, San Rossore, Massaciuccoli** erstreckt sich von Pisa bis nach Viareggio. In der dicht bewaldeten Ebene leben Pferde, Wildschweine, Hirsche und seltene Bachstelzen inmitten der mediterranen Pflanzenwelt. Der 1979 ausgewiesene Park umfasst auch das 30 km² große Waldgebiet Tenuta di San Rossore, das erst im Besitz der Medici und dann der Herzöge von Lothringen war. Der Park ist von unzähligen Wander- und Radwegen durchzogen.

Wenn man von Pisa kommt, erreicht man über den Ponte alle Trombe das Besucherzentrum San Rossore, das Fahrräder verleiht (6 €/Std.). Alternativ kann man im Norden des Parks die Riserva del Chiarone hoch über dem Lago di Massaciuccoli besuchen. In dem von der LIPU (italienische Vogelschutzliga) verwalteten Paradies für Vogelbeobachter führt ein 800 m langer Steg auf Stelzen durch das Sumpfgebiet. Entlang des Wegs kann man von vier Posten aus die

ESSEN IN SAN ROSSORE

La Bottega del Parco
Für die Sandwiches werden Zutaten aus der Umgebung des Parks verwendet. **€**

Ristorante L'Ippodromo
Das Restaurant im Hippodrom des Parks hat eine sehr fleischlastige Speisekarte. **€€**

Ristorante Da Poldino
Das Restaurant auf dem Land, seit drei Generationen in Familienbesitz, serviert köstliche toskanische Gerichte. **€€**

BIER AUS DEN BERGEN

Mitten in den Monti Pisani befindet sich am Ufer des Flüsschens Zambra eine Kneipe der Brauerei La Staffetta, die seit 2019 in einer ehemaligen Ölmühle in Calci tätig ist. Ein idealer Ort, um eine Pause einzulegen und den Durst zu stillen.

Silberreiher, Massaciuccoli

mehr als 260 Vogelarten beobachten, darunter Kormorane, Seetaucher und Fischadler.

Weiter im Landesinneren bietet der Gebirgszug der Monti Pisani schöne Bergwanderwege in allen Schwierigkeitsgraden. So kann man von der Stadt San Giuliano Terme, deren Thermalquellen schon die Römer nutzten, über das verlassene Klosterdorf Mirteto aus dem 12. Jh. zum Monte Faeta (831 m) hinauf wandern. Oder man besucht die herrliche **Certosa di Calci**. In dem 1366 gegründeten Kartäuserkloster ist heute das **Naturkundemuseum der Universität Pisa** untergebracht. Danach kann man noch zur ehemaligen **Fortezza della Verruca** hinauf wandern und den atemberaubenden Blick auf das Arno-Tal genießen.

UNTERWEGS VOR ORT

Mit einem Mietwagen vom Flughafen in Pisa lassen sich nicht nur unkompliziert die berühmten Städte der nordwestlichen Toskana erreichen, sondern auch weniger bekannte Küstenorte und Bergdörfer erkunden. Vom Hauptbahnhof in Pisa fahren Züge direkt nach San Miniato, Pontedera und Florenz.

LUCCA

Das bezaubernde Lucca ist eine der am besten erhaltenen Städte der Toskana und sollte unbedingt besucht werden. Innerhalb der imposanten Stadtmauer verbinden sich römische Wurzeln mit aristokratischer Architektur in Form von eleganten Plätzen, kunstvoll verzierten Villen und grandiosen Marmorkirchen in einem Labyrinth aus kopfsteingepflasterten Gassen. Unter der Herrschaft mächtiger Kaufmanns- und Bankiersfamilien erlebte Lucca vom 11. bis 14. Jh. seine Blütezeit. Durch die günstige Lage an der Via Francigena machte der Seidenhandel einige Familien der Stadt reich. Sie errichteten die Wohntürme und Festungen, die bis heute das Stadtbild prägen. Im Gegensatz zu anderen großen Städten der Toskana geriet Lucca nie unter die Herrschaft von Florenz und konnte seine Unabhängigkeit bis Ende des 19. Jhs. bewahren. So wird die Erkundung Luccas heute zu einer Reise in die große Vergangenheit der Stadtrepublik.

TOP TIPP

Lucca wird auch die „Stadt der 100 Kirchen" genannt. Selbst wenn es nicht ganz 100 sind, so befinden sich doch unglaublich viele Kirchen in der Altstadt. Sie erzählen die Geschichte der Adelsfamilien, die ihren Bau und die herrlichen Kunstschätze, die meist im Inneren zu finden sind, finanzierten.

Massive Mauern & mittelalterliche Türme

BLICK VON OBEN AUF DIE STADT

Die 12 m hohe Mauer rund um Luccas Altstadt ist mit ihren Linden, Platanen, Eichen und anderen Pflanzen auch die grüne Lunge der Stadt. Die 2 **Mura di Lucca** ist eine der am besten erhaltenen Stadtmauern in Europa und befindet sich immer noch im Zustand ihrer Errichtung von 1513–1650. Ein 4 km langer Fußweg auf der Mauer führt an den elf Bastionen zur Verteidigung der Stadt vorbei und bietet einen tollen Blick auf die mittelalterlichen Häuser und Wohntürme der Altstadt. Samstag morgens startet um 9 Uhr auf der Piazzale Vittorio Emanuele ein kostenloser 5 km langer Lauf auf der Mauer (parkrun.it/muradilucca). Eine gute Gelegenheit, die Kalorien von zu viel *tordelli lucchesi* (die örtliche Pasta-Spezialität) und Wein vom Colline Lucchesi wieder loszuwerden.

Eine noch bessere Aussicht bietet die Torre Guinigi, einer der letzten noch erhaltenen Wohntürme des Mittelalters. Die Guinigi waren eine der mächtigsten Familien in Lucca. Auf dem Dach des 45 m hohen Backsteinturms wachsen bis zu 500 Jahre alte Eichen. Die Uhr an der Spitze der mit 50 m noch höheren Torre del'Ore stammt aus dem Jahr 1390, wurde aber 1754 restauriert. 207 Stufen führen zur Uhr hinauf.

LUCCA COMICS & GAMES

Im Oktober findet in der Altstadt von Lucca das größte Comic- und Gaming-Festival Europas statt. Diverse Ausstellungen, Events und Märkte ziehen Cosplayer und Comic-Fans aus dem ganzen Land an. Das Programm findet sich unter luccacomicsand games.com

HIGHLIGHTS
1 Chiesa di Santa Caterina
2 Mura di Lucca (Stadtmauer)
3 Museo Nazionale di Palazzo Mansi
4 Palazzo Pfanner
5 Santa Maria Corteorlandini
6 Torre del'Ore
7 Torre Guinigi

SEHENSWERTES
8 Museo della Zecca
9 Museo Nazionale di Villa Guinigi
10 Puccini-Museum

ESSEN
11 Buca di Sant'Antonio
12 Gli Orti di Via Elisa
13 Il Giglio
14 Nanda's

AUSGEHEN & FEIERN
15 Franklin '33
16 La Dispensa del Vanni
17 Magellano

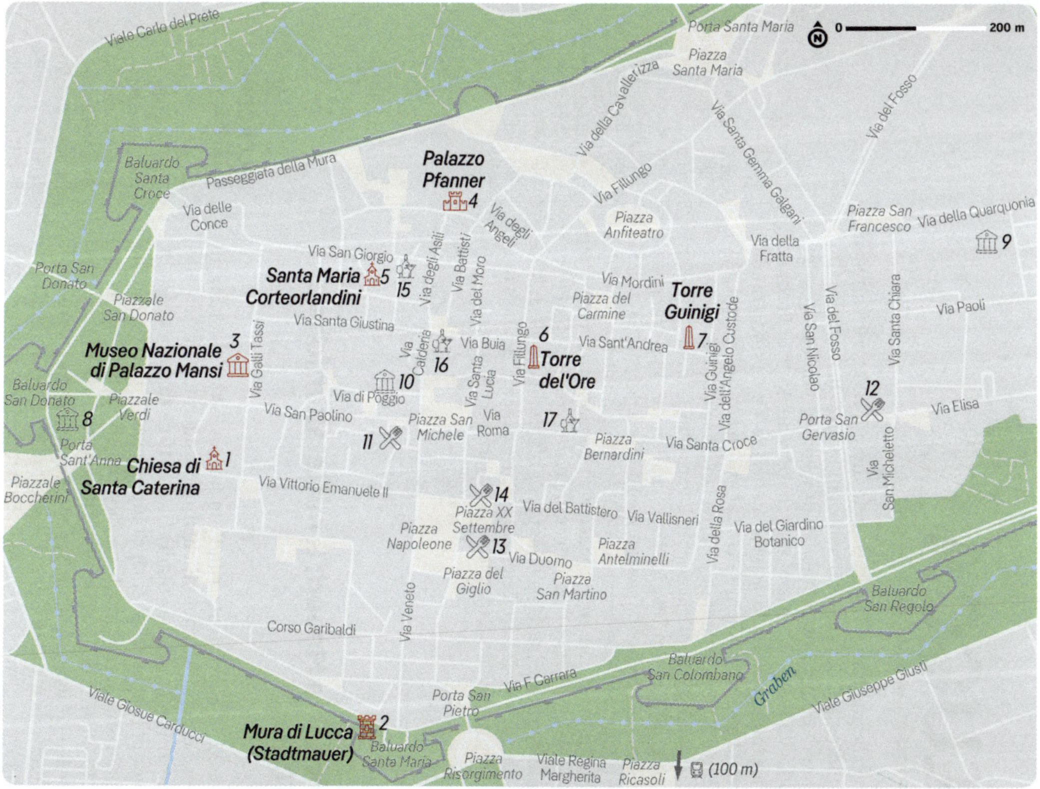

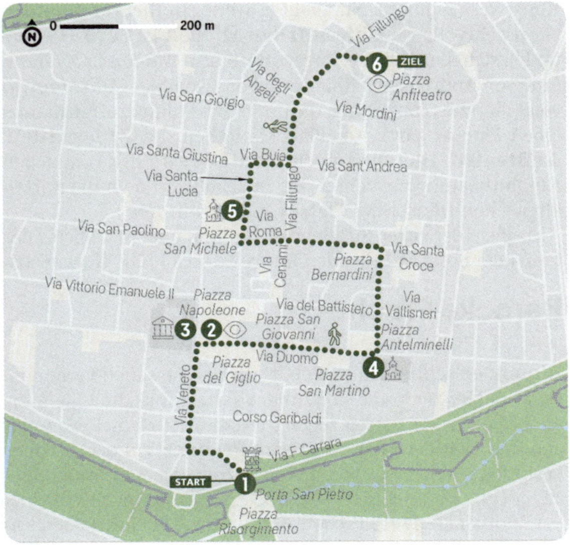

2000 Jahre Geschichte

SPAZIERGANG

Die Tour durch die Altstadt von Lucca ist eine Reise durch die Geschichte. Vom Stadttor 1 **Porta San Pietro** beim Bahnhof geht es gemütlich zur relativ neuen 2 **Piazza Napoleone** oder auch Piazza Grande. Der grandiose 3 **Palazzo Ducale** wurde im 16. Jh. von Bartolomeo Ammannati entworfen und war das politische Zentrum der Stadt. Nach der Besichtigung der außergewöhnlichen Scala Regia von Lorenzo Nottolini, des Cortile degli Svizzeri und der vielen Räume voller Kunstwerke geht man ein kleines Stück weiter zum uralten 4 **Dom** aus dem 11. Jh mit dem noch älteren Glockenturm.

Die dreigegliederte Fassade im gotischen und romanischen Stil ist mit herrlichen Reliefs aus dem Leben des Hl. Martin verziert. In der Kirche befinden sich Werke von Domenico Ghirlandaio, Tintoretto, Fra' Bartolomeo und Jacopo della Quercia sowie das überaus kostbare Kruzifix *Volto Santo*. Man ging lange davon aus, dass es sich um eine Kopie aus dem 12. Jh. handelt, doch eine Radiokarbonanalyse von 2020 bewies, dass es tatsächlich das Original aus dem 7.–9. Jh. ist. Damit ist es die älteste bekannte Holzskulptur Italiens, wenn auch nicht das älteste

DIE BESTEN MUSEEN IN LUCCA

Museo Nazionale di Villa Guinigi
Das Museum in der Villa von 1413 des ehemaligen Herrschers von Lucca, Paolo Guinigi, dokumentiert 700 Jahre Stadtgeschichte anhand von Kunstwerken.

Puccini-Museum
Im Geburtshaus des großen Komponisten Giacomo Puccini (1858–1924) wird sein Leben mit historischen Dokumenten, Originalmöbeln, Kleidungsstücken und Fotografien erzählt.

Museo della Zecca
Die älteste Münze Europas, die von 650 bis 1843 in Betrieb war, ist heute ein kleines Museum, in dem historische Werkzeuge, alte Münzen und Dokumente zu sehen sind.

AUSGEHEN IN LUCCA

La Dispensa del Vanni
Ab 19 Uhr strömen Einheimische und Touristen in die Bar, um kleine Gerichte und Wein aus der Enoteca nebenan zu genießen.

Franklin '33
Die weithin bekannte Cocktailbar bietet sich sowohl für einen Aperitif als auch einen Absacker an.

Magellano
In der vor Kurzem eröffneten Cocktailbar in der Via Olivo passt die altmodische Atmosphäre gut zu den blanken Backsteinwänden.

DIE BESTEN RESTAURANTS IN LUCCA

Nanda's
Das beliebte Restaurant bei der Piazza Napoleone serviert mittags tolle vegane Burger, Sandwiches, Pasta und Kuchen. €

Buca di Sant'Antonio
Das ebenso freundliche wie traditionelle Restaurant bietet frische hausgemachte Pasta und Weine der Colline Lucchesi. €€

Gli Orti di Via Elisa
Das gemütliche Restaurant serviert Gerichte der Saison aus regionalen Zutaten, darunter auch tolle Pizza. €€

Il Giglio
Das Sterne-Restaurant in einem eleganten Palast aus dem 18. Jh. bietet u. a. ein vegetarisches Verkostungsmenü mit sechs Gängen. €€€

Kunstwerk in Lucca. Nun geht es weiter in Richtung Norden zur prachtvollen 5 **Chiesa di San Michele in Foro**. Hier befinden sich die glasierte Terracotta-Statue *Madonna col Bambino* von Andrea della Robbia und das Gemälde *Pala Magrini* von Filippino Lippi. Durch die uralte Via Fillungo erreicht man einen der einzigartigsten Plätze in Italien, die 6 **Piazza dell' Anfiteatro**. Hier sind noch die Überreste des römischen Amphitheaters aus dem 2. Jh. zu sehen, auf dem die mittelalterlichen Häuser des Platzes gebaut wurden.

In einem der vielen Straßencafés kommt man mit einem Glas *vino* oder einem stärkenden Kaffee zurück in die Gegenwart.

Barocke Pracht

LUCCAS OPULENTE WOHNHÄUSER

Hinter den schlichten mittelalterlichen Fassaden verbergen sich oft Meisterwerke der Innenausstattung, die eine ganz andere Seite von Lucca zeigen. Das beste Beispiel des üppigen Barockstils ist der 4 **Palazzo Pfanner**, ein prachtvolles Wohnhaus, das einst von dem österreichischen Brauereibesitzer Felix Pfanner (1818–92) und Luccas Bürgermeister Pietro Pfanner (1864–1935) bewohnt wurde. Den herrlichen italienischen Garten gestaltete Filippo Juvarra.

Fünf Gehminuten weiter befindet sich das 3 **Museo Nazionale di Palazzo Mansi**, in dessen prachtvollen Räumen eine große Sammlung moderner und zeitgenössischer Kunst untergebracht ist. Der 1. Stock ist immer noch so möbliert, wie er es zuzeiten der Familie Mansi im 17. Jh. war. Die atemberaubende Sala della Musica wurde 1689 für die Hochzeit von Carlo Mansi und Elena Pepoli renoviert. Die Pinacoteca präsentiert Gemälde, die der Herzog von Habsburg und Lothringen der Stadt 1874 schenkte, als Lucca der Toskana einverleibt wurde.

Ganz in der Nähe befindet sich die 1 **Chiesa di Santa Caterina** aus dem 18. Jh., deren Erbauer angeblich unbekannt ist. In der Mitte der Kuppel ist im Okulus ein abgehängtes Fresko der Hl. Katharina zu sehen. Eine Geheimtreppe führt zum Dachboden hinauf, wo das Rätsel der optischen Täuschung gelöst wird. Das Prachtstück des barocken Lucca ist vor allem 2 **Santa Maria Corteorlandini**, die auch Chiesa di Santa Maria Nera genannt wird. Die Illusionsmalereien von Pietro Scorsini an der Decke, in den Bogen und Gewölben lassen die Kirche noch größer erscheinen.

UNTERWEGS VOR ORT

Am einfachsten ist Lucca mit dem Zug zu erreichen. Der Bahnhof an der Piazza Ricasoli ist ganz in der Nähe der Porta San Pietro, dem Tor zur Altstadt. Von Lucca fahren Züge nach Florenz, Viareggio und Pisa, mit denen man Tagesausflüge in die Kunststädte und zu den Stränden in der Versilia unternehmen kannn. Wie viele andere Städte der Toskana ist auch die Altstadt von Lucca autofrei, es sei denn, man hat als Einwohner eine Sondergenehmigung. Wer mit dem Auto unterwegs ist, erreicht Lucca über die Autobahn A11 und muss das Auto dann außerhalb der Stadtmauer parken (2 €/Std.).

Rund um Lucca

Trendig und entspannt oder ländlich und wild? Wer die Umgebung von Lucca erkundet, wird beides finden.

In der Provinz Lucca, die sich nordwestlich der Stadt erstreckt, befinden sich sowohl malerische mittelalterliche Dörfer als auch glamouröse Badeorte, deren Nobelhotels und schicke Nachtclubs im Sommer die Promis anziehen. Es ist also für jeden Geschmack etwas dabei. Entlang kurvenreicher Straßen sind in der herrlichen Landschaft des Serchio-Tals Bergdörfer mit alten Steinhäusern, tiefe Schluchten und die üppigen Wälder im Vorland der Apuanischen Alpen zu entdecken. Wer eine Auszeit von Kunst und Kultur braucht, fährt an die Küste der Versilia und tut nichts außer sich am Meer zu entspannen und köstliche Meeresfrüchte zu genießen. Auf jeden Fall gewinnt man in dieser Region einen ganz neuen Blick auf die Toskana.

TOP TIPP

Von Lucca fahren Züge nach Viareggio und Pietrasanta. Außerdem verkehrt eine historische Eisenbahn zwischen Lucca und Aulla. Am besten ist man mit einem Auto unterwegs.

Ponte del Diavolo (S. 221)

Schöne Strände

ENTSPANNEN IN DER REGION VERSILIA & UMGEBUNG

Wenn die Tage länger und wärmer werden, strömen die Einheimischen an die Küste, um den Arbeitsalltag zu vergessen und nur noch Sonne, Essen und Spaziergänge zu genießen. Der größte Teil der nördlichen Küste der Toskana gehört zur Region Versilia, wo sich die Städte Pietrasanta, Forte dei Marmi, Seravezza und Stazzema befinden. Allerdings werden meist auch Viareggio und Camaiore dazugezählt.

Viareggio ist das Zentrum der Region: Die 2 km lange Strandpromenade ist zugleich die Hauptstraße der Stadt und führt zu den vielen *bagni* (kostenpflichtige Strände), die sich hier aneinander reihen. Neben lebhaften Strandcafés, feinen Nobelrestaurants und aufregenden Nachtclubs ist Viareggio auch bekannt für seinen ausgelassenen **Karneval**, einen der größten in Italien. Die spektakulären Straßenumzüge nehmen Promis und Politik gleichermaßen aufs Korn.

Nördlich von Viareggio liegt das künstlerische **Pietrasanta** mit seinem Strandbad **Marina di Pietrasanta**. Die 1255 gegründete Stadt entwickelte sich in der Renaissance – dank der Nähe zu den Marmorsteinbrüchen von Carrara – zu einem wichtigen Kunstzentrum. Diesen Charakter hat sich Pietrasanta bis heute bewahrt, es ist die Stadt mit den meisten Kunstgalerien und Ateliers in ganz Italien. Nach dem Bummel durch die eleganten Boutiquen der Altstadt sollte man zum 3 km entfernten Strand fahren und am **Pontile di Tonfano** den Sonnenuntergang beobachten.

Wer sich etwas gönnen will, fährt nach Norden ins glamouröse **Forte dei Marmi**. In der verschlafenen Stadt tummeln sich im Sommer die Reichen und Schönen. In den schicken Clubs fließt der Champagner in Strömen, exklusive Modeboutiquen und Luxushotels sind gut besucht. Doch nur wenige Schritte außerhalb des Stadtzentrums wartet eine ganz andere Welt. Das WWF-Schutzgebiet **Le Dune** bietet eine herrliche endemische Pflanzenwelt und freien Zugang zum Strand.

SCHOTTISCHES IN BARGA

In Barga sind überraschend viele Hinweise auf Schottland zu entdecken, wie z. B. der offizielle Barga Celtic Supporters Club mit Sitz in der Bar Paolo Gas in der Via Marconi. Ende des 19. Jhs. wanderten viele Bewohner des Ortes auf der Suche nach einem besseren Leben nach Schottland aus. Im Rentenalter kehrten viele wieder zurück und brachten schottische Traditionen mit, darunter die Begeisterung für diesen Fußballverein.

Vergessene Dörfer im Serchio-Tal

AUTOTOUR

Die Strecke am Serchio entlang führt in eine weniger bekannte Gegend der Toskana. Die sanften Hügel wachsen zu dicht bewaldeten Bergen an, statt prachtvolle Kunststädte gibt's hier bezaubernde Dörfer, die immer noch wie im Mittelalter aussehen.

Von ❶ **Lucca** fährt man auf der SS12 in Richtung Norden. Nach einem Abstecher zur ❷ **Pieve di San Giorgio a Brancoli** auf dem Berg erreicht man ❸ **Borgo a Mozzano**. Hier be-

ÜBERNACHTEN IN PIETRASANTA

Albergo Pietrasanta
Idyllisch, ruhig und ganz in der Nähe der Hauptsehenswürdigkeiten in der Altstadt von Pietrasanta. **€€**

Antico Frantoio Pietrasanta
Das großartige Landhotel in einer ehemaligen Ölmühle ist nur zehn Autominuten von Pietrasanta entfernt. **€€**

Palazzo Visdomini
Das Vier-Sterne-Hotel in der Via Stagio Stagi ist eine einzige Pracht. **€€€**

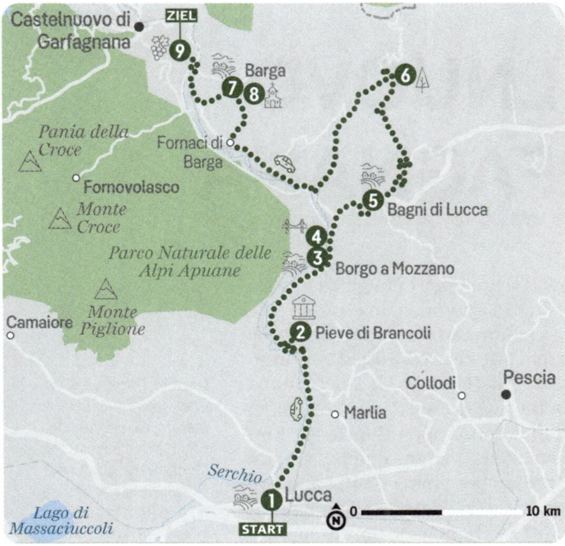

findet sich der asymmetrische Ponte della Maddalena mit vier Bogen, der auch als ❹ **Ponte del Diavolo** (Teufelsbrücke) bekannt ist, da angeblich nur der Teufel selbst die Brücke im 11. Jh. errichten konnte.

Einige Kilometer weiter teilt sich der Fluss. Folgt man dem rechten Arm, gelangt man zum Thermalbad ❺ **Bagni di Lucca**. Das klassizistische ehemalige Casino von 1837 erinnert an die Zeit, als Persönlichkeiten wie Lord Byron, Percy Bysshe Shelley und Giacomo Puccini hier kurten und ihr Geld verspielten. Im Sommer kann man weiter in den wilden ❻ **Orrido di Botri** fahren. In dem 286 ha großen Naturschutzgebiet rund um die tiefste Schlucht der Toskana leben Eichhörnchen, Hirsche, Murmeltiere und Füchse.

Folgt man dem Serchio, gelangt man ins mittelalterliche ❼ **Barga**, einem der schönsten Dörfer der Region, das von den majestätischen Apuanischen Alpen umgeben ist. Steigt man zur ❽ **Collegiata di San Cristoforo** hinauf, kann man den Monte Forato mit seinem Loch im Felsen sehen. Zweimal im Jahr scheint die Sonne zweimal hinter der von einem natürlichen Felsenbogen gebildeten Öffnung unterzugehen. Zum Abschluss gibt's noch eine Weinprobe im freundlichen ❾ **Podere Concori**. Das Bioweingut ist ein Familienbetrieb mitten in der Wildnis der nördlichen Toskana.

DIE BESTEN RESTAURANTS IN VIAREGGIO & DER VERSILIA

Pesce Baracca
Das beliebte Marktrestaurant in Forte dei Marmi verarbeitet frisch gefangene Meeresfrüchte zu Gerichten wie Fisch-Burgern und gemischten Platten. €€

Filippo
Das vornehme künstlerische Restaurant mitten in Pietrasanta bietet eine raffinierte kreative Küche. Dazu gibt's eine große Auswahl an Weinen und Cocktails. €€€

Lunasia
Das Nobelrestaurant im Erdgeschoss der Hotels Plaza und De Russie in Viareggio serviert Meeresfrüchte und fleischlastige Verkostungsmenüs sowie vegetarische Spezialitäten aus der Region. €€€

UNTERWEGS VOR ORT

Die meisten Küstenorte in der Region Versilia sind von Lucca gut mit dem Zug zu erreichen. Allerdings muss man manchmal in Viareggio, dem zentralen Verkehrsknotenpunkt der Küstenregion, umsteigen. Fährt man durch das Serchio-Tal nördlich der Stadt, kommt man in die Gebirgsregion Garfagnana. Hier ist man am besten mit dem Auto unterwegs.

CASTELNUOVO DI GARFAGNANA

Die Hauptstadt der Region Garfagnana ist ein gutes Basislager, um dieses herrliche Gebiet zu erkunden, in das sich trotz der großartigen Natur und vielfältigen Outdoor-Aktivitäten nur wenige Reisende verirren. Mit knapp 6000 Einwohnern ist die mittelalterliche Stadt Castelnuovo di Garfagnana, die 740 erstmals urkundlich erwähnt wird, das Tor zu den rauen Apuanischen Alpen und dem Appennino Tosco-Emiliano, die hier aufeinandertreffen. Felsige Gipfel, Seen und Wälder umgeben die Stadt, die über eine Festung aus dem 12. Jh. und viele *agriturismi* (Unterkünfte auf dem Bauernhof) verfügt, wo man sich mit Kastanienspezialitäten, Käse aus der Region und Dinkelbrot stärken kann.

TOP TIPP

Die alte Tradition, Kastanien über dem Feuer in einem *metato*, einem kleinen Stein- oder Backsteinhäuschen, zu trocknen, verschwindet zwar langsam, wird jedoch in der Garfagnana von September bis November teilweise noch praktiziert.

HIGHLIGHTS
1 Duomo
2 Rocca Ariostesca

ESSEN
3 Il Baretto
4 Trattoria Marchetti

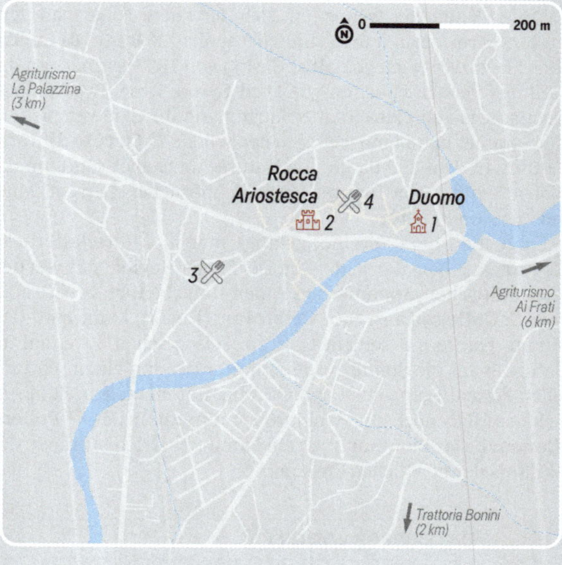

GUIDO COZZI/ATLANTIDE PHOTOTRAVEL/GETTY IMAGES ©

Rocca Ariostesca

Das Tor zur Wildnis

MONUMENTE AUS DEM MITTELALTER

Rund um Castelnuovo kann man vor allem herrlich wandern, Mountainbiken, klettern, Gleitschirmfliegen und Kajakfahren, doch auch die Stadt selbst ist sehenswert und bietet außergewöhnliche Erlebnisse.

Der dem Hl. Petrus gewidmete 1 **Dom aus dem 16. Jh.** steht auf dem Hauptplatz von Castelnuovo. Wenige Schritte entfernt erhebt sich die dunkelrote 2 **Rocca Ariostesca**, eine Burg aus dem 12. Jh., die nach dem italienischen Dichter Ariosto benannt ist. Er war in den 1520er-Jahren Gouverneur der Garfagnana. In den malerischen Gassen der Altstadt ist aber nicht nur alte Architektur zu bewundern. Restaurants und Läden bieten traditionell hergestellten Käse und Produkte aus Dinkel- und Kastanienmehl, die es so kaum irgendwo anders gibt.

DIE BESTEN RESTAURANTS IN CASTELNUOVO DI GARFAGNANA

Trattoria Marchetti
Regionale Klassiker, angemessene Preise und eine schlichte Atmosphäre machen das Restaurant zum Lieblingslokal der Einheimischen. Ideal für ein schnelles Mittagessen während des Besuchsprogramms. €

Il Baretto
Das historische Restaurant beim Hauptplatz der Stadt serviert einfache Küche in rustikalem Ambiente. €€

Trattoria Bonini
Das Restaurant außerhalb der Altstadt bietet viele Fleischgerichte und die traditionelle Küche der Region. €€

UNTERWEGS VOR ORT

Die schmalen, kurvenreichen Straßen in der Garfagnana sind ziemlich anstrengend zu fahren, doch ohne Auto ist diese Region schwer zu erkunden. Von Lucca fährt man auf der SS12 in Richtung Norden durch das Serchio-Tal bis zur SR445, die quer durch das Tal verläuft.

Alternativ kann man auch mit der historischen Eisenbahn von Lucca nach Aulla durch die herrliche Landschaft der Garfagnana und Lunigiana fahren. Der Zug hält unterwegs in vielen Orten, darunter in Castelnuovo di Garfagnana. Fahrpläne gibt es unter trenitalia.com.

Rund um Castelnuovo di Garfagnana

In der Wildnis der Toskana wandern, radfahren und Höhlen besichtigen.

Der 1985 eingerichtete Parco Regionale Alpi Apuane erstreckt sich über die drei historischen Regionen der Toskana: Garfagnana, Lunigiana und Versilia. Der Gebirgszug, dessen höchster Gipfel der 1947 m hohe Monte Pisanino ist, wird „Alpen" genannt, weil er mit seiner schroffen felsigen Gesteinsstruktur viel mehr an die Alpen im Norden Italiens als an die sanften Hügel des benachbarten Apennin erinnert. Aufgrund der einzigartigen Struktur wurde der Gebirgszug 2015 als Unesco Global Geopark klassifiziert. Er verfügt nicht nur über die größte Biodiversität der Region, sondern auch über mehr als 1000 Höhlen und unendlich viele Wanderwege, die vom italienischen Alpenverein unterhalten werden.

TOP TIPP

Hier ist ein Auto nützlich, denn viele Wanderwege beginnen in abgelegenen Dörfern, die mit Bus oder Zug nicht zu erreichen sind. Karten und Wegbeschreibungen (in Italienisch) gibt es unter escursioniapuane.com, Wanderapps wie Wikiloc und Komoot bieten GPS-Routen.

Isola Santa

ROBERTONENCINI/SHUTTERSTOCK ©

PROGETTOCREMA/SHUTTERSTOCK ©

Apuanische Alpen

Wandern in den Apuanischen Alpen

DAS ZERKLÜFTETE GEBIRGE DER GARFAGNANA

Unendlich viele Wanderwege führen im Parco Regionale delle Alpi Apuane durch die wilde Landschaft zu den Gipfeln hinauf. Wer nur die Aussicht genießen will, muss sich aber nicht unbedingt anstrengen, sondern fährt einfach zur idyllischen **Isola Santa** mit märchenhafter Landschaft oder leiht sich ein Tretboot am **Lago di Gramolazzo** und bewundert die Berge von unten. Wanderer dagegen haben die Qual der Wahl.

Ein schöner Weg führt von Castelnuovo di Garfagnana zum künstlich angelegten **Lago di Vagli**, in dem einst das Dorf Fabbriche di Careggine versunken ist und das seit 1947 als „toskanisches Atlantis" gilt. Danach geht es zur **Oasi di Campocatino**, wo man in 30 Minuten zum **Eremo di San Viviano**, einem faszinierenden Kloster am Monte Roccandagia, in 1090 m Höhe wandern kann.

Deutlich anspruchsvoller ist die Wanderung zum Gipfel **Pania della Croce**. Von **Piglionico** folgt man den Wegen Nr. 7 und 126 des italienischen Alpenvereins und erreicht in etwa einer Stunde die Hütte **Rifugio Rossi** unterhalb des **Uomo Morto**, einer Felsenformation, die entfernt an das Gesicht ei-

DIE BESTEN RESTAURANTS IN DER GARFAGNANA

Mattarello – Osteria dell'Isola
Auf der Terrasse des schönen Restaurants am Fuße der Apuanischen Alpen schmecken die traditionellen *tagliatelle al farro* (Dinkeltagliatelle) noch mal so gut. €€

Il Pozzo
Das Restaurant in Pieve Fosciana bietet authentische Slow-Food-Küche aus Zutaten von den umliegenden Bauernhöfen. €€

Il Grillo
Das Restaurant in Giuncugnano ist bekannt für seine Wildküche und Steinpilze (besonders lecker, wenn sie einfach nur gebraten sind). €€

ÜBERNACHTEN IN DER GARFAGNANA

Camping Lago Apuane
Der Campingplatz am Lago di Gramolazzo hat Hütten und Stellplätze. Außerdem gibt es eine Pizzeria und einen Tretbootverleih. €

Agriturismo Tripala
Die Lage ist herrlich und der Blick vom Swimmingpool auf die Apuanischen Alpen fantastisch. Im Sommer gibt's Konzerte im Garten. €€

Il Pradicciolo
In dem gemütlichen *agriturismo* verwöhnt Silvia ihre Gäste mit hausgemachten Köstlichkeiten wie Kastanienbrot, Marmelade und Wein. €€

DREI TOLLE ROUTEN IN DEN APUANISCHEN ALPEN

Alberto Pellegrinetti von Garfagnana Dream empfiehlt diese Wege. *@garfagnanadream.it*

Puntato–Col di Favilla Der einfache Weg beginnt in Tre Fiumi und führt an herrlichen Bergen wie dem Monte Sumbra und Pizzo delle Saetta entlang. Man sieht auch die Nordseite des Monte Corchia und den Gipfel des Monte Freddone.

Sentiero della Libertà Der Rundweg führt am Fuß der Panie-Berggruppe entlang und bietet einen spektakulären Blick auf den Uomo Morto (toter Mann) und viele historische Sehenswürdigkeiten. Er beginnt in Piglionico und führt hinunter nach Colle a Panestra.

Rifugio Orto di Donna Die höchstgelegene Hütte im Val Serenaia ist das Basislager für den Aufstieg auf den Monte Pisanino, höchster Gipfel der Gebirgskette. Die Wege hier sind nur für erfahrene Wanderer mit professioneller Ausrüstung geeignet.

STEFANO CELLAI/SHUTTERSTOCK ©

Grotta del Vento

nes toten Mannes erinnert. Von hier führt ein steiler Anstieg auf den 1859 m hohen Gipfel, wo man über die Apuanischen Alpen hinweg bis zum Meer blicken kann. Auf der anderen Seite geht es wieder hinunter zum **Rifugio del Freo**, wo man sich mit einem herzhaften Essen stärken kann, bevor man zurück nach Piglionico wandert.

Neben wandern kann man in den Apuanischen Alpen auch herrlich klettern. Am bekanntesten ist der anspruchsvolle Oppio-Colnaghi-Steig am **Monte Pizzo d'Uccello** (1781 m), der eine 800 m hohe senkrechte Wand bietet. Wesentlich einfacher ist **Le Rocchette** in der Nähe von Molazzana.

Mountainbiken im Apennin

TOLLE STRECKEN IN WILDEM TERRAIN

Der Apennin im Norden der Garfagnana ist ideal zum Mountainbiken, denn das Gelände ist nicht so zerklüftet wie die felsigen Apuanischen Alpen. Das neue Trailzentrum in der Nähe des **Naturschutzgebiets Orecchiella** befindet sich bei der abgelegenen **Miramonti-Hütte** und bietet alle Möglichkeiten dieses Sports. Von hier führen Strecken durch Wälder und über Gebirgskämme, um dann auf alte Schäfer- und Pilgerwege zu treffen.

ÜBERNACHTEN IN DER GARFAGNANA

Ai Canipai
Das Hotel liegt günstig zum Parco Avventura Selva del Buffardello und zum Naturschutzgebiet Orecchiella. **€€**

Borgo del Sole
In einem Tal der Apuanischen Alpen liegen vier bezaubernde Apartments, in denen man weit weg von allem ist. **€€**

Agriturismo Borgo Biaia
Der malerische Bauernhof bei Camporgiano hat einen herrlich entspannenden Swimmingpool. **€€€**

Dass die nördliche Garfagnana heute ein Paradies für Mountainbiker ist, ist vor allem den Mountainbike-Profis Richard Williams und Sandra Brandt zu verdanken, die 2015 aus London in die Toskana kamen und das moderne Trailzentrum **Ridgeline** (ridgeline.bike) aufbauten. Als sie 2019 mit dem PayDirt-Preis von Santa Cruz ausgezeichnet wurden, legten sie mit dem Geld mehr als 400 km öffentliche Strecken in der Region an.

So können nun erfahrene und weniger erfahrene Mountainbiker gleichermaßen die herrliche Landschaft des Apennin genießen. Die Strecken reichen von einfachen Abschnitten auf den alten Pilgerwegen wie der **Via del Volto Santo** bis zu extrem kurvenreichen Fahrten durch die Buchenwälder. Ridgeline organisiert auch einwöchige All-inclusive-Touren durch die Garfagnana und verleiht Elektro-Mountainbikes.

Im Inneren des Berges

DIE „WINDHÖHLE" IN DEN APUANISCHEN ALPEN

Die **Grotta del Vento** ist eine 4,5 km lange Höhle mit kunstvoll glitzernden „Skulpturen", die im Laufe von Jahrtausenden entstanden sind. Sie sehen zwar aus wie aus Marmor gehauen, sind aber tatsächlich mineralische Tropfsteine. Der Einstieg ist in dem Dorf **Fornovolasco**.

Die 1961 zufällig entdeckte Höhle verdankt ihren Namen dem konstanten Luftzug, der hier aufgrund des Druckunterschieds zwischen Ein- und Ausgang herrscht. Speläologen führen Besuchergruppen in ein, zwei oder drei Stunden durch die faszinierende Höhle (10–25 €). Die Führungen müssen unter grottadelvento.com gebucht werden.

Die Temperatur im Inneren beträgt das ganze Jahr über 10,7 °C (Pullover mitbringen!). Je nach Tour sind zwischen 366 und mehr als 1000 Stufen zu bewältigen auf dem Weg durch Gänge und über Treppen, die zur **Halle der Echos** und dem **Abgrund des Riesen** führen, ein schwindelerregend tiefer Schacht.

Danach sollte man unbedingt noch Fornovolasco besuchen. Das ehemalige Schmiededorf wurde beim Hochwasser von 1996 stark beschädigt, doch die **Chiesa San Francesco di Assisi** schmückte Paolo Maiani anschließend mit vom Hochwasser inspirierten Fresken.

WARUM ICH DIE GARFAGNANA LIEBE

Angelo Zinna, Autor

Wenn ich auf den engen, kurvigen Straßen in den Bergen der Garfagnana unterwegs bin, habe ich das Gefühl, nicht mehr in der Toskana zu sein. Oder eher: in einer ganz anderen Toskana.Da es mühsamer und anstrengender ist, die wunderbare Natur hier zu entdecken, eignet sich die Gegend nicht für den Massentourismus. So bleibt sie immer etwas Besonderes, das man ganz in Ruhe genießen kann

UNTERWEGS VOR ORT

Die historische Eisenbahn Lucca–Aulla, die auch als „Garfagnana-Eisenbahn" bekannt ist, stammt aus dem Jahr 1892. Von Lucca fährt sie quer durch die Garfagnana nach Aulla in der Lunigiana. Leider ist sie nur selten in Betrieb und in den letzten zwei Jahren fuhr sie wegen Bauarbeiten nur sehr unregelmäßig.

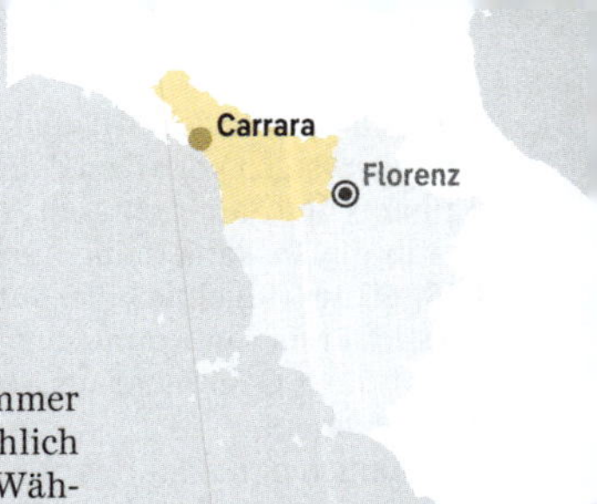

CARRARA

Die Berge rund um Carrara sehen aus, als wären sie immer von Schnee bedeckt. Doch die weißen Gipfel sind tatsächlich die Marmorsteinbrüche, die schon die Römer nutzten. Während der kostbare Stein später von Künstlern wie Michelangelo und Canova für ihre Kunstwerke verwendet wurde, wird er heute zumeist für die Herstellung von Kosmetika und Zahnpasta abgebaut. Dennoch prägt der Abbau des weißen Goldes immer noch die Natur dieser Gegend. Die harten Arbeitsbedingungen der Steinhauer machten Carrara vor 100 Jahren zu einer Hochburg des Anarchismus in Italien. Heute fordern Umweltschützer die Schließung der noch aktiven Steinbrüche, um die Berge nicht an den Meistbietenden zu verlieren. Schon jetzt hat die Marmorindustrie die Gegend um Carrara in eine öde Mondlandschaft verwandelt.

TOP TIPP

Gut 50 Steinmetzwerkstätten gibt es heute noch in Carrara, die eigene Kunstwerke oder Kopien von Klassikern herstellen. Man kann ihnen überall in der Stadt bei der Arbeit zusehen.

DIE BESTEN RESTAURANTS IN CARRARA

Osteria La Capinera
Das Restaurant in der Altstadt bietet leckere authentische Küche und eine täglich wechselnde Speisekarte. €

Il ReBacco
Das farbenfrohe, heimelige Restaurant mit viel Liebe zum Detail serviert Meeresfrüchte und deftige Fleischgerichte. €€

Osteria la Piazza
Die Portionen der traditionellen Gerichte der *Osteria* am Hauptplatz von Carrara sind sehr üppig. Es gibt auch Vegetarisches. €€

Die Kunst der Marmorbildhauerei

CARRARAS MARMORNE VERGANGENHEIT

Hier ist alles aus Marmor: vom schwarz-weißen Pflaster der 3 **Piazza Alberica** mit den farbenfrohen Häusern über die Fassade der romanischen 2 **Cattedrale di Sant'Andrea** bis zum klassizistischen 5 **Teatro degli Animosi** und Kenneth Davis' *Schwimmender Kugel* auf der 4 **Piazza d'Armi**. Die Geschichte von Carrara wurde schon immer von dem kostbaren Stein in den Bergen der Umgebung bestimmt.

Um die lange – und recht problematische – Beziehung zwischen Carrara und dem Marmor zu verstehen, sollte man das **Cava Museo Fantiscritti** außerhalb der Stadt (geöffnet März–Nov.) besuchen. Dort kann man in die Mondlandschaft eines Marmorsteinbruchs hineingehen und hautnah die harten Bedingungen erleben, unter denen die Arbeiter das weiße Gold aus den Bergen holen.

Während der Marmor heute zumeist für die Bau- und Kosmetikindustrie abgebaut wird, verarbeiteten Bildhauer ihn seit der Zeit der Römer zu Kunstwerken. Das **CARMI Museum** in der Villa Fabbricotti dokumentiert Leben und Werk des berühmtesten Marmorbildhauers: Michelangelo Buonarroti. Anhand von Reproduktionen seiner Werke (Nachbildungen und Hologramme) sowie von historischen Dokumenten erzählt das Museum in sechs Räumen die Geschichte des Renaissance-Künstlers und seiner Beziehung zu Carrara.

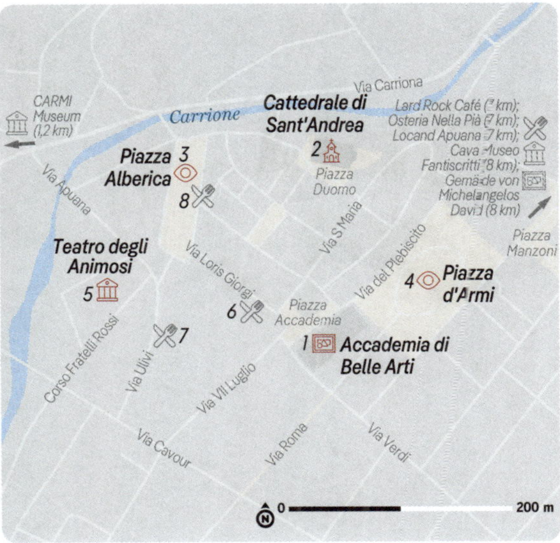

HIGHLIGHTS
1 Accademia di Bella Arti
2 Cattedrale di Sant'Andrea
3 Piazza Alberica
4 Piazza d'Armi
5 Teatro degli Animosi

ESSEN
6 Il ReBacco
7 Osteria La Capinera
8 Osteria la Piazza

In der Stadt befindet sich mit der 1 **Accademia di Belle Arti** auch eine der bedeutendsten Kunstakademien Italiens. Sie wurde 1769 von Prinzessin Maria Teresa Cybo-Malaspina gegründet und ist immer noch in ihrem ehemaligen Wohnhaus, dem Palazzo Cybo-Malaspina, untergebracht. Die riesige Gipsabdrucksammlung ist eine der größten der Welt und umfasst mehr als 300 Werke berühmter Künstler wie Antonio Canova und Lorenzo Bartolini.

Wanderung um die Marmorsteinbrüche

EINE WANDERUNG ZU EDUARDO KOBRAS *DAVID*

Ab einer bestimmten Höhe ist im **Parco Regionale delle Alpi Apuane** gut zu erkennen, wie der Marmorabbau die Landschaft um Carrara geprägt hat. Die Wanderung beginnt in **Colonnata**, einem winzigen Dorf außerhalb von Carrara, das bekannt ist für seinen traditionellen *lardo* (Schinkenspeck). Dann führt der rot und weiß markierte Weg 195 nach Cima d'Uomo und Foce Luccica.

Auf der linken Seite sind nun die schroffen weißen Gipfel und „gesprenkelten" Hänge zu sehen, die schon zu den

LARDO ESSEN IN COLONNATA

Lard Rock Café
Hier gibt es den besten *lardo* der Stadt. Der berühmte marmorierte Schinkenspeck ist mit geografischer Herkunftsangabe (IGP) geschützt. €

Locandapuana
Die traditionelle Trattoria bietet Platten mit verschiedenen Sorten *lardo* und herzafte Gerichte. €€

Osteria Nella Pià
Lardo mit Honig dominiert die Speisekarte, doch es gibt auch tolle Desserts. €€

WANDERN IN DER LUNIGIANA

Der zertifizierte Umweltführer **Leonardo Taccetti** empfiehlt drei Wanderwege, die oft übersehen werden. *@leo_digitaltrek*

Der Kamm, der den Lago Santo Parmense mit Prato Spilla verbindet, ist Teil der Grande Escursione Appenninica und bietet einen tollen Blick aufs Meer und den Parco dell'Appennino Tosco-Emiliano.

Anspruchsvollere (und erfahrene) Wanderer können vom Cerreto-Pass über den Pietratagliata-Pass zum Rifugio Città di Sarzana gehen. Am See lässt sich herrlich übernachten. Eine andere Möglichkeit ist das I Ghiaccioni-Biwak unterhalb der Alpe di Succiso.

Der dritte Vorschlag ist ein Rundweg von Sassalbo nach Camporaghena. Die vielen Kastanienmühlen in Sassalbo sind verschwunden, daher mahlen die wenigen Einwohner ihr Mehl heute selbst. Im Herbst ist es zauberhaft, wenn die Landschaft in allen Farben leuchtet.

FRANCESCO DE MARCO/SHUTTERSTOCK ©

Marmorsteinbruch in Carrara

165 heute noch aktiven Marmorsteinbrüchen in Carrara gehören. Mit High-Tech-Methoden wurde hier in den letzten 30 Jahren mehr Marmor abgebaut als in den gesamten 2000 Jahren zuvor.

Der Weg folgt der jahrhundertealten Via di Lizza, über die die Arbeiter die Marmorblöcke einst auf Holzbalken ins Tal transportierten. Weiter geht es durch **Vergheto** und auf dem Weg 196 hinauf zur **Cima Gioia**. Der Gipfel wurde 2017 zu einem Wahrzeichen der Region, als der brasilianische Straßenkünstler Eduardo Kobra sein 10 m hohes, farbenfrohes **Gemälde** von Michelangelos *David* auf die **Cava Gualtiero Corsi** sprühte.

UNTERWEGS VOR ORT

Die „Marmorstadt" Carrara haben nur wenige Reisende auf dem Schirm. Das liegt wohl an der ungünstigen Lage und den fehlenden öffentlichen Verkehrsmitteln. Der am nächsten zur Stadt gelegene Bahnhof ist Carrara-Avenza, gut 5 km westlich des Zentrums. Von hier fahren regelmäßig Busse in die Altstadt, die gut zu Fuß erkundet werden kann. Mit dem Auto fährt man auf der A12 (Genua–Livorno) oder der A11 (Florenz–Pisa-Nord) nach Carrara.

Rund um Carrara

Hügel, Berge, Burgen und Fernwanderwege – im nördlichen Grenzland der Lunigiana gibt es eine Menge zu entdecken.

Die historische Region Lunigiana, die sich bis zur Emilia-Romagna und nach Ligurien erstreckt, ist schon seit der Bronzezeit besiedelt, wie archäologische Ausgrabungen beweisen. Die meisten Reisenden fahren auf ihrem Weg ins fotogenere Cinque Terre aber einfach nur eilig hindurch. Dabei lohnt es sich durchaus, die Burgen und befestigten Dörfer zu besuchen und viele Traditionen kennenzulernen, die anderswo längst verschwunden sind, wie z. B. das uralte *al testo*-Kochen in einem gusseisernen Topf, mit dem die berühmte Spezialität der Region, *testaroli* (eine Art Pasta), zubereitet wird.

TOP TIPP

Von Florenz und Pisa fahren Züge nach Pontremoli. Von dort kann man auf der Ciclovia dei Castelli in die kleineren Orte radeln.

Malgrate, Lunigiana (S. 233)

SARAH2/SHUTTERSTOCK ©

MIT DEM FAHRRAD AUF DER VIA FRANCIGENA

Die beste Art, die ganze Via Francigena in der Toskana abzufahren, ist mit dem Rad. Einige Abschnitte der traditionellen Strecke sind aber zu eng oder zu steil fürs Fahrrad. Doch auf der Website viafrancigena.bike sind Karten mit Umfahrungen zu finden.

SARAHZ/SHUTTERSTOCK ©

Pontremoli

Pontremolis Vergangenheit

DAS TOR ZUR TOSKANA

Pontremoli im äußersten Norden der Toskana ist schon seit dem Mittelalter das Tor zur Toskana. Unberührt vom Massentourismus – trotz der Direktverbindung nach Florenz – sollte man das Herz der historischen Lunigiana nicht verpassen. Mittelalterliche Burgen, wunderbare Natur und leckeres Essen warten auf ihre Entdeckung.

Durch die Stadt am Fluss Magra führte die historische Via Francigena, der Pilgerweg von Canterbury über Rom bis nach Jerusalem. Hoch über Pontremoli thront das mächtige **Castello del Piagnaro** aus dem 15. Jh. Heute ist darin das faszinierende **Museo delle Statue Stele Lunigianesi** untergebracht. Das 2015 renovierte Museum zeigt 42 der 82 geheimnisvollen Steinstatuen, die seit den 1950er-Jahren in der Region gefunden wurden und vermutlich zwischen dem 4. und 1. Jahrtausend v. Chr. entstanden.

Doch Pontremoli hat auch weniger mysteriöse Kunst zu bieten. Ganz in der Nähe der Burg befindet sich die **Villa**

ÜBERNACHTEN IN PONTREMOLI

B&B Ai Chiosi
Die bezaubernde Pension nahe der Villa Dosi Delfini in Pontremoli ist von Grünflächen umgeben. **€**

Agriturismo Il Glicine e la Lanterna
Der malerische Bauernhof außerhalb von Pontremoli hat auch einen Swimmingpool. **€€**

Agriturismo Ca' del Lupo
Der Bauernhof aus dem 19. Jh. liegt mitten im Apennin und bietet viel Ruhe und gutes Essen. **€€**

Dosi Delfini, ein barocker Prachtbau von 1700, der so gar nicht in das ansonsten rustikale Stadtbild passen will. Die Villa ist noch bewohnt, kann aber mit einer Führung von Sigeric (sigeric.it) besichtigt werden. So können auch Besucher die üppig möblierten Räume und wunderbaren Decken mit Illusionsmalereien bewundern.

Fernwanderwege

DIE LUNIGIANA MIT DEM RAD ODER ZU FUSS ERKUNDEN

Die abgelegene Lunigiana ist mit öffentlichen Verkehrsmitteln nicht zu erreichen, ein Auto ist dennoch nicht unbedingt erforderlich, vor allem wenn man Zeit hat. Die vor Kurzem angelegte **Ciclovia dei Castelli** ist ein 47 km langer Rundweg, auf dem man zu Fuß oder mit dem Rad zu allen Burgen und Dörfern der Region kommt.

Fahrräder können bei Sigeric (sigeric.it) in Pontremoli geliehen werden. Von dort fährt man auf der **Via Francigena** an den alten Wohntürmen von **Ponticello** und der romanischen Pieve di Sorano in **Filattiera** vorbei zum Castello di Malgrate aus dem 14. Jh. in **Villafranca** und zurück zum Ausgangspunkt.

Alternativ kann man die **Via del Volto Santo**, ebenfalls ein alter Pilgerweg von Pontremoli nach Lucca, gehen. Während die Via Francigena in Richtung Süden nach Aulla und ans Meer führt, verläuft die 150 km lange Via del Volto Santo quer durch die Garfagnana und das Serchio-Tal bis zur Cattedrale di San Martino in Lucca, wo das namensgebende Holzkruzifix *Volto Santo* aufbewahrt wird. Für die Strecke braucht man in der Regel sieben bis zehn Tage.

Noch mehr Burgen und Festungen kann man auf der anspruchsvollen **Via Vandelli** sehen. Der 172 km lange Wanderweg führt von der Emilia-Romagna in den Süden der Lunigiana und folgt über spektakuläre Bergpässe und durch grüne Täler einer Handelsroute aus dem 18. Jh.

DIE BESTEN RESTAURANTS & CAFÉS IN PONTREMOLI

Osteria da Bussé 1930
Das traditionelle Restaurant serviert *testaroli* mit Pesto in üppigen Portionen und leckere *torta d'erbi.* €€

Osteria della Luna
Hausgemachte Küche und eine heimelige Atmosphäre zeichnen das Restaurant aus. €€

Antica Pasticceria degli Svizzeri
Hier gibt es die beste süße Spezialität des Ortes: *amor.* €

UNTERWEGS VOR ORT

Pontremoli im äußersten Nordwesten der Toskana ist mit dem Zug von Florenz und Carrara-Avenza zu erreichen. Die dreistündige Fahrt führt mitten durch die üppig grüne Landschaft der Lunigiana.

In Pontremoli beginnt die neue Ciclovia dei Castelli, auf der man zu Fuß oder mit dem Rad der legendären Via Francigena folgen kann.

PISTOIA

Obwohl sie 2017 italienische Kulturstadt des Jahres war, gibt sich Pistoia doch wesentlich zurückhaltender als andere Kunststädte der Toskana. Vom Bahnhof führt ein kurzer Spaziergang in die bezaubernde stille Altstadt, die bisher vom Massentourismus verschont blieb. So kann man ganz in Ruhe die schönen Straßen und Gebäude entdecken. Pistoia wurde im 2. Jh. v. Chr. als militärischer Außenposten von den Römern gegründet, die damals Krieg gegen Ligurien führten. 1401 geriet die freie Stadt unter die Herrschaft von Florenz. Mit dem Verlust ihrer politischen Bedeutung wurde Pistoia ein wichtiges Zentrum der Künste. Die adeligen Familien förderten Musik, Dichtung, Theater und bildende Künste, was bis heute die Stadt prägt.

TOP TIPP

Rund 7 km östlich von Pistoia befindet sich die Fattoria di Celle. In einer grandiosen Villa aus dem 15. Jh. werden Gegenwartskunst und Environments gezeigt. Die Dauerausstellung ist von Mai bis September geöffnet und der Besuch muss im Voraus gebucht werden.

PISTOIA BLUES FESTIVAL

Jedes Jahr im Juli wird die Piazza del Duomo in Pistoia zur größten Musikbühne der Toskana. Seit 1980 traten beim **Pistoia Blues Festival** schon Stars wie Santana, Frank Zappa und Miles Davis auf. Termine und Programm finden sich auf pistoiablues.com.

Im Untergrund von Pistoia

EIN URALTES UNTERIRDISCHES TUNNELSYSTEM

Mitte des 14. Jhs. spielte Pistoias altes Spedale del Ceppo eine wichtige Rolle bei der Bekämpfung der Pest, die in der Stadt und ihrer Umgebung wütete. Das 1277 gegründete Hospital war 700 Jahre lang in Betrieb.

Als 2013 ein neues Krankenhaus gebaut wurde, brachte man im Spedale del Ceppo, dessen elegante Loggia mit fünf Keramikmedaillons verziert ist, die Giovanni della Robbia zugeschrieben werden, das 1 **Museo dello Spedale del Ceppo** unter. Das Museum erzählt die Geschichte des alten Hospitals anhand von Dokumenten und chirurgischen Instrumenten. Außerdem ist das **Teatrino Anatomico** aus dem 17. Jh. zu sehen. In dem winzigen „Theater" sezierten die Studenten Leichen im Anatomieunterricht.

Wesentlich bedeutsamer für die Geschiche Pistoias jedoch ist das Untergrundmuseum 2 **Pistoia Sotterranea** (irsapt.it/it/pistoia-sotterranea) unter dem Hospital. Das 650 m lange Tunnelsystem grub der mittlerweile ausgetrocknete Fluss Brana in die Erde. Bei einer Führung des Instituts für historische und archäologische Forschungen IRSA kann man die Entwicklung der Stadt nachverfolgen. Bei der kürzlichen Renovierung der Tunnel stellten die Wissenschaftler fest, dass das Hospital einst sein Abwasser in die Tunnel leitete, das dann zu den Waschhäusern der Stadt floss. Was für eine Vorstellung aus heutiger Sicht!

HIGHLIGHTS
1 Museo dello Spedale del Ceppo
2 Pistoia Sotteranea

ESSEN
3 Cafe Valiani 1831
4 Locanado del Capitano del Popolo
5 Osteria dell'-Abbondanza
6 Vitium

AUSGEHEN
7 Caffetteria Marino Marini
8 Grand Cafe cu Gloe

Die Sehenswürdigkeiten von Pistoia

SPAZIERGANG

Das mittelalterliche Herz der Stadt ist von romanischer Architektur geprägt, wie z. B. der gestreiften ❶ **Chiesa di San Giovanni Fuorcivitas** aus dem 13. Jh., die sich direkt am südlichen Eingang der Stadt erhebt. Hinter der auffälligen Fassade verbirgt sich ein düsterer Innenraum, in dem sich das kostbare *Polittico* (1355) von Taddeo Gaddi befindet. Direkt um die Ecke ist die kleine ❷ **Piazza**

KAFFE TRINKEN IN PISTOIA

Caffè Valiani 1831
In dem Café in einer ehemaligen Kapelle, die einem Einsiedler, dem Hl. Antonius, gewidmet war, gibt es tolles Gebäck zum Espresso.

Caffetteria Marino Marini
Das Museo Marino Marini ist derzeit geschlossen, doch das Café ist geöffnet. Eine versteckte Oase der Ruhe mitten im Zentrum.

Grand Café du Globe
Das altmodisch elegante Jugendstilcafé bietet selbst gerösteten Kaffee und ausgezeichnetes Gebäck.

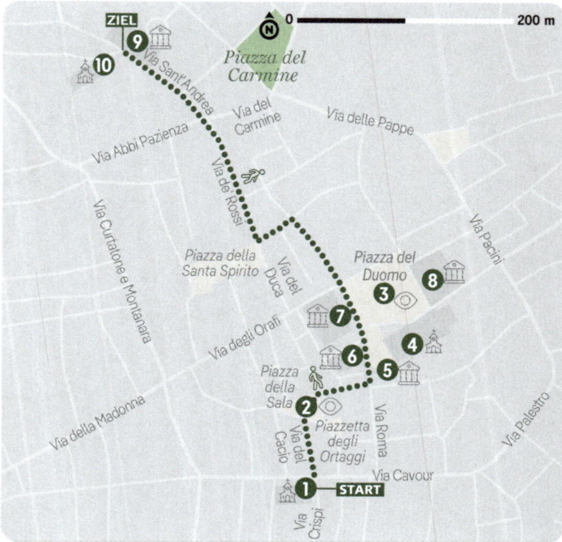

DIE BESTEN RESTAURANTS IN PISTOIA

Vitium
Das Lokal bei der Piazza del Duomo bietet kleine regionale Gerichte und eine große Auswahl an Weinen. €

Locanda del Capitano del Popolo
Die bunt zusammengewürfelte Einrichtung der Trattoria in der Via di Stracceria sollte nicht über das leckere, authentische Essen hinweg täuschen. €€

Osteria dell' Abbondanza
Die von der „Armenküche" der Vergangenheit inspirierten toskanischen Klassiker werden hier in üppigen Porrtionen serviert. €€

della Sala, der Marktplatz mit dem Brunnen von Cecchino di Giorgio von 1453 in der Mitte.

Auf dem Platz findet zwar jeden Vormittag ein kleiner Obst- und Gemüsemarkt statt, der eigentliche Markt ist aber mittwochs und samstags auf der großen 3 **Piazza del Duomo**. Dort befinden sich auch die Hauptsehenswürdigkeiten, wie die majestätische 4 **Cattedrale di San Zeno** mit dem *Altare d'Argento di San Giacomo* aus Silber aus dem 13. bis 15. Jh. Das Museum im 5 **Antico Palazzo dei Vescovi** zeigt den großen Wandteppich *Arazzo Millefiori*. Das gotische 6 **Battistero di San Giovanni** von Andrea Pisano wurde von 1303–61 aus weißem Carrara-Marmor und grünem Prato-Marmor errichtet.

Unweit davon stehen sich zwei stattliche Paläste gegenüber: der 7 **Palazzo Pretorio** von 1367 ist heute Sitz des Stadtgerichts, der 8 **Palazzo del Comune** ist nicht nur Sitz der Stadtverwaltung, sondern beherbergt auch Marino Marinis *Miracolo*.

Weiter nördlich befindet sich der 9 **Palazzo Fabroni** mit den wertvollsten Kunstschätzen von Pistoia. Hinter der schlichten romanischen Fassade der 10 **Chiesa di Sant'Andrea** verbirgt sich die wundervoll geschnitzte Kanzel (1298–1301) von Giovanni Pisano. Auf sieben Porphyrsäulen ruhen fünf Gemälde mit Darstellungen aus dem Leben Jesu Christi.

UNTERWEGS VOR ORT

Pistoia kann sehr gut in einem Tagesausflug von Florenz aus besucht werden. Mehrere Züge fahren täglich in 50 Minuten vom Bahnhof Santa Maria Novella in Florenz nach Pistoia. Der dortige Bahnhof ist nur 10 Minuten vom Zentrum entfernt, das sich gut auf eigene Faust erkunden lässt.

Wer mit dem Auto kommt, verlässt die Autobahn A1 bei der Ausfahrt Pistoia und folgt der Beschilderung „Pistoia Centro". Die herrliche Natur des Apennin erreicht man über die SS66 in Richtung Norden. Hier kann es im Winter auch schneien.

Rund um Pistoia

Die Umgebung von Pistoia hält manche Überraschung bereit.

Kaum hat man Pistoia verlassen, reihen sich bezaubernde Dörfer in Weinbergen und historische Ortschaften aneinander. In Richtung Norden erstreckt sich das Gebiet Montagna Pistoiese mit dem beliebten Skiort Abetone. In Richtung Westen befinden sich auf dem Weg nach Lucca das exklusive Montecatini Terme, wo sich betuchte Gäste in Spas und Luxushotels verwöhnen lassen, sowie Collodi mit dem Pinocchio-Park. Im Osten liegt die Industriestadt Prato, wo die drittgrößte chinesische Gemeinde in Europa (nach London und Paris) lebt. Außerdem befinden sich hier sehenswerte Kunstschätze. In Richtung Süden fährt man in die Provinz Florenz und sollte dort unbedingt den Geburtsort des großen Leonardo da Vinci besuchen.

TOP TIPP

Prato ist von Pistoia aus gut mit dem Zug zu erreichen (12 Min.). Von dort fahren regelmäßig Busse in die kleineren Orte der Umgebung. Mit einem Auto ist es aber wesentlich einfacher.

Palazzo Pretoria, Prato (S. 239)

CELEBRAZIONI LEONARDIANE

Eins der berührendsten Events der Stadt findet jedes Jahr am 15. April, dem Geburtstag da Vincis, statt. Beim Festival Celebrazioni Leonardiane (oder auch „Leonardo-Tag“) gibt es Theateraufführungen, Filme, Märkte, Workshops und Sonderausstellungen zu Ehren des berühmten Sohnes der Stadt.

MAREMAGNUM/SHUTTERSTOCK ©

Museo Leonardiano

Den Gedanken eines Genies auf der Spur

WO LEONARDO DA VINCI GEBOREN WURDE

Das kleine Städtchen **Vinci** ist 24 km von Pistoia entfernt. Seine vielfältigen Talente als Maler, Wissenschaftler, Ingenieur und Erfinder haben Leonardo da Vinci den Titel des „größten Genies der Renaissance“ eingebracht. Das **Museo Leonardiano** besteht aus drei Gebäuden: dem Haus, in dem Leonardo da Vinci 1452 geboren wurde und in dem sich heute eine lebensgroße Holografie des Künstlers befindet, der **Villa del Ferrale**, in der seine Gemälde ausgestellt sind, und dem Erfindermuseum, das eine große Sammlung von Maschinen für das Bauhandwerk, die Textilproduktion und das Militär sowie Fluggeräte zeigt, die nach Leonardos Entwürfen gebaut wurden. Diese Ausstellung im Castello dei Conti Guidi ist zugleich die größte der drei. Von der Terrasse hat man auch einen tollen Panoramablick auf die Hügellandschaft der Umgebung.

ESSEN IN VINCI

La Bottega di Nonno Mario
Der vor Kurzem eröffnete Familienbetrieb in der Stadtmitte serviert mittags und abends tolle Pizza. **€**

La Beccheria
Die freundliche traditionelle Trattoria bietet üppige Wurstplatten mit passenden Weinen der Region. **€€**

Caffè del Castello
Das für seine legendäre *bruschetta* bekannte freundliche Café ist ideal für ein schnelles Mittagessen auf dem Weg zum Leonardo-Museum. **€€**

Alte & neue Kunst

GEGENSÄTZE IN DER ZWEITGRÖSSTEN STADT DER TOSKANA

Prato ist die zweitgrößte Stadt der Toskana und nur 15 Autominuten von Pistoia und weniger als 30 Minuten von Florenz entfernt. Dennoch kommen nur wenige Reisende hierher. Die Stadt, die seit Mitte des 19. Jhs. dank der Textilindustrie (mit heute mehr als 700 Fabriken) groß und wohlhabend wurde, ist auch ein bedeutendes kulturelles Zentrum, wo sich Altes und Neues miteinander verbindet.

Mitten in der Altstadt von Prato erhebt sich das gewaltige **Castello dell'Imperatore** von 1240, das einzige schwäbische Bauwerk in Zentralitalien. Das mittelalterliche Zentrum ist jedoch eher die **Piazza del Comune** mit dem meterhohen **Palazzo Pretorio** aus dem 12. Jh. In dem ehemaligen Sitz der politisch Mächtigen ist heute das bedeutendste Museum der Stadt untergebracht. Es zeigt mehr als 3000 Kunstwerke, darunter Agnolo Gaddis *Madonna col Bambino* (1392–95), Pietro di Miniatos *Incoronazione della Vergine e i Santi Mattia e Matteo* (1412–13) und Alessandro Alloris *Miracolo del Grano* (1603).

Die **Cattedrale di Santo Stefano** direkt daneben wurde im romanischen Stil des 13. Jhs. an der Stelle einer früheren Kirche errichtet. In der rechten Ecke der Fassade befindet sich der berühmte *Pergamo del Sacro Cingolo* (1434–38), die halbrunde Kanzel von Michelozzo und Donatello. Im Inneren des Gebäudes sind Werke von Agnolo Gaddi, Paolo Uccello und Giovanni Pisano sowie ein früher Freskenzyklus von Fra' Filippo Lippi, der einst hinter dem Altar entdeckt wurde und höchste Anerkennung sowohl bei Michelangelo als auch bei Vasari fand.

In krassem Gegensatz zu diesen jahrhundertealten Kunstwerken steht die futuristische moderne Kunstsammlung des grandiosen **Centro Pecci**, unter dessen vergoldetem Dach regelmäßig tolle visuelle und darstellende Kunst aus aller Welt präsentiert wird. Infos zu aktuellen Ausstellungen unter centropecci.it.

DIE BESTEN RESTAURANTS IN PRATO

Tonio
Der schlichte Familienbetrieb serviert schon seit den 1950er-Jahren ausgezeichnete Meeresfrüchte. €€

Osteria su Santa Trinita
Das elegante Restaurant mit bemalten Gewölbedecken bietet gutes hausgemachtes Essen und dazu passende Weine der Region. €€

Pepe Nero
In dem preisgekrönten Restaurant in der Via Adriano Zarini bringt Küchenchef Mirko Giannoni raffinierte Variationen toskanischer Klassiker auf den Tisch. €€€

UNTERWEGS VOR ORT

Von Pistoia fahren Züge in 15 Minuten nach Prato, sodass es gut in einem Tagesausflug zu besuchen ist. Auch Florenz ist gut mit öffentlichen Verkehrsmitteln zu erreichen. Für die kleineren Orte der Region und den Apennin im Norden ist jedoch ein Auto erforderlich.

SMPOLY/SHUTTERSTOCK ©

Oben: Arezzo (S. 246). Rechts: Mugello (S. 256)

ÖSTLICHE TOSKANA

VON BURGEN BEWACHTE TÄLER IM GRENZLAND

Faszinierende Spuren einer langen Vergangenheit prägen die üppige Landschaft an den Hängen des Apennin.

Die östliche Toskana grenzt an die Emilia-Romagna, Umbrien und die Marken. In der dicht bewaldeten Landschaft an den Hängen des Apennin verbergen sich wunderbare Kunstschätze, für deren Entdeckung sich leider nur wenige die Zeit nehmen. Innerhalb der geschützten Flächen des Parco Nazionale Foreste Casentinesi, der sich über die Provinzen Florenz und Arezzo erstreckt, befinden sich von der UNESCO als Welterbe gelistete Primärwälder und die Quelle des Arno, des größten Flusses der Toskana.

© MAXIMILIAN CHIN/EYEEM/GETTY IMAGES

Die ruhigen Orte hoch über landwirtschaftlich genutzten Tälern waren schon im Mittelalter sehr beliebt bei den hier ansässigen Adelsfamilien, allen voran den Medici. Um dem städtischen Alltag zu entkommen, errichteten sie opulente Landsitze. Auch Mönche und Heilige schätzten die Ruhe und den Frieden, um spirituelle Erleuchtung zu finden. Zwischen den zahllosen Einsiedeleien und mächtigen Steinburgen wuchsen Künstler wie Giotto, Piero della Francesca und Giorgio Vasari auf, deren künstlerisches Erbe wir heute noch bewundern.

Überraschend viele Städte in der Region sind direkt mit dem Zug zu erreichen und können gut an einem Tag oder einem Wochenende besucht werden. Dabei reicht die Zeit auch noch für leckere *tortelli alle patate* (mit Kartoffeln gefüllte Nudeln). Überdies führen uralte Pilgerwege und neue Fernwanderwege durch die üppig grünen Landschaften des Mugello und Casentino.

DIE WICHTIGSTEN ZIELE

AREZZO
Filmreife Straßen, historische Gebäude.
S. 246

BORGO SAN LORENZO
Burgen und Landsitze.
S. 256

Erste Orientierung

Die östliche Toskana besteht aus dem florentinischen Mugello im Norden und den Tälern der Provinz Arezzo im Süden, während sich der Apennin mit seinen geschützten Wäldern und einsamen Klöstern entlang der Grenze zur Emilia-Romagna erstreckt.

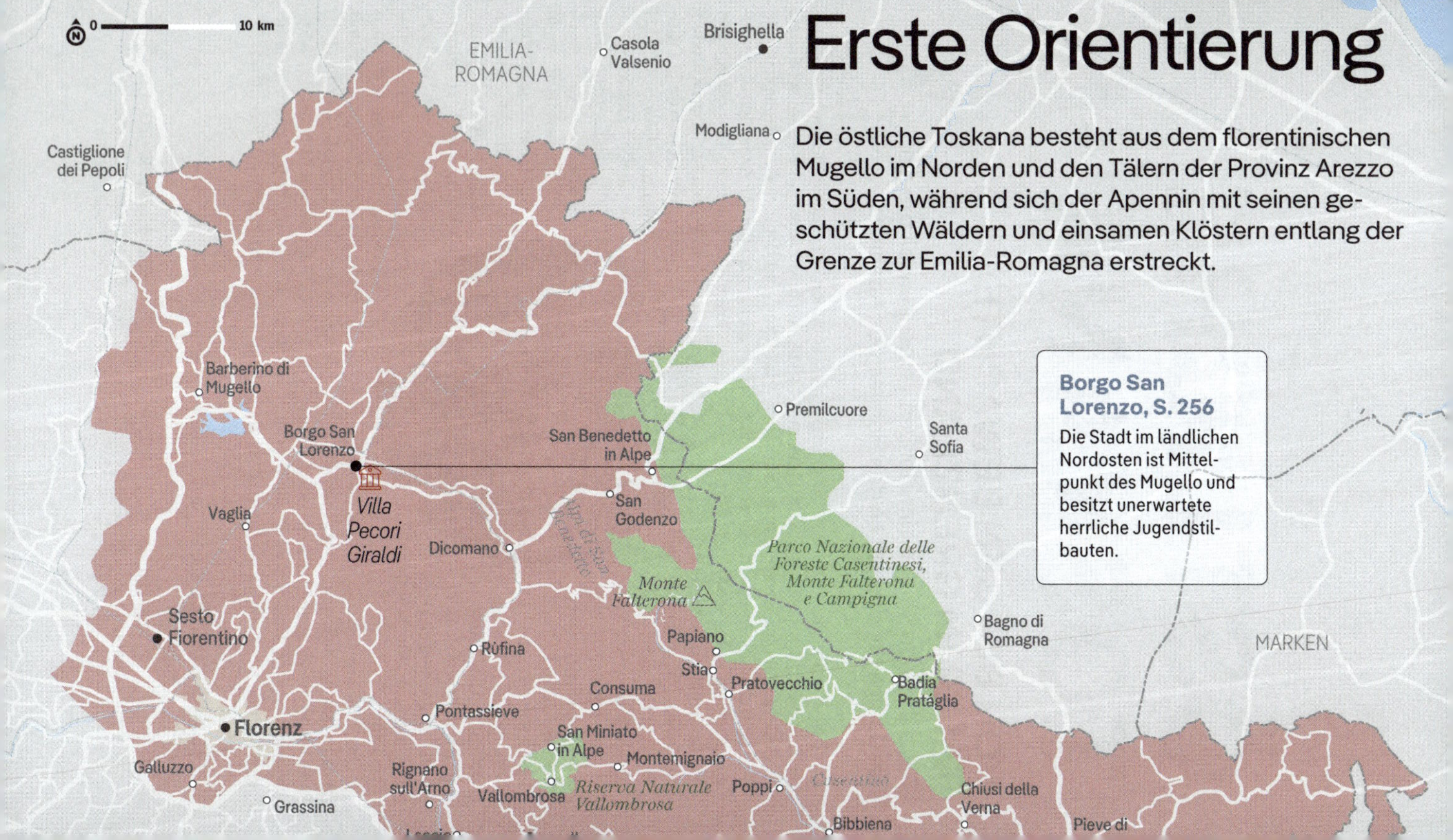

Borgo San Lorenzo, S. 256

Die Stadt im ländlichen Nordosten ist Mittelpunkt des Mugello und besitzt unerwartete herrliche Jugendstilbauten.

Arezzo, S. 246

Die Filmkulisse für Roberto Benignis *Das Leben ist schön* bietet Weltklasse-Kunst und -Architektur und ist dennoch nicht überlaufen.

AUTO

Die abgelegenen Ecken der östlichen Toskana, vor allem aber die Einsiedeleien und Klöster im Apennin, sind nur mit dem Auto zu erreichen. Die meisten Autovermietungen gibt's in Florenz. Buchungen im Voraus sind günstiger.

BUS

Von Arezzo fahren Busse in die Nachbarstädte, die nicht mit dem Zug zu erreichen sind. Die Tour mit Bus 381 vom Hauptbahnhof nach Anghiari und Sansepolcro dauert etwa eine Stunde. Bus 90 verkehrt nach Stia, von wo ein Zug nach Florenz fährt.

ZUG

Vom Bahnhof Santa Maria Novella in Florenz verkehren regelmäßig Züge nach Arezzo und Borgo San Lorenzo. Von Arezzo fährt die Ferrovia Casentinese durch das Casentino nach Stia und hält dabei siebenmal an, u. a. auch in Poppi.

Perfekte Tage

Die Geburtsorte der wichtigsten toskanischen Künstler lassen sich in wenigen Tagen besuchen. Danach geht es aus den Städten hinaus in die herrliche Natur des Apennin.

Castella dei Conri Guidi, Poppi (S. 254)

Wenig Zeit

- Arezzo sollte man unbedingt am ersten Wochenende des Monats besuchen, denn dann findet die **Fiera Antiquaria** (S. 246) statt, einer der größten Antikmärkte der Toskana. Zum Mittagessen bietet die Antica Osteria Agania traditionelle Leckereien. Danach lohnt sich ein Besuch der frühen Werke des berühmten Renaissance-Künstlers und Sohn Arezzos **Giorgio Vasari** (S. 247). Auf dem Weg zurück zum Bahnhof kann man einige der **Drehorte** (S. 249) des preisgekrönten Films *Das Leben ist schön* entdecken.

Beste Reisezeit

Die geografische Vielfalt der östlichen Toskana ermöglicht das ganze Jahr über aufregende Aktivitäten, wobei das Wetter im späten Frühjahr und frühen Herbst am besten ist.

APRIL

Cortona feiert den Frühling mit dem bunten Blumenfest **Cortona in Fiore**, das Ende April auf der Piazza della Repubblica stattfindet.

MAI

Wenn es wärmer und sonniger wird, beginnt im Casentino die **Wandersaison**.

JUNI

Am zweiten Samstag im Juni findet in Arezzo die erste **Giostra del Saracino** statt, bei der das Mittelalter wieder lebendig wird.

Drei Tage in der östlichen Toskana

- Ein schöner Wochenendausflug führt in den toskanischen Teil des **Parco Nazionale delle Foreste Casentinesi** (S. 252). Ausgangspunkt ist die bezaubernde Stadt **Poppi** (S. 254). Das örtliche Museum L'Inferno di Campaldino erzählt die Geschichte der legendären Schlacht von Campaldino, in der Dante auf der Seite der Guelfen gegen die Ghibellinen kämpfte.

- Dann geht es nach Camaldoli. Bei der Benediktiner-Einsiedelei (S. 254) im Stadtzentrum beginnt ein schöner Rundwanderweg. Nach der Wanderung kann man sich in einem der vielen *agriturismi* (Bauernhöfen) mit frischen Kastanien und Steinpilzen stärken, bevor man das spektakuläre Bergkloster **La Verna** (S. 254) besucht.

Länger Zeit

- Mit dem Zug geht es nach Bologna. Dort beginnt der Fernwanderweg **Via degli Dei** (S. 260), der in vier bis sechs Tagen über den Apennin ins Mugello und nach Florenz führt. Nach den ersten beiden Tagen erreicht man den **Passo della Futa** (S. 261) und wandert dann auf den Wegen der Römer durch die Toskana.

- Am Eingang zum Mugello befinden sich viele Villen der Medici, die heute zum Weltkulturerbe gehören, wie die **Villa Medicea del Trebbio** (S. 259) und auch die **Fortezza Medicea di San Martino** (S. 260). Ein weiteres Highlight ist der Archäologiepark in **Fiesole** (S. 261), wo einst die Etrusker lebten, lange bevor Florenz gegründet wurde.

JULI
Beim **Mengo Music Festival** im Parco Il Prato in Arezzo treten nationale und internationale Musiker auf.

AUGUST
Das moderne Fotofestival **Cortona on the Move** findet den ganzen Sommer über in der Fortezza del Girifalco in Cortona statt.

SEPTEMBER
Mit der **Sagra del Tortello e dei Funghi Porcini** feiert Scarperia zwei Spezialitäten des Mugello: Pasta und Steinpilze.

OKTOBER
An jedem Sonntag im Oktober findet im Städtchen Marradi das **Kastanienfest** statt.

AREZZO

Die viertgrößte Stadt der Toskana liegt zwischen den Tälern Valtiberina, Valdarno, Valdichiana und Casentino. Aus dem etruskischen Handelsposten wurde im Laufe der Jahrhunderte ein einflussreiches politisches und künstlerisches Zentrum. Die unterschiedlichen Epochen sind noch gut in der Altstadt zu erkennen. Im 11. Jh. war Arezzo eine wohlhabende Republik, ein unabhängiger Stadtstaat, dessen Unterstützung der Ghibellinen zum Dauerkonflikt mit dem guelfischen Florenz führte. Am 11. Juni 1269 musste Arezzo in der Schlacht von Campaldino eine verheerende Niederlage hinnehmen. Unter den 20 000 Soldaten kämpfte auch ein gewisser Dante Alighieri. Erst ein Jahrhundert später, 1384, konnte Florenz die Stadt endgültig erobern. Die meisten Spuren der florentinischen Epoche stammen aus dem 16. Jh., wie die Werke von Piero della Francesca und des legendären Architekten Giorgio Vasari. Sie überlebten die Bombardierungen des Zweiten Weltkriegs und gehören zu den wichtigsten Kunstschätzen der Stadt.

TOP TIPP

Vom Bahnhof Santa Maria Novella in Florenz fährt ein Zug in einer Stunde direkt nach Arezzo. Von dort verkehren regelmäßig Züge in die Hauptorte des Casentino, doch abgelegenere Orte in den Bergen sind nur mit dem Auto zu erreichen.

FIERA ANTIQUARIA DI AREZZO

Wer es Cosimo I. gleichtun und einen Kunstschatz wie die *Chimäre von Arezzo* erwerben möchte, sollte am ersten Wochenende des Monats nach Arezzo kommen. Dann findet auf der Piazza Grande einer der größten Antiquitätenmärkte der Toskana statt. Seit mehr als einem halben Jahrhundert bieten mehr als 400 Händler ihre Waren auf der **Fiera Antiquaria di Arezzo** (fieraantiquaria.org) an.

Etruskische & römische Ursprünge

DIE URALTEN RUINEN & RELIKTE DER STADT

Von den Etruskern ist im heutigen Stadtbild nicht mehr viel zu sehen. Das bekannteste Symbol dieser Epoche ist die *Chimäre von Arezzo*: ein feuerspeiendes Monster mit dem Kopf und Körper eines Löwen, einer Schlange als Schwanz und einem Ziegenkopf auf dem Rücken. Als die gut erhaltene Statue aus dem 5. Jh. v. Chr. 1553 entdeckt wurde, kaufte Cosimo I. de' Medici sie sofort und brachte sie nach Florenz, wo sie heute im Museo Archeologico Nazionale bewundert werden kann.

Eine Kopie des kostbaren Kunstwerks wurde 2022 vor dem Hauptbahnhof in Arezzo aufgestellt. Alle anderen Kunstwerke aus dieser Zeit befinden sich als Originale im **3 Museo Archeologico Nazionale „Gaio Cilnio Mecenate"**. Das Museum dokumentiert die ganze Geschichte der ehemaligen Siedlung Aritim. Es befindet sich in zwei Stockwerken des früheren Monastero di San Bernardo in der Nähe des Bahnhofs und zeigt u. a. die berühmte *Cratere di Euphronios*, eine griechische Vase, auf der Herkules in einer Schlacht 510 v. Chr. dargestellt ist, und eine große Sammlung etruskischer und römischer Artefakte. Das archäologische Museum befindet sich gegenüber dem ovalen **7 Römischen Amphitheater**. Die Arena des vom 1. bis 2. Jh. erbauten Theaters ist fast so groß wie die des Kolosseums in Rom.

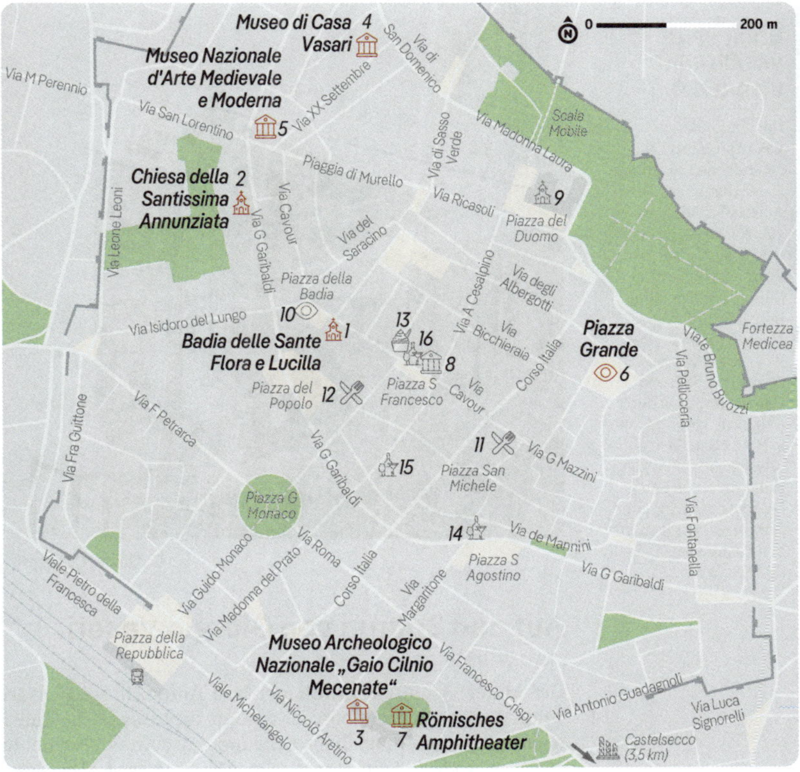

HIGHLIGHTS
1 Badia delle Sante Flore e Lucille
2 Chiesa della Santissima Annunziata
3 Museo Archeologico Nazionale „Gaio Cilnio Mecenate“
4 Museo di Casa Vasari
5 Museo Nazionale d'Arte Medievale e Moderne
6 Piazza Grande
7 Römisches Amphitheater

SEHENSWERTES
8 Cattedrale dei Santi Pietro e Donato
9 Piazza delle Badia

ESSEN
10 Antica Osteria Agania
11 Octavin
12 Sunflower

AUSGEHEN & FEIERN
13 Caffè dei Costanti
14 Emilio
15 Hoppy Lab
16 Sottopiazza

Viele etruskische Ruinen sind auch in **Castelsecco** zu sehen. Das Heiligtum der Gottheiten Tinia und Uni ist eines der letzten noch erhaltenen etruskischen Theater der Welt. Es liegt etwa 5 km südöstlich des Stadtzentrums.

AUSGEHEN IN AREZZO

Hoppy Lab
Die Craftbier-Kneipe bietet fünf Biere vom Fass und mehr als 50 Flaschenbiere. Sobald es wärmer wird, gibt's sonntags Brunch.

Sottopiazza
Die trendige Cocktail- und Weinbar an der Piazza San Francesco serviert bis spät in die Nacht eine riesige Auswahl an Cocktails.

Emilio
Die ungewöhnlich kunstvollen Cocktails der kleinen Bar in der Via Garibaldi werden sorgfältig und persönlich gemixt.

NOCH MEHR VASARI RUND UM AREZZO

Der junge Giorgio Vasari arbeitete an zahlreichen Projekten in der Umgebung von Arezzo. So sind viele seiner Gemälde auch in kleinen Kirchen der Region zu finden. Im Kloster von Camadoli befinden sich z. B. die *Madonna con Bambino e i Santi Giovanni e Girolamo* (1537) und *Natività* (1538), in der Chiesa di Sant'Agostino in Monte San Savino *L'Assunzione* (1539) und in der Chiesa di San Francesco in Castiglion Fiorentino die *Madonna con Bambino e Santi* (1549).

Caffè dei Costanti

Auf den Spuren von Giorgio Vasari

EIN GENIE DER RENAISSANCE

Der Maler, Architekt, Bildhauer und Autor Giorgio Vasari wurde 1511 in Arezzo geboren. Er prägte die toskanische Kunst nachhaltig und gilt auch als Begründer der Kunstgeschichte als Wissenschaft. Sein literarisches Meisterwerk *Le Vite*, eine Sammlung von Biografien der wichtigsten Renaissance-Künstler, ist bis heute die Grundlage für das Verständnis des Goldenen Zeitalters der Toskana.

Vasaris Vermächtnis befindet sich vor allem im 4 **Museo di Casa Vasari** in der Via XX Settembre. 1541 erbte Vasari das Wohnhaus seiner Familie und schmückte es mit wunderbaren Fresken. In dem Museum ist auch das Archivio Vasari untergebracht, in dem seine Briefe an Michelangelo, Cosimo I. de' Medici, Papst Pius V. und weitere Persönlichkeiten der Renaissance aufbewahrt werden.

Seine frühen Gemälde sind in der ganzen Stadt verteilt, wie z. B. im 5 **Museo Nazionale d'Arte Medievale e Moderna** im eleganten Palazzo Bruni Ciocchi in der Via XX Settembre. Hier befinden sich neben Vasaris *Convito per le nozze*

ESSEN IN AREZZO

Antica Osteria Agania
Die typisch toskanischen Gerichte des hervorragenden rustikalen Restaurants werden nach alten Rezepten zubereitet. €

Sunflower
Die Eisdiele genießt einen ausgezeichneten Ruf: Für die saisonalen Sorten werden nur beste Zutaten verwendet, es gibt auch veganes Eis. €

Octavin
Das Sternerestaurant im Zentrum bietet kreative Küche in Form von saisonalen Verkostungsmenüs und eine große Auswahl an Naturweinen. €€€

di Ester e Assuero – mit 7 m eines der längsten Gemälde des 16. Jhs. – auch Werke von Buonamico Buffalmacco, Andrea della Robbia und Pietro Lorenzetti. Die 2 **Chiesa della Santissima Annunziata** nebenan ist mit der *Kreuzabnahme* geschmückt.

Weiter südlich, an der Piazza della Badia, steht die 1 **Badia delle Sante Flora e Lucilla** aus dem 13. Jh., hinter deren nüchterner Fassade sich der gigantische Altar verbirgt, den Vasari für die Familienkapelle entwarf. Darüber wölbt sich die barocke Kuppel von Andrea Pozzo, die aber nur eine Illusionsmalerei ist. Der Kunstspaziergang endet bei der ansteigenden 6 **Piazza Grande**, einer architektonischen Meisterleistung, an deren Nordseite sich die 1572 von Cosimo I. de' Medici in Auftrag gegebene Logge del Vasari befindet.

GIOSTRA DEL SARACINO

Am zweitletzten Samstag im Juni und ersten Sonntag im September findet auf der Piazza Grande in Arezzo die populäre **Giostra del Saracino** statt. Bei dieser Neuauflage eines historischen Turniers müssen Reiter aus den vier Stadtbezirken den „Saracino", der einen indischen König symbolisiert, mit ihren Lanzen treffen. Der Gewinner bekommt die begehrte Goldene Lanze.

Das Leben ist schön in Arezzo

DREHORTE DES FILMKLASSIKERS

Roberto Benignis Film *Das Leben ist schön* von 1997 ist einer der bedeutendsten Filme des zeitgenössischen italienischen Kinos. Er gewann drei Oscars und neun *David di Donatello*-Preise. Es ist die Geschichte des Juden Guido Orefice (von Benigni selbst gespielt), der während des Faschismus Arbeit in Arezzo sucht und dann mit seinem Sohn Giosuè in ein Konzentrationslager kommt. Der Film hat sich tief ins kollektive Gedächtnis Italiens eingegraben. Viele unvergessliche Szenen wurden in Arezzo gedreht.

So trifft Guido auf der 9 **Piazza della Badia 9** erstmals die Lehrerin Dora (Nicoletta Braschi), in die er sich verliebt. Von der Piazza della Badia zur **Piazza Grande**, einem weiteren Drehort, führen die beiden Straßen Via Cavour und Corso Italia. In der Via Cavour befindet sich das mittlerweile geschlossene 13 **Caffè dei Costanti**, ein altmodisches Café, das im Film für Juden verboten war. Der Corso Italia führt zur imposanten 8 **Cattedrale dei Santi Pietro e Donato**, vor der Guido in einem Fiat 508 Balilla Torpedo vorfährt, um Dora zu beeindrucken. Später legt er einen roten Teppich über die Stufen, damit sie nicht in die Pfützen treten muss. Die Kathedrale hat herrliche Buntglasfenster von Guillaume de Marcillat und glasierte Terracottastatuen von Andrea della Robbia.

VASARI IN FLORENZ

Seine bekanntesten Werke schuf Giorgio Vasari in Florenz: den **Corridoio Vasariano** (S. 33) über den Ponte Vecchio, die Loggia der **Uffizien** (S. 33) und die Fresken im **Salone dei Cinquecento** des Palazzo Vecchio (S. 35).

UNTERWEGS VOR ORT

Auf der Strecke von Florenz nach Rom fahren täglich mehrere Züge nach Arezzo. Die schnellen Intercity-Züge brauchen dafür nur 40 Minuten, die langsameren, aber häufiger verkehrenden Regionalzüge etwa eineinhalb Stunden. Der Hauptbahnhof ist 1 km entfernt vom Stadtzentrum in der Nähe des Archäologischen Museums und Römischen Amphitheaters. Von Arezzo fahren Züge von TFT (Trasporto Ferroviario Toscano) durch die kleinen Orte des Casentino nach Stia. Damit lassen sich schöne Tagesausflüge von Arezzo aus unternehmen.

Rund um Arezzo

In den Wäldern des Casentino zur Ruhe kommen oder sich in Cortona inspirieren lassen – hier ist alles möglich.

In der herrlichen Landschaft der Täler Casentino, Valdichiana und Valdarno rund um Arezzo wurden schon viele internationale Filme gedreht. Abgesehen von uralten Orten und der Wildnis des Apennin bietet die typisch toskanische Landschaft aber auch eine dynamische Kunstszene, in der sich moderne Einflüsse aus aller Welt mit den Werken der großen Meister der Renaissance vermischen. Während die großartige Kunst und Architektur in vielen kleinen Orten zu entdecken ist, verstecken sich einsame Klöster und Einsiedeleien in den dichten Wäldern.

TOP TIPP

Der Bahnhof von Cortona ist in Camucia, 3 km vom Stadtzentrum entfernt. Bus 4 fährt den ganzen Tag über in die Altstadt.

Fortezza Girifalco (S. 252)

FRANCESCO BONINO/SHUTTERSTOCK ©

MILOSK50/SHUTTERSTOCK ©

Teatro Signorelli

CORTONA ON THE MOVE

In Cortona findet von Juli bis Oktober eines der bedeutendsten Fotofestivals statt. Beim **Cortona on the Move** werden in der Fortezza del Girifalco und an anderen Orten der Stadt die Arbeiten von Fotograf:innen aus Italien und der ganzen Welt inmitten der herrlichen Renaissance-Kunst gezeigt.Weitere Infos unter cortonaonthe move.com.

Eine Bilderbuchstadt auf dem Berg

SPAZIERGANG DURCH CORTONA

Das historische **Cortona** auf einem 500 m hohen Berg war 2003 Schauplatz des Films *Unter der Sonne der Toskana* von Audrey Wells.

Die idyllisch gelegene Stadt wurde von den Etruskern gegründet. Trotz der Ausbreitung im Mittelalter ist der ursprüngliche Grundriss noch gut zu erkennen. Den Mittelpunkt bildet die **Piazza della Repubblica**. Über den Tischen der Cafés und Restaurants auf dem Platz erhebt sich das romanische Rathaus aus dem 12. Jh. mit seinem breiten Treppenaufgang. Ganz in der Nähe befindet sich die **Piazza Signorelli** mit dem klassizistischen **Teatro Signorelli**. Das kulturelle Zentrum Cortonas aus dem 19. Jh. hat eine Loggia mit sieben Gewölbebogen. Das bedeutendste Museum der Stadt, das **Museo dell'Accademia Etrusca di Cortona (MAEC)**, ist im Palazzo Casali aus dem 13. Jh. untergebracht

Die beiden unteren Stockwerke präsentieren die Fundstücke der 1727 von Gelehrten und Historikern gegründeten Akademie. Zu den im Laufe von 300 Jahren gesammelten Ausstellungsstücken gehört auch ein kostbarer Bronze-Kronleuchter aus dem 4. Jh. v. Chr., der 1840 gefunden wurde. Das Museum

ESSEN IN CORTONA

La Bucaccia
Zwischen Backsteinbogen, Steinwänden und Holzvertäfelung gibt's die Küche der südlichen Toskana. Empfehlenswert: *pici* (Nudeln). **€€**

Osteria del Teatro
Eine blumengeschmückte Treppe führt in den Speisesaal des Renaissance-Palasts, der traditionelle Küche bietet. **€€**

Birrificio Cortonese
Der Pub in der Via Guelfa serviert lokales Bier zu *pappardelle* mit Wildschwein und gebratenen Schweinshaxen. Es gibt sogar ein Biereis. **€€**

dient außerdem als Informationszentrum für die etruskischen Ausgrabungsstätten rund um Cortona, wie z. B. die **Tomba Etrusca di Mezzavia**, den **Tumulo di Camucia** und die **Tanella di Pitagora**.

Rund um die Stadtmitte locken viele Aussichtspunkte. Von der romanischen **Cattedrale di Santa Maria**, in der auch fünf Gemälde von Pietro da Cortona und Luca Signorelli zu bewundern sind, hat man einen tollen Ausblick auf das Valdichiana. Die **Fortezza del Girifalco** wurde im 16. Jh. von den Medici auf den Fundamenten einer älteren Festung errichtet. Sie bietet einen tollen Blick über die Stadt und die Berge der Umgebung.

WEITERE SEHENSWERTE HÄUSER

In San Giovanni Valdarno befindet sich die **Casa Masaccio**, das Haus des Renaissance-Malers Tommaso di Ser Giovanni di Simone, besser bekannt als Masaccio, der die Fresken in der Cappella Brancacci in Florenz schuf. Das Haus beherbergt heute ein modernes Museum, das Wechselausstellungen einheimischer und internationaler Maler und Bildhauer zeigt.

Weiter nördlich befindet sich die mittelalterliche **Casa di Giotto** in Vicchio. Es war das Elternhaus des großen Meisters der Gotik, der später in Padua, Assisi und Florenz arbeitete.

Geburtsstätten der großen Meister

BEMERKENSWERTE HÄUSER VON RENAISSANCE-KÜNSTLERN

Die Provinz von Arezzo ist voller Spuren der Künstler der Renaissance. 40 km nördlich des Zentrums von Arezzo liegt das kleine Städtchen **Caprese Michelangelo** – unschwer zu erraten, wer hier geboren wurde. Das **Museo Casa Natale Michelangelo Buonarroti** befindet sich in dem massiven Steinhaus aus dem 11. Jh., in dem der Schöpfer des *David* am 6. März 1475 zur Welt kam. Das Museum zeigt die künstlerische Entwicklung Michelangelos anhand von Gipsrepliken seiner Werke, die in den 1960er- und 1970er-Jahren angefertigt wurden.

An der Grenze zu Umbrien befindet sich die Stadt **Sansepolcro**, wo 1412 ein anderer Meister der Renaissance geboren wurde: Piero della Francesca. Er war vor allem bekannt für seine innovativen Perspektiven und geometrischen Kompositionen. Vermutlich baute er im Laufe seines Lebens sein Geburtshaus mehrmals um, sodass die **Casa Natale di Piero della Francesca** heute sein einziges bekanntes Architekturprojekt ist. Wie in vielen anderen Künstlerhäusern liegt auch hier der Schwerpunkt nicht auf Piero della Francescas Kunstwerken, sondern es informiert über seine Familie, Kindheit und Jugend. So dokumentieren Multimedia-Installationen seine Liebe zur Mathematik. Seine späteren Werke sind ganz in der Nähe zu bewundern: Im **Museo Civico** in Sansepolcro z. B. befindet sich das wunderbare Fresko *Auferstehung Christi* (1467–68).

Üppig grünes Grenzland

URALTE WÄLDER & STILLE ORTE

Die dichten Wälder, die den Apennin in der Toskana und der Emilia-Romagna bedecken, gehören zum **Parco Nazio-**

ESSEN IN SANSEPOLCRO

Da Beppino
Das zwanglose Restaurant bei der Porta Fiorentina ist vor allem für sein Chianina-Rindfleisch bekannt. **€€**

Enoteca dei Sensi
Die gut bestückte Vinothek serviert Wein und kleine Gerichte auf der schönen Terrasse voller Pflanzen. **€€**

Sorsi & Morsi
Von der „Arme-Leute-Küche" der Toskana inspirierte Gerichte mit vielen Veggie-Optionen, es gibt auch gute Cocktails. **€€**

Resurrexione **von Piero della Francesca, Museo Civico**

CICLOVIA DELL'ARNO

Der 220 km lange Radweg **Ciclovia dell'Arno** führt von Stia am Arno entlang bis zu seiner Mündung in Marina di Pisa und durchquert dabei 57 Orte. Zum Zeitpunkt der Recherche war der Radweg noch im Bau, doch einige Abschnitte sind schon befahrbar, etwa ein Großteil des ersten Abschnitts im Casentino und die Strecke zwischen Florenz und Pisa.

nale delle Foreste Casentinesi, einer gebirgigen Naturlandschaft, in der sich Klöster und Einsiedeleien verbergen und deren Schönheit bereits Dante gepriesen hat. Der Großteil des Nationalparks befindet sich in der Emilia-Romagna. Die primären Buchenwälder der **Riserva Naturale Sasso Fratino** gehören seit 2017 zum Weltnaturerbe. Hier gibt es viele Wander- und Radwege, die auch von der Toskana aus gut zugänglich sind.

Von Florenz oder Arezzo kann man mit dem Auto bis nach Stia fahren. In dem Ort am Fuße des Monte Falterona entspringt der Arno. Das **Museo dell'Arte della Lana** dokumentiert die Geschichte der Textilindustrie in der Region, das kleine **Museo del Bosco e della Montagna** (sonntags geöffnet) zeigt mehr als 500 ausgestopfte Vögel, die der frühere Bürgermeister von Stia zusammengetragen hat.

In **Camaldoli** beginnt ein Rundwanderweg, er führt in drei bis fünf Stunden zum **Eremo di Camaldoli** und zurück durch die Urwälder des Casentino. Die von Benediktinern im 11. Jh. gegründete Einsiedelei von Camaldoli ist ein kleines ruhiges Kloster, das im Grünen auf einer Höhe von 1100 m liegt.

ÜBERNACHTEN IM CASENTINO

Camping Falterona
Der Campingplatz in der Nähe von Stia liegt herrlich in der Natur. **€**

Borgo I Tre Baroni
Das elegante Landhaushotel in einer restaurierten Scheune ist 11 km von Poppi entfernt und bietet einen tollen Blick auf die Wälder. **€€**

Borgo Tramonte
Das abgelegene Bauernhaus hat einen schönen Swimmingpool und sorgt für Ruhe und Entspannung. **€€**

Anspruchsvollere Wanderer haben die Wahl zwischen mehreren Fernwanderwegen, wie z. B. dem **Sentiero delle Foreste Sacre**, der in sieben Tagen beiderseits der Grenze zwischen Toskana und Emilia-Romagna vom Lago di Ponte zum Kloster La Verna führt (GPS-Route unter parcoforestecasentinesi.it), oder der **Alta Via dei Parchi** (altaviadeiparchi.eu), die in 27 Tagen durch acht Naturschutzgebiete der Emilia-Romagna, Toskana und Marken führt, darunter auch durch den Parco Nazionale delle Foreste Casentinesi.

SCHÖNER TAGESAUSFLUG

Die Stadt **Assisi** in Umbrien ist von Arezzo aus gut im Rahmen eines Tagesausflugs zu besuchen. Von dort kann man auf dem Franz-von-Assisi-Weg weiter bis zu seinem Grab in der Basilica di San Francesco gehen. Die Fernwanderwege nach Assisi folgen dem Pilgerweg Via di Francesco (viadifrancesco.it) von La Verna über Gubbio.

Der Franz-von-Assisi-Weg

AUF DEN SPUREN DES HL. FRANZISKUS

Giovanni di Pietro di Bernardone alias Franz von Assisi ist eine der bekanntesten Persönlichkeiten Italiens. Er verbrachte den größten Teil seines Lebens in der östlichen Toskana, wo er das Evangelium verkündete und nach spirituellen Rückzugsorten suchte. Francesco wurde 1182 in eine wohlhabende Kaufmannsfamilie in Assisi geboren. Anfang des 13. Jhs. verzichtete er auf alle weltlichen Güter und wurde Wanderprediger.

So kam er 1224 in die Einsiedelei **La Verna**, wo er angeblich die Stigmata empfing. Der **Santuario della Verna**, der sich auf einem hohen Felsen in einem abgelegenen Teil des Parco Nazionale delle Foreste Casentinesi befindet, wurde daraufhin eine Pilgerstätte. Von Florenz kann das Kloster in sechs Tagen zu Fuß (oder in wenigen Stunden mit dem Auto) erreicht werden. Es besteht aus dem mit wunderbaren Fresken geschmückten **Corridoio delle Stimmate** und der **Cappella delle Stimmate**, die 1263 errichtet wurde und mit der prachtvollen *Kreuzigung* von Andrea della Robbia (1481) geschmückt ist. Die *Verkündigung*, ein weiteres Werk von della Robbia (1475), befindet sich in der **Basilica di Santa Maria Assunta** in der Nähe des kleinen Museums, das die Geschichte des Ordens erzählt, der sich seit Langem um das Kloster kümmert.

Weitere bedeutende Orte im Leben des Hl. Franziskus sind der **Eremo di Montecasale** in der Nähe von Sansepolcro an der Grenze zu Umbrien, in dem er 1213 lebte, und das **Castello di Montauto** bei Anghiari, wo er sich des Öfteren als Gast aufhielt.

Erinnerungen an das Mittelalter

EINE STADT, DIE EINMAL DIE HÖLLE WAR

Das **Castello dei Conti Guidi** am westlichen Ufer des Arno war lange das Wahrzeichen des uralten *borgo* **Poppi**, eines

ÜBERNACHTEN IM CASENTINO

Agriturismo Casentino
Die Oase der Ruhe bei Camaldoli besteht aus einem uralten Steinhaus und bietet auch tolle Hausmannskost. **€€**

La Guardia B&B
Die einfache Pension in Stia ist ein gutes Basislager für die Erkundung der Stadt und des Nationalparks. **€**

Hotel Bosco Verde
Das große Hotel in Badia Prataglia an der Grenze zur Emilia-Romagna liegt sehr günstig zu den Stätten des Franz von Assisi und zum Apennin. **€€**

STEFANO CELLAI/SHUTTERSTOCK ©

Santuario della Verna

CITTADELLA DELLA PACE IN RONDINE

Das kleine Dorf nördlich von Arezzo hat sich ganz dem Frieden verschrieben. Rondine ist Sitz der **Cittadella della Pace**, einer Organisation, die junge Leute aus Kriegsgebieten der ganzen Welt aufnimmt. Sie gehören zumeist beiden Kriegsparteien an und werden hier mit Gesprächen, Sprachkursen und Kulturprogrammen auf die Rückkehr in ihre Heimat vorbereitet. Weitere Infos unter rondine.org.

der bezauberndsten mittelalterlichen Dörfer im Casentino. Als Stammsitz der mächtigen Familie Guidi war Poppi von 1191–1440 Schauplatz des größten Konflikts der toskanischen Geschichte. Als die florentinischen Guelfen 1269 in der schrecklichen Schlacht von Campaldino die Ghibellinen aus Arezzo besiegten, war dies der Anfang der Übernahme der Region durch Florenz.

Poppi ist im Wesentlichen immer noch eine mittelalterliche Stadt. Die eleganten Räume der Burg sind mit zahllosen Keramikwappen der Familie della Robbia geschmückt. 1310 nahmen sie Dante für ein Jahr auf, als dieser aus Florenz fliehen musste. Seine Büste steht vor dem Eingang.

In der Burg befindet sich die historische **Biblioteca Rilliana** mit mehr als 25 000 alten Manuskripten und das vor Kurzem eröffnete Museum mit einem Modell der historischen Schlacht **L'Inferno di Campaldino** (*Die Hölle von Campaldino*). Das Highlight der Burg ist die **Cappella Conti Guidi**, deren Wände und Decke mit einem Freskenzyklus aus dem 13. Jh. geschmückt sind. Er zeigt Szenen aus dem Leben des Evangelisten Johannes, der Jungfrau Maria und Johannes des Täufers und wird Taddeo Gaddi zugeschrieben.

UNTERWEGS VOR ORT

Arezzo liegt direkt an der Autobahn A1/E35. So sind die Region Chianti, das Valdichiana und Val d'Orcia gut mit dem Auto zu erreichen. Es gibt aber auch gute Zugverbindungen in größere Städte wie Florenz und Rom sowie nach Stia und ins Casentino. Außerdem fahren täglich Busse in die Städte und Dörfer der südlichen und östlichen Toskana.

BORGO SAN LORENZO

Auf dem Weg nach Bologna fahren die meisten Reisenden so schnell wie möglich durch die Region Mugello hindurch. Sie liegt ganz im Nordosten der Toskana an der Grenze zur Emilia-Romagna und ist auch von Florenz aus gut zu erreichen. Dabei lohnt es sich durchaus, diese von den Bergen des Apennin umgebene Region zu entdecken, insbesondere Borgo San Lorenzo. Der Hauptort der Region, der seit dem 10. Jh. zu Florenz gehört, ist ein gutes Basislager für die Erkundung der Wälder des Apennin, der mittelalterlichen Weltkulturerbestädten und alten römischen Straßen. Außerdem ist Borgo San Lorenzo ein Zentrum des toskanischen Jugendstils, seit der einheimische Künstler Galileo Chini Anfang des 20. Jhs. das mittelalterliche Stadtbild mit modernen Gebäuden und Gemälden modifizierte. Die herzhafte Küche ist von der benachbarten Romagna beeinflusst. Eine Spezialität ist der hier gebrannte Wodka aus Weizen und Dinkel.

TOP TIPP

Vom Bahnhof Santa Maria Novella in Florenz fahren regelmäßig Züge nach Borgo San Lorenzo (40 Min.). Tickets gibt's unter trenitalia.com.

WODKA AUS DEM MUGELLO

Der Mugello-Wodka in der klassischen Glasflasche besteht aus Bioweizen und -dinkel sowie Quellwasser aus dem Bilancino-See im toskanischen Apennin. Der seit 2013 unter der Marke VKA hergestellte Wodka steht in der Tradition der nördlichen Toskana, indem einfache Zutaten in einem modernen Verfahren zu einem Getränk destilliert werden, das sich vom traditionellen Wein und Kräuterschnaps abhebt, und die Toskana auch als Erzeuger von Spirituosen etabliert. Nicht zuletzt die im nahegelegenen Montelupo Fiorentino produzierte Glasflache betont diese Einzigartigkeit.

Zentrum des Jugendstils

KUNST DES FRÜHEN 20. JHS.

Borgo San Lorenzo wurde von den Römern gegründet und entwickelte sich rund um die Pieve di San Lorenzo aus dem 10. Jh. Mit heute 18 000 Einwohnern ist es der Hauptort des Mugello. Aus dem Mittelalter (14. Jh.) stammen die Stadtmauern und die beiden Stadttore 2 **Porta Fiorentina** und 1 **Porta dell'Orologio**. In den letzten 100 Jahren hat sich die Stadt jedoch stark verändert, nachdem der Künstler Galileo Chini Anfang des 20. Jhs. die Keramikfabrik seiner Familie übernahm und mit einem neuen Kunststil experimentierte. Er gründete die *Fornaci San Lorenzo* und wurde zum bekanntesten Vertreter des Jugendstils – der in Italien unter dem Namen „Freiheit" (*stile liberty*) bekannt wurde.

Noch heute finden sich viele Spuren von Chini in Borgo San Lorenzo, allen voran die Innenausstattung der 3 **Villa Pecori Giraldi**, in der sich das Museo Chini und eine riesige Sammlung von Fresken und Keramiken in Chinis Stil befinden. Diese Stilrichtung des frühen 20. Jhs. taugte jedoch nicht nur fürs Museum – die ganze Stadt ist mit den Werken aus Chinis Fabrik geschmückt.

Besonders schön ist der 6 **Viale della Repubblica**, dessen Häuser mit gusseisernen Balkonen und farbigen Keramiken verziert sind, und das elegante 5 **Rathaus** mit sei-

HIGHLIGHTS
1 Porta dell'Orologio
2 Porta Fiorentina
3 Villa Pecori Giraldi

SEHENSWERTES
4 Pieve di San Lorenzo
5 Rathaus
6 Viale della Repubblica

nen Buntglasfenstern und Fliesenböden im geometrischen Muster der Belle Époque.

Galileo Chinis größtes Vermächtnis ist in der romanischen **4 Pieve di San Lorenzo** neben der *Madonna col Bambino* von Giotto zu finden: Bei der Renovierung der Kirche 1906 bemalte Chini die Apsis mit *Cristo Redentore in Trono tra i Santi Lorenzo e Martino* zum Gedenken an die Schutzpatrone der Stadt, den Hl. Laurentius und Hl. Martin. Das *Tabernacolo di San Francesco* außerhalb der Kirche schuf er 1926 ebenfalls.

Porta dell'Orologio, Borgo San Lorenzo

UNTERWEGS VOR ORT

Borgo San Lorenzo liegt mitten im Mugello und ist von Florenz gut mit dem Auto oder Zug zu erreichen. Die schnellste Route mit dem Auto ist die (mautpflichtige) *autostrada* A1 nach Barberino Mugello. Von Florenz fährt ein Faentina-Zug direkt nach Borgo San Lorenzo (40 Min.). Die Stadt selbst ist klein, doch für die Erkundung des Mugello ist ein Auto erforderlich – es sei denn, man wandert auf der Via degli Dei von Bologna nach Florenz.

Rund um Borgo San Lorenzo

Schritt für Schritt das Mugello erkunden und dabei römische Straßen, mächtige Burgen und steile Bergpfade entdecken.

Neben der Mugello-Rennstrecke von Ferrari, wo im späten Frühjahr der Große Preis von Italien für Motorräder stattfindet, bietet die Umgebung von Borgo San Lorenzo eine Vielzahl von Sehenswürdigkeiten: Kunst, Geschichte, Natur und tolles Essen. Einige der größten Künstler der Toskana – Giotto, Fra' Angelico und Andrea del Castagno – wurden hier geboren. Die Medici erholten sich in ihren prachtvollen Anwesen vom Stress in Florenz. Dazu kommt die ständige Veränderung der Landschaft: Der Frühling überzieht das Alto Mugello mit einem bunten Blumenteppich, im Herbst leuchtet die Landschaft in warmen Farben und es gibt Kastanien und Steinpilze.

TOP TIPP

Mit dem Zug fährt man in 40 Minuten von Florenz nach Bologna und wandert dann auf der Via degli Dei in vier bis sechs Tagen zurück.

Gigante dell'Appennenino

GIULIANO DEL MORETTO/SHUTTERSTOCK ©

GUIDO COZZI/ATLANTIDE PHOTOTRAVEL/GETTY IMAGES ©

Villa Medicea del Trebbio

Die Landhäuser der Medici

DIE PRACHTVOLLEN VILLEN VON DEN MÄCHTIGEN DER TOSKANA

Ganz in der Nähe von Florenz liegt eines der vielen Anwesen der Medici. Den **Parco Mediceo di Pratolino**, der heute zum Weltkulturerbe gehört, erwarb 1568 der spätere Großherzog Francesco I. und ließ sich vom Architekten Bernardo Buontalenti eine prachtvolle Villa darin errichten. Nach dem Fall der Medici wurde die Villa aufgegeben und teilweise abgerissen. Giambolognas 11 m hoher **Gigante dell'Appennino** (1580), ein bärtiger Steinriese, der den Apennin symbolisiert, ist das einzige Überbleibsel auf dem Anwesen. 1872 kaufte es der russische Graf Pavel Pavlovich Demidov, baute die heutige Villa und legte die italienischen Gärten wieder an.

Weiter nördlich befindet sich die **Villa Medicea del Trebbio** in **San Piero a Sieve**. Sie war eines der ersten Häuser der Medici außerhalb von Florenz. Cosimo der Ältere beauftragte 1429 den Hofarchitekten Michelozzo mit der Renovierung und Befestigung der Villa hoch über dem Tal.

MUSEO DEI FERRI TAGLIENTI

Das Mugello ist nicht nur ein landwirtschaftliches Zentrum, sondern auch bekannt für die Herstellung von Messern, Scheren und anderen Schneidwerkzeugen. In Scarperia werden solche Werkzeuge seit dem Mittelalter hergestellt. Das kleine **Museo dei Ferri Taglienti** im Palazzo dei Vicari zeigt eine interessante Ausstellung zu diesem allmählich aussterbenden Gewerbe. Neben Stücken aus der Region, die teilweise aus dem 15. Jh. stammen, sind mehr als 1000 Messer aus ganz Italien zu sehen. Es gibt auch noch einige traditionelle *coltellerie* (Messermanufakturen) in der Stadt.

ÜBERNACHTEN IN UND UM BORGO SAN LORENZO

Locanda degli Artisti
Die kleine gemütliche Pension im Stadtzentrum ist ganz in der Nähe des Bahnhofs. **€€**

Camping Village Mugello Verde
Der große Campingplatz mit Swimmingpool bietet neben Zeltplätzen auch Zimmer. **€**

Monsignor della Casa
Das luxuriöse Landhotel verbindet rustikalen Charme mit modernen Annehmlichkeiten wie Restaurant, Spa und zwei Swimmingpools. **€€€**

Via degli Dei

DANTE-WEG

Der berühmteste Schriftsteller der Toskana, Dante Alighieri, wanderte am Ende seines Lebens (Anfang des 14. Jhs.) von Florenz durch das Mugello nach Ravenna ins Exil. Heute kann man ganz bequem mit der historischen Eisenbahn **Il Treno di Dante** (iltrenodidante.it) diese Strecke bewältigen. Der Zug startet in Florenz und hält in Borgo San Lorenzo, Marradi, Brisighella, Faenza und schließlich Ravenna. Wer mehr Zeit hat, kann auch zu Fuß gehen. **Il Cammino di Dante** (Dante-Weg) ist ein 380 km langer Rundwanderweg nach Ravenna und zurück, der 2012 angelegt wurde.

Später wurde sie von Lorenzo dem Prächtigen und Cosimo I. genutzt, der regelmäßig auf die Jagd in den Wäldern der Umgebung ging. In San Piero a Sieve befindet sich auch die **Fortezza Medicea di San Martino**, eine der größten Festungen überhaupt in Europa. Die (leider nicht öffentlich zugängliche) Festung ist von einer mehr als 1,5 km langen Mauer umgeben.

Lorenzo der Prächtige zog sich auch gerne in die **Villa di Cafaggiolo** im Mugello zurück, die Michelozzo 1451 für Cosimo den Älteren errichtete. Hierher luden die Medici oft die führenden Persönlichkeiten aus Florenz ein. 1576 erdrosselte Piero de' Medici an diesem Ort seine Frau Dianora de Toledo, deren Geist noch immer auf dem Anwesen spuken soll.

Der Wanderweg Via degli Dei

ÜBER DEN APENNIN VON BOLOGNA NACH FLORENZ

Trotz seines religiösen Namens – **Via degli Dei** (Weg der Götter) – geht der Wanderweg nicht auf einen Pilgerweg zurück, wie so viele andere Wege in der Toskana. Er wurde 1996 von Mitgliedern des italienischen Alpenvereins in

ESSEN IN BORGO SAN LORENZO

Magn'etico Osteria
Das vegane und vegetarische Restaurant in der Via Pananti serviert anspruchsvolle Bioküche in freundlichem Ambiente. **€€**

Ristorante Du-ca
Frische hausgemachte Pasta, Florentiner Steak und Holzofenpizza – hier ist für alle was dabei. **€€**

Borgo!
Das hippe zwanglose Restaurant bietet einfache köstliche Gerichte und eine große Auswahl an regionalen Craftbieren und Weinen. **€€**

Florenz und Bologna angelegt. Der 124 km lange Weg führt von der Piazza Maggiore in Bologna durch den Appennino Tosco-Emiliano und das Mugello zur Piazza della Signoria in Florenz.

Der in vier bis sechs Tagen zu absolvierende Wanderweg verläuft auf gepflasterten Straßen, alten römischen Wegen und Bergpfaden im Apennin. Er beginnt auf dem **Passo della Futa** in der Toskana. Der 903 m hohe Pass ist über die **Via Flamina Militare** zu erreichen, eine Basaltstraße, die 187 v. Chr. gebaut und in den 1970er-Jahren wiederentdeckt wurde. Von hier geht es hinauf zum Gipfelkreuz des Monte Gazzaro (1126 m) und über den **Passo dell'Osteria Bruciata** und **Sant'Agata** hinunter nach **San Piero a Sieve**. Unterwegs lohnt sich ein Abstecher in den **Convento Bosco ai Frati**, dessen Kruzifix von Donatello jedoch in dem kleinen Museum hängt.

Hinter San Piero a Sieve führt der Weg durch Täler mit vielen Medici-Villen und vorbei am **Convento di Monte Senario** nach **Fiesole**, einem von den Etruskern gegründeten Bergdorf. Von hier kann man schon den Dom von Florenz in der Ferne sehen. In Fiesole sollte man unbedingt die **archäologischen Ausgrabungen** besuchen und den Blick auf **Florenz** genießen, bevor man die letzte Etappe des Wanderwegs bis zur Piazza della Signoria in Florenz in Angriff nimmt: Sie führt unter anderem durch Settignano und Coverciano, wo die italienische Fußballnationalmannschaft trainiert. Die „Hall of Fame" des **Museo del Calcio** ist am Wochenende geöffnet.

UNTERKÜNFTE AN DER VIA DEGLI DEI

Agriturismo La Castellana
Der einfache Bauernhof an der Grenze zur Emilia-Romagna lädt zur Erholung nach der Überquerung des Passo della Futa ein. €

B&B Tagliaferro
Das gemütliche B&B in einem Haus aus dem 15. Jh. liegt sehr günstig auf dem Weg nach Vetta le Croci. €

B&B Le Cannelle
Wer sich vor der Rückkehr nach Florenz noch eine entspannte Nacht gönnen will, ist in dem bezaubernden Hotel in Fiesole genau richtig. €€

UNTERWEGS VOR ORT

Am besten erkundet man Borgo San Lorenzo und die Umgebung mit dem Auto. Es gibt aber auch regelmäßige Busverbindungen zwischen Borgo San Lorenzo und den Städten der Umgebung. Züge fahren nur nach Florenz und Marradi. Eine Alternative sind die vielen Wanderwege, darunter die berühmte Via degli Dei von Bologna nach Florenz. Auf diesen Wegen erlebt man die atemberaubende Natur in ihrer ganzen Schönheit.

PRAKTISCHES

Die wichtigsten Informationen für die perfekte Reise in die Toskana im Überblick. Nützliche Tipps, Tricks und Hintergründe zur Orientierung und Vorbereitung.

Ankunft S. 264

Geld S. 265

Unterwegs vor Ort S. 266

Reisen mit Kindern S. 268

Übernachten S. 269

Essen, trinken & feiern S. 270

Nachhaltig reisen S. 272

Sicher reisen S. 274

LGBTQIA+ S. 275

Barrierefrei reisen S. 276

Kurz & knapp S. 277

Sprache S. 278

San Gimignano (S. 132)

STEFANO CELLAI/SHUTTERSTOCK ©

Ankunft

Die beiden wichtigsten Tore zur Toskana sind Florenz und Pisa. Die Flughäfen liegen nicht weit vom jeweiligen Stadtzentrum entfernt und sind gut angebunden. Der Flughafen von Pisa wird von den meisten Billigfliegern angesteuert und fertigt doppelt so viele Fluggäste ab wie der Florentiner Flughafen Amerigo Vespucci. Es gibt direkte Bahnverbindungen von Pisa nach Florenz (1 Std.).

Einreise

Bürger:innen aus den Staaten des Schengenraums können sich ohne Visum unbegrenzt in Italien aufhalten. Zur Einreise genügt ein gültiger Personalausweis oder Reisepass.

SIM-Karten

Prepaid-SIM-Karten sind in den Wechselstuben an den Flughäfen Florenz und Pisa erhältlich. Billiger sind sie jedoch in den Stadtzentren – ab etwa 20 €.

Geldautomaten

Geldautomaten heißen in Italien *bancomat*. Es gibt sie z. B. in den Ankunftshallen der Flughäfen Florenz und Pisa. Bargeld braucht man nicht viel – Geschäfte usw. sind verpflichtet, auch elektronische Zahlungen zu akzeptieren.

WLAN

An den Flughäfen Florenz und Pisa steht kostenloses WLAN zur Verfügung – einfach ins Netz „AirportFree WiFi" einloggen.

Vom Flughafen in die Stadt

	Florenz	Pisa
ZUG	–	5 Min. **5 €**
BUS	25 Min. **1,50 €**	–
TAXI	15 Min. **22 €**	10 Min. **12 €**

ZOLL

Wer von außerhalb der EU nach Italien einreist, darf nicht mehr als 200 Zigaretten sowie 1 l Alkohol mit mehr als 22 Vol.-%, 4 l Wein oder 16 l Bier einführen. Außerdem muss man beim Zoll angeben, wenn man mehr als 10 000 € in bar ein- oder ausführt.

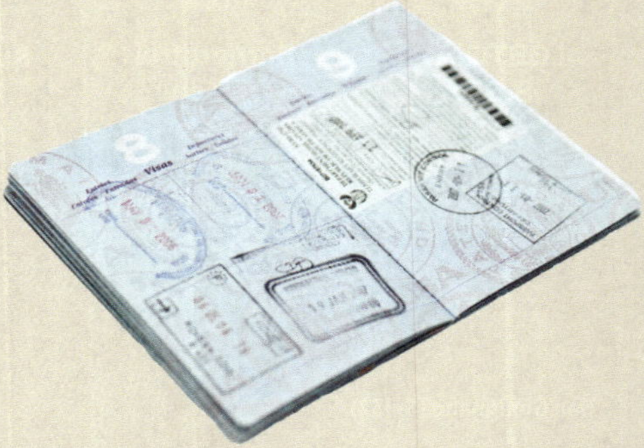

Geld

WÄHRUNG: **EURO (€)**

Karte oder bar?

In Italien war lange Bargeld König, doch das hat sich in letzter Zeit geändert, sodass jetzt die gängigen Karten wie Visa, Maestro und Mastercard fast überall akzeptiert werden. Mit American Express haben kleinere Läden teils Probleme.

Digital bezahlen

Seit dem 30. Juni 2022 müssen überall Kartenzahlungen akzeptiert werden, sonst droht eine Geldstrafe. Elektronische Zahlungen sind inzwischen die Norm, doch für den Fall, dass Geschäfte behaupten, ihre POS-Terminals funktionierten nicht, sollte man auch immer etwas Bargeld dabeihaben.

Trinkgeld

Cafés Trinkgeld wird nicht erwartet.

Taxis Auf den nächsten Euro aufrunden.

Restaurants Einheimische geben meist kein Trinkgeld, Touristen gewöhnlich etwa 10 %.

Hotels Gepäckträger erwarten 1 € pro Tasche, anderes Personal erwartet kein Trinkgeld.

WIE VIEL KOSTET …

Museumseintritt
8–20 €

Kinokarte
8 €

Liegestuhl & Schirm (für einen Tag)
15–25 €

Straßenbahnticket
1,50 €

WIE … ein paar Euro sparen

Bei all den Restaurants, Cafés und Bäckereien weisen oft die Essensgelüste den Weg. Doch mit ein paar Tricks kann man Geld sparen, ohne Abstriche beim Genuss machen zu müssen. So kann man seinen Espresso wie die Einheimischen an der Theke trinken – da ist's billiger als am Tisch oder auf der Terrasse. Mittags bieten viele Trattorien zwei Gänge für unter 15 € an. Und abends kann ein *aperitivo* mit kleinem Imbiss oft das Abendessen ersetzen.

LOCAL TIPP

Während die Fahrkarten für Regionalzüge am Reisetag dasselbe kosten wie im Voraus gekaufte, sind die Tickets für Schnellzüge oft erheblich günstiger, wenn man sie ein paar Wochen vor Fahrtantritt bucht.

ERMÄSSIGUNGEN IN MUSEEN

Viele kulturelle Einrichtungen wie z. B. alle großen Museen in Florenz bieten Ermäßigungen für Studierende und Senior:innen. In der Nebensaison (Nov.–Feb.) kosten die Uffizien nur 12 statt 20 €; der Palazzo Pitti bietet vor 9 Uhr 50 % Rabatt. Die 72 Stunden gültige Firenze Card (www.firenzecard.it) gewährt für 85 € Eintritt in Dutzende Museen der Stadt. Wer von der Kunst der Renaissance nicht genug bekommen kann und sehr lange bleiben will, kann auf www.uffizi.it/en/pages/annual-subscriptions für 70 € eine Jahreskarte erwerben.

Unterwegs vor Ort

Zwar sind die größeren Städte per Bahn miteinander verbunden, doch am besten lässt sich die Toskana mit einem eigenen Fahrzeug erleben.

REISEKOSTEN

Mietwagen
ab 65 €/Tag

Benzin
etwa 1,80 €/Liter

Parken
2 €/Std.

Zugticket von Florenz nach Pisa
ab 8,90 €

Mietwagen

Die großen Autoverleiher wie Budget, Sixt und Hertz haben Niederlassungen in der ganzen Toskana, die meisten davon in Florenz. Erforderlich sind eine Kreditkarte und ein EU- oder Internationaler Führerschein.

Versicherung

Wer in Italien mit dem Auto unterwegs ist, muss über eine Kfz-Haftpflichtversicherung verfügen, ansonsten drohen empfindliche Strafen. Bei Mietwagen sollte eine zusätzliche Vollkaskoversicherung in Betracht gezogen werden, die unabhängig von der Schuldfrage alle Schäden abdeckt.

TIPP

Außerhalb der Stoßzeiten können in der Bahn in den Waggons mit Fahrradsymbol Räder mitgeführt werden.

UNBEDINGT BEACHTEN!

Rechts fahren!

50

In geschlossenen Ortschaften beträgt die Höchstgeschwindigkeit 50 km/h.

0,5

Die Promillegrenze liegt bei 0,5.

STRASSEN

Zweispurige Straßen in den Städten, mit einer Höchstgeschwindigkeit von 50 oder 70 km/h, heißen *strade normali*. Kostenlose mehrspurige Straßen mit blauen Schildern und einer Höchstgeschwindigkeit von 90 km/h sind *superstrade*. Mehrspurige Mautstraßen mit einer Höchstgeschwindigkeit von 130 km/h sind *autostrade*. Wer auf eine *autostrada* (grüne Schilder) auffährt, erhält ein Ticket, mit dem dann später je nach zurückgelegter Strecke an der Mautstation bezahlt werden muss.

Bus

Die Busse, die in und zwischen den Städten der Toskana verkehren, werden von den Autolinee Toscane (www.at-bus.it) betrieben. Busfahrpläne gibt's auf der App Moovit, inklusive Verzögerungen und Umleitungen in Echtzeit. Für längere Entfernungen sind Fernbusse u. U. am billigsten; am aktivsten sind FlixBus (www.flixbus.com) und Itabus (www.itabus.it).

Zug

Mit der Bahn lässt sich die Region kostengünstig und meist zuverlässig erkunden. Fahrkarten für die Regionalzüge gibt's auf www.trenitalia.com und an den Bahnhöfen. Papiertickets müssen vor der Fahrt entwertet werden. Trenitalia und Italo betreiben zudem Schnellzüge zwischen Florenz und größeren Städten Italiens.

Fahren in der Stadt

Wer in historische Stadtzentren hineinfährt, sollte auf „ZTL"-Schilder achten. In der *zona a traffico limitato* ist der Autoverkehr zu bestimmten Zeiten beschränkt. Dann haben nur registrierte Fahrzeuge Zufahrt zu der Zone.

ENTFERNUNGEN (KM)

TOSKANA

	Arezzo	Castelnuovo di Garfagnana	Florenz	Grosseto	Livorno	Lucca	Pisa	Pistoia	Prato	Siena
Castelnuovo di Garfagnana	190									
Florenz	85	120								
Grosseto	130	220	140							
Livorno	160	90	85	145						
Lucca	140	45	75	175	45					
Pisa	140	60	80	150	20	20				
Pistoia	105	80	40	165	85	40	65			
Prato	90	95	25	155	100	55	80	20		
Siena	60	175	65	70	120	135	115	100	85	
Viareggio	165	65	100	170	45	25	25	65	75	160

Reisen mit Kindern

Egal ob man in einem Haus auf dem Land oder einem Hotel im Stadtzentrum unterkommt: Für Reisende mit Kindern gibt's jede Menge Beschäftigungsangebote. Kunst und Natur sorgen für erinnerungswürdige Erlebnisse und dank der vielen Ermäßigungen für Kinder muss man für die Toskana-Reise auch nicht sein Bankkonto plündern.

Vergünstigungen

Bei den meisten kulturellen Sehenswürdigkeiten erhalten Kinder ermäßigten Eintritt. Für EU-Bürger:innen unter 18 ist der Eintritt in staatliche Museen, Kunstgalerien und zu archäologischen Stätten gratis. In Florenz organisiert der Verband Mus.e (www.musefirenze.it) in den großen Museen Workshops, z. B. Malkurse, und Führungen für Kinder.

Einrichtungen

- Viele ländliche *agriturismi* bieten Selbstversorger-Wohnungen für Familien. Kinderbetten sind nicht automatisch in Zimmern vorhanden – vorher nachfragen, ob eins bereitgestellt werden kann.
- In jeder Stadt hat mindestens eine Apotheke abends und am Wochenende geöffnet. Wer nach einer solchen Apotheke sucht, fragt nach einer *farmacia di turno*.

Unterwegs vor Ort

In Florenz können Kinder bis zu einer Größe von 1 m umsonst mit der Straßenbahn fahren. In den italienischen Staatsbahnen können Kinder unter vier Jahren umsonst mitfahren, wenn sie keinen eigenen Platz benötigen. Kinder von vier bis zwölf erhalten 50 % Rabatt.

Essen gehen

In Restaurants gibt es selten spezielle Gerichte für Kinder, doch viele servieren auf Wunsch halbe Portionen. Größere Restaurants können meist, wenn man fragt, einen Hochstuhl zur Verfügung stellen. Möglichkeiten zum Windelwechseln sind selten.

TIPPS FÜR KIDS

Pinocchio Park (S. 237)
Der Freizeitpark nahe Pistoia widmet sich der Kinderbuchfigur Pinocchio, mit Abenteuerwegen, Museum und Schmetterlingshaus.

Accademia dei Fisiocritici (S. 120)
Das Naturkundemuseum von Siena beeindruckt mit einem 15 m langen Walskelett.

Museo Leonardiano (S. 238)
Hier lernen die Kids etwas über Leonardo da Vinci, der Fluggeräte und Waffen erfand.

Giardino dei Tarocchi (S. 172)
In diesem Park stehen übergroße, bunte, fantasievolle Skulpturen.

H-ZERO (S. 69)
Das Museum in Florenz wartet mit einer Modelleisenbahn auf, an der 40 Jahre lang gewerkelt wurde.

LUCCA – EINE STADT FÜR COMICFANS

Wer im Herbst in der Toskana ist, kann Lucca ansteuern und ein unvergessliches Spektakel erleben. Jedes Jahr im Oktober findet hier das Festival Lucca Comics & Games (www.luccacomicsandgames.com) statt: Mit Vorträgen, Vorführungen und Ausstellungen zu Comics, Animationen und Videospielen zieht es über 70 000 Besucher:innen an.

Während des Festivals ist das Zentrum von Lucca fest in der Hand von Cosplayern, die sich in ihre fiktiven Lieblingsfiguren verwandeln. Nicht zuletzt wegen hochkarätiger Gäste wie Tim Burton war das Festival in den letzten Jahren regelmäßig ausverkauft – wer dabei sein möchte, sollte sich rechtzeitig Karten besorgen.

SANDRO AMATO/SHUTTERSTOCK ©

Übernachten

In Burgen nächtigen

Das Zeitalter der Stadtstaaten mit ihren mächtigen Herrscherfamilien hat der ländlichen Toskana eine Unmenge von Burgen und Festungsanlagen beschert. Viele dieser alten Bauten, z. B. aus der Zeit der Renaissance, sind heute Luxushotels: Hier kann man inmitten der Natur historisches Flair genießen. Spektakuläre Unterkünfte dieser Art finden sich etwa in den Provinzen Siena und Arezzo.

Agriturismi

Keine andere Unterkunftsart ist so typisch für die Toskana wie der *agriturismo* (Unterkunft auf dem Bauernhof). Die vielen malerischen *agriturismi* der Region sind sehr unterschiedlich: von einfachen Pensionen bis zu eleganten Häusern, die ländliche Gastfreundschaft ebenso wie hausgemachte Mahlzeiten aus heimischen Zutaten bieten.

Rifugi

Auf Mehrtageswanderungen über die Berge und Pässe der Toskana können Wandervögel das ausgedehnte Netz an *rifugi* (Berghütten) nutzen. Die *rifugi* der Region sind meist von April bis Oktober geöffnet und entweder privat oder vom Club Alpino Italiano (CAI) betrieben. Besonders für Sommerwochenenden sollten Betten in den Berghütten telefonisch im Voraus gebucht werden.

WIE VIEL KOSTET EINE NACHT …

im Hostelbett
35 €

im *agriturismo*
80 €

im Boutiquehotel
90 €

Camping

Wildes Zelten ist in Italien verboten. An der Küste gibt's aber zahlreiche Zeltplätze mit Einrichtungen, wo man nicht weit vom Strand ein Zelt aufschlagen oder seinen Camper parken kann. In den Bergen wird wildes Zelten meist geduldet, so lange man kein Feuer macht und am nächsten Tag wieder aufbricht, ohne Spuren (und Müll) zu hinterlassen.

Arthotels

Viele kleine, unabhängige Hotels in den größeren Städten greifen das kulturelle Flair ihrer Umgebung auf. Individuelle Gestaltung und Liebe zum Detail gesellen sich zu einer ausgesuchten Ausstattung und zu kunstvollen Akzenten, mit denen alte Gebäude und galerieartige Räumlichkeiten geschmückt sind. Die größte Auswahl an Alternativen zu Kettenhotels bieten Florenz, Pisa und Siena.

HOCHSAISON & BETTENSTEUER

Die Hochsaison dauert in der Toskana von April bis Oktober, mit dem absoluten Höhepunkt im Hochsommer mit den Monaten Juli und August. Zu dieser Zeit steigen die Preise angesichts der vielen in- und ausländischen Gäste teils erheblich – die besten Angebote müssen weit im Voraus gebucht werden, besonders an der Küste. Außerdem erheben die meisten Städte der Toskana als Zuschlag zu den Übernachtungspreisen eine Bettensteuer; diese liegt je nach Standard des Hotels bei 1 bis 5 €.

Essen, trinken & feiern

Wann?

Colazione (7–10 Uhr) Das italienische Frühstück fällt eher bescheiden aus: Es besteht aus einem Kaffee und einem Gebäckstück.

Pranzo (12.30–14 Uhr) Das Mittagessen reicht vom einfachen Teller Nudeln bis zur ausgedehnten mehrgängigen Mahlzeit.

Aperitivo (18–20 Uhr) Ein leicht bitterer Cocktail oder ein Glas Wein samt Häppchen vor dem Abendessen.

Cena (20–22 Uhr) Zum Abendessen gibt's meist aufwendigere Gerichte und mindestens zwei Gänge.

KULINARISCHES

Coperto Gedeckgebühr (meist 1 bis 2 € pro Person)

Piatto del giorno Tagesgericht

Antipasto Vorspeise

Bruschetta Typische Vorspeise: geröstetes Brot mit frischen Tomaten oder anderem Belag

Primo Erster Gang: meist Pasta, Reis oder Suppe

Secondo Zweiter Gang: meist mit Fleisch oder Fisch

Bistecca Steak

Contorno Beilage: Salat, Spinat, Kartoffeln oder Bohnen, meist zum *secondo*

Dolce Dessert: ein Stück Kuchen, Tiramisu, Eis usw.

Acqua minerale Mineralwasser, entweder *frizzante* (mit Kohlensäure) oder *naturale* (still)

Vino bianco Weißwein

Vino rosso Rotwein.

DOC oder DOCG Geschützte Ursprungsbezeichnung

Birra alla spina Fassbier

Amaro Wörtlich „bitter“: Verdauungs- bzw. Kräuterschnaps

Menù di degustazione Verkostungsmenü

Wo?

Trattoria Einfaches, traditionelles Restaurant, das oft Tagesgerichte serviert

Osteria Oft ein Synonym für Trattoria, teils etwas gehoben oder mit besonderem Fokus auf Wein

Pizzeria Auf Pizza spezialisiertes Restaurant

Panineria Lokal oder Verkaufsstelle für Sandwiches

Gelateria Eisdiele

Alimentari Geschäft für Wurst, Käse, örtliche Spezialitäten, teils auch *panini* und vorgekochtes Essen zum Mitnehmen

Forno Bäckerei

Pasticceria Konditorei

Enoteca Weinlokal

WIE … Die Rechnung bezahlen

Es gibt keine festen Regeln, den Rechnungsbetrag unter mehreren Personen am Tisch zu teilen. Wer in einer Gruppe speist, sollte ein paar Dinge bedenken:

Möchte man zahlen, muss man Bescheid sagen. Nach Ende der Mahlzeit noch länger am Tisch sitzen zu bleiben gehört zum Essengehen in Italien mit dazu. Von selbst bringen Kellner:innen die Rechnung erst, wenn das Lokal schließt.

Zu besonderen Anlässen zahlt vielleicht jemand die Rechnung für alle am Tisch, ansonsten wird meist *alla romana* (auf römische Art) gezahlt: Der Rechnungsbetrag wird einfach zu gleichen Teilen auf die Gäste umgelegt.

Nicht alle Restaurants mögen es, wenn ein Teil der Gäste bar und der andere mit Karte zahlen möchte – oft wird die Bedienung bei komplizierten Zahlungsprozeduren ungehalten. Am besten selbst ausbaldowern oder nett fragen!

WIE VIEL KOSTET ...

Espresso
1,20 €

Pizza Margherita
7 €

Craftbier
6 €

Frühstücksgebäck
1,30 €

Teller Pasta
9 €

Kugel Eis
2,50 €

Glas Wein
4–6 €

WIE... Kaffee bestellen

Kaffeetrinken ist in Italien ein heiliges Ritual und die Regeln zu brechen – kein Cappuccino nach 11 Uhr! –, gilt vielen als Blasphemie. Nach dem Frühstück räumt Kaffee mit Milch meist das Feld für den Espresso, der tagsüber wiederholt an den Theken der Bars gekippt wird.

Hier ein kleines Glossar zur italienischen Kaffeekultur:

Espresso Normaler Shot Kaffee aus der Siebträgermaschine – heißt auch einfach *un caffè*

Macchiato Espresso mit einem Schuss Milchschaum oben drauf

Ristretto Konzentrierter Espresso

Caffè lungo Verlängerter Espresso

Caffè corretto Mit einem Schuss Schnaps nach Wahl „korrigierter" Espresso

Decaffeinato Koffeinfreier Kaffee, oft kurz *deca* genannt

Cappuccino Ein Drittel Espresso, ein Drittel Milch, ein Drittel Schaum

Caffè latte Wer in Italien nach einem Latte fragt, bekommt einfach ein Glas Milch. Also einen *caffè latte* (Kaffee mit Milch) bestellen – und das nur bis zum Ende des Frühstücks.

Caffè affogato Dessert, bei dem ein Espresso über eine Kugel Eis gegossen wird

Caffè al vetro Diesen Espresso bestellen Leute, die meinen, dass Kaffee aus dem Glas besser schmeckt als aus der Porzellantasse.

Caffè leccese Sommergetränk aus Kaffee, süßer Mandelmilch und Eis, das immer beliebter wird

Päuschen

Einen Kaffee zu trinken, dauert in Italien nur ein paar Minuten: Es ist nicht mehr als eine kurze Pause, um sich zwischendurch zu stärken – so kurz, dass *coffee to go* keinen Sinn ergibt. Wer sich am Tisch niederlässt, zahlt mehr als an der Theke.

AUSGEHEN

Startpunkt für einen Abend auf der Piste ist in der Toskana der *aperitivo*, ein Drink vor dem Abendessen, um sich auf den langen Aufenthalt im Restaurant einzustimmen. *Aperitivi* zu sich zu nehmen bedeutet nicht, vorzuglühen – stattdessen wird meist zur Appetitanregung ein Cocktail mit wenig Alkohol oder ein Gläschen Wein getrunken, oft serviert mit kleinen Häppchen. Der Anfangstreff kann je nach Lust und Laune variieren – vielleicht trifft man sich in einer Bar oder *enoteca* auf ein Glas Wein oder in einer schicken Bar auf einen aufwendigeren Aperol Spritz oder Campari-Drink.

Bei entsprechendem Wetter folgt auf die *aperitivi* das Essen auf einer Restaurantterrasse. Hier ist echter Einsatz gefragt: Isst man nicht nur eine schnelle Pizza, dann sitzt man stundenlang am Tisch und genießt mindestens drei Gänge: *antipasto*, *primo*, *secondo* und *dolce* gehören dazu; wer einen Gang nicht allein schafft, kann ihn sich auch mit jemand anderem teilen.

In den Städten der Toskana tobt nicht unbedingt das wilde Nachtleben, da in den alten Stadtzentren ein Kompromiss gefunden werden muss zwischen dem Ruhebedürfnis der Anwohner:innen und dem Vergnügen der Nachteulen. Die größeren Clubs sind gewöhnlich weit von Wohngebieten entfernt; in den Innenstädten gibt's kleinere Bars und Kneipen, die zwischen 1 und 3 Uhr nachts schließen. Abends einfach draußen auf der Straße treffen ist auch möglich: Besorgt euch eine Flasche Wein und setzt euch auf eine Piazza. Salute!

Nachhaltig reisen

Reisen & Klimawandel

Die negativen Folgen des Reisens lassen sich nicht leugnen – daher sollte man, wo es möglich ist, sein Verhalten anpassen. Lonely Planet bittet alle Reisenden, sich ihres ökologischen Fußabdrucks bewusst zu sein. Im Internet gibt's zahlreiche CO_2-Rechner wie auf resurgence.org/resources/carbon-calculator.html. Viele Fluglinien und Buchungsportale bieten die Möglichkeit, Klimagasemissionen auszugleichen, indem man einen Beitrag zu klimafreundlichen Initiativen weltweit leistet. Den CO_2-Fußabdruck aller reisenden Mitarbeitenden gleicht Lonely Planet aus, auch wenn uns bewusst ist, dass das keine echte Lösung ist.

Städte abseits der Massen besuchen

Der Tourismus in der Toskana konzentriert sich größtenteils auf die bekanntesten Städte, während viele Orte auf dem Land von Entvölkerung bedroht sind, da sich den jungen Leuten nicht genügend Arbeitsmöglichkeiten bieten. Also runter von den ausgetretenen Pfaden und weniger touristische Gegenden erkunden.

Aufs Fiorentina-Steak verzichten

Die von Rindern erzeugten Treibhausgase wirken sich stark auf die Erderwärmung aus. Wer die vielen toskanischen Rindfleischgerichte vermeidet, reduziert seinen CO_2-Fußabdruck.

Uncomfortable Tours

Auf einer der von Stazione Utopia (stazioneutopia.com) organisierten Uncomfortable Tours wird die oft verdrängte Rolle beleuchtet, die Minderheiten bei der Schaffung des kulturellen Reichtums von Florenz spielten, oder der Kolonialismus in der Renaissance-Zeit.

Der WWF managt in der Toskana 17 Naturschutzgebiete. Vielleicht kann man an einer Strandsäuberung oder einem Naturschutzworkshop teilnehmen, die das ganze Jahr über stattfinden. Nähere Infos gibt's auf wwf.it.

Im April bietet die größte Kunstgewerbemesse der Toskana, die Mostra Internazionale dell'Artigianato (S. 67) in Florenz, die Chance, das vielfältige lokale Kunsthandwerk zu entdecken.

Zugfahren

Die Toskana wartet mit einem gut ausgebauten Bahnnetz auf, an das 180 Orte der Region angeschlossen sind. Bahnreisen sind erheblich klimafreundlicher als Reisen mit dem Auto. Buchung auf trenitalia.com.

IM UHRZEIGERSINN VON UNTEN LINKS: SEAN XU/SHUTTERSTOCK ©, THOOM/SHUTTERSTOCK ©, ALEXANDER PROKOPENKO/SHUTTERSTOCK ©GUIDO COZZI/ATLANTIDE PHOTOTRAVEL/GETTY IMAGES ©

Slow Food

An Restaurantfenstern auf den Slow-Food-Aufkleber achten! Der Slow-Food-Verband (slowfood.it) zeichnet Einrichtungen aus, die lokale Traditionen, heimische Ökosysteme und die Artenvielfalt der Region zu bewahren helfen.

Legambiente

Der Toskana-Ableger von Legambiente bietet das ganze Jahr über Veranstaltungen, um über die Bewahrung heimischer Ökosysteme aufzuklären. Infos zum Programm sind auf legambientetoscana.it zu finden.

Der Radfernweg Ciclovia dell'Arno (S. 253) verbindet Stia mit Pisa.

Die Umweltplakette Bandiera Blu wurde 2022 an 35 Strände der Toskana verliehen – eine Auflistung gibt's auf bandierablu.org.

15

Auf dem Weltnachhaltigkeitsindex rangiert Italien an 15. Stelle. In den letzten zehn Jahren ist verstärkt in erneuerbare Energien investiert worden, doch von der Umsetzung der Pariser Klimaziele ist das Land noch weit entfernt.

Fernwanderungen

Auf einem der vielen Fernwanderwege wie der Via Francigena (S. 140), der Via degli Dei (S. 260) oder der Via del Volto Santo (S. 227) lässt sich die Toskana sehr klimafreundlich erkunden.

WEITERE INFOS

legambiente toscana.it
Toskanischer Ableger der größten Umweltschutzorganisation Italiens.

wwf.it
Die italienische Website des WWF, mit Infos zu Freiwilligenarbeit.

regione.toscana.it/ambiente
Die offizielle Umweltschutzseite der Region.

Sicher reisen

VERSICHERUNGEN

Spezielle Versicherungen sind für Italien nicht vorgeschrieben, empfehlenswert ist aber z. B. eine Rücktrittsversicherung. Für EU-Bürger:innen ist mit der Europäischen Krankenversicherungskarte (EHIC) – in Deutschland auf der Rückseite der üblichen „Gesundheitskarte“ – die Notfallversorgung abgedeckt.

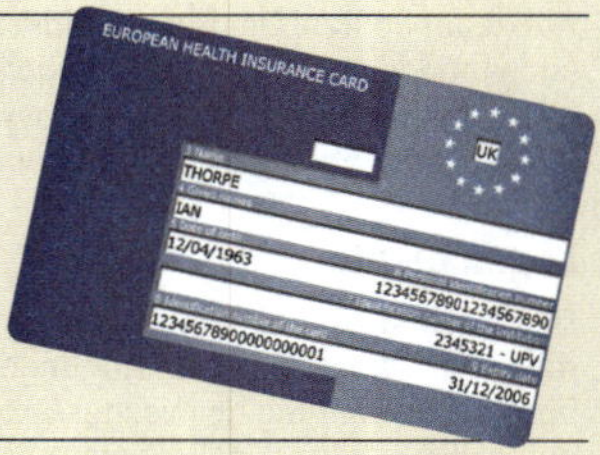

Taschendiebe

Die Toskana ist allgemein ein sicheres Reiseziel, doch in den vollsten Ecken der Touristädte sind teils Taschendiebe unterwegs. An wichtigen Sehenswürdigkeiten und in öffentlichen Verkehrsmitteln sollte man also die Augen offen halten, besonders wenn es voll ist. Die Polizei erreicht man unter der Telefonnummer 112.

Unfälle

Der Fahrstil der Italiener:innen birgt gewisse Gefahren. Es wird noch immer oft zu schnell gefahren. Hauptursache für Unfälle ist Unaufmerksamkeit. Die meisten Straßen sind recht gut in Schuss, in den abgelegeneren Ecken der Region sind sie allerdings oft eng und erfordern volle Aufmerksamkeit.

TRINKWASSER

Zwar trinkt man in Italien gern Mineralwasser zum Essen, doch das Leitungswasser kann ebenfalls problemlos getrunken werden.

SICHER SCHWIMMEN

Grüne Flagge
Sicher

Gelbe Flagge
Mögliche Gefahren im Wasser

Gelb-rote Flagge
Keine Rettungsschwimmer vor Ort

Rote Flagge
Zu gefährlich

Eis & Schnee

Vom 15. Oktober bis zum 15. April müssen Autofahrer Schneeketten im Auto haben oder Winterreifen aufziehen, da vereiste Straßen und gelegentlicher Schneefall ein Risiko darstellen können.

EXTREME HITZE

In den letzten zehn Jahren sind die Sommertemperaturen in der Toskana konstant angestiegen. Jahr für Jahr hat die Anzahl der Tage mit Temperaturen von über 30 °C zugenommen, sodass vor allem im Juli und August eine hohe Waldbrandgefahr herrscht. 2022 gab es Waldbrände in den Provinzen Florenz, Grosseto, Lucca und Pisa, die Schäden in Millionenhöhe verursachten.

LGBTQIA+

In der Toskana steht man der queeren Community recht offen gegenüber, wobei sich die traditionell progressive Einstellung heute immer mehr auf Florenz beschränkt, während anderswo konservative Parteien auf dem Vormarsch sind. Homosexualität ist weithin akzeptiert. Stimmen, die die Werte der kürzlich gewählten Rechtsaußenregierung teilen und lauthals eine Rückkehr zur „traditionellen Familie" fordern, werden auch in der Toskana leider immer lauter.

Verbände & Netzwerke

In der Toskana operieren drei Hauptverbände: Die Freiwilligenorganisation IREOS (ireos.org) widmet sich der Stärkung queerer Kultur, Gesundheit und Rechte, die große Organisation Azione Gay e Lesbica (azionegayelesbica.it) verteidigt die Rechte der LGBTQIA+-Community und ArciGay Firenze (arcigayfirenze.it) ist der Florentiner Ableger der italienischen Organisation für die queeren Community.

FLORENCE QUEER FESTIVAL

Jedes Jahr im September findet in Florenz das Queer Festival statt, eine große Feier der LGBTQIA+-Community. Dabei finden in der ganzen Stadt Filmvorführungen, Fotoausstellungen und Livedarbietungen statt. Weitere Infos und das komplette Programm gibt's auf florencequeerfestival.it.

BARS

Die meisten queerfreundlichen Bars der Region sind in Florenz zu finden. Das Piccolo Cafè in Santa Croce ist der traditionelle Treff der Community, gefolgt vom Queer im Borgo Allegri.

Queer Tuscany Tours

Queer Tuscany Tours (queertuscanytours.com) bietet unterhaltsame Erkundungen zur Geschichte von Florenz, u. a. mit anekdotenreiche Führungen: Sie erzählen von weniger bekannten Ereignissen am Hof der Medici und von der ausländischen LGBTQIA+-Community, die im 19. Jh. im Rahmen ihrer „Grand Tour" Florenz besuchte.

DDL ZAN

2018 brachte Alessandro Zan, Mitglied der Demokratischen Partei, einen Gesetzentwurf für ein Anti-Homophobie-Gesetz ein, das Diskriminierung aufgrund sexueller Orientierung und Gender-Identität unter Strafe stellen sollte. Der *disegno di legge* (DDL, Gesetzentwurf) wurde zunächst vom Parlament angenommen, doch 2021 von den rechten Parteien verworfen, da sie das Gesetz für unnötig erachteten.

Clubs

Die Küstenorte Torre del Lago und Viareggio bieten im Sommer eine muntere Clubszene. Der legendäre Club Mamamia (mamamia.tv) in Torre del Lago ist die bekannteste queere Party-Adresse an der Küste der Toskana: Hier finden regelmäßig Events statt.

Barrierefrei reisen

Die Toskana ist für Reisende mit Einschränkungen durchaus eine Herausforderung. Doch die touristische Infrastruktur wird zunehmend besser, sodass barrierefreies Reisen in den letzten Jahren leichter geworden ist.

Kopfsteinpflaster

In den alten Innenstädten gibt's oft sehr unebene Kopfsteinpflasterstraßen. Mit dem Rollstuhl sind diese nur schwer zu bewältigen. In manchen Straßen sind die Bürgersteige schmal – oder es gibt überhaupt keine.

Am Flughafen

An den Flughäfen Florenz und Pisa gibt's Personal, dass Passagiere mit Behinderungen unterstützt. Hilfsleistungen wie etwa die Bereitstellung von Rollstühlen sollten mindestens 48 Stunden vor dem Abflug über toscana-aeroporti.com angefragt werden.

Übernachten

Kleinere Pensionen in alten Gemäuern bieten nur selten Einrichtungen für Reisende mit Behinderung. In Sachen barrierefreies Reisen sind größere, neuere Hotels am günstigsten.

WEITERE INFOS

Toscana Accessibile (*toscana-accessibile.it*; nur auf Italienisch) ist das offizielle Webportal der Region für Hilfen und Infos für Menschen mit Behinderungen, sowohl für Einheimische als auch für Besucher. Die App **Siena Accessibile** *(accessibile.siena.it)*, erhältlich in den Appstores von Google und Apple, bietet nützliche Informationen für Besucher mit Behinderung in Siena.

ZTL-GEBIETE

Reisende mit Behinderung haben mit ihrem Fahrzeug Zufahrt zu den verkehrsbeschränkten Zonen (ZTL) in Florenz: Dafür müssen sie per Mail an upd@serviziallastrada.it eine Sondererlaubnis beantragen.

Museen

Die meisten großen Museen in Florenz wie die Uffizien, das Museo del Bargello und die Galleria dell'Accademia sind rollstuhlgerecht. In allen städtischen Museen in Florenz genießen Personen mit Behinderung kostenlos bevorzugten Zutritt.

Öffentliche Verkehrsmittel

In Florenz sind die Straßenbahnen rollstuhltauglich. Frecce- und Intercity-Züge haben in einem Waggon Platz für zwei Rollstühle samt Begleitung. Auch die meisten Regionalbahnen sind rollstuhltauglich, jedoch nicht die älteren Züge.

SALA BLU

Im Bahnhof Santa Maria Novella in Florenz können Personen mit Behinderung in der Sala Blu am Bahnsteig 5 einen Rollstuhl für den Bahnhof leihen und Unterstützung beim Zugang zu Zügen und kostenlosen Gepäcktransport erhalten.

Die Uffizien in Florenz nutzen Tastmodelle für Sehgeschädigte und unter den Kunstwerken sind immer mehr Texte in Blindenschrift zu finden. Über Sonderführungen informiert die Seite uffizi.it/en/special-visits/uffizi-by-touch. Das Museum Opera del Duomo in Florenz organisiert Touren und Aktivitäten für Menschen mit Behinderung; das Programm steht auf duomo.firenze.it/en/projects-for-accessibility.

Kurz & knapp

ÖFFNUNGSZEITEN

Die Öffnungszeiten variieren im Verlauf des Jahres sowie teils auch zwischen größeren Städten und kleineren Orten.

Banken Mo–Fr 8.30–13 und 14–16 Uhr

Bars 19–2 Uhr

Cafés 7–21 Uhr

Clubs 22–4 Uhr

Einkaufszentren 10–22 Uhr

Geschäfte 9.30–20 Uhr (in kleineren Orten oft 13–15 Uhr geschlossen)

Restaurants 12–15 und 19–23 Uhr

Rauchen

In geschlossenen öffentlichen Räumen ist Rauchen nicht gestattet.

GUT ZU WISSEN

Zeitzone
MEZ

Ländervorwahl
39

Notfälle
112

Einwohner
59,55 Mio.

Maße & Gewichte

Italien nutzt das metrische System; Dezimalstellen sind per Komma, Tausende per Punkt abgetrennt.

Internetzugang

Einrichtungen wie Flughäfen und Bahnhöfe und auch die meisten Cafés in den Städten bieten Gratis-WLAN.

Strom 230 V / 50 Hz

Typ F
230 V / 50 Hz

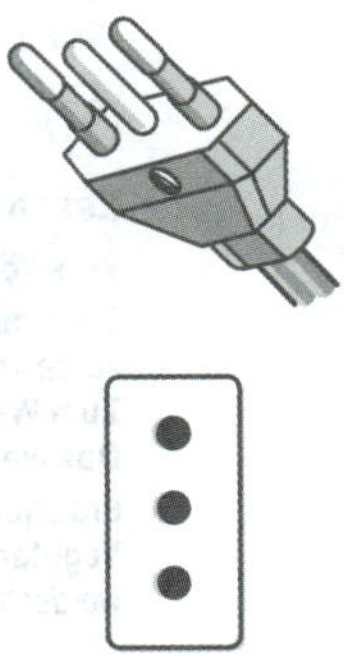

Typ L
220 V / 50 Hz

FEIERTAGE

Es gibt zwölf Feiertage in Italien. Einige Einrichtungen sind dann geschlossen.

Neujahr
1. Januar

Dreikönigsfest
6. Januar

Ostersonntag
März/April

Ostermontag
März/April

Tag der Befreiung
25. April

Tag der Arbeit
1. Mai

Tag der Republik
2. Juni

Mariä Himmelfahrt
15. August

Allerheiligen
1. November

Mariä Empfängnis
8. Dezember

1. Weihnachtstag
25. Dezember

2. Weihnachtstag
26. Dezember

Sprache

Das Italienische gehört zur romanischen Sprachfamilie und ist eng mit dem Spanischen und Französischen verwandt.

Nützliches

Hallo. Buongiorno. *bon·dschor·no*
Auf Wiedersehen. *Arrivederci. ar-ri-we- der-tschi*
Ja. Si. *si*
Nein. No. *no*
Bitte (um etwas bitten). Per favore. *per fa-wo-re*
Danke. Grazie. *gra-tsje*
Entschuldigen Sie/ entschuldige. Mi scusi/ Scusami. *mi sku-si/ sku-sa-mi*
Tut mir leid. Mi dispiace. *mi dis-pja-tsche*
Wie heißen Sie/heißt du? Come si/ ti chiama? *ko·me si/ti kja-ma*
Ich heiße ... Mi chiamo *mi kja-mo*
Sprechen Sie/Sprichst du Deutsch/Englisch? Parla/parli tedesco/inglese? *par-la/par-li te-des-ko/in-gle-se*
Ich verstehe nicht. Non capisco. *non ka-pis-ko*

Unterwegs

Wo ist ...? Dov'è ...? *do-wä ...*
Wie ist die Adresse? Qual'è l'indirizzo? *kwal-ä lin-di-ri-tso*
Können Sie das bitte aufschreiben? Può scriverlo, per favore? *puo skri-wer-lo per fa-wo-re*
Können Sie es mir (auf der Karte) zeigen? Può mostrarmi (sulla pianta)? *puo mos-trar-mi (su-la pjan-ta)*

Schilder

Aperto/a Offen
Chiuso/a Geschlossen
Informazione Informationen
Bagno WC/Toiletten
Prohibito/a Verboten
Uscita Ausgang

Uhrzeit & Datum

Wie viel Uhr ist es? Che ora è? *ke o-ra ä*
Es ist 13 Uhr. È l'una. *ä lu-na*
Halb (zwei; 13.30 Uhr). (L'una) e mezza. *(lu-na) e met-sa*
morgens di mattina *di mat-ti-na*
nachmittags di pomeriggio *di po-me-ri-dscho*
abends di sera *di se-ra*
gestern ieri *je-ri*
heute oggi *o-dschi*
morgen domani *do-ma-ni*

Notfall

Help! Aiuto! *a-ju-to*
Lassen Sie/lass mich in Ruhe! Lascimi/lasciami in pace! *la-schi mi/la-scha mi in pa-tsche*
Mir ist schlecht. Mi sento male. *mi sen-to ma-le*
Rufen Sie/ruf ...! Chiami/chiama ...! *kja·mi/kja ma*
einen Arzt un medico *un me-di-ko*
die Polizei la polizia *la po-li-tsi-ja*

Essen & ausgehen

Was können Sie empfehlen? Cosa mi consiglia? *ko-sa mi kon-sil-ja*
Zum Wohl! Salute! *sa-lu-te*
Das war köstlich! Era squisito! *e-ra skwi-si-to*
Vegetarisch vegetariano *we-dsche-ta-rja-no*

ZAHLEN

1 **uno** *u-no*
2 **due** *du-e*
3 **tre** *trä*
4 **quattro** *kwat-tro*
5 **cinque** *tsching-kwe*
6 **sei** *sej*
7 **sette** *set-te*
8 **otto** *ot-to*
9 **nove** *no-we*
10 **dieci** *dje-tschi*

INS DEUTSCHE ÜBERNOMMEN

Da gibt's eine Menge, z. B. **Ciao, Diva, Pasta, Mafia, Maestro**

AUSSPRACHE

Der einzige Laut, der vom Deutschen abweicht, ist das „r": Es wird gerollt und prononcierter ausgesprochen.

10 Ausdrücke der Einheimischen

Was ist los? – Cosa c'é? – *ko-sa-tschä*
Alles okay? – Tutto a posto? – *tu-ta pos-to*
Okay! – Va bene! – *wa be-ne*
Toll! – Fantastico! – *fan-tas-ti-ko*
Stimmt! – È vero! – *e we-ro*
Sicher – Certo – *tscher-to*
Überhaupt nicht! – Per niente! – *per njen-te*
Du machst Witze! – Scherzi! – *sker-tsi*
Schön wär's! – Magari! – *ma-ga-ri*
Wirklich? – Davvero? – *daw-we-ro*

Achtung!

Einige italienische Wörter sehen wie Deutsch aus, haben aber eine andere Bedeutung, z. B. bedeutet *camera (ka-me-ra)* „Schlafzimmer", nicht „Kamera", die auf Italienisch *macchina fotografica (mak-ki-na fo-to-gra-fi-ka)* heißt.

Wichtige Grammatik

Auch das Italienische kennt die Unterscheidung zwischen „du" und „Sie": *tu* und *lei*. Die Verben haben je nach Person verschiedene Endungen, wie im Deutschen „ich mache" und „du machst".

Italienisch in Italien

Italiener:innen sind sehr stolz auf ihre reiche Geschichte und ihre Sprache – zu Recht, denn sie weist die größte Nähe zu der Form des Lateinischen auf, die von den alten Römern gesprochen wurde. Es hat große Ähnlichkeiten mit anderen romanischen Sprachen wie Französisch, Spanisch und Rumänisch. In Italien werden fremdsprachige Filme nicht untertitelt, sondern eher synchronisiert.

WO WIRD ITALIENISCH GESPROCHEN?

Dank der zahllosen italienischen Auswandernden in alle Teile der Erde und der enormen Beliebtheit italienischer Kultur und Küche – vom Spaghetti-Western bis zur Oper –, ist das Italienische eine weltweit vertretene Sprache.

STORYBOOK

Mit fünf Reportagen tief in den toskanischen Alltag eintauchen.

Die Geschichte der Toskana in 15 Orten
Angelo Zinna
S. 282

China in Prato: Die dunkle Seite der Mode „Made in Italy“
Angelo Zinna
S. 286

Florenz: Die Renaissance digital
Angelo Zinna
S. 290

Der Anschlag in der Via dei Georgofili
Angelo Zinna
S. 294

Die Toskana: Immer noch im Widerstand?
Mary Gray
S. 296

Bildnis von Lino Coluccio Salutati von Apollonio di Giovanni

Gegenüber: Museum der Statuenmenhire, Pontremoli

DIE GESCHICHTE DER TOSKANA IN 15 ORTEN

Viele Überreste der bewegten Vergangenheit sind bis heute in der Toskana zu finden. So kann man die Entwicklung von den prähistorischen Anfängen über das Mittelalter und die Renaissance bis in die heutige Zeit nachverfolgen. Teilweise scheint die Epoche der mächtigen Feudalherren noch gar nicht so lange her zu sein.

Erste **ETRUSKISCHE SIEDLUNGEN** entstanden im 8. Jh. v. Chr. Die Schlachten, Aufstände, Verschwörungen und Plagen der folgenden Jahrhunderte waren wichtige Stationen zur Einigung der Toskana und zur Herausbildung eines der bedeutendsten Kunstzentren der Welt.

Dabei überragt das Goldene Zeitalter der Renaissance mit den großen künstlerischen und philosophischen Errungenschaften eines Leonardo da Vinci oder Michelangelo sämtliche anderen Epochen. Die Konflikte zwischen den Stadtstaaten des späten Mittelalters und die Einigungsbewegung der Neuzeit trugen wesentlich zur Entstehung der heutigen Toskana als romantisches und entspanntes Reiseziel bei.

1. Museo delle Statue Stele Lunigianesi

DIE KUNST DER BRONZE- UND EISENZEIT

Die Stelen im Castello del Piagnaro in Pontremoli zählen zu den faszinierendsten prähistorischen und frühgeschichtlichen Überresten in der Toskana. Die anthropomorphen Figuren aus der Bronze- und Eisenzeit wurden Ende des 19. Jhs. bis in die 1960er-Jahre in den Tälern der nördlichen Toskana und Liguriens gefunden. Über ihre Bedeutung rätselt die Geschichtsforschung bis heute.

Mehr zu Pontremoli S. 232

2. Parco Archeologico Città del Tufo

DIE STÄDTE DER ETRUSKER

Die Etrusker besiedelten als Erste das Land der heutigen Toskana und viele moderne Städte gehen auf diese Siedlungen zurück. Die Etrusker waren eine der mächtigsten und einflussreichsten Zivilisationen der Antike und weithin bekannt für ihre Kunstwerke, großartige Architektur und militärische Überlegenheit. Die Überreste ihrer Siedlungen und vielen Fundstücke sind in den archäologischen Stätten der Toskana zu besichtigen. Eine der eindrucksvollsten Stätten ist die Città del Tufo bei Sovana, wo die Etrusker eine einzigartige Nekropole in die Tuffsteinfelsen gruben.

Mehr zur Città del Tufo S. 164

3. Piazza dell'Anfiteatro

DIE RÖMISCHEN FUNDAMENTE TOSKANISCHER STÄDTE

Im 4. Jh. v. Chr. begann der Niedergang der Etrusker und die Römer übernahmen allmählich die Herrschaft über Etruria. Im 3. Jh. v. Chr. unterwarfen sie die Etrus-

ker endgültig und gründeten eigene Städte in der ganzen Toskana. Diese verbanden sie mit großen Straßen wie der Via Aurelia, Via Cassia und Via Clodia und sorgten für die nötige Infrastruktur. Auf den Fundamenten eines römischen Amphitheaters aus dem 2. Jh. v. Chr. errichtete Lorenzo Nottolini im 19. Jh. die Piazza dell'Anfiteatro in Lucca, die deshalb die eigenartige elliptische Form aufweist.

Mehr zu Lucca S. 215

4. Abbazia di Sant'Antimo

KARL DER GROSSE UND DIE FRÄNKISCHE MARKGRAFSCHAFT TOSKANA

Nach dem Untergang des weströmischen Reichs im 5. Jh. erlebte die Toskana eine unruhige Zeit. Die Lombarden, ein germanisches Volk, eroberten den größten Teil der Region. Sie wurden vom fränkischen König Karl dem Großen vertrieben, der die Toskana 774 besetzte. Der von Papst Leo III. später gekrönte Kaiser des Heiligen Römischen Reichs soll 781 die Abbazia di Sant'Antimo bei Montalcino gegründet haben, als er auf der Via Francigena von Rom zurückkehrte. Bei dieser Gelegenheit erhob er die Toskana (Tuszien) zu einer Markgrafschaft, die nun von einem Adeligen regiert wurde.

Mehr zur Abbazia di Sant'Antimo S. 147

5. Piazza dei Miracoli

AUFSTIEG ZUR SEEMACHT

Mitte des 11. Jhs. hatte es Pisa durch die Plünderung muslimischer Städte in Süditalien, Spanien und Nordafrika zu großem Reichtum gebracht. Damit finanzierte die Stadt den Bau der majestätischen Kathedrale auf der Piazza dei Miracoli und vieler anderer prachtvoller Gebäude, die noch heute zu bewundern sind. Die neu gegründete Republik übernahm schnell die Herrschaft über das westliche Mittelmeer und die Umgebung der Stadt und löste sich gleichzeitig aus dem Reich. Pisa war nun ein autonomer Stadtstaat.

Mehr zur Piazza dei Miracoli S. 204

6. Palazzo Pubblico

SIENAS GOLDENES ZEITALTER

Im 12. Jh. zerfiel die Markgrafschaft Toskana allmählich, da viele Großgrundbesitzer Lehnsherren der ländlichen Bevölkerung geworden waren. Als die Grafen die Kontrolle über die städtischen Zentren verloren und die Adligen sich auf ihre Landsitze zurückzogen, musste die Regierung der Städte neu organisiert werden. Es entstanden neue Institutionen und Regierungsformen, die den Interessen der aufstrebenden Kaufleute, Bankiers und Unternehmer dienten. So wurde 1287 in Siena die neue „Regierung der Neun" eingesetzt: Jeweils neun Mitglieder regierten abwechselnd die Republik im Sinne des „Gemeinwohls" vom neu gebauten Palazzo Pubblico aus.

Mehr zum Palazzo Pubblico S. 117

7. Poppi

DIE SCHLACHT ZWISCHEN GUELFEN UND GHIBELLINEN

Im 13. Jh. florierte Florenz dank der Wollindustrie und ausgedehntem Handel, doch die politische Lage war alles andere als gut. Mit dem wirtschaftlichen Wohlstand kam der Wunsch nach Expansion und mehr politischer Macht. Die führenden Familien der Toskana spalteten sich in zwei Lager auf: die vom Papst unterstützten Guelfen und die vom Kaiser des Heiligen Römischen Reichs unterstützten Ghibellinen. Am 11. Juni 1289 kam es im Tal von Campaldino in der Nähe von Poppi zur Schlacht zwischen den Ghibellinen aus Arezzo und den Guelfen aus Florenz. Ein junger Ritter namens Dante Alighieri kämpfte auf der Seite der Guelfen, die schließlich siegten und die Herrschaft der Guelfen bzw. von Florenz über die Toskana besiegelten.

Mehr zu Poppi S. 254

8. Palazzo Medici Riccardi

DER AUFSTIEG DER MEDICI

1348 wütete in der Toskana wie in ganz Europa die Pest. In dieser Zeit gelang es einer Familie, im Hintergrund die Politik zu bestimmen und dadurch ungeheuer mächtig zu werden: Sie hieß Medici. Cosimo de' Medici der Ältere erbte von seinem Vater Giovanni di Bicci ein riesiges Vermögen, das dieser mit seinem Bankhaus angehäuft hatte. Obwohl er niemals ein politisches Amt übernahm, wurde Cosimo der einflussreichste Mann in Florenz. Er sorgte mit seinem Geld dafür, dass seine Vertrauensleute politische Ämter erhielten. 1434 beauftragte er Michelozzo mit dem Bau eines Palastes in San Lorenzo in Florenz, der zum „Regierungssitz" der Medici werden sollte.

Mehr zum Palazzo Medici Riccardi S. 79

9. Salone dei Cinquecento

DAS GROSSHERZOGTUM UND DIE RENAISSANCE

Mit zwei kurzen Unterbrechungen herrschten die Medici 300 Jahre lang über Florenz und die gesamte Toskana. Macht und Geld der Familie wurde vom humanistisch gebildeten Lorenzo dem Prächtigen auch dazu genutzt, viele Künstler zu fördern, die Meisterwerke der Renaissance schufen. Die bekanntesten sind Michelangelo und Leonardo da Vinci, der ab 1504 den Salone dei Cinquecento im Palazzo Veccio mit zwei monumentalen Fresken schmückte. Das Werk wurde erst Jahrzehnte später von Giorgio Vasari vollendet, der weitere Fresken an Decke und Wänden hinzufügte (s. Bild unten). Diesen Auftrag hatte Cosimo I. de' Medici gegeben, der ab 1569 der erste Großherzog der Toskana war.

Mehr zum Palazzo Vecchio S. 59

10. Riserva Naturale della Diaccia Botrona

DIE REFORMEN UNTER HABSBURG-LOTHRINGEN

1737 starb der letzte Medici-Herzog Gian Gastone de' Medici ohne Erben. Damit endete die Dynastie der Medici und das Großherzogtum Toskana kam unter die Herrschaft des österreichischen Kaisers aus dem Hause Habsburg-Lothringen. Der neue Großherzog Franz Stephan von Lothringen überließ die Regierung seinem Vertreter und kam auch nur ein einziges Mal nach Florenz. Das änderte sich unter seinem Nachfolger Leopold II. Dieser führte viele moderne Reformen durch, darunter die Abschaffung der Todesstrafe und die

T PHOTOGRAPHY/SHUTTERSTOCK ©

Trockenlegung des Sumpfes der Maremma, sodass Küstengebiete wie die Riserva Naturale della Diaccia Botrona malariafrei wurden und landwirtschaftlich genutzt werden konnten.

Mehr zur Maremma S. 161

11. Piazzale Michelangelo

FLORENZ, HAUPTSTADT DES VEREINIGTEN ITALIEN

Mit der Einigung Italiens 1861 begann eine neue Ära. 1865 wurde Florenz die Hauptstadt des neu gegründeten Königreichs. Der Architekt Giuseppe Poggi wurde mit der umfassenden Sanierung und Modernisierung der Stadt beauftragt. Nach dem Vorbild anderer Hauptstädte in Europa ließ Poggi zuerst die mittelalterliche Stadtmauer einreißen, um Platz zu schaffen für die neuen *Viali* (breite Avenuen, die die ganze Stadt durchziehen sollten). Er erneuerte auch die Wasserversorgung und legte monumentale Plätze an, um die Pracht des alten Florenz wieder herzustellen. Besonders gut gelang ihm der Piazzale Michelangelo, dessen grandiose Terrasse hoch über Florenz einen einmaligen Blick auf die Stadt und den Dom bietet.

Mehr zum Piazzale Michelangelo S. 102

12. Die Marmorsteinbrüche in Carrara

AUFSTAND IN DER LUNIGIANA

Zeitgleich zur Einigung Italiens entstand in Europa die internationale Arbeiterbewegung, die sich für die Befreiung der Arbeiterklasse einsetzte. Die neuen radikalen Ideen gelangten auch zu den Arbeitern in den Marmorsteinbrüchen der nordöstlichen Toskana. Ihre gefährliche Arbeit führte oft zu Unfällen und sogar zum Tod. Dennoch dachten die reichen Besitzer nicht daran, den Abbau aufzugeben, sondern weiteten ihn immer mehr aus. Am 13. Januar 1894 traten die Arbeiter in Carrara in den Streik und forderten bessere Arbeitsbedingungen. Damit war der *Moti della Lunigiana* (Aufstand von Lunigiana) der erste anarchistische Aufstand in Italien. Die Regierung Crispi schlug ihn nieder und verhaftete mehr als 450 Aufständische.

Mehr zu Carrara S. 228

13. Livorno

DIE ROTE TOSKANA

Die Niederschlagung des Aufstands konnte aber nicht verhindern, dass sich die Arbeiterklasse zunehmend organisierte. Am 21. Januar 1921 wurde im Teatro San Marco in Livorno die Kommunistische Partei Italiens gegründet. Sie wollte die Monarchie in Italien abschaffen und eine kommunistische Republik gründen. Im Laufe der Zeit entwickelte sie sich zur zweitgrößten Partei Italiens und zu einer der einflussreichsten kommunistischen Parteien der westlichen Welt. Ihre Anfänge waren jedoch schwierig. Als 1922 Mussolini an die Macht kam, versuchte er die Partei auszulöschen. Tatsächlich spielte sie in der Zeit des Faschismus keine große Rolle.

Mehr zu Livorno S. 180

14. Stazione Santa Maria Novella

DEPORTATION VON JUDEN IM FASCHISMUS

Benito Mussolinis Diktatur war durch massive Unterdrückung gekennzeichnet, die ihren Höhepunkt in den 1930er-Jahren erreichte. Die Regierung schränkte die Rede- und Versammlungsfreiheit ein und ließ keine abweichenden Meinungen zu. Politische Gegner wurden verhaftet oder ausgewiesen, Gewerkschaften verboten. Außerdem erließ die Regierung eine Reihe von Rassegesetzen, die die Rechte von Juden und anderen Minderheiten massiv verletzten. Am 9. November 1943 wurden 300 Juden von Florenz nach Auschwitz deportiert: Ein Denkmal auf Bahnsteig 16 des Bahnhofs Santa Maria Novella erinnert daran.

Mehr zu Santa Maria Novella S. 67

15. Museo Piaggio

DER WIRTSCHAFTLICHE AUFSCHWUNG

Nach dem Krieg und der Befreiung vom Faschismus 1945, die in Italien am 25. April gefeiert wird, war die Toskana sehr zerstört. In den 1950er-Jahren begann der Wiederaufbau, in dessen Folge Italien eine Industriemacht wurde. Mit dem wirtschaftlichen Aufschwung änderte sich das Leben in Italien grundlegend. Die Menschen zogen vom Land in die Städte und konnten sich immer öfter ein motorisiertes Fahrzeug leisten. Die Firma Piaggio in Pontedera (das heutige Museo Piaggio) hatte bis zum Ende des Zweiten Weltkriegs Kampfflugzeuge hergestellt und verlegte sich jetzt auf die Produktion des legendären Vespa-Rollers, der millionenfach in die ganze Welt verkauft wurde.

Mehr zum Museo Piaggio S. 213

Gegenüber: Hochzeitskleider in einem Geschäft in Prato

CHINA IN PRATO: DIE DUNKLE SEITE DER MODE „MADE IN ITALY"

Die chinesische Gemeinde in der Toskana trug maßgeblich zum Erfolg der Textilindustrie bei. Die Kehrseite der Medaille ist, dass die Zugewanderten zunehmend ausgegrenzt werden. Von Angelo Zinna

Wer durch die bezaubernde Altstadt von Prato spaziert, kommt kaum auf die Idee, dass sie eine der wichtigsten Industriestädte der Toskana ist. Innerhalb der mittelalterlichen Stadtmauer befinden sich die üblichen Sehenswürdigkeiten der größeren Städte dieser Region: der romanische Dom aus dem 12. Jh., eine Festung, ein Kunstmuseum mit Werken der Renaissance und unzählige Cafés.

Außerhalb der Mauer zeigt sich ein ganz anderes Bild. Schon jenseits der Porta Pistoiese sind die vielen Geschäfte, Restaurants, Textilfabriken und Lagerhäuser mit chinesischen Schriftzeichen unübersehbar. In dem Viertel rund um die Via Pistoiese begründete eine der größten chinesischen Gemeinden Europas einst die Textilindustrie von Prato, die heute ein wichtiger Bestandteil der Mode „Made in Italy" ist.

Genau wie das benachbarte Florenz war Prato im Mittelalter ein bedeutendes Zentrum der Wollindustrie. Am Bisanzo, einem Nebenfluss des Arno, standen im 13. Jh. unzählige Wassermühlen und die Wollproduktion war lange der größte Wirtschaftsfaktor der Region. Die Industrielle Revolution brachte neue Techniken auch nach Prato, das sich schnell zu einem internationalen Standort der Textilindustrie entwickelte.

Ende der 1980er-, Anfang der 1990er-Jahre kamen die ersten chinesischen Einwanderer:innen in Prato an. Sie gründeten vor allem Unternehmen, die Fast Fashion produzierten. So bestand die äußerst umsatzstarke Textilindustrie in Prato zumeist aus kleinen und mittleren Unternehmen, die auch oft Lohnarbeit in den Süden Italiens vergaben.

Die neuen Unternehmen richteten sich in einer Nische des Marktes ein und führten auch selbst Lohnaufträge zu extrem niedrigen Preisen (und oft auch schwarz) aus. So produzierten sie für die Hälfte des Preises italienischer Firmen und waren zudem noch schneller.

I Love You
LOVE...YOU
FOREVER

Genaue Angaben und Zahlen zu diesen Unternehmen zu recherchieren, ist heute so unmöglich wie früher. Die ersten Einwanderer:innen kamen wohl aus der Provinz Zhejiang. Offiziell stieg die Zahl der Personen chinesischer Herkunft von 2000 im Jahr 1994 auf mehr als 28 000 im Jahr 2022. Da viele Einwandernde gar nicht offiziell erfasst werden, dürfte die tatsächliche Zahl deutlich höher liegen. Damit lebt in Prato wahrscheinlich die drittgrößte chinesische Gemeinde in Europa – nach Paris und London.

Während sich die ersten chinesischen Unternehmen in Prato auf die Produktion von Fast Fashion (italienisch *pronto moda*) konzentrierten, stiegen sie aufgrund ihres Erfolgs und guten Rufs allmählich auch in den Markt der hochwertigen Mode ein. Chinesische Unternehmen kauften einheimische Firmen auf, vergrößerten den Kundenbestand um Hersteller von Luxusmode, die bereit waren, aufgrund der niedrigen Löhne weiterhin hier zu produzieren, weil sie so ihre Mode als „Made in Italy“ verkaufen konnten. Marken wie Armani, Gucci, Valentino, Max Mara und Patrizia Pepe lassen nachweislich in den chinesischen Firmen in Prato produzieren, die heute rund 80 % der örtlichen Textilindustrie ausmachen.

Von diesem Erfolg profitieren natürlich nicht alle gleichermaßen. Die meist ungelernten chinesischen Arbeiter:innen schuften oft unter unwürdigen Bedingungen in zwielichtigen Fabriken, wovon die Nobelmarken-Hersteller angeblich nichts wissen. Als am 1. Dezember 2013 in einer dieser Fabriken ein Feuer ausbrach, kamen die Zustände plötzlich ans Licht. Sieben Menschen starben, weil sie in der Fabrik nicht nur arbeiteten, sondern auch schliefen: Entlang der Wände der Arbeitshallen waren einfach Betten aufeinandergestellt worden.

Der Vorfall führte zwar zu strengeren Kontrollen durch die Behörden, doch die Sicherheit am Arbeitsplatz war nur ein Teil des Problems. Einige Jahre vor dem Brand hatte in Florenz bereits einer der größten Prozesse Italiens begonnen. Während sich im bis dahin größten Prozess des Landes, dem berühmten *maxi processo* in Palermo, 460 Mitglieder der Mafia verantworten mussten, standen in Prato immerhin 297 Angeklagte wegen Geldwäsche im Verbund mit der Mailänder Filiale der Bank of China vor Gericht. Bei dem „Geldtransfer“, wie es die Presse nannte, ging es um mehr als 4 Mrd. Euro, von denen zwei Drittel aus Prato stammten und die verschwunden waren. Vermutlich war das Geld zwischen 2007 und 2010 illegal nach China transferiert worden.

Aufgrund der chronisch langsam mahlenden Mühlen der italienischen Justiz und der kurz bemessenen Verjährungsfristen wurden 227 der Angeklagten im Jahr 2018 freigesprochen. Im gleichen Jahr wurden 55 Personen verhaftet, darunter war auch der Unternehmer Zhang Nai Zhong aus Rom, der als Kopf der Organisierten Kriminalität in Prato nach Artikel 416a des italienischen Strafgesetzbuches angeklagt wurde – wegen mafiaähnlicher Organisation von Urkundenfälschung, Glücksspiel, Erpressung und Prostitution.

Die schnelle Übernahme der Textilindustrie durch chinesische Unternehmen und wiederholte Berichte über die kata-

Straßenszene, Prato

strophalen Zustände waren nicht gerade förderlich für die Integration der chinesischen Zugewanderten. Hinzu kamen Misstrauen und wachsende Ablehnung der italienischen Mitbürger:innen.

Neben der sozialen Isolation sind die Lebensumstände der chinesischen Arbeiter:innen grundsätzlich schwierig. Abgesehen von den nicht registrierten Arbeitskräften, die 2014 vermutlich 40 % der Beschäftigten ausmachten, werden auch registrierte Arbeitskräfte ausgebeutet, da ihr Arbeitgeber zugleich für die Verlängerung der Aufenthaltsgenehmigung *(permesso di soggiorno)* verantwortlich ist. Darüber hinaus werden sie von der italienischen Arbeiter- und Mittelschicht für die sinkenden Löhne und Einschnitte in italienischen Unternehmen in den letzten 20 Jahren verantwortlich gemacht.

Andererseits zeigen Studien, dass die chinesischen Einwanderer in Prato dazu beigetragen haben, die Krise der Globalisierung Anfang der 2000er-Jahre zu überwinden. Von 2001 bis 2010 gingen die Exporte aus Prato um 40 % zurück und die Wirtschaft wäre drastisch eingebrochen, hätten nicht die Chinesen den Niedergang der Textilindustrie aufgehalten und dem Immobilienmarkt einen Aufschwung beschert. Doch viele Italiener:innen weisen diesen Beitrag der chinesischen Gemeinde in Prato zurück und lehnen die Community immer offener ab. So wurde 2009 zum ersten Mal in der postfaschistischen Zeit ein rechter Politiker – der Textilfabrikant Roberto Cenni – zum Bürgermeister von Prato gewählt.

Dieser Rechtsruck in Prato war eine Zeitenwende, denn die Stadt galt lange als uneinnehmbare „rote“ Festung: Alle Bürgermeister der letzten 50 Jahre hatten der kommunistischen Partei angehört. Die Parlamentswahlen 2018 bestätigten diese Tendenz, und 2019 organisierte die neofaschistische Bewegung Forza Nuova im historischen Stadtzentrum eine „Rettet Italien“-Demonstration gegen Einwanderung. Es gab zwar deutlichen Protest gegen diese Demonstration, doch bei den Parlamentswahlen 2022 vergrößerte die rechte Koalition ihren Vorsprung vor den linken Parteien, indem sie sich mit extrem rechten Einwanderungsgegnern wie Matteo Salvini und der neuen Premierministerin Giorgia Meloni verbündete.

Stoffe, Prato

DER RECHTSRUCK IN PRATO WAR EINE ZEITENWENDE, DENN DIE STADT GALT LANGE ALS UNEINNEHMBARE „ROTE“ FESTUNG: ALLE BÜRGERMEISTER DER LETZTEN 50 JAHRE HATTEN DER KOMMUNISTISCHEN PARTEI ANGEHÖRT.

Die chinesische Gemeinde ist heute ein wesentlicher Bestandteil der Gesellschaft in Prato. Nichtsdestotrotz wollen viele von ihnen die Stadt verlassen. Die politische Atmosphäre, die Diskriminierung gerade in den Anfangszeiten der COVID19-Pandemie und auch der Abschwung in der italienischen Wirtschaft führten dazu, dass zuletzt bis zu 10 % der chinesisch-stämmigen Bevölkerung der Toskana den Rücken gekehrt haben.

Die Mehrheit der zweiten Generation betrachtet jedoch Prato als ihre Heimat. Sie versuchen, ihre Wurzeln zu bewahren und ihre doppelte Identität zu leben. Statt wegzuziehen haben sie beschlossen, ihre Probleme innerhalb des Systems zu lösen: Im Jahr 2019 wurden Teresa Lin und Marco Wong als erste Gemeinderäte mit chinesischen Wurzeln gewählt. Sie wollen einen neuen Dialog beginnen und erreichen, dass sich die durch die Umstände voneinander entfernten Gruppen wieder annähern.

UNTEN LINKS: T PHOTOGRAPHY/SHUTTERSTOCK ©, RECHTS: GIACOMO MORINI/SHUTTERSTOCK ©

FLORENZ: DIE RENAISSANCE DIGITAL

Das künstlerische Erbe der Toskana wird digitalisiert – trotz großer Bedenken. Von Angelo Zinna

Die Kunstwelt in Florenz will mit dem technologischen Fortschritt mithalten. 2022 organisierte der Palazzo Strozzi, das größte Museum für moderne Kunst der Stadt, eine Ausstellung unter dem Titel „Werden wir digital!". Zu sehen waren Werke von berühmten Digitalkünstler:innen. Gleich hinter dem Eingang, im spektakulären Innenhof des Renaissance-Architekten Simone del Pollaiolo (Il Cronaca) aus dem 15. Jh., stand ein 9 m hoher Bildschirm, auf dem farbenfrohe Wellen in hypnotisierender Bewegung zu sehen waren. Die *Träume der Renaissance* des türkisch-amerikanischen Künstlers Refik Anadol gehörten zu seiner Serie *Halluzinationen der Maschinen*, einer „Datenskulptur" auf der Basis von KI-Software, in der sich kontinuierlich 12 000 Gemälde aus dem 14. bis 17. Jh. übereinander schoben und ein abstraktes 3-D-Gebilde erzeugten. Die virtuellen Pigmente wirbelten dabei in flüssiger Form durch ein senkrecht stehendes Becken. In allen Räumen des Palazzo Strozzi waren Bildschirme mit den digitalen Werken internationaler Künstler:innen wie Beeple, Daniel Arsham, Krista Kim und Andrés Reisinger zu sehen. Sie alle arbeiten mit modernster Technik wie KI, NFT und Crypto Art.

Der Palazzo Strozzi war nicht das einzige Museum in Florenz, das solche virtuellen Kunsterfahrungen bot. In den nahegelegenen Uffizien, dem bekanntesten Museum in Florenz und eines der meistbesuchten Museen der Welt, arbeitete man zur gleichen Zeit an der Digitalisierung der Archive.

Die Herangehensweise an sich ist nichts Neues, sondern so alt wie die Fotografie. Tatsächlich begann die Katalogisierung der Schätze der Uffizien mit dem Fotografen Giacomo Brogi, einem Florentiner Künstler, der seine Liebe zur Fotografie in den 1850er-Jahren entdeckte. Zunächst spezialisierte er sich auf Porträtaufnahmen, begann jedoch bald, Kunstwerke zu fotografieren, zu rahmen und in seinem Atelier zu verkaufen. Brogi wurde zum Wegbereiter der Fotografie in Italien. Dabei musste er allerdings einige Schwierigkeiten überwinden. Er konnte damals nicht einfach mit seiner Kamera ins Mu-

seum marschieren. Für jedes Kunstwerk, das er fotografieren wollte, benötigte er (gemäß einem Gesetz von 1867) eine spezielle Genehmigung, die er auch im Ministerium vorlegen musste.

Dabei ging es weniger um Urheberrechte – damals konnte man sich ohnehin nicht vorstellen, dass es 150 Jahre später Millionen von Fotos aus den Uffizien geben würde. Brogi und sein Sohn Carlo ließen sich von der Bürokratie nicht aufhalten und veröffentlichten 1874 den ersten Kunstkatalog in Florenz. Der Band enthielt 498 Fotos von Werken in den Uffizien, der Galleria dell'Accademia, im Palazzo Medici Riccardi und in anderen Museen. Die Abzüge von Brogis Fotos bildeten den Grundstock des offiziellen Fotoarchivs der Uffizien, das 1904 eingerichtet wurde und mit der Sammlung von Referenzmaterial bis heute Kunstschaffenden und Forschenden hilft, das unschätzbare Erbe der Stadt zu verstehen.

Heute umfasst das Archiv der Uffizien mehr als 600 000 Fotos von 300 000 Kunstwerken, die sich in den Museen und Galerien der Stadt befinden. Sie alle sind online zugänglich.

Seit gut zehn Jahren geht man in Florenz neue Wege: Die Uffizien schlossen einen Vertrag mit dem Virtual World Heritage Laboratory (VWHL) der Indiana University, ließen 180 000 Zeichnungen und Drucke des Gabinetto dei Disegni e delle Stampe scannen und 3-D-Modelle der griechischen und römischen Skulpturen erstellen, die die Medici und Lothringer vom 15. bis 19. Jh. gesammelt hatten. Das Digitalisierungsprojekt der Uffizien (www.digitalsculpture.org/florence) ermöglicht es allen Interessierten, jederzeit die großen klassischen Skulpturen in 3-D bis ins letzte Detail online anzusehen, ohne das Haus verlassen zu müssen.

Reiselustige werden die Idee, ein Museum zu besuchen, ohne tatsächlich *vor Ort* zu sein, vielleicht nicht sehr attraktiv finden. Dass die Ausweitung ins Virtuelle aber durchaus ihre Berechtigung hat, zeigte der Lockdown während der COVID19-Pandemie im Jahr 2020. Damals gingen die Besuchszahlen um 72 % zurück, dennoch konnten die Kunstwerke der Uffizien jederzeit angeschaut werden – nicht vor Ort, aber im Internet. Nach dem Vorbild von Giovanni Boccaccios

Palazzo Strozzi (S. 58)

Decamerone, das in hundert Geschichten erzählt, wie zehn Florentiner Mitte des 14. Jhs. dem Schwarzen Tod entkamen, boten die Uffizien digitale Führungen durch das Museum an und erreichten damit knapp 4 Mio. Menschen innerhalb weniger Monate, also fast so viele Besucher:innen wie vor der Pandemie. Die erste Folge, eine 360°-Tour durch die neuen venezianischen Räume, sahen bereits 110 000 Menschen. Und die 15-Sekunde-Clips auf TikTok hatten kurz nach dem Start schon mehr als 20 000 Follower.

Als 2021 die Uffizien wieder „physisch" besucht werden konnten, liefen die digitalen Projekte parallel weiter. Im Zuge der Erfahrungen, die auch Schulen in Italien mit Online-Unterricht gemacht haben, ergänzten die Uffizien ihre Vermittlungsarbeit um Online-Angebote. So können Kinder im ganzen Land die Kunst der Renaissance kennenlernen. Gleichzeitig wandten sich Influencer über die neuen Social-Media-Accounts des Museums gezielt an die junge Generation (was auch auf Kritik stieß). Von 2020 bis 2022 ließen die Uffizien außerdem eine 3-D-Darstellung des Palazzo Pitti, ehemaliger Palast der Medici und größtes ziviles Gebäude der Stadt, anfertigen. Die originalgetreue Nachbildung der 1533 Räume war das erste digitale Projekt dieser Art überhaupt.

DA IMMER MEHR MUSEEN WELTWEIT DIE NFT-TECHNIK NUTZEN, BEVOR DIES DURCH GESETZE REGULIERT IST, STELLT SICH DIE FRAGE, WIE MIT DEM KÜNSTLERISCHEN ERBE UMGEGANGEN WERDEN SOLL.

Nach so großen Investitionen in die Digitalisierung war es nur folgerichtig, dass die Uffizien auch die neue Technik der NFT-Zertifizierung digitaler Kunstwerke übernahm. NFT (non-fungible tokens) sind blockchain-basierte Markierungen, die die Echtheit und das Eigentum digitaler Kunstwerke bestätigen. So fertigte das italienische Start-up Cinello 2021 eine digitale Kopie von Michelangelos *Tondo Doni* an, sein einzig erhaltenes Gemälde auf Leinwand und Glanzstück der Uffizien, und zertifizierte es mit NFT als einzige Kopie des Originals. Diese Kopie wurde dann für 240 000 € an einen Sammler verkauft, doch die Uffizien erhielten davon nur 70 000€. Die Transaktion löste eine heftige Diskussion in den Medien und der Kunstwelt aus, die sich fragten, ob man solche universellen Kunstwerke tatsächlich privaten Technologieunternehmen überlassen sollte, die damit einfach viel Geld verdienen wollen. Da immer mehr Museen weltweit die NFT-Technik nutzen, bevor dies durch Gesetze reguliert ist, stellt sich die dringende Frage, wie mit dem künstlerischen Erbe umgegangen werden soll. Und damit sind wir wieder am Anfang unserer Geschichte, als man das Fotografieren von Kunstwerken regulieren wollte. Unter dem Strich ist nur eines sicher: Die Grenzen zwischen realer und virtueller Welt verschwimmen immer mehr.

Michelangeos *Tondo Doni*, Detail

DER ANSCHLAG

IN DER VIA DEI GEORGOFILI

Drei Jahrzehnte nach dem Anschlag der Mafia ist noch immer nicht alles aufgeklärt. Von Angelo Zinna

2021 wurde in der kleinen Seitenstraße Via dei Georgofili in Florenz unweit des Ponte Vecchio und der Uffizien ein neues Denkmal enthüllt. Der 4,40 m große *Albero della Pace* ist ein von Andrea Roggi geschaffener Olivenbaum aus Bronze und erinnert an eine der größten Tragödien des modernen Italien. Am frühen Morgen des 27. Mai 1993 explodierte hier eine Bombe, tötete fünf Menschen und verletzte weitere 48. Außerdem wurden viele Gebäude beschädigt, darunter die Torre dei Pulci (in dem sich die Accademia dei Georgofili befand), die Uffizien und der Corridoio Vasariano. Sieben Kunstwerke waren total zerstört, andere zum Teil. Die Mafia hatte die Bombe in einem parkenden Auto platziert und per Fernsteuerung gezündet.

In den frühen 1990er-Jahren erlebte Italien eine Welle terroristischer Gewalt, die von der Mafiagruppe Cosa Nostra ausging, nachdem die Haftbedingungen für Mitglieder der organisierten Kriminalität verschärft worden waren. Im Mai 1992 wurde der prominente Richter Giovanni Falcone bei einem Bombenanschlag getötet, zwei Monate später ereilte seinen Kollegen Paolo Borsellino das gleiche Schicksal. Die Ermordung der beiden bekanntesten

Im Uhrzeigersinn von oben links: Straßenschild in der Via dei Georgofili; Accademia dei Georgofili; Manfredis *Giocatori di Carte*; Andrea Roggis Bronzeolivenbaum

Kämpfer gegen die organisierte Kriminalität in Italien brannte sich nicht nur tief ins kollektive Gedächtnis ein, sondern führte auch zu neuen Gesetzen, die die inhaftierten Mafiabosse daran hindern sollten, ihre Geschäfte hinter Gittern weiterzuführen. Denn trotz ihrer Inhaftierung hatten sie es immer wieder geschafft, weiter mit der Außenwelt zu kommunizieren, und damit ihre Verurteilung umgangen. Artikel 41a des neuen Gesetzes schränkte diese Kommunikation zwischen den Inhaftierten und der Außenwelt drastisch ein, indem zunehmend Einzelhaft für die Mafiamitglieder angeordnet werden konnte.

Torbogen in der Via dei Georgofili

DIE MAFIA HATTE DIE BOMBE IN EINEM PARKENDEN AUTO PLATZIERT UND PER FERNSTEUERUNG GEZÜNDET.

Aus Protest gegen das neue Gesetz und mit dem Ziel, seine Aufhebung zu erreichen, begann die Cosa Nostra mit ihren Angriffen auf das künstlerische Erbe Italiens und bedrohte das kulturelle Vermächtnis einer ganzen Nation. Damit traf sie den Staat mitten ins Herz. Im Gegensatz zu zerstörten Gebäuden oder Infrastruktureinrichtungen konnten einige einzigartige Kunstwerke und Monumente nicht wieder hergestellt werden. Der Bombenanschlag in der Via dei Georgofili war der erste einer Serie von Anschlägen auf kulturelle Einrichtungen in den folgenden Monaten. Es folgten Anschläge auf die Galleria d'Arte Moderna in Mailand, zwei Kirchen in Rom – San Giovanni in Laterano und San Giorgio in Velabro. Bei einem im Januar 1994 geplanten Anschlag auf das Olympiastadion in Rom sollten Dutzende von Polizeikräften getötet werden, doch die Fernsteuerung funktionierte nicht und die Autobombe wurde glücklicherweise nicht gezündet.

Danach hörten die Anschläge auf. Es dauerte Jahre, bis alle Attentate aufgearbeitet waren. Schließlich konnten die meisten Verantwortlichen verhaftet werden. Dennoch sind auch 30 Jahre später viele Details ungeklärt und die Ermittlungen halten an. So konnte immer noch nicht geklärt werden, ob auch Außenstehende in die Anschläge verwickelt waren und warum sie 1994 plötzlich aufhörten. Bis 2021 versuchten die Gerichte immer wieder, eine Verbindung zwischen der Regierung und der Mafia nachzuweisen. Es ist bekannt, dass von 1992 bis 1994 Vertreter der Cosa Nostra Kontakt zu italienischen Beamten hatten, darunter Senator Marcello dell'Utri, ein enger Freund des früheren Premierministers Silvio Berlusconi, der 2013 wegen seiner Verbindung zur Mafia verurteilt wurde. Doch das ist die große Ausnahme. Was wirklich in diesen schrecklichen Jahren vorging, ist unbekannt.

In der Zwischenzeit versuchten Museen und Institutionen, die zerstörten Kunstwerke wieder herzustellen. So begann 2017 die Restaurierung von Bartolomeo Manfredis *Giocatori di Carte*. Das Gemälde von 1617/18 wurde bei dem Anschlag in der Via dei Georgofili in 400 Teile zerfetzt. Schon ein Jahr später konnte es wieder ausgestellt werden. Andere Gemälde sind unwiederbringlich verloren.

Immerhin konnten die Uffizien manchmal wenigstens einige Fragmente retten, die an ihrem ursprünglichen Ort wieder eingesetzt wurden, sodass die Meisterwerke zumindest teilweise wieder hergestellt werden konnten. So wurden vier von sechs Figuren eines Gemäldes von Caravaggio wieder so zusammengesetzt, dass sie sich nun um die Löcher im Bild gruppieren – und erinnern so dauerhaft an den Anschlag von vor 30 Jahren.

Rechts: Giorgia Meloni

DIE TOSKANA: IMMER NOCH IM WIDERSTAND?

Als dieser Band im Herbst 2022 in den Druck ging, schien sich für viele Menschen in der Toskana und in ganz Italien die Geschichte zu wiederholen. Kurz vor dem 100. Jahrestag des „Marsches auf Rom“ – dem Staatsstreich, mit dem 1922 Benito Mussolini an die Macht kam –, wurde die glühende Nationalistin und Verteidigerin „nationaler Werte“ Giorgia Meloni als erste Premierministerin Italiens vereidigt. Von Mary Gray

Mary Gray arbeitet in Florenz als Autorin und Redakteurin.

Die Toskana war eine der Regionen, in denen die antifaschistische Bewegung während der Herrschaft Mussolinis und in der deutschen Besatzungszeit besonders stark ausgeprägt war. Zum 100. Jahrestag des „Marsches auf Rom“ organisierten Kulturinstitute, Archive und Museen in der Toskana unzählige Veranstaltungen, um die mahnende Erinnerung daran wachzuhalten. Gleichzeitig wurde am 22. Oktober 2022 – eine knappe Woche vor dem Jahrestag der Zugfahrt Mussolinis nach Rom – im Palazzo Quirinale in Rom die bisher eher unbekannte Giorgia Meloni der neofaschistischen Partei Fratelli d’Italia (Brüder Italiens) vereidigt.

Dieses frappierende zeitliche Zusammentreffen wurde in der Toskana besonders stark empfunden, denn die Region ist neben den Marken, Umbrien und der Emilia-Romagna Teil des traditionell linksgerichteten „Roten Gürtels“. Melonis Partei Fratelli d’Italia gilt als neofaschistisch, da sie praktisch aus der italienischen Sozialbewegung MSI (Movimento Sociale Italiano) hervorging, die von Anhängern Mussolinis nach dessen Hinrichtung 1945 gegründet wurde. Meloni, die vor ihren Anhängern mitreißend und provokativ, vor ihren Gegnern zurückhaltend und defensiv auftritt, weist diese Verbindung zurück, obwohl das Emblem ihrer Partei die dreifarbige Flamme der MSI enthält.

Es bleibt abzuwarten, ob die Stimmung in der Toskana von Resignation in aktiven Widerstand umschlagen wird oder die Situation im Sinne der nationalen Einheit akzeptiert wird. Sollte sich die Regierung länger im Amt halten, könnte sich die Toskana vielleicht doch wieder zu einem Zentrum des Widerstands entwickeln. Die traditionell antifaschistische Gesinnung und die Verehrung der einstigen *partigiani* (Partisanen) sind hier noch weit verbreitet, wenn auch nicht offenkundig.

Ein gutes Beispiel dafür ist Florenz. Hinter der glanzvollen Renaissance-Fassade regt sich Widerstand, der im Verbor-

genen gedeiht. Vor allem in der Umgebung des einstigen Mittelschichtviertels San Frediano gärt es. In einer Straße, die zum Bellosguardo oberhalb von San Frediano hinaufführt, befindet sich ein Konvent aus dem 19. Jh., in dem heute ein literarisches Bistrocafé und ein Kollektiv von *botteghe* (Kunsthandwerkstätten) untergebracht sind. Sie wurden 2016 bzw. 2019 eröffnet und knüpfen an eine Tradition des Ortes an.

Schon in den 1920er-Jahren beherbergte das von einer Bronzegussfirma übernommene „Conventino" Werkstätten von Kunsthandwerkern und Künstlerateliers. Im Grunde war dies aber ein Treffpunkt antifaschistischer Philosophen, Schriftsteller, Maler und Intellektueller. Sie wollten das faschistische Regime bekämpfen. Hier wurde auch *L'Unità,* die offizielle Zeitung der kommunistischen Partei Italiens (PCI), nach ihrem Verbot 1926 heimlich gedruckt, es wurden Waffen gelagert und Partisanen versteckt. Ab September 1943 war der Conventino Versammlungsort des Toskanischen Komitees für die nationale Befreiung (CTLN), einem Ableger der landesweiten Befreiungsfront, und auch Waffenlager und Zufluchtsort für Verfolgte. Zu den Mitgliedern des Komitees gehörten der junge Sandro Pertini, der 1978 Premierminister wurde, und Carlo Levi, der Turiner Maler und Autor des Romans *Christus kam nur bis Eboli*. Levi, als Partisan und Jude doppelt gefährdet, empfing in seiner Wohnung an der Piazza Pitti regelmäßig die Pressegruppe des CTLN. Bei diesen Treffen entstand *La Nazione del Popolo*, das Presseorgan des CTLN, das Levi herausgab. Die Verbindung von Kollektiv und Zugehörigkeit war der Nährboden des antifaschistischen Widerstands und schließlich einer der Gründe, der zur Republik Italien nach dem Krieg führte.

In der rauen Hafenstadt Livorno, wo 1921 die PCI gegründet wurde, lebten schon seit Jahrhunderten die verschiedensten Gruppierungen. Um die Wirtschaft der Stadt zu fördern, hatte Großherzog Ferdinando I. de' Medici Ende des 16. Jhs. eine Reihe von Gesetzen zur Aufnahme von Flüchtlingen, ethnischen Minderheiten und religiös Verfolgten erlassen. So waren Kaufleute, Handwerker und Matrosen in die Stadt gekommen. Diese „Livorner Verfassung", wie sie schon bald genannt wurde, stand in krassem Gegensatz zur heutigen Flüchtlingspolitik Italiens, das die Grenzen am liebsten hermetisch abriegeln würde. Der Großherzog dagegen nahm „Kaufleute aus aller Welt" auf und bot ihnen „Freiheit und Sicherheit, Arbeit und Unterkunft, auf dass sie sich hier mit ihren Familien für immer niederlassen und ihre Geschäfte betreiben". In den folgenden Jahrhunderten wurde Livorno eine Stadt mit breitem politischem Spektrum und multikultureller Küche.

Gerade die Multikulti-Küche in Livorno zeigt sehr deutlich, wie sich die soziopolitische DNA der Toskana eher im Alltagsleben und in der Gemeinschaft äußert als in ideologischen Parolen oder öffentlichen Protesten. Ein besonders sozialer Aspekt des antifaschistischen Vermächtnisses der Toskana sind die kargen, nur mit einer roten Fahne geschmückten „Aufenthaltsräume" und Gemeinschaftszentren, die

Gravur, ein altes Kunsthandwerk

sich oft in unmittelbarer Nähe von Pensionen und Hotels befinden. Diese *circoli* (Clubs) wurden von der Associazione Ricreativa e Culturale Italiana (ARCI, Italienische Freizeit- und Kulturvereinigung), der größten gemeinnützigen Organisation des Landes ohne Verbindung zur katholischen Kirche, eingerichtet. Obwohl die ARCI erst 1957 offiziell in Florenz gegründet wurde, gibt es sie eigentlich schon viel länger: Die ersten *circoli* und *case del popolo* („Häuser des Volkes") wurden Ende des 19. Jhs. in der Toskana und der benachbarten Emilia-Romagna eingerichtet. Sie waren autonom verwaltete Häuser, in die sich die von der Wirtschaftskrise stark getroffene Arbeiterschaft zurückziehen konnte.

Palazzo Quirinale, Rom

EIN GUTES BEISPIEL IST FLORENZ. HINTER DER GLANZVOLLEN RENAISSANCE-FASSADE REGT SICH WIDERSTAND, DER IM VERBORGENEN GEDEIHT.

Nach dem Zweiten Weltkrieg entstanden Tausende dieser Häuser im ganzen Land. Heute bezeichnet sich die ARCI als „Erbin der gewerkschaftlichen Tradition der sozialen und antifaschistischen Bewegung". Am 25. Juli, dem Tag der Befreiung vom Faschismus, werden in den Häusern „Pastasciutta Antifascista" (antifaschistische Pasta-Partys) gefeiert, eine Tradition, die ursprünglich aus der Emilia-Romagna stammt. Die Gewerkschaftshäuser verbinden die Menschen über Kulturen, Generationen und Ethnien hinweg. Rentnergruppen trinken hier ihren Caffé Corretto und lesen dabei die Morgenzeitung. Andere spielen Karten und bringen dazu ihre Hunde mit. Junge Leute genießen das preiswerte Essen und den einfachen Hauswein.

Die Kultur der *circoli* spricht für sich. Der Trend zur offenen Gemeinschaft in der Toskana ist jedoch genau das: nur ein Trend und nicht die gesellschaftliche Realität. Viele Orte und persönliche Erinnerungen weichen vom allumfassenden Bild der Region ab und schafften es nicht, die andere Seite der Geschichte zu erzählen.

Ein trauriges historisches Beispiel dafür ist der malerische Naturpark San Rossore in der Provinz Pisa. Der heutige Regionalpark war einst der „Hinterhof" der Sommerresidenz von König Vittorio Emanuele III. Von Juni bis November regierte er von hier aus das Land. So erteilte er 1922 hier auch die verhängnisvolle Erlaubnis zum „Marsch auf Rom". 1938 unterzeichnete er ebenfalls an diesem Ort das erste der italienischen *leggi razziali* (Rassengesetze), mit denen die Verfolgung der Juden begann.

Der Kontrast zwischen malerischer Landschaft und schrecklicher Geschichte ist bedrückend und doch nicht sofort sichtbar. Die Bezeichnung „Anne" (nach Anne Frank) für den Kreisverkehr, der zum Park führt, ist einer der versteckten Hinweise. Die Benennung erfolgte erst 2021.

Die Menschen in der Toskana, die der Meloni-Regierung nostalgischen Faschismus vorwerfen, könnten wieder einmal mit der gleichen Sache konfrontiert werden: Dann, wenn sie die Parallelen zur dunklen Seite der italienischen Geschichte zu spät erkennen, sie nicht ernst genug nehmen und sich gleichzeitig auf ihren Lorbeeren des Widerstands in der Vergangenheit ausruhen oder dem nationalen Trend des Stillschweigens folgen. Doch sie lassen sich nicht so schnell den Mund verbieten – vorausgesetzt, die *circoli* und modernen *conventini* bleiben geöffnet.

REGISTER

A

Abteien & Klöster
Abbadia a Isola 122
Abbadia San Salvatore 167
Abbazia di Monte Oliveto Maggiore 123
Abbazia di San Bruzio 162
Abbazia di San Galgano 122–123
Abbazia di San Michele Arcangelo 131
Abbazia di San Rabano 161
Abbazia di Sant'Antimo 147
Badia delle Sante Flora e Lucilla 249
Certosa di Calci 214
Convento Bosco ai Frati 261
Convento di Monte Senario 261
Convento di San Vivaldo 140
agriturismi 269
Aktivitäten 13, 26–27, 36–39, *siehe auch einzelne Aktivitäten*
Alberese 161
Anreise 264
aperitivo 66, 271
Apuanische Alpen 225
Archäologische Stätten
Castelsecco 247
Fiesole 261
Fonterutoli 129
Montecalvario 129
Parco Archeologico Città del Tufo 164
Parco Archeologico di Baratti e Populonia 195
Parco Archeologico Enrico Fiumi 138
Römisches Amphitheater (Arezzo) 246
Tanella di Pitagora 252
Tomba Etrusca di Mezzavia 252
Tumulo di Camucia 252
Vitozza 165
Arezzo 246, **247**
Ausgehen 247
Essen 248
Rund um Arezzo 250
Unterwegs in Arezzo 249
Arsenali della Repubblica di Pisa 208
Asciano 123
Assisi 254
Ausgehen 270–271
Autofahren 17, 268–269
Autotouren 17
Città del Tufo 164–165, **164**
Elba 191–192, **192**
Serchio-Tal 220–221, **221**
Via Chiantigiana 128–129, **128**

B

Bagni di Lucca 221
Bagno Vignoni 151
Bahnfahren 260, 267, 274
Battistero di San Giovanni (Florenz) 54
Battistero di San Giovanni (Pisa) 205
Battistero di San Giovanni (Pistoia) 236
Battistero di San Giovanni (Siena) 119
Barga 221
Barrierefrei reisen 276
Bibbona 186
Bibliotheken
Biblioteca Medicea Laurenziana 77
Biblioteca Rilliana 255
Casa di Giovanni Boccaccio 140
Piccolomini-Bibliothek 118
Bier 82, 140, 214
Boboli 101–107, **101**
Essen 107
Unterkunft 107
Bolgheri 188
Borgo a Mozzano 220
Borgo San Lorenzo 256–257, **257**
Essen 260
Rund um Borgo San Lorenzo 258–261
Unterkunft 259
Unterwegs in Borgo San Lorenzo 257
Borgo Stretto 207
Botticelli, Sandro 69, 79, 83
Brunelleschi, Filippo 54, 68, 77, 78, 84, 92, 104, 129
Bücher 29, *siehe auch* Literatur
Buonconvento 124
Burgen
Castell'Azzara 164
Castello dei Conti Guidi 254
Castello dell'Imperatore 239
Castello di Brolio 130
Castello di Montauto 254
Castello di Verrazzano 126
Castello Orsini 164
Forte Falcone 191
Forte Stella 191
La Rocca di Staggia 122
Populonia 197
Rocca Aldobrandesca 165, 194
Rocca Ariostesca 223
Rocca Silvana 164
Burgübernachtung 128, 269
Busfahren 267

C

Camping 191, 195, 269
Campocatino 225
Camposanto 206
Capalbio 172
Cappelle Medicee 77
Capraia 187
Carrara 228–230, **229**
Essen 228
Reiserouten 45
Rund um Carrara 231
Unterwegs in Carrara 230
Casentino 252, 253, 254
Castagneto Carducci 187
Castelfiorentino 140
Castellina in Chianti 129
Castelnuovo di Garfagnana 222–223, **222**
Essen 223
Reiserouten 44
Rund um Castelnuovo di Garfagnana 224
Unterwegs in Castelnuovo di Garfagnana 223
Castiglioncello 185
Castiglione della Pescaia 166
Cava Gualtiero Corsi 230
Cecina 186
Certaldo 140
Ciclovia dell'Arno 253
Città del Tufo 43, 164
Colle Val d'Elsa 140
Collezione Roberto Casamonti 60
Colonnata 229
Cortona 251
Cosa 165
Crete Senesi 123–124

D

da Vinci, *siehe* Leonardo da Vinci
Dante Alighieri 63, 72, 84, 260
Das Leben ist schön 249
Donatello 61, 84, 86, 93, 239, 261
Duomo (Florenz) 54
Duomo (San Gimignano) 132–133
Duomo (Siena) 118

Karten **000**

E

Elba 189–192, **190**
Ausgehen 192
Essen 191, 192
Festivals & Events 178–179
Reiserouten 178–179, 191–192, **192**
Rund um Elba 193–197
Unterkunft 191
Unterwegs auf Elba 176–177
Elektrizität 277
Eremo di Montecasale 254
Ermäßigungen 265
Eroica 113, 129
Essen 10–11, 32–35, 270–271
Feste 33
gelato 100, 206
Pecorino 144
Slow Food 273
Trüffeln 124, 211–213
Etikette 28
Etruskische Riviera 175–197, **176–177**
Aktivitäten 178–179
Essen 186, 188, 195, 196
Festivals & Events 178–179
Reiserouten 178–179, 182–183
Reisezeit 178–179
Unterkunft 185, 187, 194–195
Unterwegs an der Etruskischen Riviera 176–177

F

Familienreisen 37, 268
Feiertage 277
Festivals & Events 20–21, 27
11Lune 211
Bravìo delle Botti 27
calcio storico 27, 91
Cortona on the Move 245, 251
Festa degli Antichi Mestieri 148
Festa del Tartufo Marzuolo 124
Festa Medievale di Monteriggioni 122
Fiera Antiquaria di Arezzo 246
Fiera del Cacio 27, 144
Firenze Rocks 74
Giglio Walking Festival 173
Giostra del Saracino 249
Jazz & Wine Festival 146
Karneval (Viareggio) 220
La Prima Estate 27, 202
Lucca Comics & Games 203, 215
Mercantia-Festival 140
Mostra Mercato del Tartufo Bianco 124
Mostra Mercato Nazionale del Tartufo Bianco 203, 212
Palio 27, 116–117
Palio Marinaro dell'Argentario 171
Pistoia Blues Festiva 234
Sagra del Tortello e dei Funghi Porcini 245
Festungen
Forte di Belvedere 103
Fortezza del Girifalco 252
Fortezza della Verruca 214
Fortezza Medicea di San Martino 260
Fortezza Medicea (Volterra) 139
Fortezza Nuova (Livorno) 182–183
Fortezza Vecchia 183
Masso Leopoldino 164
Fiesole 261
Filattiera 233
Filme 29, 249
Florenz 48–107, **50–51**
Aktivitäten 52–53
Ausgehen 66, 70
Boboli 101–107, **101**
Essen 61, 65, 66, 69
Piazza del Duomo 54–66, **55**
Piazza della Signoria 54–66, **55**
Piazza Pitti 101–107, **101**
Reiserouten 40, 52–53
San Frediano 92–100, **93**
San Lorenzo 75–83, **75**
San Marco 75–83, **75**
San Niccolò 101–107, **101**
Santa Croce 84–91, **84**
Santa Maria Novella 67–74, **67**
Sant'Ambrogio 84–91, **84**
Santo Spirito 92–100, **93**
Sehenswertes 54–64
Shoppen 60, 65, 70, 71
Unterwegs in Florenz 50–51
Fornovolasco 227
Forte dei Marmi 220
Fra' Angelico 80
Friedhöfe
Cimitero degli Inglesi 80
Cimitero delle Porte Sante 103

G

Gaiole in Chianti 129–130
Galerien, *siehe* Museen & Galerien
Galileo Galilei 61, 84, 206
Gärten, *siehe* Parks & Gärten
Geld 265
Geldautomaten 264
Geschichte
Etrusker 12, 138–139, 165–166, 195, 246, 252
Mittelalter 18–19
Römer 139, 165, 246
Gesundheit 274
Gigante dell'Appennino 259
Giglio 172–173
Giotto di Bondone 55, 68, 84
Giovanni Battista 80
Golf von Baratti 196
Greve in Chianti 125–126, **125**
Reiserouten 42
Rund um Greve in Chianti 127
Unterwegs in Greve in Chianti 126
Grosseto 158–159, **159**
Essen 158
Rund um Grosseto 160–167
Unterwegs in Grosseto 159
Grotta del Vento 227

H

Handy 264
Highlights 8–23
Höhlen
Cava di San Sebastiano 165
Grotta del Vento 227
Hotels 269

I

International Dzogchen Community Meriga 167
Isola del Giglio 172–173
Isola Santa 225

K

Kaffee 271
Kanufahren 161–162, 189
Kathedralen, *siehe* Kirchen & Kathedralen
Kinder auf Reisen 37, 268
Kinos 64
Kirchen & Kathedralen
Badia Fiorentina 63
Basilica della Santissima Annunziata 78
Basilica dell'Osservanza 122
Basilica di San Lorenzo 77
Basilica di San Miniato al Monte 102
Basilica di Santa Croce 84
Basilica di Santa Maria Assunta (Assisi) 254
Basilica di Santa Maria Novella 68
Basilica di Santo Spirito 92
Cappella Brancacci 94
Cappella della Madonna di Vitaleta 148
Cappelle Medicee 77
Cattedrale dei Santi Pietro e Donato 249
Cattedrale dell'Assunta 143
Cattedrale di San Cerbone 163
Cattedrale di San Lorenzo 158
Cattedrale di San Zeno 236
Cattedrale di Santa Maria Assunta 204
Cattedrale di Santa Maria (Cortona) 252
Cattedrale di Santa Maria del Fiore 54, 55
Cattedrale di Sant'Andrea 228
Cattedrale di Santo Stefano (Prato) 239
Chiesa dei Santi Frediano e Giovanni 139
Chiesa dei Santi Germano e Prospero 211
Chiesa dei Santi Michele e Gaetano 62
Chiesa della Santissima Annunziata 249

Chiesa della Santissima Trinità 171
Chiesa di Ognissanti 69
Chiesa di San Cassiano 130
Chiesa di San Giovanni Fuorcivitas 235
Chiesa di San Lorenzo in Ponte 135
Chiesa di San Michele in Foro 218
Chiesa di San Niccolò 129
Chiesa di San Sisto 207
Chiesa di Santa Caterina 218
Chiesa di Santa Croce 126
Chiesa di Sant'Agostino 132
Chiesa di Santa Margherita de' Cerchi 63
Chiesa di Santa Maria dell'Assunzione 122
Chiesa di Sant'Andrea (Pistoia) 236
Chiesa di Sant'Antonio 209
Chiesa & Museo di Orsanmichele 61
Chiesa San Francesco di Assisi 227
Collegiata di San Cristoforo 221
Duomo (Florenz) 54
Duomo (Livorno) 183
Duomo (Lucca) 217
Duomo (San Gimignano) 132–133
Duomo (Siena) 118–119
Duomo (Volterra) 139
Pieve di Corsignano 143, 148
Pieve di San Cresci 126
Pieve di San Giorgio a Brancoli 220
Pieve di San Leolino 129
Pieve di San Lorenzo 257
Pieve di Santa Maria Assunta a Cellole 139
Pieve di Santa Maria Assunta a Chianni 141
Santa Caterina 183
Santa Maria Corteorlandini 218
Santuario della Verna 254
Klima 26–27
Kreditkarten 265
Kultur 30–31
Kunst 8–9, 22–23, *siehe auch* Museen & Galerien
Künstler
Botticelli, Sandro 69, 79, 83
Brunelleschi, Filippo 54, 68, 77, 78, 84, 92, 104, 129
Buffalmacco, Buonamico 206
Clet Abraham 106
della Robbia, Andrea 84
Donatello 61, 84, 86, 93, 239, 261
Fra' Angelico 80
Ghirlandaio, Domenico 69
Giotto di Bondone 55, 68, 84
Leonardo da Vinci 65, 81, 238
Michelangelo 65, 77, 79, 84, 86, 92, 94, 102, 119, 228, 252

L

La Loggetta di Villa Bardini 105
La Prima Estate 27
La Verna 254
Lebensart 30–31
Leonardo da Vinci 65, 81, 238
Lesben unterwegs 275
LGBTQIA+ 275
Literatur 104
Barrett Browning, Elizabeth 80
Dostojewski, Fjodor 74
Machiavelli 84
Livorno 180–183, **181**
Ausgehen 182
Essen 180–182, 183
Rund um Livorno 184–188
Spaziergang 182–183, **182**
Unterkunft 181
Unterwegs in Livorno 183
Lucca 215–218, **216**
Ausgehen 217
Essen 218
Museen & Galerien 217
Reiserouten 40, 44
Rund um Lucca 219–221
Spaziergang 217–218, **217**
Unterwegs in Lucca 218
Lucca Comics & Games 203, 215
Lucca Summer Festival 27

M

Marciana 191–192
Marciana Marina 192
Marina di Pietrasanta 220
Märkte
Mercato Centrale 76
Mercato del Campo 115
Mercato del Porcellino 62
Mercato delle Vettovaglie 180–181, 183
Mercato di San Lorenzo 75
Mercato di Sant'Ambrogio 88
Massa Marittima 163
Medici 56, 77, 79, 104, 107
Biblioteca Medicea Laurenziana 77
Museo de' Medici 56
Palazzo Vecchio 65–66
Parco Mediceo di Pratolino 259
Villa dei Mulini 191
Villa di Cafaggiolo 260
Villa Medicea del Trebbio 259
Mercato Centrale 76
Michelangelo 65, 77, 79, 84, 86, 92, 102, 228, 252
Mietwagen 266
Molo del Gallo 191
Montalcino 43, 146–147
Monte Amiata 167
Monte Argentario 171–172
Montefioralle 126
Montepulciano 149–151
Monteriggioni 122, 141
Monticchiello 148
Mountainbiken 37, 226–227
Mulino Spagnolo 168
Mura di Lucca 215
Museen & Galerien
Accademia dei Fisiocritici 120
Accademia di Belle Arti 229
Antico Palazzo dei Vescovi 236
Archäologisches Museum (Orbetello) 168
BEGO Museum 140
Biblioteca Rilliana 255
Cappelle Medicee 77
CARMI Museum 228
Casa Buonarroti 86
Cava Museo Fantiscritti 228
Centro Pecci 239
Chiesa & Museo di Orsanmichele 61
Chiostro dello Scalzo 80
CLET Studio 106
Collezione Roberto Casamonti 60
Ecomuseo dell' Alabastro 138
FAF – Female Arts in Florence 98
Foltermuseum 151
Fondazione Salvatore Romano 93
Forme nel Verde 149
Galleria Continua 135
Galleria dell'Accademia 79
Galleria Romanelli 100
GAMeC 209
H-Zero 69
Leonardo Interactive Museum 81
Loggia dei Lanzi 58
MACO 167
Museo Archeologico del Chianti Senese 129
Museo Archeologico e d'Arte della Maremma 158
Museo Archeologico Nazionale 119
Museo Archeologico Nazionale „Gaio Cilnio Mecenate" 246
Museo Archeologico (Peccioli) 211
Museo Archeologico (Scansano) 162
Museo Casa di Dante 63
Museo Casa Natale Michelangelo Buonarroti 252
Museo Cassioli 123
Museo Civico Archeologico „Isidoro Falchi" 166
Museo Civico di Archeologia e Arte Sacra 123
Museo Civico e Diocesano d'Arte Sacra di San Galgano 123
Museo Civico (Sansepolcro) 252

Karten **000**

Museo Civico (Siena) 117
Museo d'Arte Sacra 211
Museo de' Medici 56
Museo degli Innocenti 78
Museo dei Ferri Taglienti 259
Museo del Bargello 86
Museo del Bosco e della Montagna 253
Museo del Calcio 261
Museo del Cristallo 140
Museo del Tartufo 124
Museo del Vino 162
Museo dell'Accademia Etrusca di Cortona (MAEC) 251
Museo dell'Arte della Lana 253
Museo dell'Olio 167
Museo dell'Opera del Duomo (Florenz) 56
Museo dell'Opera del Duomo (Siena) 118
Museo dell'Opera Metropolitana 119
Museo della Città di Livorno 180, 183
Museo della Grafica 209
Museo della Mezzadria Senese 124
Museo della Zecca 217
Museo delle Sinopie 206
Museo delle Statue Stele Lunigianesi 232
Museo delle Tavolette di Biccherne 119
Museo dello Spedale del Ceppo 234
Museo di Casa Martelli 79
Museo di Casa Vasari 248
Museo di Palazzo Pretorio 211
Museo di San Marco 80
Museo di San Matteo 207
Museo di San Pietro all'Orto 163
Museo Etrusco Mario Guarnacci 138
Museo Galileo 61
Museo Giuliano Ghelli 130
Museo Leonardiano 238
Museo Marino Marini 72
Museo Miniere di Mercurio 167
Museo Nazionale d'Arte Medievale e Moderna 248
Museo Nazionale di Palazzo Mansi 218
Museo Nazionale di Villa Guinig 217
Museo Novecento 68
Museo Piaggio 213
Museo Salvatore Ferragamo 62
Museo Stibbert 83
Museo Zeffirelli 87
Museum der jüdischen Kultur 165
Naturkundemuseum der Universität Pisa 214
Navi di Pisa Museum 208
Opificio delle Pietre Dure 81
Palazzo Chigi Saracini 119
Palazzo Comunale 132
Palazzo Strozzi 58
Parco Sculture del Chianti 129
Pinacoteca Nazionale 120
Pistoia Sotterranea 234
Puccini Museum 217
Rifugio Digitale 105
Salone dei Cinquecento 59
Spedale di Santa Maria della Scala 119
Street Levels Gallery 71
Tempio del Brunello 146
Uffizien 57
Musik 29, 89, 94
Firenze Rocks 27
La Prima Estate 27
Lucca Summer Festival 27
Pistoia Blues Festival 27, 234

N

Nachhaltig reisen 272–273
Nachtleben 270
Napoleon 189, 191
Nationalparks & Naturschutzgebiete
Le Dune 220
Marina di Alberese 166
Orecchiella, Naturschutzgebiet 226
Orrido di Botri 221
Parco Naturale di Migliarino, San Rossore, Massaciuccoli 213
Parco Nazionale delle Foreste Casentinesi 252, 254
Parco Regionale della Maremma 161
Parco Regionale delle Alpi Apuane 229–230
Riserva Naturale della Diaccia Botrona 161
Riserva Naturale di Castelvecchio 139
Riserva Naturale Duna Feniglia 168
Riserva Naturale Sasso Fratino 253
Nekropole von Baratti 195
Nordwestliche Toskana 199, **200–201**
Aktivitäten 202–203
Ausgehen 212
Essen 212, 213, 221, 225, 233, 238, 239
Festivals & Events 202–203
Museen 211
Reiserouten 202–203
Reisezeit 202–203
Unterkunft 220, 225, 226, 232
Unterwegs in der nordwestlichen Toskana 200

O

Öffentliche Verkehrsmittel 266–267
Öffnungszeiten 277
Oltrarno 92, 97, 100, 101
Orbetello 168–169, **169**
Essen 168
Reiserouten 43
Rund um Orbetello 170–173
Unterwegs in Orbetello 169
Östliche Toskana 241–261, **242–243**
Aktivitäten 244–245
Essen 251–252
Festivals & Events 244–245
Reiserouten 244–245
Reisezeit 244–245
Unterkunft 253, 254, 261
Unterwegs in der östlichen Toskana 242

P

Palazzi
Palazzo Aldobrandeschi 158
Palazzo Bianca Cappello 95
Palazzo Borgia 143
Palazzo Chigi Saracini 119
Palazzo Comunale 132, 136
Palazzo d'Elci 114
Palazzo Davanzati 58
Palazzo dei Priori 139
Palazzo del Podestà (Orbetello) 168
Palazzo del Podestà (Radda in Chianti) 129
Palazzo dell' Abbondanza 163
Palazzo dell'Orologio 207
Palazzo della Carovana 207
Palazzo Desideri Tanbassi 139–140
Palazzo Ducale 217
Palazzo Fabroni 236
Palazzo Medici 207
Palazzo Medici Riccardi 79
Palazzo Orsini 165
Palazzo Pfanner 218
Palazzo Piccolomini 143–144
Palazzo Pitti 104
Palazzo Pretorio (Pistoia) 236
Palazzo Pretorio (Prato) 239
Palazzo Pubblico 114, 117
Palazzo Sansedoni 114
Palazzo Strozzi 58
Palazzo Vecchio 59, 65–66
Palio 27, 116–117
Panzano 128
Parco Nazionale delle Foreste Casentinesi 252, 254
Parco Regionale della Maremma 161
Parks & Gärten
Giardino dei Suoni 163
Giardino dei Tarocchi 172
Giardino dell'Iris 102
Giardino dell'Orticoltura 82–83
Giardino delle Rose 102
Giardino di Boboli 103
Giardino La Foce 149
Giardino Torrigiani 97
Horti Leonini 148
Orti Dipinti 83
Orto Botanico 117
Orto dei Pecci 117

  Orto dei Tolomel 117
  Parco dei Mulini 151
  Parco delle Cascine 73–74
  Serre Torrigiani 97
  Villa e Giardino Bardini 105
Peccioli 211
Pecorino 144
Pianosa 195
Piazza del Duomo 54–66, **55**
  Ausgehen 66
  Essen 65, 66
  Shoppen 65
Piazza della Signoria 54–66, **55**
  Ausgehen 66
  Essen 65, 66
  Shoppen 65
Piazza Pitti 101–107, **101**
  Essen 107
  Unterkunft 107
Piazze
  Piazza Alberica 228
  Piazza d'Armi 228
  Piazza de' Peruzzi 86
  Piazza dei Cavalieri 206
  Piazza dei Miracoli 204
  Piazza dei Priori 139
  Piazza del Campo 114
  Piazza del Comune (Prato) 239
  Piazza del Duomo (Pistoia) 236
  Piazza del Duomo (San Gimignano) 136
  Piazza dell'Anfiteatro 218
  Piazza della Badia 249
  Piazza della Cisterna 135
  Piazza della Passera 95
  Piazza della Repubblica (Cortona) 251
  Piazza della Repubblica (Florenz) 60
  Piazza della Repubblica (Livorno) 182
  Piazza della Sala 235
  Piazza della Santissima Annunziata 78
  Piazza della Signoria 59
  Piazza delle Sorgenti 151
  Piazza di Santa Croce 91
  Piazza Garibaldi 163
  Piazza Grande (Arezzo) 249
  Piazza Napoleone 217
  Piazza Signorelli (Cortona) 251
  Piazzale Michelangelo 102
Pienza 142–144, **142**
  Essen 143–144
  Reiserouten 42
  Rund um Pienza 145–151
  Unterwegs in Pienza 144
Pietrasanta 45, 220
Piombino 197
Pisa 204–209, **205**
  Ausgehen 209
  Cafés 208
  Essen 206–207
  Reiserouten 41
  Rund um Pisa 210–214
  Spaziergang 206, **207**
  Unterkunft 205
  Unterwegs in Pisa 209
Pistoia 234–236, **235**
  Cafés 235
  Essen 235, 236
  Reiserouten 40
  Rund um Pistoia 237
  Spaziergang 235–236, **235**
  Unterwegs in Pistoia 236
Pistoia Blues Festival 27, 234
Pitigliano 164
Poggio 192
Pomonte 191
Ponte del Diavolo 221
Ponte Santa Trinità 64
Ponte Vecchio 64, 99–100
Pontedera 213
Ponticello 233
Pontremoli 45, 232, 233
Poppi 254
Populonia 195
Porto Ercole 171
Porto Santo Stefano 171
Portoferraio 191
Prato 239
Procchio 189

R

Radda in Chianti 129
Radfahren 13, 37
  Ciclovia dei Castelli 233
  Ciclovia dell'Arno 253
  Eroica-Route 129–130
  Maremma 161–162
  Parco Naturale di Migliarino, San Rossore, Massaciuccoli 213–214
  Passa della Bocca 187
  Via Francigena 140–141, 232
Reiseplanung 28–29
Reiserouten 40–45, *siehe auch* Autotouren, Spaziergänge
  Etruskische Riviera 178–179
  Zentraltoskana 112–113
  Östliche Toskana 244–245
  Elba 178–179
  Florenz 52–53
  Nordwestliche Toskana 202–203
  Siena 112–113
  Südliche Toskana 156–157
Reisezeit 26–27
Renaissance 8–9, *siehe auch* Künstler
rifugi 269
Roselle 165

S

San Frediano 92–100, **93**
  Ausgehen 99–100
  Cafés 96, 98
  Essen 96, 99–100
  Shoppen 98
  Unterkunft 100
San Galgano 122–123
San Gimignano 132–136, **132**
  Essen 134–135
  Rund um San Gimignano 137–141
  Unterkunft 133, 139
  Spaziergang 135, **135**
  Unterwegs in San Gimignano 136
San Giovanni d'Asso 123–124
San Lorenzo 75–83, **76**
  Ausgehen 82
  Essen 75, 76
  Shoppen 75, 83
San Marco 75–83, **76**
  Ausgehen 82
  Cafés 83
  Essen 82
  Shoppen 83
San Miniato 41, 211–212
San Niccolò 101–107, **101**
  Essen 107
  Unterkunft 107
San Piero a Sieve 259
San Quirico d'Orcia 148–149
Sansepolcro 252
Santa Croce 84–91, **85**
  Ausgehen 87, 90
  Cafés 88
  Essen 90–91
  Shoppen 89
Santa Fiora 167
Santa Maria della Scala 119
Santa Maria Novella 67–74, **67**
  Ausgehen & Feiern 70
  Cafés 68, 69, 71, 74
  Essen 69, 73
  Shoppen 70, 71
  Unterkunft 72, 74
Sant'Ambrogio 84–91, **85**
  Ausgehen 87, 90
  Cafés 88
  Essen 88, 89, 90–91
Santo Spirito 92–100, **93**
  Ausgehen 99–100
  Cafés 96, 98
  Essen 96, 99–100
  Shoppen 98
  Unterkunft 100
San Vincenzo 186
Sassetta 187–188
Saturnia 165
Scansano 162
Schiefer Turm von Pisa 204
Schnorcheln 189–190
Schwimmen 74
Schwule unterwegs 277
Seen
  Lago di Gramolazzo 225
  Lago di Vagli 225
Segeln 189
Seggiano 167
Serchio-Tal 220
Sicherheit 274
Siena 114–120, **115**
  Reiserouten 42, 112
  Rund um Siena 121–124
  Shoppen 116–117
  Unterkunft 115
  Unterwegs in Siena 110–111, 120
Slow Food 273
Sorano 164
Sovana 164
Spaziergänge
  Livorno 182–183, **182**
  Lucca 217, **217**
  Pisa 206, **207**
  Pistoia 235–236, **236**
  San Gimignano 135, **135**
Sprache 29, 278–279

Karten **000**

Strände 16
Ansedonia 172
Buca delle Fate 196
Cala del Gesso 171
Cala dell'Arenella 173
Cala delle Cannelle 173
Cala dell'Innamorata 189
Cala di Forno 166
Cala Giovanni 195
Cala Grande 171
Cala Piccola 171
Cala Violina 166
Calamoresca 196
Capo d'Enfola 189
Cavo 189
Elba 189–191
Fetovaia 191
Golf von Baratti 196
Le Caldane 173
Marina del Campo 189
Morcone 189
Oasi di Macchiatonda 172
Paolina 189
Parco della Sterpaia 196
Pareti 189
Punta Righini 185
Salto del Cervo 161
Sansone 191
Sorgente 191
Spartaia 189
Spiaggia Bianca 186
Spiaggia del Quercetano 185
Spiaggia delle Rocchette 166
Spiaggia di Capo Bianco 189
Spiaggia di Chiarone 172
Spiaggia di Frugoso 189
Streetart 106
Strom 277
Südliche Toskana 153–173, **154–155**
Ausgehen 166
Essen 161, 163, 164, 165, 166, 171, 172
Reiserouten 156–157
Reisezeit 156–157
Unterkunft 165
Unterwegs in der südlichen Toskana 154–155
Surfen 37
Suvereto 194
Synagogen
Große Synagoge von Florenz 87
Synagoge von 1598 165

T

Theater
Teatro degli Animosi 228
Teatro del Maggio Musicale 74
Teatro del Silenzio 211
Teatro Signorelli (Cortona) 251
Thermalquellen 151
Bagni di Lucca 221
Bagni di San Filippo 151
Bagno Vignoni 151
Cascate del Mulino 165
Gambassi Terme 141
Rapolano Terme 151
Sassetta 187–188
Venturina Terme 188
Touren, *siehe* Autotouren, Spaziergänge
Trinkgeld 265
Trüffeln 124, 211–213

U

Unterkunft 269
Unterwegs in der Toskana 266

V

Vada 186
Val d'Elsa 140
Val d'Orcia 42, 145–151
Val di Pesa 130–131
Vasari, Giorgio 59, 66, 88, 248
Vegetarisch & vegan 33, 186
Verantwortungsbewusst reisen 272–273
Vergheto 230
Versicherung 274
Vetulonia 165
Via Chiantigiana 128–129, **128**
Via degli Dei 260
Via del Volto Santo 227, 233
Via Francigena 140–141, 233
Via Vandelli 233
Viareggio 220
Villafranca 233
Villen
Villa dei Mulini 191
Villa del Poggio Imperiale 107
Villa di Cafaggiolo 260
Villa di Castello 107
Villa La Foce 149
Villa Medicea del Trebbio 259
Villa Medicea di Artimino La Ferdinanda 107
Villa Medici di Poggio a Caiano 107
Villa Pecori Giraldi 256
Ville Medicee 107
Vinci 238
Visa 264
Vogelbeobachtung 161, 213–214
Volterra 40–41, 138–139

W

Wandern 13, 36–37
Alta Cia dei Parchi 254
Apuanische Alpen 225–226
Elba 191–192
Giglio Walking Festival 173
Il Cammino di Dante 260
Il Corbezello 186
Isola del Giglio 172–173
Lunigiana 233
Parco Nazionale delle Foreste Casentinesi 252–254
Parco Regionale delle Alpi Apuane 229–230
Parco Regionale della Maremma 161–162
San Vincenzo 186
Sentiero delle Foreste Sacre 254
Via degli Dei 260–261
Via dei Sepolcri 166
Via del Volto Santo 233
Via Francigena 140–141
Via Vandelli 233
Wasser 274
Wasserfälle
Balena Bianca 151
Wein 14–15, 146–147, 150, 162–163, 188
Feste 33
Museo del Vino 162
Tempio del Brunello 146
Weingüter 130, 188
Antinori nel Chianti Classico 131
Avignonesi 151
Cantina de' Ricci 150
Cantina Ercolani 150
Cantina Mantellassi 162
Cantina Vignaioli del Morellino di Scansano 162
Capannelle 130
Casato Prime Donne 147
Castello di Albola 129
Castello di Ama 130
Castello di Brolio 130
Castello di Meleto 130
Ciacci Piccolomini d'Aragona 147
Enoteca la Fortezza di Montalcino 147
Fattoria Cigliano di Sopra 130
Fattoria dei Barbi 146
Fattoria di Magliano 162
I Greppi 188
Le Mortelle 166
Michele Satta 188
NostraVita 147
Podere 414 162
Podere Concori 221
Poggio Antico 146
Pomona 130
SassodiSole 146
Tenuta Ammiraglia 162
Vernaccia di San Gimignano Wine Experience 134
Volpaia 129
Wetter 26–27
Windsurfen 189
WLAN 279
Workshops
Parfüm 89
Skulptur 100

Z

Zeit 277
Zentraltoskana 109–151, **110–111**
Ausgehen 122, 140, 146, 149, 150
Essen 122, 123, 129, 138, 147, 148
Festivals & Events 112–113
Reiserouten 112–113
Reisezeit 112–113
San Gimignano 132–136
Touren 128, **128**, 135, **135**
Unterkunft 128
Unterwegs in der Zentraltoskana 110–111
Zugfahren 260, 267, 274

HINTER DEN KULISSEN

Layoutentwicklung
Marc Backwell

Contententwicklung
Mark Jones, Sandie Kestell, Anne Mason, Joana Taborda

Kartografie-entwicklung
Katerina Pavkova

Produktions-entwicklung
Sandie Kestell, Fergal Condon

Leitung Reihen-entwicklung
Darren O'Connell, Piers Pickard, Chris Zeiher

Redaktionsleitung
Sandie Kestell

Produktredaktion
Alison Killilea

Layout
Clara Monitto

Kartografie
Anthony Phelan

Redaktionsassistenz
Nigel Chin

Titelbildrecherche
Ania Lenihan

Dank an
Daniel Bolger, Esteban Fernandez, Clare Healy, Gwen Cotter

Der Ponte Vecchio (S. 64) in Florenz, eine steinerne Segmentbogenbrücke aus dem Mittelalter, überspannt den Arno.

Die oft fotografierte von Zypressen gesäumte Straße nach Monticchielo, bei Pienza (S. 148)

LINKS: ICOLORMAKER/SHUTTERSTOCK © RECHTS: MARIA_USP/SHUTTERSTOCK ©

ÜBER DIESES BUCH

Lonely Planet Global Limited
Digital Depot, Roe Lane (off Thomas Street)
Digital Hub
Dublin 8
D08 TCV4
Ireland

Verlag der deutschen Ausgabe:
MAIRDUMONT
Marco-Polo-Str. 1
73760 Ostfildern

www.lonelyplanet.de, www.mairdumont.com, lonelyplanet-online@mairdumont.com

Toskana
9. deutsche Auflage September 2023 übersetzt von *Florence & Tuscany*, Mai 2023, Lonely Planet Global Limited
Deutsche Ausgabe © Lonely Planet Global Limited, September 2023

Fotos © wie angegeben 2023

Printed in Poland

Redaktion und technischer Support: Bintang Buchservice GmbH (Dorit Aurich, Katharina Grimm)

Übersetzer: Marion Gref-Timm, Gunter Mühl

MIX
Papier | Fördert gute Waldnutzung
FSC® C018236
FSC www.fsc.org

Dieses Buch wurde auf FSC® zertifiziertem Papier gedruckt. FSC® ist ein internationales Zertifizierungssystem für nachhaltigere Waldwirtschaft. Das Holz für diese Papier kommt aus Wäldern, die verantwortungsvoller bewirtschaftet werden.